ŒUVRES
DE
WALTER SCOTT.

TOME V.

IMPRIMERIE DE H. FOURNIER,
RUE DE SEINE, N° 14.

L'ANTIQUAIRE.

(The Antiquary.)

TRADUCTION
DE M. DEFAUCONPRET,
AVEC DES ÉCLAIRCISSEMENS ET DES NOTES HISTORIQUES.

« Je connaissais Anselme, il était homme sage !
« Très instruit, et plus fin, certes, qu'aucun de nous.
« Mais on était surpris de son enfantillage,
« Et de le voir encor rechercher les joujoux :
« Tels que petits bouquins ornés d'enluminures,
« Médailles dont la rouille effaça les figures,
« Et même l'air noté de quelque vieux refrain
« Dont peut-être on berça jadis le roi Pepin. »

PARIS.
FURNE, LIBRAIRE-ÉDITEUR,
QUAI DES AUGUSTINS, N° 39.

M DCCC XXX.

AVERTISSEMENT.

L'ouvrage suivant complète une série de fictions destinées à faire connaître les mœurs écossaises à trois différentes époques. Waverley embrassait le temps de nos pères, Guy Mannering celui de notre jeunesse, et l'Antiquaire nous reporte aux dix dernières années du dix-huitième siècle. Dans *l'Antiquaire*, comme dans *Guy Mannering*, j'ai cherché mes principaux personnages dans la classe de la société qui est la dernière à ressentir l'influence de ce poli de la civilisation générale qui rend semblables les mœurs des différentes nations. C'est dans la même classe que j'ai placé quelques-unes des scènes par lesquelles j'ai cherché à faire apprécier l'énergie de certaines passions violentes, parce que les hommes du peuple sont moins soumis à la contrainte habituelle de dompter leurs sensations, et parce que je pense avec M. Wordsworth [1] que rarement ils manquent de les rendre dans le langage le plus expressif et le plus éloquent. Tel est, je crois, particulièrement ce qui a lieu pour les habitans des campagnes en Ecosse, classe que j'ai long-temps fréquentée [2]. La force et la simplicité antique de leur langage, souvent empreint de l'éloquence orientale de l'Ecriture chez ceux

---

[1] L'auteur fait ici allusion à l'espèce de doctrine démocratique en poésie exposée par le poète Wordsworth dans la préface de ses œuvres. Le lecteur en trouvera une exposition abrégée dans le *Voyage historique et littéraire en Angleterre et en Ecosse*. — Ed.

[2] Sir Walter Scott a passé une grande partie de sa jeunesse dans les fermes de sa famille, situées dans les comtés de Roxburgh et de Selkirk. Il a dit lui-même que sa nourrice fut sa première institutrice en poésie. — Ed.

d'entre eux qui ont une intelligence élevée, rend pathétique leur douleur, et donne de la dignité à leur ressentiment [1].

J'ai plus cherché à décrire minutieusement des mœurs nationales qu'à combiner artificiellement des événemens. Je dois avouer qu'à mon grand regret je me suis senti dans l'impuissance de réunir ces deux conditions d'un bon roman.

La friponnerie de l'adepte dans l'ouvrage qu'on va lire peut paraître forcée et invraisemblable. Mais nous avons eu, dans les derniers temps, des exemples plus frappans encore d'une superstitieuse crédulité, et le lecteur peut être assuré que cette partie de la narration est fondée sur des événemens encore récens.

Je n'ai plus maintenant qu'à exprimer ma reconnaissance au public pour l'honorable réception qu'il a daigné faire à des ouvrages qui n'ont guère eu d'autre mérite que quelque vérité de coloris, et je prends congé de lui respectueusement, comme quelqu'un qui probablement sollicite sa faveur pour la dernière fois [2].

---

(1) La Bible est la lecture de tous les jours dans une famille bien réglée d'Ecosse. Voyez dans l'ouvrage déjà cité du Dr. A. P. la traduction du *Samedi soir du laboureur*, où Burns, dans un de ses momens d'inspiration grave et religieuse, peint l'intérieur d'une chaumière. — ED.

(2) On voit ici que l'auteur, en feignant de donner au public son dernier ouvrage, se préparait seulement à mettre en scène le Jedediah Cleishbotham et le P. Pattieson des *Contes de mon Hôte*, pour remplacer le premier auteur anonyme de *Waverley*. — ED.

L'ANTIQUAIRE.

(The Antiquary.)

CHAPITRE PREMIER.

« Qu'on m'appelle un carrosse ! un carrosse à l'instant !
« Qu'on crie, et que ce cri partout se répétant,
« On n'entende plus rien qu'un carrosse ! un carrosse ! »
Chrononhotonthologos.

Vers la fin du dix-huitième siècle, un jeune homme de bonne mine, obligé de se rendre dans le nord-est de l'Ecosse, arriva le matin d'un beau jour d'été pour retenir et occuper une place dans une de ces voitures publiques qui vont d'Edimbourg au Queensferry, où, comme le nom de ce dernier lieu l'annonce [1], et comme tous mes lecteurs d'Ecosse le savent bien, l'on trouve un paquebot pour traverser le Frith [2] du Forth. La voiture était destinée à contenir six voyageurs réguliers, outre ceux que le co-

---

(1) *Queensferry* signifie passage de la reine. Ferry est un lieu où l'on passe une rivière à bac.

Queensferry est un bourg royal du comté de Linlithgow, sur la côte du Frith du Forth, à neuf milles ouest d'Edimbourg. On suppose que son nom lui vient de la femme du roi Malcom Canmore (1057), qui fréquentait beaucoup ce passage. — Ed.

(2) Un *Frith* ou *Firth* est un détroit formé par l'embouchure d'un fleuve se jetant dans la mer. Le Frith du Forth s'appelle aussi souvent *le Frith*, sans ajouter *du Forth*. — Ed.

cher, par un trafic interlope, pouvait recruter sur la route, et qu'il imposait en quelque sorte aux possesseurs légitimes des places. Les billets qui donnaient droit à une place garantie dans ce carrosse peu commode étaient distribués par une vieille femme à l'air rusé, dont le nez effilé portait une paire de lunettes. Elle habitait une — laigh shop, — c'est-à-dire une espèce de caveau ouvert dans High-Street, au fond duquel elle vendait du ruban, du fil, des aiguilles, des écheveaux de laine, de la grosse toile, et d'autres objets du même genre, à l'usage du beau sexe. Mais il fallait autant de courage que d'adresse pour descendre dans son antre profond par un escalier droit et escarpé sans y tomber la tête la première, ou sans y précipiter quelqu'un des nombreux échantillons qui, placés de chaque côté sur les marches de l'escalier, annonçaient le négoce de la vieille [1].

Un placard manuscrit, collé sur une planche avancée, annonçait que la diligence de Queensferry, dite la Mouche des Hawes [2], partirait à midi précis, le mardi 15 juillet 17—, afin d'assurer aux voyageurs les moyens de profiter de la marée pour traverser le Frith. Pour cette fois, il mentait comme un bulletin, car, quoique le clocher de Saint-Giles eût fait entendre l'heure, répétée par l'horloge du Tron [3], aucune voiture ne paraissait au lieu du départ. Il est vrai qu'on n'y avait retenu que deux places, et il était possible que la maîtresse de la demeure souterraine s'entendît avec son Automédon, afin de laisser passer, en pareil cas, un certain délai pour remplir les places vides. Peut-être aussi ledit Automédon, chargé d'un convoi funéraire, s'était-il trouvé retardé par la nécessité de dépouiller son équipage de ses ornemens lu-

(1) On trouve encore dans la même rue de ces sortes de boutiques presque souterraines. — Éd.

(2) *Hawes* signifie les fruits de l'aubépine. C'est le nom d'une auberge, que nous traduirons *euphoniæ gratiâ*. — Éd.

(3) Saint-Giles, cathédrale d'Édimbourg; Tron-Church, est aussi une église de la vieille ville. — Éd.

gubres; ou peut-être encore s'amusait-il à vider une pinte avec son compère le valet d'écurie; ou, — bref, la voiture ne paraissait pas.

Le jeune homme commençait à s'impatienter, lorsque la personne qui avait retenu la deuxième place vint le joindre et partager cette contrariété, qu'on peut compter au nombre des petites misères de la vie humaine. Celui qui se dispose à se mettre en voyage est distingué aisément de ses concitoyens. Les bottes, le manteau, le parapluie, le petit paquet sous le bras, le chapeau enfoncé sur le front, un air résolu, un pas délibéré, le laconisme avec lequel on répond aux complimens des connaissances qu'on rencontre, sont autant de marques auxquelles le voyageur qui a l'expérience des malles-postes ou des diligences peut reconnaître de loin le compagnon de son futur voyage. C'est alors qu'écoutant les conseils de la sagesse humaine, le premier arrivé se hâte de s'emparer de la meilleure place de la voiture, et d'y arranger son bagage de la manière qui lui convient, avant l'arrivée de son compétiteur. Notre jeune homme n'était guère doué de prudence dans aucun genre : d'ailleurs l'absence de la voiture lui ôtait les moyens de se prévaloir de son droit de priorité. Il s'amusa donc, pour se dédommager, à tâcher de deviner quels étaient l'état et le caractère du personnage qui arrivait au bureau.

C'était un homme d'environ soixante ans, peut-être plus, mais dont le teint frais et la démarche assurée prouvaient que les années ne l'avaient encore privé ni de ses forces ni de sa santé. Il avait une physionomie des plus écossaises, les traits un peu durs, l'œil malin et perçant, et un air de gravité habituelle animée par un penchant à l'ironie. Il portait un habit complet de drap d'une couleur assortie à son âge et à son air sérieux; sa perruque bien frisée, bien poudrée, et surmontée d'un chapeau enfoncé jusque sur ses yeux, semblait annoncer un homme appartenant à une des professions savantes. Ce pouvait être un ecclésiastique, cependant il avait l'air plus mondain que ne l'ont ordinairement les ministres de l'Eglise d'Ecosse, et sa première exclamation ne laissa aucun doute à cet égard.

Il arriva d'un air pressé, et jetant un coup d'œil d'alarme sur le cadran de l'horloge de l'église, il regarda à l'endroit où la voiture aurait dû se trouver, et s'écria : — Le diable s'en mêle, j'arrive trop tard !

Le jeune homme le tira d'inquiétude en lui disant que la voiture n'avait pas encore paru. Le vieillard, sentant probablement lui-même son défaut de ponctualité, n'eut pas d'abord le courage d'accuser le cocher d'en manquer. Il prit des mains d'un enfant qui le suivait un paquet qui semblait contenir un grand volume in-folio, et, lui passant la main sur la tête, lui dit de s'en aller, et de dire à M. B*** que s'il avait su qu'il eût tant de loisir, il aurait ajouté un mot ou deux avant de conclure son marché.

— Sois exact à remplir tes devoirs, ajouta-t-il, et tu feras ton chemin aussi bien que qui que ce soit qui ait jamais épousseté un in-douze.

L'enfant resta encore un instant, peut-être dans l'espérance de recevoir un sou pour acheter des billes ; mais ce sou n'arriva point. Le vieillard appuya son paquet sur une borne qui était au coin de l'escalier, en face du voyageur qui était venu le premier, et attendit en silence pendant environ cinq minutes la tardive diligence.

Enfin, après avoir regardé une ou deux fois avec impatience l'aiguille du cadran et l'avoir comparée avec celle de sa grosse et antique montre d'or à répétition, il fronça le sourcil; pour donner plus d'emphase à ce qu'il allait dire, et appela la vieille dame de la caverne.

— Eh ! bonne femme ! Comment diable s'appelle-t-elle donc ? Mistress Macleuchar !

Mistress Macleuchar, qui sentait qu'elle devait se tenir sur la défensive dans la rencontre qui allait s'ensuivre, n'était nullement pressée d'accélérer la discussion par une prompte réponse.

—Mistress Macleuchar! bonne femme! cria le voyageur. Peste soit de la vieille sorcière! ajouta-t-il à part. Il faut qu'elle soit sourde comme un poteau. Dites donc, mistress Macleuchar!

— Je suis occupée à servir une pratique. — C'est en conscience, ma belle, je ne vous surfais pas d'une bodle.

—Femme, répéta le voyageur, croyez-vous que nous soyons obligés d'attendre ici toute la journée, jusqu'à ce que vous ayez attrapé à une pauvre servante le montant de ses gages et profits d'une demi-année?

—Attrapé! répéta mistress Macleuchar, charmée de voir la querelle s'engager sur un point défendable; je méprise vos propos, monsieur, et je vous prie de ne pas vous arrêter au haut de mon escalier pour m'injurier.

— Cette femme, dit le vieillard en jetant un regard d'intelligence sur son futur compagnon de voyage, est décidée à ne pas m'entendre. Femme, ajouta-t-il en baissant la tête vers le caveau, je n'attaque pas ta réputation, mais je désire savoir ce qu'est devenue ta voiture.

—Que désirez-vous? demanda mistress Macleuchar, retombant dans sa surdité.

— Madame, dit le jeune homme, nous avons retenu des places pour Queensferry dans votre diligence...

—Qui devrait avoir déjà fait la moitié du chemin, continua le vieillard plus impatient, et dont la colère augmentait à chaque mot qu'il prononçait; et maintenant, suivant toutes les apparences, nous manquerons la marée: j'ai pourtant des affaires importantes de l'autre côté de l'eau, et votre maudite voiture...

—La voiture! s'écria la vieille dont la voix aigre se monta alors sur un ton plus doux: que Dieu nous protège! n'est-elle pas encore sur la place? est-ce que vous attendez la voiture?

— Et pour quoi croyez-vous que nous soyons à nous rôtir au soleil sous votre gouttière, femme sans foi?

Mistress Macleuchar monta sur son escalier, qu'on au-

rait pu nommer une échelle, quoiqu'il fût de pierres, jusqu'à ce que son nez fût de niveau avec la rue, et après avoir essuyé ses lunettes pour chercher ce qu'elle savait fort bien ne pas trouver, elle s'écria, feignant la surprise :
— Que Dieu me protège ! vit-on jamais chose semblable ?
— Oui, femme abominable, s'écria le vieux voyageur : on a vu et on verra encore chose semblable toutes les fois qu'on aura quelque affaire à démêler avec votre misérable sexe !

Et, se promenant avec indignation devant la porte de la boutique, de même qu'un vaisseau qui lâche sa bordée en passant devant une forteresse ennemie, il s'arrêtait chaque fois pour accabler de plaintes, de reproches et de menaces mistress Macleuchar, qui commençait à se trouver fort embarrassée.

— Il appellerait un fiacre ; il prendrait une chaise de poste, il y ferait atteler quatre chevaux ; il fallait qu'il passât l'eau dans la journée. Tous les frais, dommages et intérêts résultant de ce retard retomberaient sur mistress Macleuchar.

Il y avait quelque chose de si comique dans l'expression de ce dépit, que le jeune voyageur, qui n'avait aucun motif pour être si pressé de partir, ne put s'empêcher de s'en amuser, d'autant plus qu'il était évident que le vieillard, quoique fort en colère, ne pouvait s'empêcher de rire de temps en temps de la chaleur qu'il y mettait. Mais quand il vit mistress Macleuchar céder à la même envie, il se hâta de mettre un terme à cette gaieté mal placée.

— Femme, lui dit-il en tirant de sa poche un morceau de papier chiffonné, n'est-ce pas vous qui avez fait distribuer cet avis au public? n'annonce-t-il pas qu'avec la grace de Dieu, comme vous avez l'hypocrisie de le dire, la Mouche des Aubépines, ou la diligence de Queensferry, partira aujourd'hui à midi précis? n'est-il pas midi un quart! où est donc ta mouche, ta diligence? ô la plus fausse de toutes les créatures ! Sais-tu quelle est la conséquence de tromper les sujets du roi par des promesses mensongères ? sais-tu qu'on peut diriger une action contre toi, en vertu du statut sur les engagemens non exécutés ? Réponds-moi ; et, pour une fois dans toute ta vie aussi longue qu'inutile, que ce soit avec franchise et vérité ! as-tu une telle diligence ? existe-t-elle *in rerum naturâ?* ou n'est-ce qu'une perfidie pour faire perdre aux imprudens leur temps, leur patience et trois shillings de bon argent au cours légal de ce royaume ? As-tu une telle voiture ? je te le demande : oui ou non.

— O mon Dieu ! oui, monsieur. Tous les voisins connaissent ma diligence : — fond vert, bariolé de rouge, trois roues jaunes et une noire.

— Ta description spéciale ne prouve rien, femme. Ce ne peut être qu'un mensonge de plus.

— Hé bien ! monsieur, dit mistress Macleuchar hors d'état de riposter aux attaques répétées de l'éloquence du voyageur, reprenez vos trois shillings, et que je n'en entende plus parler.

— Doucement, femme, doucement ! trois shillings me conduiront-ils à Queensferry, conformément à ton programme imposteur ? m'indemniseront-ils du dommage que ce retard peut occasioner à mes affaires ? défraieront-ils mes dépenses si je suis obligé de passer un jour à Queensferry pour attendre la marée, ou de louer une barque, dont le prix régulier est de cinq shillings ?

Son discours fut interrompu par un bruit sourd, produit par la voiture attendue ; elle arrivait avec toute la célérité que pouvaient mettre les haridelles poussives qui y étaient attelées. Ce fut avec un plaisir ineffable que mistress Macleuchar vit celui qui la tourmentait ainsi prendre sa place ; comme la voiture partait, il avança la tête par la portière, pour lui rappeler que, s'il n'arrivait pas à Queensferry assez à temps pour profiter de la marée, elle serait responsable de toutes les conséquences; mais ses paroles se perdirent dans le bruit des roues.

La diligence avait fait un mille ou deux avant que le vieillard eût recouvré son égalité d'ame, ce que prouvaient les exclamations qu'il faisait de temps en temps sur la probabilité et même la certitude de manquer la marée. Cependant sa colère se calma par degrés; il s'essuya le front; ses traits se déridèrent; et, ouvrant le paquet qu'il tenait sur ses genoux, il en tira un grand in-folio qu'il regardait de temps en temps de l'air d'un connaisseur, admirant sa bonne conservation, et le feuilletant page par page pour s'assurer qu'il était intact et sans défaut depuis le titre jusqu'à la dernière ligne. Son compagnon de voyage prit la liberté de lui demander quel était le sujet d'une attention si studieuse. A cette demande, le vieillard leva sur lui des yeux qui semblaient armés de sarcasme, comme s'il eût supposé que le jeune homme prendrait peu d'intérêt à sa réponse, et peut-être même ne la comprendrait pas. Il lui dit pourtant que ce livre était l'*Itinerarium septentrionale* de Sandy Gordon, ouvrage destiné à faire connaître les restes d'antiquités romaines de l'Ecosse. Ce titre savant n'effraya pas son jeune compagnon, qui, de question en question, fit voir qu'il avait profité d'une bonne éducation, et que, s'il n'avait pas des connaissances bien approfondies sur le sujet des antiquités, il possédait assez bien les auteurs classiques pour pouvoir écouter avec plaisir et attention quand on lui en parlait. Le vieux voyageur vit avec satisfaction que son compagnon temporaire était en état de le comprendre et de lui répondre, et il se plongea avec ardeur dans une mer de discussions sur les urnes, les vases, les autels et les camps romains, et sur les règles de la castramétation.

Le plaisir qu'il trouvait à cette conversation charmait tellement les heures, que la voiture s'arrêta deux fois, et chaque fois pour un temps beaucoup plus considérable que le délai qui avait attiré tant de colère sur la pauvre mistress Macleuchar, sans que notre Antiquaire daignât témoigner son impatience autrement que par quelques exclamations qui lui étaient arrachées plutôt par le désagrément de se trouver interrompu dans une dissertation, que par les retards qu'il éprouvait dans son voyage.

Un ressort qui se rompit occasiona le premier, et une demi-heure suffit à peine pour remédier à cet accident. Quant au second, si l'antiquaire n'en fut pas la cause directe, il y contribua du moins, car, remarquant qu'un des chevaux était déferré d'un pied de devant, il fit part au cocher de cette découverte importante.—Oh! répondit celui-ci, Jamie Martingale a fait un marché pour fournir et entretenir les fers des chevaux, et je n'ai pas le droit de m'arrêter pour leur en faire mettre de neufs.

—Et quand tu iras à tous les diables, comme tu le mérites, coquin, as-tu fait marché avec quelqu'un pour qu'il t'y conduise? Si tu ne fais pas ferrer ce pauvre animal chez le premier maréchal, je te réponds que je te ferai punir quand il n'y aurait qu'un juge de paix dans tout le Midlothian [1]. Et en même temps, ouvrant la portière, il descendit de voiture, tandis que le cocher lui obéissait en grondant, et en disant à voix basse que si les voyageurs manquaient la marée, ils n'avaient plus rien à lui reprocher, puisqu'on le forçait à s'arrêter malgré lui.

J'aime si peu analyser la complication des causes qui influent sur les actions humaines, que je ne me hasarderai point à rechercher si la compassion de notre antiquaire pour le pauvre cheval ne fut pas puissamment aidée par le désir de montrer à son compagnon un camp ou cantonnement des Pictes dont un échantillon parfait et très curieux se trouvait à une centaine de pas de l'endroit où cet accident était arrivé. Si j'étais forcé de décomposer les motifs de la conduite de mon digne ami (car le vieux an-

---

(1) Comté dont Edimbourg est la ville principale. — Ed.

tiquaire à la perruque poudrée était mon ami)[1], je dirais que, dans aucun cas, il n'aurait souffert qu'un cocher forçât à marcher un cheval hors de service, au risque de l'estropier; mais je conviendrai que le porte-fouet évita de sévères reproches et quelques invectives, grace à la manière agréable dont notre voyageur trouva à s'occuper pendant ce nouveau délai.

Ces diverses interruptions firent perdre un temps si long, qu'en descendant la montagne au pied de laquelle est l'Aubépine, nom de l'auberge où ils devaient s'arrêter à Queensferry, l'œil exercé de l'antiquaire reconnut sur-le-champ, à l'étendue de sable et à certains rochers de pierre noire, couverts d'herbes marines qui étaient visibles le long du rivage, que l'heure de la marée était passée. Le jeune voyageur s'attendait à une nouvelle explosion de colère; mais, soit que notre héros, en déplorant d'avance ses infortunes, se fût épuisé au point de ne plus les sentir aussi vivement lorsqu'elles se réalisaient, comme dit Croaker dans *le Bon-Homme*[2], soit qu'il trouvât la compagnie dans laquelle le hasard l'avait placé trop conforme à son goût pour se plaindre d'un incident qui allait retarder son voyage, il est certain qu'il se soumit à son sort avec résignation.

—Au diable soit la diligence et la vieille sorcière à qui elle appartient. Diligence! dis-je? on devrait la nommer la Lenteur. Elle l'appelle la Mouche; elle marche comme une mouche dans de la glu, comme dit l'Irlandais. — Au surplus, le temps et la marée n'attendent personne; ainsi, mon jeune ami, nous ferons une halte aux Aubépines, qui est une auberge assez passable, et j'aurai le temps de vous expliquer la différence qui existe entre la manière de retrancher les *castra stativa* et les *castra æstiva*, choses qui ont été confondues par un trop grand nombre d'his-

---

(1) On prévoit que l'auteur s'identifiera volontiers avec un personnage auquel il prête son goût pour les bouquins et les antiquités. — ÉD.

(2) Comédie de Goldsmith. — ÉD.

toriens. Hélas! que ne se sont-ils donné la peine de consulter leurs yeux, au lieu de marcher à l'aveugle! Du reste, nous ne serons pas trop mal aux Aubépines; il fallait que nous dînassions quelque part, et il sera plus agréable de partir avec la marée et le vent frais du soir.

Ce fut dans cette disposition toute chrétienne de tirer le meilleur parti possible des événemens, que nos voyageurs descendirent aux Aubépines.

CHAPITRE II.

« Monsieur, on calomnie et mon auberge et moi!
« Un gigot desséché! c'est un peu fort, ma foi!
« Pour boisson, dites-vous, de la petite bière!
« Ceux qui parlent ainsi ne nous connaissent guère.
« De l'homme le vin seul peut réjouir le cœur.
« Regardez notre enseigne, et vous n'aurez plus peur
« D'entrer enfin chez nous : *à la liqueur exquise,*
« *Boire sec et chanter :* Monsieur, c'est ma devise. »
BEN JOHNSON. — *La Nouvelle Auberge.*

LE plus âgé des deux voyageurs, en descendant le marche-pied un peu usé de la diligence, fut salué par l'aubergiste, homme gros, gras et goutteux, avec ce mélange de respect et de familiarité que les aubergistes écossais de l'ancienne école montraient à leurs habitués.—Le ciel me soit en aide, Monkbarns! s'écria-t-il en lui donnant le nom de son domaine, titre qui sonne toujours agréablement à l'oreille d'un propriétaire écossais; est-ce bien vous? je ne pensais guère que je verrais Votre Honneur ici avant la fin de la session d'été.

—Vieux radoteur du diable, répondit l'antiquaire dont l'accent écossais n'était guère saillant que lorsqu'il était en colère, qu'ai-je à démêler avec la cour des sessions, les oisons qui la fréquentent, et les faucons qui y guettent leur proie?

— Oh certes! c'est la vérité, répondit l'hôte, qui, dans le fait, n'avait parlé ainsi que par un souvenir vague de la première éducation de l'étranger, mais qui aurait été bien fâché de ne point passer pour être au fait des occupations et de l'état des pratiques qui venaient de temps en temps chez lui; c'est la vérité, mais je croyais que vous aviez quelque affaire en justice pour votre compte. J'en ai une, moi qui vous parle; un procès que mon père m'a laissé, et qui lui avait été laissé par le sien. C'est relativement à notre cour de derrière. Vous en avez peut-être entendu parler à Parliament-House [1]; Hutchinson contre Mackitchinson; c'est une affaire bien connue : elle a été quatre fois devant les quinze juges, mais du diable si le plus savant d'entre eux a pu rien y comprendre, et tout ce qu'ils ont pu faire a été de la renvoyer à la cour extérieure [2]. Oh! c'est une belle chose que de voir le temps et le soin qu'on met à rendre la justice en ce pays!

— Retenez votre langue, fou que vous êtes, dit le voyageur d'un ton de bonne humeur, ou plutôt dites-nous ce que vous pouvez nous donner pour dîner, à ce jeune homme et à moi.

---

(1) L'édifice où sont les principales cours de justice à Édimbourg. — ED.

(2) Il faudrait, pour bien comprendre ce dialogue, connaître la composition de la cour des sessions avant 1808, époque où cette cour a subi une organisation nouvelle. Le greffier de cette cour s'est bien gardé de trahir ici son incognito par une longue note, dont pourtant on lui aurait su gré. Essayons d'y suppléer.

La cour des sessions est la cour suprême de judicature civile. Elle fut établie par le roi Jacques V en 1532, sur le modèle de nos anciens parlemens. Il y avait quinze juges ordinaires, c'est-à-dire sept ecclésiastiques et sept laïques, avec un président qui était originairement homme d'église. Depuis long-temps les ecclésiastiques sont exclus de ces fonctions, auxquelles sont appelés les seuls hommes de loi. Les quinze juges réunis formaient le tribunal qui jugeait en dernier ressort dans la chambre ou cour intérieure (*inner court*); mais chacun des juges à tour de rôle était détaché des autres, et, sous le titre de *lord-ordinary*, il siégeait dans une salle à part (*an outer Hall*), cour extérieure, pour y instruire les procès en première instance, et décider s'ils devaient être soumis à la cour assemblée. La cour des sessions, dans son organisation actuelle, est encore divisée en plusieurs chambres. Tous les juges sont traités de lord. C'est de cette cour suprême que sir Walter Scott est greffier. Cette explication suffira pour le sens du dialogue qui a amené la note. — ED.

— Oh! nous ne manquons pas de poisson, c'est-à-dire nous avons de la truite de mer et de la merluche, dit Mackitchinson en tordant son tablier, et si vous voulez une côtelette de mouton, et une tarte de mûres sauvages...... en un mot, vous n'avez qu'à dire ce que vous désirez.

— Ce qui veut dire qu'il n'y a pas autre chose. Fort bien! le poisson, les côtelettes et la tarte nous suffiront. Mais n'imitez pas les délais prudens que vous louez dans les cours de justice, et ne nous renvoyez pas de la cour intérieure à la cour extérieure : m'entendez-vous?

— Non, non! répondit Mackitchinson, qui, ayant lu avec attention des volumes entiers de procédures de la cour des sessions, y avait appris quelques termes de la langue des lois; le dîner sera servi *quàm primùm*, et cela *peremptoriè*. Et avec le sourire flatteur d'un hôte qui fait une promesse, il les fit entrer dans son parloir, décoré des gravures des quatre Saisons.

Comme, malgré la promesse que l'hôte venait de faire, les glorieux délais des cours de justice pouvaient trouver un parallèle dans la cuisine de l'*Aubépine*, notre jeune voyageur profita de cette occasion pour obtenir dans la maison quelques renseignemens sur l'état et la qualité de son compagnon de voyage. Il ne recueillit que des détails d'une nature générale et peu authentiques, mais suffisans pour lui faire connaître le nom et les principales circonstances de l'histoire de l'homme que nous allons tâcher de faire connaître, en peu de mots, à nos lecteurs.

Jonathan Oldenbuck, nommé généralement par contraction Oldbuck de Monkbarns, était le second fils d'un gentilhomme qui possédait un petit domaine dans le voisinage d'un port de mer du nord-est de l'Ecosse, que pour différentes raisons nous appellerons Fairport [1]. Ses ancêtres y étaient établis depuis plusieurs générations, et, dans quelques comtés d'Angleterre, cette famille aurait

---

(1) Le Fairport de *l'Antiquaire* est Arbroath ou Aberbrothick, dans le comté d'Angus, à quarante milles d'Edimbourg. — ED.

pu passer pour avoir quelque importance. Mais dans le comté qu'elle habitait en Ecosse, il s'en trouvait de beaucoup plus anciennes, et surtout de beaucoup plus riches. Pendant la dernière génération, toute la noblesse des environs avait été presque universellement jacobite, tandis que les lairds de Monkbarns avaient constamment pris parti pour la succession protestante, de même que les bourgeois de la ville dont ils étaient voisins. Les Monkbarns avaient pourtant un arbre généalogique, dont ils faisaient autant de cas que ceux par qui il était méprisé estimaient leur origine saxonne, normande ou celtique. Le premier Oldenbuck qui s'était établi dans le domaine de la famille descendait, disaient-ils, d'un des inventeurs de l'imprimerie en Allemagne, et il avait quitté son pays à cause des persécutions dirigées contre ceux qui faisaient profession de la religion réformée. Il avait trouvé un asile dans la ville près de laquelle sa postérité demeurait encore, et il y avait été reçu d'autant plus volontiers qu'il avait été persécuté comme protestant. Mais ce qui lui ménageait surtout ce bon accueil, c'est qu'il apportait assez d'argent pour acheter le petit domaine de Monkbarns, mis en vente par un laird dissipateur au père duquel le gouvernement l'avait octroyé avec d'autres biens de l'Eglise, après la destruction du grand et riche monastère auquel il avait appartenu. Les Oldenbucks se montraient donc sujets loyaux chaque fois qu'il survenait une insurrection ; et, comme ils vivaient en bonne intelligence avec la ville voisine, il arriva que le laird de Monkbarns qui florissait en 1745 en était prévôt pendant cette malheureuse année. Il avait montré le plus grand zèle en faveur du roi George, et il avait même fait, pour la cause de ce monarque, des dépenses que, suivant sa coutume libérale envers ses amis, le gouvernement ne lui avait jamais remboursées. Cependant, à force de sollicitations, et grace à son influence locale, il parvint à obtenir une place dans les douanes, et, comme il était économe et rangé, il s'était trouvé en état d'augmenter considérablement sa fortune patrimoniale. Il n'eut que deux fils, dont le laird actuel était le plus jeune, comme nous l'avons dit, et deux filles dont l'une jouissait encore des charmes du célibat : l'autre, beaucoup plus jeune, s'était mariée par inclination avec un capitaine du 42e régiment qui n'avait d'autre fortune que sa commission et sa généalogie highlandaise [1]. L'indigence troubla une union que l'amour aurait rendue heureuse, et le capitaine Mac Intyre, pour soutenir sa femme et ses deux enfans, un garçon et une fille, s'était trouvé dans la nécessité d'aller chercher fortune dans les Indes orientales. Ayant fait partie d'une expédition contre Hider-Ali, son détachement fut coupé, et jamais sa malheureuse épouse n'avait pu savoir s'il avait succombé sur le champ de bataille, s'il avait été massacré en prison, ou s'il vivait encore dans une captivité dont le caractère du tyran des Indes ne laissait aucune espérance de le voir sortir. Elle ne put supporter le double fardeau du chagrin et de l'incertitude, et légua en mourant ses enfans aux soins de son frère, le laird actuel de Monkbarns.

L'histoire de celui-ci ne sera pas longue. Etant un fils puîné, comme nous l'avons déjà dit, son père se proposait de l'associer à une maison de commerce tenue par un parent de sa mère; mais Jonathan se révolta contre cette proposition. On le fit donc entrer en qualité de clerc chez un *writer* [2] ou procureur, et il y fit tant de progrès qu'il se mit parfaitement au fait de toutes les formes des investitures féodales. Il trouvait tant de plaisir à concilier leurs incohérences et à remonter à leur origine, que son maître avait grand espoir de le voir un jour devenir un habile

(1) Les Highlanders ont en général de grandes prétentions à la noblesse. — Éd.

(2) A writer (*to the signet*), un écrivain (*du sceau*). On appelle ainsi les procureurs, qui ont entre autres privilèges exclusifs celui de signer les actes (*writs*) revêtus du *sceau royal*. C'est une corporation très-nombreuse à Edimbourg. — Éd.

conveyancer ¹. Mais il s'arrêta au seuil du temple de Thémis, et quoiqu'il eût déjà acquis quelques connaissances sur l'origine et le système des lois de son pays, jamais on ne put le déterminer à les diriger vers un but pratique et lucratif. S'il trompait ainsi les espérances de son chef, ce n'était point par ignorance ou par oubli des avantages qui résultent de la possession des richesses. S'il était étourdi, disait le procureur, s'il avait la tête légère, s'il était *rei suæ prodigus*, prodigue de son avoir, je saurais que faire de lui; mais jamais il ne change un shilling sans regarder à deux fois s'il a bien son compte; il va plus loin, avec six pence (*six sous*) que tout autre jeune homme de son âge avec une demi-couronne (*deux shillings et demi*); il passera des journées entières enfoncé dans la lecture d'un vieil acte du parlement en caractères gothiques, plutôt que d'aller au cabaret ou au *golf* ², et cependant il ne donnera pas un de ses jours à une petite affaire de routine qui lui mettrait vingt shillings dans la poche : mélange bien étrange d'économie et d'indolence, de négligence et d'industrie. Je ne sais véritablement qu'en faire.

Mais, avec le temps, son élève obtint les moyens de faire de lui-même ce que bon lui semblait. Son père mourut, et son frère aîné ne lui survécut pas long-temps. C'était un chasseur intrépide ; et il mourut des suites d'un catarrhe qu'il avait gagné en chassant des canards sauvages dans les marais appelés Kitllefitting-moss, quoiqu'il eût bu dans la matinée une bouteille d'eau-de-vie pour préserver son estomac du froid. Jonathan entra donc en possession du domaine de la famille, et eut le moyen de subsister sans

---

(1) Faiseurs de contrats : les writers exercent en même temps les fonctions de conveyancer (*notaire*). — Ed.

(2) Le *golf* est le jeu du mail. Les joueurs sont armés d'un mail, marteau à deux têtes, avec un manche flexible et élastique : ils frappent et enlèvent une boule qu'il s'agit de loger en moins de coups possible dans une série de trous. Il y a à Edimbourg une compagnie de *golfers* (joueurs de mail) qui jadis n'avait guère moins d'importance que la compagnie des archers. — Ed.

s'occuper des viles subtilités de la chicane. Ses désirs étaient bornés, et comme ses revenus augmentaient en proportion de l'amélioration générale du pays, ils excédèrent bientôt ses besoins et ses dépenses; or, s'il était trop indolent pour gagner de l'argent, il n'était nullement insensible au plaisir de le voir s'accumuler dans ses coffres. Les bourgeois de la ville voisine le regardaient avec une sorte d'envie, comme un homme qui affectait de se séparer d'eux dans la société, et dont les goûts et les plaisirs leur paraissaient également incompréhensibles. Cependant il conservait parmi eux une sorte de prépondérance, grace au respect héréditaire qu'ils avaient pour les lairds de Monkbarns, respect qu'augmentait encore sa réputation d'homme à argent comptant. Les gentilshommes campagnards étaient en général au-dessus de lui par la fortune, et fort au-dessous du côté de l'intelligence; aussi les voyait-il fort peu, un seul excepté avec lequel il était plus intimement lié. Il avait d'ailleurs les ressources locales ordinaires; le ministre et le docteur étaient à ses ordres quand il le désirait; et ses goûts particuliers lui donnaient beaucoup d'occupation, étant en correspondance suivie avec la plupart des amateurs d'antiquités qui, comme lui, cherchaient à reconnaître des retranchemens détruits, tiraient des plans de châteaux ruinés, déchiffraient des inscriptions illisibles, et écrivaient des essais sur des médailles, à raison de douze pages par chaque lettre de la légende. Il s'irritait facilement; c'était une habitude qu'il avait contractée depuis qu'il avait, disait-on, été trompé dans ses premiers et derniers amours à Fairport, ce qui l'avait rendu *misogyne* [1], comme il se nommait lui-même, mais surtout parce qu'il était gâté par les soins et les attentions qu'avaient pour lui sa vieille sœur et sa jeune nièce. Il les avait habituées à le regarder comme le plus grand homme du monde, et il les citait comme les

---

(1) Ennemi du sexe. — Tr.

seules femmes qu'il eût jamais vues domptées et dressées à l'obéissance. Il faut pourtant convenir que miss Grizzy Oldbuck était quelquefois portée à regimber, lorsqu'il tenait les rênes trop serrées. Le reste de son caractère se développera dans le cours de cette histoire, et nous renonçons avec plaisir à la tâche pénible d'en récapituler tous les traits.

Pendant le dîner, M. Oldbuck, pressé par la même curiosité que son compagnon de voyage avait éprouvée à son égard, profita des privilèges que lui donnaient son âge et sa situation dans le monde, pour s'informer d'une manière plus directe du nom, de la qualité et des projets du jeune homme.

Celui-ci lui apprit qu'il se nommait Lovel.

— Quoi! le *chat*, le *rat*, et *notre chien Lovel?* Descendez-vous du favori du roi Richard [1]?

— Il n'avait pas, répondit-il, de prétentions à une si haute lignée dans la race canine. Son père était un gentilhomme du nord de l'Angleterre. Il se rendait en ce moment à Fairport (ville près de laquelle était situé Monkbarns), et s'il en trouvait le séjour agréable, il y passerait peut-être quelques semaines.

— Le voyage de M. Lovel n'avait-il que le plaisir pour objet?

— Pas tout-à-fait.

— Peut-être quelque affaire avec des négocians de Fairport?

— Il y avait quelques affaires, mais qui n'avaient aucun rapport au commerce.

---

(1) Sous le règne de Richard III, un nommé Collingbourne fit les deux vers suivans :

A Rat, à Cat and Lovel our dog
Rule all England under a hog.

— « Un *rat*, un *chat* et *Lovel* notre *chien* gouvernent toute l'Angleterre sous un *porc*. » Le rat était *Ratcliffe*, le chat *Catesby*, et lord Lovel était nommé en toutes lettres, parce que c'était alors fréquemment un nom de chien. Quant au porc, c'était Richard lui-même. Ce distique contre le roi et ses favoris fut puni de la peine de mort. Le nom de Lovel est aussi un nom de roman et de comédie. — ÉD.

Il n'en dit pas davantage, et M. Oldbuck, ayant poussé les questions aussi loin que l'usage du monde le permettait, fut obligé de changer de conversation. Notre antiquaire n'était nullement ennemi de la bonne chère, mais il était ennemi déterminé de toute dépense superflue en voyage, et quand son compagnon lui proposa une bouteille de vin de Porto, il fit un tableau effrayant du mélange qu'on vendait en général sous ce nom, et prétendant qu'un verre de punch serait plus salutaire et plus convenable à la saison, il avança la main vers la sonnette pour en demander. Mais Mackitchinson avait déjà déterminé ce que ses hôtes devaient boire, et il parut en ce moment tenant en main une énorme bouteille de double mesure, ce qu'on appelle en Ecosse un *Magnum*, couverte de sciure de bois et de toiles d'araignées, preuve incontestable de son antiquité.

— Du punch! répéta-t-il, ayant entendu ce mot en entrant dans la chambre. Du diable si vous avez ici aujourd'hui une goutte de punch, Monkbarns; comptez sur ce que je vous dis.

— Que voulez-vous dire, impertinent?

— N'importe, n'importe! Avez-vous oublié le tour que vous m'avez joué la dernière fois que vous êtes venu ici?

— Moi, je vous ai joué un tour!

— Vous-même, Monkbarns. Le laird de Tamlowrie, sir Gilbert Grizzlecleugh, le vieux Rossballoh, étaient ici à passer la soirée autour d'un bowl de punch quand vous vîntes avec quelques-unes de vos histoires du temps passé, auxquelles il n'y a pas un homme qui puisse résister, les emmener derrière la maison pour leur faire voir je ne sais quel ancien camp romain. Ah! monsieur, ajouta-t-il en se tournant vers Lovel, il ferait descendre les oiseaux des arbres pour écouter ses vieilles histoires ; et il m'a fait perdre l'occasion de vendre six bonnes bouteilles de vin de Bordeaux et peut-être plus, car du diable si un d'eux se fût levé avant qu'elles eussent été vides.

—Entendez-vous l'impudent fripon? dit Oldbuck en riant, car le digne aubergiste se vantait, non sans quelque raison, de connaître la mesure du pied de ses hôtes aussi bien qu'aucun cordonnier d'Écosse. Hé bien! hé bien! vous pouvez nous envoyer une bouteille de Porto.

—De Porto! non, non. Laissez le punch et le Porto aux gens de mon espèce; c'est du Bordeaux qu'il faut à des hommes comme vous; et j'ose dire que pas un des gens d'autrefois dont vous parlez si souvent n'en a jamais bu d'aussi bon que celui que je vous apporte.

—N'admirez-vous pas le ton impératif du fripon? Hé bien! mon jeune ami, il faut, pour cette fois, que nous donnions la préférence au Salerne sur le *vile Sabinum*.

L'aubergiste déboucha la bouteille à l'instant, décanta le contenu dans une carafe d'une capacité convenable, et déclarant que le bouquet en parfumait la chambre, laissa à ses hôtes le soin d'y faire honneur.

Le vin de Mackitchinson était réellement bon, et il anima l'imagination du vieillard, qui raconta quelques bonnes histoires, fit quelques plaisanteries grivoises, et finit par entamer une discussion savante sur les anciens auteurs dramatiques. Mais c'était un terrain sur lequel il trouva sa nouvelle connaissance si fermement établie, qu'il commença à soupçonner qu'il en avait fait une étude particulière.

—Un homme qui voyage partie pour affaires, partie par plaisir, pensa-t-il. Hé mais! le théâtre réunit l'un et l'autre. C'est un travail pour les acteurs, et il procure, ou du moins il est censé procurer du plaisir aux spectateurs. — Son ton et ses manières semblent l'élever au-dessus de la plupart de ceux qui se vouent à cette profession : mais je me souviens d'avoir entendu dire qu'un jeune homme qui n'a jamais paru sur aucun théâtre doit débuter sur celui de Fairport lors de son ouverture. Si c'était ce Lovel? Lovel! oui, Lovel, Belville, sont des noms que des jeunes gens prennent souvent en pareil cas. Sur ma foi, j'en suis fâché pour lui.

M. Oldbuck était naturellement économe, mais son économie n'avait rien de sordide. Sa première pensée fut d'épargner à son compagnon de voyage sa part de l'écot, présumant que cette dépense, dans sa situation, devait lui être plus ou moins à charge. Il prit donc un prétexte pour sortir, et solda le compte de Mackitchinson. Le jeune voyageur lui fit des remontrances inutiles, et ne céda que par déférence pour son âge et son rang.

Charmés réciproquement de la compagnie l'un de l'autre, M. Oldbuck proposa à Lovel de ne pas se séparer jusqu'à la fin de leur voyage : celui-ci y consentit avec plaisir. M. Oldbuck insista pour payer les deux tiers des frais d'une chaise de poste, prétendant qu'il y occuperait plus de place, mais Lovel s'y refusa positivement. La dépense fut donc égale de part et d'autre, si ce n'est que M. Lovel glissait de temps en temps un shilling dans la main d'un postillon qui murmurait ; car Oldbuck, tenant aux anciens usages, ne portait jamais la libéralité au-delà de dix-huit pence par relai. Voyageant de cette manière, ils arrivèrent à Fairport le lendemain vers deux heures.

Lovel s'attendait probablement que son compagnon de voyage l'inviterait à dîner en arrivant ; mais Oldbuck n'en fit rien, soit qu'il sût que sa maison n'était pas montée de manière à y recevoir des hôtes non attendus, soit pour quelque autre raison. Il se contenta de l'engager à venir le voir quelque après-midi, le plus tôt qu'il lui serait possible, et le recommanda à une veuve qui louait des appartemens garnis, et à un homme qui tenait une table d'hôte fréquentée par la bonne compagnie. Il eut pourtant soin de les prévenir tous deux en particulier qu'il ne connaissait M. Lovel que comme un compagnon de voyage agréable, et qu'il n'entendait nullement être garant des dettes qu'il pourrait contracter à Fairport. L'air et la tournure du jeune homme, pour ne rien dire d'une malle bien garnie qui lui arriva par mer le lendemain, inspirèrent probablement autant de confiance en lui que la recommandation limitée de M. Oldbuck.

CHAPITRE III.

« On voit chez lui des temps passés
« Briller la splendide dépouille,
« Des casques rongés par la rouille;
« De vieux tessons de pots cassés :
« Dont plusieurs datent du déluge¹.
BURNS.

Après s'être établi dans son nouvel appartement à Fairport, M. Lovel pensa à rendre visite à son compagnon de voyage, comme il le lui avait promis. Il ne l'avait pas fait plus tôt parce que le vieillard, malgré sa bonne humeur et ses connaissances, avait quelquefois pris avec lui, dans ses discours et dans ses manières, un air de supériorité que notre jeune homme ne trouvait pas suffisamment justifié par la différence d'âge ; il attendit donc que son bagage arrivât d'Edimbourg, afin de s'habiller à la mode du jour et d'une manière qui répondît au rang qu'il supposait ou qu'il savait pouvoir tenir dans la société.

Ce ne fut que le cinquième jour après son arrivée que M. Lovel prit les informations nécessaires sur la route, et vint saluer le laird de Monkbarns. Un sentier traversant deux ou trois prairies le conduisit à sa maison, située sur le revers d'une hauteur d'où l'on avait une vue superbe de la baie et des navires en rade. Séparée de la ville par l'éminence, qui la mettait aussi à l'abri des vents du nord-

---

(1) Cette épigraphe, qui annonce si distinctement le sujet du chapitre, est empruntée à l'ode plaisante composée par Burns sur les pèlerinages du capitaine Grose, fameux antiquaire, son contemporain, et qui a laissé d'excellens écrits sur l'Ecosse. C'est du même poème qu'est tirée l'épigraphe des *Contes de mon Hôte*. — ÉD.

ouest, cette maison avait un air de retraite et de solitude. L'extérieur n'en était guère remarquable. C'était un bâtiment antique et irrégulier qui avait servi autrefois de grange et de ferme, et habité par le bailli ou intendant du monastère quand ce domaine était une propriété ecclésiastique. La communauté y emmagasinait le grain qu'elle recevait de ses vassaux à titre de redevance foncière; car, avec une prudence vraiment monacale, elle stipulait toujours que le paiement de ses revenus se ferait en nature, et de là venait le nom de Monkbarns [1], comme le propriétaire actuel aimait à le dire. Les laïques qui avaient succédé au bailli dans cette habitation y avaient fait différentes additions, suivant le besoin de leur famille, et comme ils n'avaient consulté ni les convenances intérieures ni la régularité de l'architecture, l'ensemble figurait un hameau arrêté tout à coup au milieu d'une danse conduite par l'instrument d'Amphion ou d'Orphée. Il était entouré de haies formées par des ifs et des houx taillés en figures fantastiques : dans quelques-uns le talent de l'artiste *topiarien* [1] avait su figurer des fauteuils, des tours, saint Georges et le dragon, etc. Le goût de M. Oldbuck ne déclarait point la guerre à ces monumens d'un art inconnu aujourd'hui, et il en était d'autant moins tenté, que c'eût été un crève-cœur pour le vieux jardinier. Cependant un grand houx, dont les branches formaient un berceau, avait été respecté par le fer; sous son ombrage, Lovel trouva son vieil ami assis sur un banc de gazon, les lunettes sur le nez, et lisant attentivement la Chronique de Londres, au bruit harmonieux de la brise d'été qui frémissait dans le feuillage, et auquel se mêlait le lointain murmure des vagues qui venaient mourir sur le sable des grèves.

M. Oldbuck se leva aussitôt, et prit la main de son com-

---

(1) Monkbarns signifie littéralement *Grange des moines*. — Ed.
(2) L'*ars topiaria* est l'art de tailler les ifs et arbres verts en figures bizarres. Il existe un poëme latin intitulé *Ars topiaria*, qui donne de curieux détails sur cette espèce d'architecture végétale. — Ed.

pagnon de voyage en lui disant qu'il était le bien-venu.
— Par ma foi, ajouta-t-il, je commençais à croire que vous aviez changé d'idée; que vous aviez trouvé les stupides habitans de Fairport trop ennuyeux pour être dignes de vos talens, et que vous aviez pris congé d'eux à la française [1], comme le fit mon ami et mon confrère l'antiquaire Mac-Cribb, quand il m'emporta une de mes médailles syriennes.

— J'espère, mon cher monsieur, que je n'aurais jamais mérité un tel reproche.

— Vous n'auriez pas mieux fait, si vous étiez parti sans me procurer le plaisir de vous revoir. J'aurais préféré que vous m'eussiez pris mon Othon de cuivre lui-même. Mais venez, que je vous montre mon *sanctum sanctorum*, ma cellule, puis-je dire; car excepté deux fainéantes de la gent femelle (c'était par cette phrase de mépris que M. Oldbuck avait appris de son confrère, le cynique Antoine Wood [2], à désigner le beau sexe en général, et sa sœur et sa nièce en particulier) qui, sous un sot prétexte de parenté, se sont établies dans mon logis, je vis ici en cénobite, tout aussi-bien que mon prédécesseur John de Girnell, dont une autre fois je vous ferai voir le tombeau.

En parlant ainsi, il le conduisit vers une porte basse; mais avant d'entrer il s'arrêta en face tout à coup, pour montrer à son compagnon quelques vestiges de ce qu'il appelait une inscription; et hochant la tête comme pour la prononcer indéchiffrable : — Ah! M. Lovel, s'écria-t-il, si vous saviez le temps et le mal que m'ont coûtés ces traces de lettres presque entièrement effacées! Jamais travail d'enfantement n'a été si pénible pour une mère! et tout cela sans fruit! Je soutiens pourtant que ces deux

---

(1) *French' leave.* S'en aller sans rien dire. — ED.

(2) Anthony Wood, né à Oxford en 1632, et mort en 1695. On a de lui : *Historia et antiquitates universitatis oxoniensis*, 3 vol. in-4, et *Atheæ oxonienses.* Il y a dans ces ouvrages plus de détails biographiques que d'antiquités. — ED.

dernières marques indiquent les chiffres, ou les lettres L V, ce qui peut fournir une assez bonne conjecture sur l'époque où ce bâtiment a été construit, d'autant plus que nous savons *aliundè* qu'il a été fondé par l'abbé Waldimir, vers le milieu du quatorzième siècle; je crois même que des yeux meilleurs que les miens pourraient distinguer quel est l'ornement dont cette inscription était surmontée.

— Il me semble, dit Lovel pour entrer dans le goût du vieillard, qu'il ressemble beaucoup à une mitre.

— Vous avez raison! je proteste que vous avez raison! jamais cela ne m'avait frappé. Voyez ce que c'est que d'avoir de jeunes yeux. Une mitre! oui, c'est bien une mitre, cela y ressemble à tous égards.

La ressemblance n'était guère plus forte que celle du nuage de Polonius à une baleine ou à un merle [1]; mais elle suffisait pour faire travailler le cerveau de l'antiquaire : — Une mitre, mon cher monsieur, continua-t-il en lui montrant le chemin à travers un labyrinthe de corridors étroits et obscurs, et en interrompant sa dissertation pour guider son hôte par quelques avis salutaires; une mitre convenait à notre abbé aussi-bien qu'à un évêque, car c'était un abbé mitré, un haut dignitaire de l'Église. — Prenez garde à ces trois marches. — Je sais que Mac-Cribb le nie; mais c'est un fait aussi constant qu'il est certain qu'il m'a pris mon Antigone sans demander la permission. Vous verrez le nom de l'abbé de Trotcosey, *abbas trottocosiensis*, à la tête des rôles du parlement dans les quatorzième et quinzième siècles. — Il y a peu de jour ici, et cette maudite gent femelle laisse toujours quelques baquets dans le passage. Maintenant prenez garde à ce coin; montez douze marches, et vous êtes arrivé.

Il était déjà lui-même au haut de l'escalier tournant qui

---

(1) Shakspeare, *Hamlet*. — Éd.

28 L'ANTIQUAIRE.

conduisait à son appartement, et, en ouvrant la porte, à peine eut-il poussé un morceau de tapisserie qui la couvrait, qu'il s'écria : — Que faites-vous ici, impertinente? Une servante à pieds nus, prise en flagrant délit, tandis qu'elle cherchait à nettoyer le *sanctum sanctorum*, laissa tomber son torchon, et s'enfuit par une autre porte pour éviter la présence de son maître courroucé.

Une jeune fille jolie et bien mise, qui surveillait l'opération, n'abandonna pas ainsi le terrain, et dit, quoique d'un air timide :

— En vérité, mon oncle, votre chambre était dans un état à ne pouvoir être vue, et j'étais ici pour veiller à ce que Jenny remît chaque chose à sa place.

M. Oldbuck n'aimait pas l'ordre et la propreté plus que le docteur Orkborne, ou tout autre savant de profession : — Et comment, dit-il, vous ou Jenny osez-vous vous mêler de mes affaires particulières? occupez-vous de votre aiguille, et que je ne vous retrouve plus ici si vous faites cas de vos oreilles. — Croiriez-vous, M. Lovel, que la dernière incursion de ces prétendues amies de la propreté fut presque aussi fatale à ma collection que la visite d'Hudibras le fut à celle de Sidrophel, et que je pourrais dire comme lui :

« J'ai beau chercher, je ne retrouve plus
« Mes almanachs, mon cercle constellaire,
« Mon zodiaque et mon cadran lunaire.
« Le même jour sont aussi disparus
« Le pou, la puce, et jusqu'à la punaise
« Que j'achetai pour les voir plus à l'aise. »

Et cætera, comme continue le vieux Butler [1].

La jeune nièce avait profité de cette tirade pour s'échapper après avoir fait une révérence à Lovel.

— Vous allez être étouffé ici, dit l'antiquaire, par le tourbillon de poussière qu'elles ont fait lever; mais je vous

(1) Auteur d'*Hudibras*. — Éd.

assure que c'est une poussière fort antique, une poussière paisible il y a une heure, et qui l'aurait encore été de même pendant un siècle, si ces Egyptiennes [1] n'étaient venues la troubler, comme elles troublent tout dans le monde.

Il se passa en effet quelques instans avant que Lovel, à travers cette sombre atmosphère, pût voir dans quelle espèce d'antre son ami avait établi son cabinet. C'était une chambre fort élevée, de moyenne largeur, et faiblement éclairée par deux croisées hautes, étroites, et garnies d'un treillis. On apercevait d'abord des tablettes chargées de livres ; mais comme le nombre n'en était pas proportionné à celui des volumes, ils y étaient disposés sur deux et trois rangs de profondeur, tandis que beaucoup d'autres étaient par terre ou sur des tables, confondus dans un chaos de cartes géographiques, de gravures, de feuilles de parchemin, de liasses de papiers, de vieilles armes de toute espèce, épées, dirks, casques et targes highlandaises. Derrière le siège de M. Oldbuck, grand fauteuil couvert en cuir devenu luisant à force d'avoir servi, était une grande armoire en chêne, décorée à chaque coin de chérubins hollandais avec leurs petites ailes de canard déployées, et une grosse tête joufflue au milieu. Le dessus de cette armoire était couvert de bustes, de patères et de lampes romaines avec quelques figures de bronze. Une vieille tapisserie à personnages, représentant l'histoire mémorable des noces de sir Gawaine, cachait en partie la muraille. On y avait rendu justice complète à la laideur de sa dame ; mais à en juger par son propre portrait, le bon chevalier n'était pas aussi bien fondé que le romancier le prétend à se plaindre de la disproportion des avantages extérieurs répartis entre son épouse et lui. Le reste de l'appartement était décoré d'une boiserie en chêne contre laquelle on voyait suspendus deux ou trois portraits de héros armés de pied en cap, personnages illustres de l'ancienne histoire d'Ecosse, et

---

(1) Bohémiennes, Gypsies. — Ed.

favoris de M. Oldbuck, avec quelques autres représentant plusieurs de ses ancêtres en habit brodé et en perruque à marteaux. Une immense et antique table de chêne était entièrement couverte de papiers, de parchemins, de livres, et d'ustensiles de différens métaux qu'il serait impossible de décrire, et qui n'avaient guère d'autre mérite que la rouille qui en annonçait l'antiquité. Au milieu de ces débris des temps passés, et avec une gravité comparable à celle de Marius assis sur les ruines de Carthage, était un gros chat noir qui à des yeux superstitieux aurait pu passer par le *genius loci*, le démon tutélaire de l'appartement. Le plancher, la table, les chaises, tout en un mot était inondé par cette mer de babioles savantes, parmi lesquelles il aurait été aussi difficile de trouver l'objet qu'on aurait cherché, que d'en faire un usage quelconque après l'avoir trouvé.

A travers cet amas confus il n'était pas facile de se faire jour jusqu'à une chaise; sans heurter contre quelque in-folio gisant par terre, et sans courir le risque bien plus grand encore de renverser quelque fragment d'ancienne poterie romaine ou celtique. En arrivant à la chaise, il fallait la débarrasser avec soin de gravures qui auraient pu éprouver quelque dommage, et de quelques paires d'éperons et de boucles antiques qui en auraient certainement occasioné à quiconque s'y serait assis sans précaution. L'antiquaire eut grand soin d'en prévenir Lovel, ajoutant que son ami le révérend docteur Heavysterne des Pays-Bas s'était blessé d'une manière sérieuse en s'asseyant brusquement et sans attention sur trois chausse-trapes, espèce de cheval de frise, déterrées tout récemment dans la fondrière près de Bannockburn, et qui, après avoir été disposées là par Robert Bruce pour blesser les pieds des chevaux anglais, avaient servi, avec le temps, à endommager la partie postérieure d'un savant professeur d'Utrecht.

Lovel parvint enfin à s'asseoir sans danger, et s'empressa de demander sur les objets étranges qui l'entouraient des renseignemens que son hôte était très-disposé à lui donner; Oldbuck lui fit d'abord faire connaissance avec un gros bâton dont le bout était armé d'une pointe de fer, et qui, lui dit-il, avait été trouvé depuis peu dans un camp dépendant du domaine de Monkbarns, non loin d'un ancien cimetière. Il ressemblait beaucoup au bâton que portent ordinairement les montagnards écossais dans leurs émigrations annuelles pour aller travailler à la moisson dans le plat pays. Mais M. Oldbuck était fortement tenté de croire, d'après sa forme singulière, que c'était une de ces massues dont les moines armaient jadis leurs paysans, à défaut d'armes plus guerrières, d'où venait, ajouta-t-il, le nom de *colvecarles*, ou *kolb-kerls*, qu'on donnait aux vilains, ce qui signifiait *clavigeri* ou porte-massues. A l'appui de son opinion, il cita la chronique d'Anvers et celle de Saint-Martin, autorités contre lesquelles Lovel n'avait rien à opposer, attendu que c'était la première fois qu'il en entendait parler.

M. Oldbuck lui montra ensuite des menottes qui avaient autrefois donné la crampe aux pouces des sectateurs du Covenant, et un collier de fer sur lequel était gravé le nom d'un drôle convaincu de vol, et qui avait été condamné à servir un baron du voisinage, au lieu du châtiment écossais moderne qui envoie ces sortes de coupables enrichir l'Angleterre par leur travail et eux-mêmes par leur industrie. Il lui fit remarquer un grand nombre d'autres curiosités; mais ces livres étaient ce dont il était le plus fier, et en le conduisant vers les tablettes couvertes de poussière sur lesquelles ils étaient entassés, il répéta d'un air de complaisance ces vers de Chaucer :

> « A son chevet il aime mieux enfin
> « Savans traités sur la philosophie,
> « Bien reliés en cuir ou parchemin,
> « Que ces trésors qui font naître l'envie. »

Il déclama cette citation avec l'accent guttural de la

vraie prononciation anglo-saxonne, aujourd'hui presque oubliée dans le sud de ce royaume.

Sa collection au surplus était véritablement curieuse, et un amateur aurait pu en être jaloux [1]. Elle ne lui avait pourtant pas coûté ces prix énormes des temps modernes, qui auraient suffi pour faire pâlir le plus déterminé comme le plus ancien des bibliomanes dont l'histoire fasse mention, et qui n'est autre, à mon avis, que le renommé don Quichotte de la Manche, lequel, comme le dit son véridique historien, Cid Hammet Benengeli, entre autres légers indices de faiblesse d'esprit, donna celui d'échanger des champs et des fermes contre des in-quartos et des in-folios de chevalerie. Cet exploit du bon chevalier errant a été imité de nos jours par bien des lords, des chevaliers et des écuyers, quoique nous n'en ayons encore entendu citer aucun qui ait pris une auberge pour un château, et mis la lance en arrêt contre un moulin à vent. M. Oldbuck n'avait pas suivi l'exemple de ces amateurs dans leurs dépenses excessives; mais, faisant son plaisir du soin de former sa bibliothèque, il avait économisé sa bourse aux dépens de son temps et de ses peines. Il n'encourageait pas cette race ingénieuse d'entremetteurs péripatéticiens qui, se plaçant adroitement entre l'obscur bouquiniste et le riche amateur, font également leur profit de l'ignorance du premier et du goût savant que l'autre a payé si cher. Quand on citait devant lui quelqu'un de ces bibliomanes, il ne manquait jamais de faire sentir combien il était important de se procurer de première main l'objet qu'on désirait avoir, et il racontait alors son histoire favorite de Davy-le-Barbouillé et du *Traité des échecs* de Caxton.

— Davy Wilson, disait-il, communément appelé Davy-le-Barbouillé, parce qu'il avait toujours le nez noir de

---

(1) Voyez dans le *Voyage historique et littéraire en Ecosse* la description du cabinet d'Abbotsford : il y a un peu de toutes ces curiosités, mais avec plus d'ordre et moins de poussière. — É.D.

tabac, était le phénix des furets pour déterrer des ouvrages rares dans des boutiques borgnes, situées dans des allées obscures et des culs-de-sac ignorés. Il avait l'odorat d'un chien d'arrêt et la ténacité d'un bouledogue. Il vous trouvait une vieille ballade en lettres gothiques parmi les feuilles de papier pour la beurrière, et une édition *Princeps* sous le masque d'un *Corderius* à l'usage des écoles. Ce Davy-le-Barbouillé acheta d'un bouquiniste de Hollande, pour deux *groschen*, two pence (deux sous) de notre monnaie, le *Traité des échecs* de Caxton, 1474, le premier livre imprimé en Angleterre. Il le vendit à Osborne vingt livres sterling, outre d'autres ouvrages dont il tira encore une pareille somme. Osborne vendit cette œuvre inappréciable soixante guinées au docteur Askew. A la mort du docteur, ce trésor fut enfin porté à tout son prix, et fut acheté par le roi lui-même cent soixante-dix livres [1]. Si l'on en trouvait aujourd'hui un second exemplaire, s'écriait-il alors en soupirant et en levant les bras au ciel, Dieu seul sait quel serait son prix! et cependant, à force de recherches, il ne coûta dans l'origine que deux pence sterling [2] Heureux, trois fois heureux Davy-le-Barbouillé! et heureux aussi le temps où l'industrie pouvait être ainsi récompensée!

— Moi-même, monsieur, ajouta M. Oldbuck, quoique bien inférieur à ce grand homme en industrie, en discernement et en présence d'esprit, je puis vous montrer un petit nombre, un bien petit nombre d'ouvrages que je me suis procurés, et ce n'est pas à force d'argent, ce que tout homme riche pourrait faire, — quoiqu'il pourrait bien aussi ne prodiguer son or que pour prouver son ignorance, comme dit mon ami Lucien; non, non, la manière dont j'ai acquis tout ce que vous voyez témoigne que je m'y entends quelque peu. Voyez cette collection de ballades; pas une n'est plus moderne que 1700, et quelques-unes

---

(1) 4,010 fr. — ED.
(2) 4 sous de France. — ED.

ont un siècle de plus. Je les ai soutirées à une vieille femme qui les aimait mieux que son Psautier. Et que lui ai-je donné pour équivalent? un peu de tabac et *La parfaite Syrène*. Cet exemplaire mutilé des *Plaintes de l'Ecosse* ne m'a coûté que la peine de boire quelques douzaines de bouteilles de double ale avec celui qui en était propriétaire, et qui, par reconnaissance, me l'a légué dans son testament. Ces petits Elzévirs sont les trophées de maintes promenades que j'ai faites le soir comme le matin dans Cowgate, Canongate, le Bow et Sainte-Mary's-Wynd [1]; en un mot, partout où il se trouvait des troqueurs, des revendeurs, des trafiquans en choses rares et curieuses. Que de fois j'ai marchandé jusqu'à un demi-sou, de crainte qu'en accordant trop aisément le premier prix qu'on me demandait, je ne fisse soupçonner la valeur que j'attachais à l'ouvrage! que de fois j'ai tremblé que quelque passant ne vînt se mettre entre moi et ma prise! que de fois j'ai regardé le pauvre étudiant en théologie qui s'arrêtait pour ouvrir un livre sur l'étalage, comme un amateur rival ou un libraire déguisé! Et puis, M. Lovel, quelle satisfaction de payer le prix convenu, et de mettre le livre dans sa poche, en affectant une froide indifférence, tandis que la main frémit de plaisir! Quel bonheur d'éblouir les yeux de nos rivaux plus opulens en leur montrant un trésor comme celui-ci (ouvrant un petit livre enfumé, du format d'un livre d'Heures), de jouir de leur surprise et de leur envie, en ayant soin de cacher sous un voile mystérieux le sentiment de son adresse et de ses connaissances supérieures! Voilà, mon jeune ami, voilà les momens de la vie qu'il faut marquer d'une pierre blanche et qui nous paient des peines, des soins et de l'attention soutenue que notre profession exige plus que toutes les autres.

Lovel ne s'amusait pas peu en entendant le vieillard discourir de cette manière; et, quoiqu'il ne fût pas capa-

---

(1) Quartier d'Edimbourg. Un wynd est une allée ou rue étroite. — Ed.

ble de rendre pleine justice à tous les trésors qu'on lui montrait, il témoignait autant d'admiration qu'Oldbuck pouvait l'espérer. Ici était une édition estimée parce qu'elle est la première de l'ouvrage ; là, une autre qui ne l'est guère moins parce qu'elle en est la dernière. Tel livre était précieux parce qu'il contenait les dernières corrections de l'auteur ; tel autre, chose bien étrange, parce qu'elles ne s'y trouvaient pas. Tel ouvrage était recherché parce qu'il était in-folio, tel autre parce qu'il était in-12. Le mérite de ceux-ci consistait dans un grand format, le prix de ceux-là dans leur extrême petitesse. L'un tirait toute sa valeur de son titre, un autre de l'arrangement des lettres dans le mot *finis*. Enfin il semblait qu'il n'existât aucune distinction particulière, quelque frivole et minutieuse qu'elle fût, qui ne pût donner de la valeur à un ouvrage, pourvu que la qualité indispensable de la rareté y fût attachée.

Une classe d'ouvrages qui n'était pas la moins attrayante était ces chefs-d'œuvre imprimés sur un carré de papier, qu'on avait criés dans le temps à un sou dans les rues, et dont on donne aujourd'hui le poids de ce sou en or, quand on a le bonheur de les rencontrer, sous leur livrée originaire, comme : « Les dernières paroles prononcées sur l'échafaud par... » — « Meurtre épouvantable. » — « Merveilleuse merveille des merveilles, etc. » L'antiquaire n'en parlait qu'avec transport, et en lisait avec emphase les titres élaborés, qui avaient autant de rapport avec l'ouvrage qui suivait, que les tableaux suspendus à la porte d'une ménagerie en ont avec les animaux qu'ils sont censés représenter. Entre autres curiosités de ce genre, M. Oldbuck se vantait surtout de posséder un exemplaire unique d'un de ces chefs-d'œuvre, intitulé : « Étranges et « merveilleuses nouvelles de Chipping-Norton, dans le « comté d'Oxford ; apparitions effroyables qui furent vues « dans l'air le 26 juillet 1610, à neuf heures et demie du « matin, et qui durèrent jusqu'à onze : auquel temps on

« vit plusieurs épées enflammées paraître dans les airs, les
« orbes supérieurs agités par des mouvemens étranges, et
« les étoiles briller d'une manière inusitée, avec la conti-
« nuation de ces merveilles ; plus, la Relation de l'ouver-
« ture des cieux et des signes surprenans qui s'y montrè-
« rent, avec plusieurs autres circonstances dont aucun
« siècle n'avait été témoin, au grand étonnement des spec-
« tateurs, ainsi que le tout est contenu dans une lettre
« adressée à M. Colley, demeurant dans West-Smithfield, et
« attesté par Thomas Brown, Elisabeth Greenaway et Anne
« Cutheridge, qui furent témoins de ces effrayantes ap-
« paritions ; et quiconque voudra s'assurer encore mieux
« de la vérité de cette relation, peut s'adresser à M. Nigh-
« tingale, dans West-Smithfield, à l'auberge de *l'Ours*,
« où il sera satisfait. »

— Vous riez de tout cela, dit le propriétaire de cette collection; et je vous le pardonne. Je reconnais que les charmes dont nous sommes épris ne sont pas aussi frappans pour les yeux de la jeunesse que ceux d'une belle dame; mais vous serez plus sage et vous apprécierez mieux les choses quand vous en viendrez à porter des lunettes. Un instant, j'ai encore un autre reste d'antiquité qui vous plaira peut-être davantage.

Tout en parlant ainsi, M. Oldbuck ouvrit un tiroir, y prit un trousseau de clefs, et leva un morceau de tapisserie qui cachait la porte d'un petit cabinet dans lequel il entra en descendant quatre marches. Lovel y entendit remuer des pots et des bouteilles, et vit bientôt l'antiquaire revenir avec deux verres en forme de cloche, montés sur de très-hauts pieds, tels qu'on en voit dans les tableaux de Téniers, une petite bouteille de ce qu'il appelait vieux vin des Canaries, et un morceau de gâteau sur un plateau d'argent, d'un travail exquis, mais antique.

— Je ne vous dirai rien du plateau, dit l'antiquaire, quoiqu'on assure qu'il est l'ouvrage du vieux fou de Florentin Benvenuto Cellini. Mais, M. Lovel, nos ancêtres buvaient du vin des Canaries. Vous qui connaissez le théâtre, vous savez où l'on en trouve la preuve. A vos succès à Fairport!

— A l'accroissement de votre trésor, monsieur, et puisse-t-il s'augmenter sans vous donner d'autre peine que celle qui est nécessaire pour rendre vos acquisitions précieuses!

Après une libation si bien assortie à l'amusement qui les avait occupés, M. Lovel se leva pour se retirer, et M. Oldbuck se disposa à l'accompagner une partie du chemin pour lui montrer quelque chose qui méritait d'être vu sur la route de Fairport.

CHAPITRE IV.

« Le vieux rusé vers moi s'avance,
« Me salue avec déférence :
« Mon bon monsieur, par charité,
« Donnez-moi l'hospitalité. »

L'homme à la besace.

Nos deux amis traversèrent un petit verger où de vieux pommiers chargés de fruits prouvaient, comme cela est assez ordinaire dans les environs des couvents, que les moines ne passaient pas toujours le temps dans l'indolence, mais qu'ils en consacraient une partie à l'agriculture et au jardinage. M. Oldbuck fit remarquer à M. Lovel que les cultivateurs de ces anciens temps possédaient le secret prétendu moderne d'empêcher les racines des arbres fruitiers de pénétrer dans le tuf, pour les forcer de s'étendre en direction latérale, en plaçant des pavés sous les arbres, lors de leur plantation, de manière à boucher le passage à leurs fibres.—Ce vieux pommier, dit-il, renversé par le vent, l'été dernier, et qui, quoique à demi couché par terre, est encore couvert de fruits, a eu, comme vous le voyez, une semblable barrière placée entre ses racines et le tuf inhospitalier. Il y a une histoire sur cet autre; on appelle son fruit *la pomme de l'abbé*. L'épouse d'un baron voisin en était si friande qu'elle venait souvent à Monkbarns pour avoir le plaisir d'en cueillir sur l'arbre. Le mari, en vrai jaloux, soupçonna qu'un goût si semblable à celui de notre mère Eve devait présager une pareille chute. Comme il y va de l'honneur d'une noble famille, je n'en dirai pas davantage; j'ajouterai seulement que les domaines de Lochard et de Cringlecut paient encore une redevance annuelle de six épis d'avoine, en réparation du crime de leur audacieux propriétaire, qui, par suite de ses soupçons mondains, osa surprendre l'abbé et sa pénitente dans leurs entretiens secrets. Maintenant admirez le petit beffroi qui s'élève sur ce porche couvert de lierre : il y avait là un *hospitium*, *hospitale* ou *hospitamentum* (car ce mot se trouve écrit de ces trois manières dans les anciens titres), où les moines recevaient les pèlerins. Je sais que notre ministre a dit dans son rapport statistique, que l'*hospitium* était situé sur les terres d'Haltweary ou sur celles d'Half-Starvet; mais il se trompe, M. Lovel, car cette porte s'appelle encore *la porte du pèlerin*, et mon jardinier, en faisant une tranchée pour le céleri d'hiver, trouva plusieurs pierres taillées; j'en ai envoyé des échantillons à mes savans amis et à diverses sociétés d'antiquaires dont j'ai l'honneur d'être membre indigne. Mais je ne vous en dirai pas davantage à présent; je veux réserver quelque chose pour une autre visite; et nous avons devant nous un objet vraiment curieux.

Après avoir traversé une ou deux belles prairies et une grande plaine sans clôture ou bruyère communale ils arrivèrent sur une éminence; là l'antiquaire s'arrêtant :
— M. Lovel, dit-il, voici un endroit véritablement remarquable.

— La vue y est fort belle, répondit Lovel en regardant autour de lui.

— Sans doute, mais ce n'est pas pour la vue que je vous ai amené ici. N'apercevez-vous rien de remarquable? rien sur la surface du terrain?

— Pardonnez-moi; il me semble.... oui, je crois voir quelques faibles traces d'un fossé.

— De faibles traces! pardon, monsieur, mais c'est votre vue qui est faible. Rien ne peut être tracé plus distinctement. Un véritable *agger* ou *vallum*, avec le *fossa* qui y correspond. De faibles traces! Ma nièce, vraie tête de linotte, aussi légère qu'on peut l'être parmi la gent femelle, a reconnu sur-le-champ les vestiges du fossé. De faibles traces! sans doute celles du grand camp d'Ardoch, ou de celui de Burnswark dans l'Annandale peuvent être plus évidentes, parce que c'étaient des *castra stativa*, au lieu que celui-ci n'était qu'un cantonnement temporaire. De faibles traces! Songez donc que des paysans, des butors, des idiots, semblables à des sauvages ignorans et barbares ont détruit deux côtés du carré et considérablement endommagé le troisième en labourant la terre; mais vous le voyez vous-même, le quatrième subsiste encore dans son entier.

Lovel chercha à s'excuser, et à expliquer sa phrase maladroite; il fit valoir son inexpérience, mais il ne réussit pas sur-le-champ. Sa première expression avait été trop franche et trop naturelle pour ne pas alarmer l'antiquaire, et celui-ci ne put se remettre aisément du choc qu'il avait reçu.

— Mon cher monsieur, continua-t-il, vos yeux ne sont pas inexpérimentés. Je présume qu'ils peuvent distinguer un fossé d'un terrain uni. De faibles traces! Quoi! les paysans mêmes, le plus jeune enfant qui garde les vaches, appellent cet endroit le Kaim de Kinprunes [1], et si cela ne signifie pas un ancien camp, je ne sais comment il faut traduire ces mots.

(1) *Kaim* en écossais signifie un camp. — ED.

Lovel, en abondant dans le sens de l'antiquaire, parvint enfin à apaiser sa vanité inquiète et soupçonneuse, et Oldbuck continua à remplir sa tâche de cicérone. — Il faut que vous sachiez, lui dit-il, que nos antiquaires écossais ne sont nullement d'accord sur le lieu où se livra la dernière bataille entre Agricola et les Calédoniens. Les uns le placent à Ardoch, dans le Strathallan, les autres à Innerpeffrey ; ceux-ci à Racdykes, dans le Mearns, et ceux-là reculent la scène vers le nord jusqu'à Blair-Athole. Or, après toute cette discussion, ajouta-t-il en regardant Lovel d'un air content de lui-même, que diriez-vous, que penseriez-vous, si ce lieu mémorable était précisément l'endroit appelé le Kaim de Kinprunes, la propriété de l'humble et obscur individu qui vous parle en ce moment ?

Ici il fit une pause pour laisser à son jeune ami le temps de méditer sur cette importante découverte, et reprit la parole en ces termes avec plus de feu que jamais : — Oui, mon cher monsieur, je suis bien trompé si ce local ne réunit pas tout ce qui caractérise le lieu où se donna cette bataille célèbre. Elle fut livrée près des monts Grampiens. Vous voyez à l'horizon leurs sommets qui se confondent avec les nues. C'était *in conspectu maris*, en vue de la flotte romaine ; et quel amiral romain ou anglais voudrait une plus belle baie que celle que vous voyez à main droite ? Il est étonnant combien nous autres antiquaires de profession nous sommes quelquefois aveugles ! Sir Robert Sibbald, Saunders Gordon, le général Roy et le docteur Stukely ne s'en sont pas même doutés. Je n'ai pas voulu en dire un mot avant de m'être assuré la propriété du terrain, car il appartenait au vieux John Howie, un laird voisin qui ne vend pas ses coquilles pour rien, et nous eûmes bien des conférences avant de pouvoir être d'accord. Enfin, je suis presque honteux de le dire, je me décidai à aller jusqu'à lui donner acre pour acre de mes meilleures terres à blé, en échange de ce terrain stérile. Mais il s'agissait d'un titre national, et je me trouvai plus que payé en me voyant propriétaire du théâtre d'un événement si mémorable. Quel est l'homme, comme le dit Johnson, dont le patriotisme ne s'échaufferait pas sur la plaine de Marathon? Je fis ouvrir des tranchées, dans l'espoir de faire quelque découverte, et le troisième jour, monsieur, nous trouvâmes une pierre que je fis transporter à Monkbarns pour la faire modeler en plâtre de Paris. On y voit un vase destiné aux sacrifices, et les lettres A. D. L. L., qu'on peut expliquer, sans leur faire trop de violence, par les mots *Agricola dicavit Libens Lubens*.

— Bien certainement, monsieur, car les Hollandais reportent à Caligula la fondation d'un phare, sans autre autorité que les lettres C. C. P. F. dont ils ont fait *Caius Caligula pharum fecit*.

— C'est la vérité, et l'explication a été jugée fort bonne. Je vois que nous ferons quelque chose de vous avant que vous portiez des lunettes, quoique au premier abord vous n'ayez vu que de faibles traces de ce beau camp.

— Avec le temps et de bonnes leçons, monsieur...

— Vous deviendrez plus apte, je n'en doute point: vous lirez, la première fois que vous viendrez à Monkbarns, mon petit essai sur la castramétation, avec quelques remarques particulières sur les vestiges d'anciennes fortifications récemment découvertes par l'auteur au Kaim de Kinprunes. Je crois avoir une pierre de touche infaillible pour reconnaître les véritables antiquités. Je commence par établir sur ce point quelques règles générales, notamment sur la nature des preuves qu'on peut admettre en pareil cas. En attendant, ayez la bonté de faire attention, par exemple, que je pourrais me prévaloir du fameux vers de Claudien:

« *Ille Caledoniis posuit qui castra pruinis* [1]. »

Car quoiqu'on entende par *pruinis* des gelées blanches, auxquelles j'avoue que nous sommes assez exposés sur

---

(1) Celui qui vint camper sur les glaces d'Écosse. — Tr.

cette côte située au nord-est, cependant ce mot peut aussi signifier une localité, et le *castra pruinis posita* ne serait autre chose que le Kaim de Kinprunes. Mais je ne fais pas usage de cette observation, parce que des critiques pointilleux pourraient en profiter pour faire descendre mon camp jusqu'au temps de Théodose, que Valentinien envoya dans la Grande-Bretagne, vers l'an 367 ou environ. Non, mon bon ami, j'en appelle aux yeux. Ne voyez-vous pas la porte Décumane? Et sans le ravage de l'affreuse charrue, expression que j'emprunte à un de mes doctes amis, la porte Prétorienne serait là-bas. A gauche vous pouvez voir quelques légers vestiges de la *porta sinistra*, et à droite un des côtés de la *porta dextra* est presque entier. Prenons donc position ici, sur ce *tumulus* formé des ruines d'un ancien bâtiment qui était le point central, et incontestablement le *prætorium* du camp. De cette place, qu'on ne peut guère distinguer du reste dès fortifications que par sa légère élévation et par un gazon plus vert, on peut supposer qu'Agricola reconnut l'immense armée des Calédoniens, qui occupait le penchant de cette montagne en face, les rangs de l'infanterie s'élevant les uns sur les autres, car le terrain lui permettait de se déployer avec avantage; et plus loin la cavalerie et les *covinarii*, c'est-à-dire les conducteurs de chariots, qui n'avaient rien de commun avec vos jeunes gens à la mode qui se mêlent de diriger dans Bond-Street leur équipage attelé de quatre chevaux.

> « Voyez, Lovel, voyez sur ces coteaux
> « Ces soldats animés par le dieu des batailles.
> « On croirait d'un dragon voir briller les écailles,
> « Quand sur leurs boucliers éblouissant les yeux
> « On voit l'astre du jour répercuter ses feux.
> « Leur marche est un orage; il menace, il éclate;
> « Rome va disparaître........ [1].

Oui, mon cher ami, il est probable, il est presque certain

---

(1) Vers d'une tragédie de Beaumont, contemporain de Shakspeare. — Ed.

que Julius Agricola vit de cet endroit le spectacle que notre Beaumont a si admirablement décrit dans les vers que je viens de vous citer. Oui, ce fut de ce *prætorium*...

Une voix qui se fit entendre derrière lui arrêta le cours de son enthousiasme :

— Prætorion si vous voulez, mais je me souviens de l'avoir vu bâtir ici.

Tous deux se retournèrent à l'instant, Lovel d'un air surpris, Oldbuck avec autant d'indignation que d'étonnement de se voir interrompu d'une manière si incivile. Pendant que notre antiquaire déclamait avec énergie, et que Lovel l'écoutait avec une attention polie, un auditeur, sans être vu ni entendu, était arrivé jusqu'à eux. Son extérieur était celui d'un mendiant. Un énorme chapeau qui lui couvrait les sourcils, une longue barbe blanche avec laquelle se mêlaient des cheveux gris ; des traits fortement prononcés et expressifs, rendus plus durs encore par les intempéries des saisons, qui avaient donné à son teint la couleur de la brique ; un long manteau bleu avec une plaque d'étain sur le bras droit ; deux ou trois bissacs jetés sur ses épaules, pour y placer séparément les diverses espèces de denrées qu'il recevait de ceux qui, n'étant que d'un degré plus riches que lui, lui faisaient la charité en nature : — tout annonçait en lui le mendiant de profession, le mendiant de cette classe privilégiée qu'on appelle en Ecosse mendians du roi ou *manteaux bleus* [1].

— Que dites-vous, Edie ? demanda Oldbuck, espérant peut-être que ses oreilles l'avaient trompé.

— Je parle du petit bâtiment qui existait là, Votre Honneur ; et je vous disais que je me souviens de l'avoir vu construire.

— Du diable si cela est, vieux fou ! il a été construit

---

[1] *King's bedeman or blue gowns*. Espèce de pensionnaire qui recevait chaque année, le jour de la naissance du roi, une gratification, et une casaque ou manteau bleu avec la plaque. — ED.

bien long-temps avant ta naissance ; et l'on en verra encore les restes après que tu auras été pendu.

— Pendu ou noyé, ici ou là, mort ou vivant, n'importe, il n'en est pas moins vrai que je l'ai vu construire.

— Toi ! toi ! s'écria l'antiquaire en bégayant de colère et de confusion : misérable vagabond, et comment diable l'aurais-tu vu ?

— Comment je l'aurais vu, M. Monkbarns! mais qu'est-ce que je gagnerais à vous dire un mensonge ? Tout ce que je sais, c'est qu'il y a environ vingt ans, moi et quelques mendians comme moi, avec les manœuvres qui avaient creusé le fossé le long du sentier, et peut-être encore deux ou trois bergers, nous nous mîmes à l'ouvrage et nous construisîmes ce petit bâtiment dont vous appelez les fondations un prætorion, uniquement pour nous faire un abri lors de la noce du vieux Aiken Drum, et nous y vidâmes joyeusement plus d'une bouteille pendant un temps de pluie. En voulez-vous une preuve, M. Monkbarns? Faites creuser les fondations, comme il paraît que vous avez déjà commencé ; et vous y trouverez, si vous ne l'avez pas déjà trouvée, une pierre sur laquelle un des manœuvres tailla une longue cuiller pour se moquer du marié. Il y ajouta quatre lettres, A. D. L. L., c'est-à-dire, *Aiken Drum Lang Laddle*, — longue cuiller d'Aiken Drum, — parce qu'Aiken était un des grands mangeurs de soupe du comté de Fife.

— Voilà, pensa Lovel un excellent pendant à l'histoire de R. D. C. C., *Restez De Ce Côté* [1]. Il se hasarda à jeter un regard sur notre antiquaire, mais il baissa les yeux sur-le-champ, par compassion. En effet, ami lecteur, si jamais vous avez vu la contenance d'une fille de seize ans dont le roman d'amour sincère s'est terminé par une découverte prématurée, ou l'air d'un enfant de dix ans dont le

---

(1) Le traducteur a dû nécessairement mettre un équivalent pour rendre les mots *Keep On This Side*. On se rappelle ici involontairement notre P. P. P., pauvre plaideur, prenez patience. — Ed.

château de cartes vient d'être renversé par le souffle d'un malicieux compagnon de ses jeux, je puis vous garantir que Jonathan Oldbuck de Monkbarns ne paraissait ni plus sage ni moins déconcerté.

— Il y a quelque méprise dans tout ceci, dit-il en se détournant brusquement du mendiant.

— Du diable s'il y en a de mon côté ! répliqua le mendiant imperturbable. Je ne fais jamais de méprises, parce qu'elles portent toujours guignon. Et maintenant, M. Monkbarns, je vous vois avec un jeune homme qui ne fait guère attention à un pauvre hère comme moi, et je gage pourtant que je vais lui dire où il était hier soir à la brune, si ce n'est peut-être qu'il ne se soucie pas qu'on en parle en compagnie.

Tout le sang de Lovel se porta à son visage.

— Ne vous inquiétez pas de ce que dit ce vieux coquin, s'écria M. Oldbuck ; et ne croyez pas que je vous estime moins à cause de votre profession. Dieu merci, je n'ai ni fatuité ni préjugés. Vous vous rappelez ce que dit Cicéron dans son discours *pro Archiâ poetâ*, en parlant d'un de vos confrères : *Quis nostrûm tam animo agresti ac duro fuit, ut... ut... ut...* J'ai oublié le latin ; mais le sens est : Qui de nous est assez grossier, assez barbare pour ne pas donner des larmes à la mort du célèbre Roscius, dont l'âge avancé était si loin de nous préparer à le perdre, que nous nous flattions qu'un homme si parfait, si excellent dans son art, serait exempt du sort commun de tous les mortels. Voilà comme le prince des orateurs parlait du théâtre et de ceux qui suivent cette carrière.

Lovel entendit les mots que venait de prononcer notre antiquaire, mais sans que son esprit y attachât aucune idée précise. Il était entièrement occupé à chercher comment ce vieux mendiant, qui continuait à le regarder d'un air malin et expressif, avait pu se procurer quelque connaissance de ses affaires. Il mit la main à la poche, convaincu qu'il y trouverait le moyen le plus prompt pour demander au mendiant de la discrétion, et pour l'y déterminer. En lui présentant son offrande, qui était plus proportionnée à sa crainte qu'à sa charité, il le regarda d'un air que le mendiant, physionomiste par profession, parut parfaitement comprendre : — Soyez tranquille, monsieur, lui dit-il en mettant en poche le tribut qu'il venait de recevoir, je ne suis point bavard ; mais il y a dans le monde d'autres yeux que les miens. Il prononça ces mots de manière à n'être entendu que de lui, et avec une expression de physionomie qui en disait encore davantage. —Se tournant alors vers Oldbuck : —Je vais au presbytère, Votre Honneur, lui dit-il ; y voulez-vous envoyer quelque chose? Ou, si vous avez quelque commission pour sir Arthur, je compte passer ce soir par le château de Knockwinnoch.

Oldbuck parut se réveiller comme d'un songe, et il lui dit d'un ton où perçait son dépit, qu'il cherchait à déguiser : — Va à Monkbarns, on t'y donnera à dîner ; si tu vas au presbytère et à Knockwinnock, tu n'as pas besoin d'y raconter ta sotte histoire. Et en même temps il jeta à son tour une offrande dans le vieux chapeau du mendiant.

— Qui? moi! dit Edie : Dieu me protège! ce n'est pas de moi qu'on saura jamais si ces pierres ne sont pas là depuis le déluge. Mais on m'a dit que Votre Honneur a donné à John Howie acre pour acre de bonnes terres en place de ce mauvais terrain. Or, s'il vous a fait passer ces fondations pour d'anciens travaux, mon opinion bien sincère est que le marché ne peut tenir, et que vous le ferez casser en justice si vous voulez dire qu'il vous a trompé.

— Fut-il jamais un misérable plus impatientant? dit l'antiquaire entre ses dents. Il faudra que sa peau fasse connaissance avec les verges de l'exécuteur des hautes-œuvres. Et tâchant de prendre un ton plus doux : — Ne vous mettez pas en peine, Edie, tout cela n'est qu'une méprise.

—C'est ce que je pensais, répliqua son persécuteur, qui semblait prendre un malin plaisir à faire saigner ses blessures ; c'est ce que j'ai toujours pensé, et il n'y a pas encore long-temps que je disais à la mère Gemmels [1] : Croyez-vous, par exemple, que Son Honneur M. Monkbarns aurait été assez fou pour donner de bonnes terres valant au moins cinquante shillings l'acre, pour un terrain en friche qui ne vaut pas une livre d'Ecosse? Non, non, soyez bien sûre que le laird a été trompé par ce malin diable John Howie. — Mais, que Dieu nous protège! me répliqua-t-elle, comment cela est-il possible, vu que le laird est si savant, et qu'il n'y a pas un homme comme lui dans tout le canton, tandis qu'à peine John Howie a-t-il assez de bon sens pour appeler les vaches et les faire sortir de l'étable? — Hé bien! hé bien! lui dis-je, il aura attrapé le laird en lui contant quelque histoire de l'ancien temps! — Je n'avais pas tort, Votre Honneur, car vous vous rappelez l'histoire du bodle qu'on vous a fait passer pour une pièce d'ancienne monnaie.

—Va-t'en au diable! s'écria Oldbuck ; mais prenant sur-le-champ un ton plus doux, en homme qui sentait que sa réputation était à la merci de son antagoniste : — Va à Monkbarns, te dis-je, ajouta-t-il, et quand j'y serai arrivé, je t'enverrai une bouteille d'ale dans la cuisine.

—Que Dieu récompense Votre Honneur!

Ces mots furent prononcés avec le véritable accent du mendiant, et, s'aidant de son bâton armé d'une pointe de fer, il avait déjà fait deux pas dans la direction de Monkbarns, quand se retournant tout à coup vers Oldbuck : — Votre Honneur s'est-il fait rendre, lui demanda-t-il, l'argent qu'il avait donné pour le bodle?

— Malédiction! s'écria l'antiquaire : va-t'en à tes affaires.

---

(1) Le nom de Gemmels rappelle un mendiant fort connu en Ecosse sous le nom d'André Gemmels. C'était aussi un Manteau bleu qu'on croit être l'original d'Édie Ochiltrie. — ED.

— Allons, allons! Que Dieu bénisse Votre Honneur. J'espère que vous ferez punir John Howie de vous en avoir imposé, et que je vivrai assez pour le voir. A ces mots, le vieux mendiant partit, sans harasser plus long-temps M. Oldbuck de souvenirs qui n'étaient rien moins qu'agréables.

— Quel est ce vieux mendiant si familier? demanda Lovel quand Edie fut assez éloigné pour ne plus l'entendre.

—Un des fléaux du pays. Je me suis toujours prononcé contre l'établissement proposé d'une taxe pour les pauvres et des maisons de charité, mais je crois que je changerai d'avis pour faire enfermer ce vagabond. Un coquin semblable, à qui vous avez une fois accordé le gîte, devient aussi familier avec vous qu'avec son écuelle; il s'attache à vous comme un de ces animaux qui suivent si fidèlement les gens de sa classe. Ce qu'il est! demandez-moi plutôt ce qu'il n'a pas été. On l'a vu tour à tour soldat, chanteur de ballades, chaudronnier ambulant, et le voilà mendiant. Il est gâté par notre noblesse, qui rit de ses plaisanteries et qui cite les bons mots d'Edie Ochiltrie comme ceux de Joé Miller [1].

— Il parle, il me semble, très-librement, et la liberté est l'ame de l'esprit.

— Oh oui, il est assez libre; souvent même il invente quelque maudit mensonge, bien improbable, uniquement pour vous tourmenter, comme l'histoire qu'il vient de nous raconter. Cependant je ne publierai pas mon traité avant d'avoir examiné la chose bien à fond.

— En Angleterre un tel mendiant ne serait pas toléré long-temps.

— Sans doute. Vos administrateurs de paroisse et vos officiers de police ne trouveraient pas grand sel à ses bons mots; mais ici ce maudit vagabond est une sorte de fléau

---

(1) Auteur pseudonyme d'un recueil de facéties populaires. — ED.

privilégié, un des derniers échantillons de l'ancien mendiant écossais, qui faisait sa ronde dans un district particulier, et qui était le nouvelliste, le ménestrel et quelquefois l'historien de sa paroisse. Cependant ce drôle sait un plus grand nombre de vieilles ballades et de traditions que qui que ce soit dans Fairport et les quatre paroisses voisines. Et après tout, continua-t-il en s'adoucissant à mesure qu'il faisait l'énumération des talens d'Edie, le maraud n'est pas sans gaieté. Il ne s'est pas laissé abattre par la rigueur de son destin, et il serait cruel de lui refuser la consolation de rire aux dépens de ceux qui sont plus heureux que lui. Le plaisir de m'avoir mystifié, comme vous autres gens du monde le diriez, va lui tenir lieu de boire et de manger pour un jour ou deux. Mais il faut que je retourne à Monkbarns, et que je lui parle encore, sans quoi il va débiter sa sotte histoire dans tous les environs.

A ces mots nos deux héros se séparèrent, M. Oldbuck reprenant le chemin de son *hospitium* de Monkbarns, et Lovel se dirigeant vers Fairport, où il arriva sans autre aventure.

CHAPITRE V.

« Lancelot Gobbo : — Sois attentif ! Je vais conjurer l'Océan. »
Shakspeare, *Le Marchand de Venise*.

L'ouverture du théâtre de Fairport avait eu lieu, mais Lovel n'avait pas encore paru sur les planches, et ni son ton ni ses manières ne justifiaient la conjecture faite par M. Oldbuck qu'il avait dessein de prétendre aux applaudissemens du public.

Il existait à Fairport un vieux barbier chargé du soin des trois seules perruques de la paroisse, qui, en dépit de la taxe sur la poudre [1] et de la dureté des temps, subissaient encore l'opération journalière d'être frisées et poudrées. Jacob Caxon partageait donc son temps entre les trois pratiques que la mode lui avait laissées, et M. Oldbuck ne manquait pas de lui demander régulièrement tous les jours des nouvelles du petit théâtre de Fairport, s'attendant chaque fois à l'entendre annoncer le prochain début de M. Lovel ; notre antiquaire ayant résolu de se mettre en frais en cette occasion, pour prouver à son jeune ami l'intérêt qu'il prenait à lui, et non-seulement d'aller lui-même à la comédie, mais d'y conduire aussi sa gent femelle. Cependant le vieux barbier ne lui disait rien qui pût justifier une démarche aussi importante que celle de retenir une loge.

Jacob Caxon lui apprit au contraire qu'il était arrivé à Fairport un jeune homme dont toute la *ville* ne savait que faire. (Par ce mot il entendait les commères qui charment leur oisiveté en s'occupant des autres.) Il ne recherchait pas la société ; il semblait même l'éviter, conduite qui, inspirant la curiosité, contribuait autant que son air doux et aimable à le faire rechercher des autres. Rien n'était plus régulier, rien ne sentait moins l'aventurier que sa manière de vivre, qui était simple, et si bien réglée que tous ceux qui avaient quelques relations avec lui en faisaient l'éloge.

Ce ne sont point là les qualités d'un héros de théâtre, pensa Oldbuck. Et quoique pour l'ordinaire il tînt opiniâtrément à ses opinions, il aurait été forcé de renoncer à celle qu'il s'était faite de M. Lovel, si le vieux Caxon n'eût

---

[1] La poudre à poudrer payait des droits exorbitans dans la Grande-Bretagne, et ceux qui voulaient en porter payaient de plus une taxe annuelle, en s'inscrivant sur un registre tenu *ad hoc*. Un pair de l'opposition joua au gouvernement le mauvais tour de faire poudrer non-seulement ses laquais, mais ses chevaux et ses chiens. Les *fashionables* abandonnèrent cette mode par ton, les bons bourgeois par économie.
— Ed.

ajouté qu'on entendait souvent ce jeune homme se parler à lui-même, et déclamer tout haut dans sa chambre comme s'il était sur un théâtre.

Cette circonstance était la seule qui parût confirmer la supposition de M. Oldbuck, et c'était une question difficile à résoudre que de savoir quel motif pouvait retenir à Fairport un jeune homme qui n'y avait ni amis, ni connaissances, ni occupation d'aucune espèce. Ni le vin ni les cartes ne paraissaient avoir de charmes pour lui. Il avait refusé de dîner avec les officiers du corps de volontaires qui avait été formé depuis peu, et il ne paraissait à aucune des fêtes que donnaient les deux partis qui divisaient alors Fairport comme des villes plus importantes. Il n'était pas assez aristocrate pour se joindre au club des vrais Bleus Royaux [1], et il était trop peu démocrate pour fraterniser avec une société affiliée de *soi-disant* Amis du peuple que cette ville avait aussi le bonheur de posséder. Il entrait rarement dans un café, et déjeunait solitairement dans sa chambre.

Enfin depuis que ce nom était devenu à la mode dans les romans, ce qui remontait déjà assez loin, jamais on n'avait vu un M. Lovel dont on ne pût parler positivement, et auquel on ne pût attribuer que des qualités négatives.

Parmi ces qualités négatives, il en existait pourtant une importante; personne ne trouvait à mordre sur sa conduite. S'il avait eu quelque défaut, il aurait bientôt été rendu public, car personne n'aurait eu compassion d'un être si peu sociable, et chacun se serait livré au plaisir si naturel de médire du prochain. Une seule circonstance fit naître quelque soupçon contre lui. Comme dans ses promenades solitaires il avait souvent le crayon à la main,

---

[1] *True Royal blues*, club de ministériels. La nation anglaise, à cette époque, était agitée de mouvemens révolutionnaires comme la nôtre; mais le spectacle de nos excès contribua autant que le charlatanisme de ses ministres à retarder l'explosion. — Éd.

et qu'il avait tiré du port différentes vues dans lesquelles il avait fait entrer la tour des signaux et même la batterie de quatre pièces de canon, quelques amis zélés du bien public firent secrètement circuler le bruit que cet étranger mystérieux était un espion des Français. Le sherif, en conséquence, alla rendre visite à M. Lovel; mais il paraît que celui-ci, dans cette entrevue, dissipa entièrement les soupçons du magistrat, car non-seulement le sherif ne le troubla point dans son goût pour la retraite, mais on assure même qu'il l'invita deux fois à dîner, invitation que Lovel refusa avec politesse. Au surplus le magistrat garda un profond secret sur la nature de l'explication qu'il avait eue avec M. Lovel. Non-seulement il n'en informa pas le public, mais il n'en fit pas même part au conseil privé qu'il consultait sur toutes les questions qui se présentaient dans l'exercice de ses fonctions, et qui était composé de son substitut, de son clerc, de sa femme et de ses deux filles.

Ces détails, ayant été fidèlement rapportés par le vieux barbier à M. Oldbuck, firent concevoir à celui-ci une idée encore plus élevée de son ancien compagnon de voyage. — C'est un jeune homme sage et sensé, pensa-t-il, puisqu'il dédaigne de partager les folies de ces imbéciles habitans de Fairport. Il faut que je fasse quelque chose pour lui. Il faut que je lui donne à dîner! J'inviterai aussi sir Arthur à Monkbarns : — Il faut que j'en confère avec ma gent femelle.

Cette conférence ayant eu lieu, un exprès reçut l'ordre de se préparer à partir avec une lettre adressée à l'honorable sir Arthur Wardour, chevalier baronnet, au château de Knockwinnock, et cet exprès ne fut autre que Caxon lui-même. Voici ce que contenait cette lettre.

MON CHER SIR ARTHUR,

« Le mardi 17 courant, *stylo novo*, je tiens un *symposium* cénobitique à Monkbarns, et je vous invite à y assister, à quatre heures précises. Si ma belle ennemie, miss Isabelle, peut nous honorer de sa présence et veut bien vous accompagner, ma gent femelle sera fière d'avoir un tel renfort dans la cause de la résistance à l'autorité et à la suprématie légitime. Dans le cas contraire, je les enverrai passer la soirée au presbytère. Je désire vous présenter un jeune homme de ma connaissance qui semble avoir plus de raison qu'il n'en appartient à ces temps de folie, qui a du respect pour ses anciens, et qui connaît passablement les classiques. Et comme un tel jeune homme doit avoir un mépris naturel pour les gens de Fairport, je désire lui faire voir une société raisonnable et respectable.

Je suis, mon cher sir Arthur, etc., etc., etc. »

— Pars avec cette lettre, Caxon, dit l'antiquaire en lui remettant cette missive. Elle est *signata atque sigillata*. Vole à Knockwinnock, et rapporte-moi une réponse. Fais autant de diligence que si le conseil de la ville assemblé attendait le prévôt, et que le prévôt attendît une perruque bien poudrée.

— Ah! monsieur, répondit le barbier en poussant un profond soupir, ces heureux jours sont passés depuis longtemps. Le vieux prévôt Jervie est le dernier des prévôts de Fairport qui ait porté une perruque; encore avait-il une impertinente servante qui la lui arrangeait sur la tête avec un bout de chandelle, et qui la saupoudrait d'un peu de farine. Mais j'ai vu le temps, Monkbarns, où les membres du conseil de la ville se seraient passés de leurs clercs, et même de leur coup d'eau-de-vie en se levant, plutôt que d'une perruque décente, bien frisée et bien poudrée. Faut-il s'étonner que le peuple soit mécontent et demande une réforme dans les lois, quand on voit les magistrats, les baillis, les diacres, et même le prévôt, sans plus de poils sur la nuque qu'il n'y en a sur mes têtes à perruques?

— Et leurs têtes et les vôtres, Caxon, sont aussi bien garnies intérieurement les unes que les autres. Au surplus, vous avez une manière de voir les affaires publiques infiniment juste, et j'ose dire que vous avez touché du doigt la cause du mécontentement général. Le prévôt lui-même n'aurait pas mieux parlé. Mais faites diligence, Caxon.

Et Caxon partit pour son voyage de trois milles.

> « S'il boitait d'une jambe, il avait du courage;
> « Il fit tout ce qu'il put : on ne peut davantage. »

Tandis que le barbier se rend à Knockwinnock et en revient, il ne sera pas hors de propos de faire connaître à nos lecteurs celui à qui il portait son message.

Nous avons dit qu'à une seule exception près, M. Oldbuck ne voyait guère la noblesse des environs : ce voisin excepté était sir Arthur Wardour, chevalier baronnet, issu d'une ancienne famille, et possédant une fortune considérable, mais embarrassée. Son père, sir Anthony, avait été un chaud partisan du roi Jacques, et il avait montré tout l'enthousiasme possible pour sa cause, tant qu'il ne s'était agi que de la servir en paroles. Personne ne pressait une orange [1] avec un geste plus expressif; personne ne savait proposer une santé séditieuse plus adroitement, et sans se mettre en contravention directe avec les lois; enfin personne ne buvait plus souvent et à plus longs traits au succès de son parti. Mais lorsque les Highlanders se mirent en campagne en 1645, il paraît que le zèle du digne baronnet se refroidit précisément à l'instant où il aurait été plus important qu'il s'échauffât. A la vérité il parlait beaucoup de prendre les armes pour soutenir les droits de l'Ecosse et de Charles Stuart, mais sa selle ne pouvait aller qu'à un seul de ses chevaux, et ce cheval n'était pas habitué au feu. Peut-être le maître du noble quadrupède approuvait-il les scrupules de son coursier, et commençait-il à croire que ce qui ne convenait pas au cheval ne pouvait être plus convenable au cavalier.

Quoi qu'il en soit, tandis que sir Anthony Wardour

---

[1] Les ennemis du roi Jacques étaient désignés par le nom d'Orangistes, à cause du prince d'Orange. — ÉD.

parlait, buvait et hésitait, l'intrépide prévôt de Fairport
(qui, comme nous l'avons vu, était le père de notre antiquaire) fit une sortie de la ville à la tête d'une troupe de
bourgeois, et saisit, au nom de George II, le château de
Knockwinnock ainsi que les quatre chevaux de carrosse
et la personne du propriétaire. Sir Anthony fut ensuite
envoyé à la Tour de Londres, en vertu d'un mandat délivré
par un des secrétaires d'Etat, et son fils Arthur, encore
bien jeune, l'y suivit. Mais comme ils n'avaient commis
aucun acte ostensible de trahison, le père et le fils furent
bientôt remis en liberté, et retournèrent à leur château
de Knockwinnock pour y boire plus que jamais à la santé
du Prétendant, et parler de ce qu'ils avaient souffert pour
la cause royale. Sir Arthur s'y habitua tellement, que,
même après la mort de son père, son chapelain non con-
formiste avait coutume de prier régulièrement pour la
restauration du souverain légitime, pour la chute de l'u-
surpateur, et pour l'anéantissement de leurs ennemis
cruels et sanguinaires, quoique toute idée d'opposition
sérieuse à la maison d'Hanovre se fût évanouie depuis
long-temps; cette liturgie séditieuse était donc conservée
plutôt comme matière de forme que par intention bien
marquée; si bien qu'en 1760, lors d'une élection contes-
tée dans le comté, le digne sir Arthur, pour pouvoir voter en
faveur d'un candidat auquel il s'intéressait, prêta serment
de fidélité et d'obéissance au monarque qu'il traitait d'usurpateur, et pour l'expulsion duquel il priait tous les jours,
renonçant par là au Prétendant, dont il demandait jour-
nellement au ciel la restauration. Enfin, pour ajouter encore à cette triste preuve de l'inconséquence humaine, sir
Arthur continua de prier pour la maison de Stuart, même
après l'extinction de cette famille, et lorsque par le fait,
et en dépit de son loyalisme théorique [1] qui la considérait

---

(1) Nous avons expliqué dans *Waverley* la nécessité d'adopter le mot de loyalisme
pour exprimer la fidélité au roi légitime en Angleterre. — En.

toujours comme existante, il se montrait dans toutes ses actions fidèle et zélé serviteur de George III.

Sous tout autre rapport, sir Arthur Wardour vivait comme la plupart des gentilshommes campagnards écossais. Il s'occupait de la chasse et de la pêche, donnait et recevait des dîners, suivait les courses de chevaux, assistait aux assemblées du comté, était lieutenant en second du canton et inspecteur des routes. En avançant en âge, il devint trop paresseux ou trop pesant pour goûter les plaisirs de la chasse, et il chercha à s'en dédommager en lisant de temps en temps l'histoire d'Ecosse. Peu à peu il prit du goût pour les antiquités, et quoique ses vues sur ce sujet ne fussent ni bien profondes ni bien correctes, il devint confrère de M. Oldbuck de Monkbarns, et partagea ses nobles travaux.

Il existait cependant quelques points sur lesquels nos deux antiquaires n'étaient pas toujours d'accord, ce qui quelquefois mettait la discorde entre eux. La foi de sir Arthur était ardente et sans bornes; M. Oldbuck (malgré l'affaire du *prætorium* et du Kaim de Kinprunes) était beaucoup plus scrupuleux, et n'acceptait pas sans examen une monnaie douteuse comme frappée au bon coin. Sir Arthur se serait cru coupable du crime de lèse-majesté s'il eût révoqué en doute l'existence d'un seul des cent quatre rois d'Ecosse, admis par Boëce, rendus classiques par Buchanan, auxquels Jacques VI prétendait faire remonter son droit de gouverner son royaume, et dont les portraits décorent encore les murailles de la galerie d'Holyrood [1]. Oldbuck, homme réfléchi et soupçonneux, sans égard pour le droit divin héréditaire, se permettait quelquefois des plaisanteries sur cette liste, et prétendait que toute la

---

(1) Suivant cette fabuleuse chronique, Fergus Ier aurait régné 330 ans avant l'ère chrétienne. Les Ecossais, un peu plus sceptiques que sir Arthur, ne commencent à compter que du règne d'Achaïus (796), qu'on prétend avoir fait un traité d'alliance avec Charlemagne. Mais l'histoire ne donne des détails un peu croyables sur les rois d'Ecosse que depuis l'époque de Macbeth (1043). — Ed.

série des descendans de Fergus, dans les pages de l'histoire d'Ecosse, n'avait pas un fondement mieux assuré que la marche triomphale de ceux de Banquo dans la caverne d'Ecate [1].

Un autre sujet délicat était la réputation de la reine Marie [2]. Sir Arthur en était le champion déclaré, et Oldbuck s'en montrait l'antagoniste, malgré sa beauté et ses infortunes. Mais quand ils tombaient malheureusement sur des temps encore plus récens, d'autres causes de discorde naissaient à chaque page de l'histoire. Oldbuck était ferme presbytérien, un des Anciens de l'Eglise [3], ami des principes de la révolution anglaise, et attaché à la succession protestante, tandis que sur tous ces points sir Arthur professait des opinions diamétralement opposées. Il arrivait donc souvent que des querelles très-chaudes éclataient entre eux. Oldbuck alors ne pouvait pas toujours réprimer son humeur caustique, et le baronnet songeait quelquefois que le descendant d'un imprimeur allemand, dont les ancêtres s'étaient fait un honneur d'être admis dans la classe des vils bourgeois, s'oubliait et se permettait dans la discussion une licence inexcusable, vu le rang et l'ancienne noblesse de son antagoniste. Joignez à cela le souvenir de l'injure faite à sa famille par le père de notre antiquaire lorsqu'il avait saisi la personne et le manoir de sir Anthony et jusqu'à ses chevaux de carrosse, et vous jugerez si la colère ne devait pas quelquefois enflammer ses yeux et ses argumens. Enfin M. Oldbuck, regardant son digne ami et son confrère comme infiniment faible d'esprit sous certains rapports, était porté à lui laisser entrevoir cette opinion peu favorable un peu plus clairement que les règles de la politesse ne le permettaient. En

---

(1) Allusion à une scène fantasmagorique de *Macbeth*. — Ed.

(2) Cette discussion sur la reine Marie s'est renouvelée souvent en Ecosse depuis l'histoire de Robertson. — Ed.

(3) Voyez dans *Waverley* la note sur la hiérarchie de l'Eglise d'Ecosse. *L'assemblée générale* est une espèce de concile annuel. — Ed.

pareil cas, ils se séparaient souvent fort irrités, en formant une sorte de résolution de ne plus se revoir à l'avenir ;

« Mais la réflexion, fille du lendemain, »

faisait sentir à chacun d'eux que la société de l'autre était devenue, par suite d'une longue habitude, presque nécessaire à son existence, ce qui facilitait la réconciliation. Cependant il arriva une ou deux fois que l'orgueil aristocratique du chevalier comptant une longue suite d'ancêtres, prit un essor trop mortifiant pour la susceptibilité du descendant du typographe, et il aurait pu en résulter une rupture éternelle entre ces deux originaux sans les efforts et la médiation de miss Isabelle Wardour, fille du baronnet, qui, avec son frère alors au service chez l'étranger, formait toute sa famille. Elle savait combien la société de Oldbuck était nécessaire pour amuser et distraire son père, et son intervention manquait rarement de réussir, quand les sarcasmes de l'un et le ton de supériorité de l'autre faisaient sentir le besoin d'un médiateur. Grace à sa douce influence, son père pardonnait tous les outrages faits à la reine Marie, et M. Oldbuck excusait les blasphèmes qui insultaient à la mémoire du roi Guillaume. Cependant comme elle avait coutume de prendre, tout en riant, le parti de son père, M. Oldbuck la nommait sa belle ennemie, quoique dans le fait il fît d'elle plus de cas que de toute autre personne de son sexe, dont nous avons vu qu'il n'était pas grand admirateur.

Il existait encore entre ces deux personnages un autre rapport qui exerçait sur leur amitié une influence tour à tour répulsive et attractive. Sir Arthur désirait toujours emprunter, et Oldbuck n'était pas toujours disposé à prêter. M. Oldbuck désirait que les sommes qu'il prêtait lui fussent rendues avec exactitude, au terme convenu, et sir Arthur n'était pas souvent en état de satisfaire ce désir raisonnable. Des volontés si opposées ne pouvaient se concilier sans que de petites altercations eussent lieu de temps en temps. Cependant il régnait entre eux en dernier résultat un esprit de condescendance mutuelle, et ils étaient comme deux dogues attelés à la même charrette, qui grondent quelquefois l'un contre l'autre, mais qui n'en viennent jamais à se prendre à la gorge.

Une de ces petites querelles occasionées par une discussion d'affaires d'intérêt ou de politique avait divisé les familles de Knockwinnock et de Monkbarns, quand l'ambassadeur de notre antiquaire arriva au château de sir Arthur. Le baronnet était assis dans un grand salon gothique dont les fenêtres donnaient d'un côté sur l'Océan, et de l'autre sur une longue avenue qui conduisait à la grande route; tantôt tournant une page d'un in-folio ouvert devant lui sur la table, tantôt jetant un regard d'ennui sur les tilleuls qui bordaient l'avenue, et dont les rayons du soleil pouvaient à peine pénétrer l'épais feuillage. Enfin, spectacle délicieux! il voit une créature humaine s'avancer dans l'avenue solitaire. — Qui est cet homme? que peut-il me vouloir? La première de ces questions n'eut pas besoin de réponse, car à sa vieille redingote grise, à son chapeau pommadé et couvert de poudre, et surtout à sa démarche, il eut bientôt reconnu le barbier boiteux; mais il répétait la seconde quand un domestique entra dans le salon.

— Une lettre de Monkbarns pour sir Arthur.

Le baronnet reçut la missive avec un air d'importance et de dignité.

— Faites entrer ce vieillard dans la cuisine, et donnez-lui de quoi se rafraîchir, dit Isabelle, dont l'œil compatissant avait remarqué ses cheveux gris et son air fatigué.

— M. Oldbuck, ma chère, dit sir Arthur, nous invite à dîner pour le mardi 17; et après une pause, il ajouta: Il paraît réellement qu'il a oublié qu'il ne s'est pas conduit envers moi avec les égards que j'avais droit d'attendre.

— Vous avez tant d'avantages sur le pauvre M. Oldbuck, mon père, qu'il n'est pas étonnant qu'il en ait quelquefois un peu d'humeur; mais je sais qu'il a beaucoup de respect pour vous, qu'il aime votre conversation, et qu'il serait véritablement fâché de manquer aux attentions qui vous sont dues.

— C'est vrai, c'est vrai, Isabelle, et il faut lui passer quelque chose attendu son origine : il y a encore dans son sang quelque rudesse germanique; il a sucé avec le lait les principes pervers des Whigs et de l'opposition contre le rang et la naissance. Vous pouvez observer qu'il n'a jamais l'avantage sur moi dans une discussion, si ce n'est quand il se prévaut d'une connaissance minutieuse de dates, de noms et de faits, pures bagatelles dont il n'est redevable qu'à une exactitude frivole de mémoire, qualité qui n'indique que d'autant mieux l'état qu'exerçaient ses ancêtres.

— Je croirais cette faculté utile pour les recherches historiques, mon père.

— Elle conduit à un ton de discussion tranchant et incivil. Quoi de plus déraisonnable que de l'entendre attaquer la traduction d'Hector Boëce par Belleden, ouvrage très-rare, dont j'ai la satisfaction de posséder un exemplaire in-folio, imprimé en lettres gothiques, et cela sur la foi de je ne sais quel vieux chiffon de parchemin qu'il a sauvé des ciseaux d'un tailleur qui allait le couper pour en faire une mesure. D'ailleurs cette habitude d'exactitude minutieuse et fatigante sent le calcul mercantile, et est au-dessous d'un propriétaire dont la famille compte deux ou trois générations. Je parierais qu'il n'existe pas dans tout Fairport un commis marchand qui sache faire un compte d'intérêts mieux qu'Oldbuck.

— Cependant vous accepterez son invitation, mon père?

— Mais... oui. Je ne crois pas que nous ayons d'autre

engagement. Quel est donc le jeune homme dont il parle ? il ne fait guère de nouvelles connaissances, et je ne lui connais aucun parent.

— C'est peut-être quelqu'un de la famille du capitaine Mac Intyre.

— Cela est possible. Hé bien ! nous accepterons. Les Mac Intyre sont d'une très-ancienne famille des Highlands. Répondez-lui que nous irons, Isabelle ; quant à moi, je n'ai pas le loisir de donner aujourd'hui du *cher monsieur* à quelqu'un [1].

Cette importante affaire étant ainsi réglée, le billet ci-après fut écrit sur-le-champ.

« Miss Wardour présente à M. Oldbuck ses complimens et ceux de sir Arthur : ils ont l'honneur d'accepter son invitation. Miss Wardour saisit cette occasion pour renouveler ses hostilités contre M. Oldbuck, à cause du temps beaucoup trop long qu'il a laissé écouler depuis sa dernière visite à Knockwinnock, où on le voit toujours avec tant de plaisir. »

Ayant terminé sa missive par cette phrase conciliatrice, elle la donna au vieux Caxon, qui, s'étant bien reposé, bien rafraîchi, se mit en route pour retourner chez notre antiquaire.

---

[1] La formule ordinaire en Angleterre pour commencer une lettre, est : Cher Monsieur, *Dear sir*. — ÉD.

CHAPITRE VI.

« Oui, par Wodden, des Saxons respecté,
« D'où l'un des jours de la semaine
« Tire son nom d'origine païenne [1],
« Rien n'est beau que la vérité,
« Et j'y tiendrai, malgré l'envie,
« Jusqu'au dernier jour de ma vie. »
La table d'hôte de Cartwright.

Notre jeune ami Lovel, qui avait aussi reçu un billet d'invitation, arriva ponctuellement à Monkbarns le 17 juillet, environ cinq minutes avant quatre heures. Il avait fait une chaleur étouffante, et il était tombé quelques grosses gouttes de pluie, quoique l'orage dont on était menacé eût éclaté plus loin.

M. Oldbuck le reçut à la porte du Pèlerin, en habit complet de drap brun, en bas de soie gris et en perruque poudrée où brillait tout le savoir-faire du vétéran Caxon, qui, ayant flairé le dîner, avait eu soin de ne finir son opération qu'un instant auparavant, afin d'être invité à faire une station à la cuisine.

— Vous êtes le bienvenu à mon *symposium*, M. Lovel; et maintenant il faut bien que je vous présente à mes fainéantes de la gent femelle, *malæ bestiæ*, M. Lovel.

— Je serais bien trompé, monsieur, si je trouvais qu'elles méritent de pareils sarcasmes.

— *Tilley-Valley!* M. Lovel, — mot que, par parenthèse, un commentateur fait dériver de *Titifivillitium*, et un autre

---

[1] *Wensday* ou *wednesday*, mercredi; venant de *Woden's-day*, jour de Woden.
— Éd.

de *Talley ho*, — mais Tilley-Valley [1], dis-je, et trêve de votre politesse. Vous ne trouverez en elles que de vrais échantillons de la gent femelle ; mais les voici. M. Lovel, je vous présente, suivant l'ordre convenable, ma très-discrète sœur Griselda, qui dédaigne la simplicité et la patience dont l'idée se rattache au pauvre vieux nom de Grizzy, et ma très-exquise nièce Maria, dont la mère se nommait Marie et quelquefois Molly [2].

La sœur de notre antiquaire, en robe de soie, portait sur la tête un édifice dont on peut trouver le modèle dans le *Souvenir des Dames pour l'année* 1770 : un superbe monument d'architecture, une espèce de château gothique moderne, dont les crochets pouvaient représenter les tours, les épingles noires les chevaux de frise, et les barbes les bannières. Sa figure, aussi couronnée de tours, comme celle des anciennes statues de Vesta, et aussi large que longue, offrait deux éminences remarquables en forme de nez et de menton, et avait, sous les autres rapports, une ressemblance si grotesque avec la physionomie de M. Jonathan Oldbuck, que s'ils n'avaient point paru ensemble, comme Sébastien et Viola dans la dernière scène de *la Soirée des Rois*, Lovel aurait pu croire que la figure qui se présentait à ses yeux était son vieil ami déguisé en femme. Une robe de soie antique à grands ramages couvrait cette personne extraordinaire, à laquelle le frère disait souvent que le turban d'un Musulman siérait mieux que la coiffure d'une chrétienne et d'une créature raisonnable. Deux longs bras décharnés, terminés aux coudes par des manchettes de blonde à triple rang, croisés sur son estomac et décorés de longs gants, d'un vermillon vif, ressemblaient assez à deux homards monstrueux. Des

---

(1) *Tilley-valley* est une exclamation anglaise pour interrompre celui qui parle, et répond à notre phrase de : Sornettes que tout cela. Il paraît que c'est une corruption de nos mots de classe *taïaut* et *vallecy*, qu'on trouve dans le Traité de vénerie de Jacques Fouilloux, in-fol., 1585. — Éd.

(2) Synonyme familier de Marie. — Éd.

souliers à talon haut et un mantelet de soie, jeté sur ses épaules avec une aimable négligence, complétaient la parure de miss Griselda Oldbuck.

Sa nièce, que Lovel avait aperçue un instant lors de sa première visite, jeune et jolie personne, mise avec élégance suivant la mode du jour, avait un air d'espièglerie qui lui allait fort bien, et qui prenait peut-être sa source dans cette humeur caustique particulière à la famille de son oncle, mais dont les traits étaient adoucis en elle.

M. Lovel salua respectueusement les deux dames, qui lui répondirent, la tante par la révérence prolongée de 1760, époque édifiante pendant laquelle — le *Benedicite* durait pendant une heure, et le repas n'était qu'un plat de vendredi [1], — et la nièce par une révérence moderne, dont la durée, comme celle du *Benedicite* d'un ministre de nos jours, était beaucoup plus courte.

Pendant cet échange de politesses, sir Arthur ayant renvoyé sa voiture, et donnant le bras à sa charmante fille, offrit ses hommages aux dames avec tout le cérémonial d'usage.

— Sir Arthur, dit notre antiquaire, et vous, ma belle ennemie, permettez-moi de vous présenter mon jeune ami M. Lovel, jeune homme qui, pendant la fièvre écarlate [2] qui est en ce moment épidémique dans cette île, a le courage de se montrer en habit d'une couleur décente : mais si la couleur à la mode ne paraît pas sur ses vêtemens, vous la voyez du moins, et avec une nuance très-foncée, sur ses joues. Je vous présente en lui, sir Arthur, un jeune homme que votre science vous fera reconnaître comme grave, sage, poli, instruit, ayant beaucoup lu, beaucoup observé, et profondément versé dans tous les mystères

---

(1) Allusion à l'époque où un décret de Charles II défendit aux traiteurs de préparer à dîner le vendredi comme avant la réformation. — Éd.

(2) Le laird appelle fièvre écarlate ou scarlatine la manie des costumes militaires, qui avait saisi les Anglais de cette époque, où la politique de Pitt dénonçait sans cesse les projets d'invasion de la France. — Éd.

du théâtre et du foyer depuis le temps de David Lindsay [1] jusqu'à celui de Dibdin [2]. Et tenez, le voilà qui rougit encore ; ce qui est un signe de grace.

— Mon frère, dit miss Griselda en s'adressant à Lovel, a toujours une manière bizarre de s'exprimer, monsieur ; mais personne ne fait attention à ce qu'il dit ; il ne faut pas que ses extravagances vous occasionent le moindre embarras. Mais la promenade que vous avez faite sous un soleil si brûlant a dû vous échauffer ; voudriez-vous prendre quelque chose ? un verre de vin balsamique ?

— Fi donc ! sorcière, s'écria Oldbuck avant que Lovel eût pu répondre ; veux-tu empoisonner mes hôtes avec tes infernales décoctions ? As-tu oublié comment s'en trouva le ministre quand tu le déterminas à goûter ce perfide breuvage ?

— Pouvez-vous bien parler ainsi, mon frère ? Sir Arthur, avez-vous jamais entendu rien de semblable ? Il faut que tout aille à sa fantaisie, ou il vous invente des histoires... Mais j'aperçois Jenny qui va sonner la cloche pour nous avertir que le dîner est servi.

Rigide dans ses principes d'économie, M. Oldbuck n'avait pas de domestiques mâles, mais il en donnait pour prétexte que le sexe masculin était trop noble pour être employé à ces actes de servitude personnelle qui, dans les temps primitifs, étaient partout le partage des femmes.

— Pourquoi, disait-il, le petit Tam Rintherout, qu'à l'instigation de ma prudente sœur j'avais avec la même prudence pris à l'épreuve, mangeait-il mes pommes, dénichait-il les oiseaux, cassait-il les verres, et finit-il enfin par me dérober mes lunettes ? c'est parce qu'il sentait cette noble émulation qui remplit le cœur de l'homme, qui le fit aller en Flandre un mousquet sur l'épaule, et qui le conduira à la gloire ou à la potence. Et pourquoi

---

(1) Auteur de la pièce la plus ancienne d'Ecosse. C'est le fameux Lyon roi d'armes de Marmion. — Ed.
(2) Auteur dramatique et chansonnier moderne. — Ed.

cette fille, Jenny Rintherout sa sœur, s'acquitte-t-elle des mêmes fonctions sans rien briser, sans bruit, soit qu'elle ait des souliers, soit qu'elle marche nu-pieds, prudente comme un chat, docile comme un épagneul? C'est parce qu'elle est à la place qui lui convient. C'est aux femmes à nous servir; elles ne sont bonnes qu'à cela. Tous les anciens législateurs, depuis Lycurgue jusqu'à Mohammed, mal à propos nommé Mahomet, s'accordent à les placer dans le rang subordonné qui leur convient; et ce ne sont que les cerveaux exaltés de nos ancêtres, avec leurs idées chevaleresques, qui ont fait de leurs dulcinées des princesses, de véritables despotes.

Miss Wardour protestait hautement contre cette doctrine peu galante quand le son de la cloche annonça le dîner.

— Permettez que je m'acquitte des devoirs de la politesse envers une si belle antagoniste, dit M. Oldbuck en lui présentant le bras. Je me souviens, miss Wardour, que Mohammed, vulgairement Mahomet, hésitait sur le mode qu'il emploierait pour appeler les musulmans à la prière. Il rejeta les cloches parce que les chrétiens s'en servaient, les trompettes parce qu'elles avaient été adoptées par les Guèbres, et enfin il adopta la voix humaine. J'ai eu aussi mes doutes sur la manière dont je ferais annoncer mon dîner. Les gongs [1], dont on se sert aujourd'hui, me parurent une mode trop nouvelle, une invention païenne; la voix femelle était aigre, criarde et discordante; j'en reviens à la cloche, n'en déplaise à Mohammed. Elle a ici une propriété locale, car elle servait de signal pour servir le dîner dans le réfectoire : elle a d'ailleurs un grand avantage sur la langue du premier ministre de ma

---

(1) Le *gong* ou *loo* est un instrument chinois : c'est une pièce de métal composée de cuivre et d'étain, qu'on laisse refroidir à l'air après la fonte, pour la rendre élastique et dure. On frappe dessus avec une *baguette* revêtue de peau : le son est d'abord faible; mais communiqué par la vibration à toute la masse métallique, il se prolonge en un bruit effrayant. — Ed.

sœur, de Jenny, quoiqu'elle fasse un peu moins de bruit, car elle devient muette dès l'instant que vous cessez de tirer le cordon ; au lieu qu'une triste expérience nous a appris que toute tentative pour imposer silence à Jenny ne fait que produire un carillon auquel se joignent en chorus miss Griselda Oldbuck et miss Maria Mac Intyre.

Comme il finissait de parler, ils entrèrent dans la salle à manger, que Lovel n'avait pas encore vue, et qui était ornée de tableaux curieux. Jenny servit à table, aidée par une vieille femme, espèce d'intendant en jupon qui semblait n'être près du buffet que pour endurer les reproches que M. Oldbuck lui adressait de temps en temps, et les remarques moins directes mais encore plus piquantes de sa sœur.

Le dîner convenait à la table d'un antiquaire de profession, et l'on y voyait figurer d'anciens mets écossais que tous ceux qui se piquent d'élégance ont bannis de leurs festins. Il s'y trouvait la délicieuse oie de Solan [1], dont le fumet est si fort, qu'on la fait toujours cuire en plein air. Mais ce morceau délicat n'était pas à moitié cuit, et Oldbuck pensa jeter l'oiseau de mer et le plat à la tête de la négligente prêtresse qui venait de présenter cette offrande odoriférante. Par bonheur elle avait été plus heureuse pour le *Hotch-potch* [2], qui fut déclaré inimitable à l'unanimité.

— Je savais qu'ici nous réussirions, dit Oldbuck d'un air de triomphe. Davie Dibble, mon jardinier, vieux gar-

---

(1) Le *soland-geese* est le fou de Bassan, *palicanus bassanus* de Buffon, et mériterait une longue note, car il se vend chaque année plus de deux mille de ces oiseaux en Ecosse, où ils sont la ressource de la classe pauvre depuis que leur chair est moins estimée par la classe riche. Ces grands palmipèdes, de la taille d'une oie, habitent quatre îles, et surtout le rocher de Bass, dans la partie orientale du Frith de Forth, sur la côte de l'East-Lothian. Leur plumage est entièrement blanc, excepté le noir du bout des ailes, et une nuance jaune sur la tête et le cou. Les auberges d'Ecosse sont fréquemment garnies de cet oiseau, pendu aux solives de la cuisine, fumé et séché. — Ed.

(2) Espèce de soupe écossaise que l'on sert avec la viande au milieu du bouillon. — Ed.

çon comme moi, a toujours soin que ces misérables femelles ne déshonorent pas nos légumes, et voici un ragoût de merluche à la farine d'avoine. J'avoue que ce plat est la triomphe de ma gent femelle. Il leur procure deux fois par semaine, pendant une demi-heure au moins, le plaisir de se quereller avec la vieille Maggie Mucklebackit, notre marchande de poisson. Ce pâté de poulets, M. Lovel, a été fait d'après une recette qui m'a été transmise par feu ma grand'mère d'heureuse mémoire. Et si vous voulez prendre un verre de vin, vous ne le trouverez pas indigne d'un homme qui a adopté la maxime du roi Alphonse de Castille : Brûlez de vieux bois, lisez de vieux livres, buvez de vieux vin, et ayez de vieux amis, sir Arthur, — et de jeunes aussi, M. Lovel.

Lorsqu'on eut fini de dîner, et qu'on eut placé sur la table les carafes pleines de vin, M. Oldbuck proposa de boire rasade à la santé du roi, ce qui fut accepté sur-le-champ par M. Lovel et par le baronnet, dont le jacobitisme n'était plus qu'une espèce de théorie, l'ombre d'une ombre.

— Et quelles nouvelles nous rapportez-vous d'Edimbourg, Monkbarns? dit sir Arthur; comment va le monde dans *Auld Reekie* [1].

— On y est fou, sir Arthur, mais fou d'une folie incurable, qui résisterait aux bains de mer et à la tisane d'ellébore. La pire de toutes les frénésies, une frénésie militaire, s'y est emparée des hommes, des femmes et des enfans.

— Et il en est bien temps, je crois, dit miss Wardour, quand nous sommes menacés au dehors d'une invasion, et d'une insurrection au dedans.

— Oh! j'étais bien sûr que vous prendriez parti contre moi pour la horde écarlate. Les femmes sont comme les dindons; il ne faut qu'un haillon rouge pour leur tourner

---

(1) Nom donné à Edimbourg, et signifiant la *Vieille enfumée*, probablement à cause de la couleur un peu noire de la ville vieille. — Ed.

la tête. Mais que dit sir Arthur, dont la tête est pleine d'armées sur pied, qui ne rêve qu'oppression germanique [1]?

— Je dis, M. Oldbuck, qu'autant que je suis en état d'en juger, nous devrions résister *cum toto corpore regni*, comme le dit un auteur ancien, si je n'ai pas tout-à-fait oublié mon latin, à un ennemi qui vient pour nous imposer un gouvernement de Whigs, et qui trouve des fauteurs et adhérens dans les plus détestables fanatiques sortis de nos propres entrailles. Mais je vous assure que j'ai pris quelques mesures convenables au rang que j'occupe dans la société; car j'ai déjà donné ordre aux constables d'arrêter ce vieux coquin de mendiant Edie Ochiltrie, qui répand dans toute la paroisse le mécontentement contre l'Eglise et l'Etat. Il a osé dire en propres termes au vieux Caxon qu'il se trouvait plus de bon sens sous le capuchon de Willie Howie Kilmarnock que sous les trois perruques de la paroisse. Je crois qu'il est aisé de voir où tend un pareil propos. Mais le drôle apprendra à se mieux conduire.

—Ah! s'écria miss Wardour, grace pour le vieux Edie, que nous connaissons depuis si long-temps. Je vous préviens que tout constable qui mettra à exécution un mandat d'arrêt contre lui sera privé de mes bonnes graces.

—Fort bien! dit l'antiquaire : vous qui êtes un Tory si prononcé, vous avez laissé pousser sous vos yeux un joli rejeton des Whigs. Savez-vous que miss Wardour est en état d'en imposer seule à une session de trimestre [2]; que dis-je à une session de trimestre? à une assemblée générale [3]; c'est une Boadicée, une amazone, une Zénobie.

---

(1) Oppression de la part du gouvernement actuel, c'est-à-dire de la maison régnante issue d'Allemagne. — ED.

(2) Du clergé. Voyez *Waverley*. — ED.

(3) Il y a quelque différence entre les attributions des juges-de-paix d'Écosse et celles des juges-de-paix d'Angleterre; mais il n'est ici question que des *quarter-sessions*, qui sont les assemblées extraordinaires de tous les juges-de-paix d'un comté, tenues quatre fois par an. Les sessions ordinaires se tiennent irrégulière-

—Quoi que vous pensiez de mon courage, M. Oldbuck, j'apprends avec plaisir que nos concitoyens prennent les armes.

— Prennent les armes! que le ciel vous protège, miss Wardour! Avez-vous jamais lu l'histoire de la sœur Marguerite? elle est sortie d'une tête qui, quoique couverte de cheveux gris, avait plus de bon sens et de raison en politique que vous n'en trouveriez maintenant dans tout un synode. Vous souvenez-vous du rêve que la nourrice raconte en tremblant à Hubble-Bubble dans cet excellent ouvrage? Dans ce songe, quand elle voulait prendre un morceau de drap, pan! il en partait comme un grand coup de canon. Si elle avançait la main pour prendre son fuseau, elle ne trouvait plus qu'un pistolet braqué contre elle. J'ai eu à peu près la même vision à Edimbourg. Allant consulter mon procureur, je le trouvai en uniforme de dragon, portant le casque et le baudrier, et prêt à monter son cheval de bataille, que son clerc, vêtu en chasseur, tenait par la bride à la porte. Je me rendis chez mon agent pour lui reprocher de m'avoir adressé à un fou de cette espèce : il portait un plumet sur la tête, au lieu d'avoir une plume entre les doigts, comme dans le temps où il était plus sage, et il allait jouer le rôle d'officier d'artillerie. Mon mercier tenait à la main un esponton, comme s'il eût voulu se servir de cette arme au lieu de son aune. Le commis de mon banquier, chargé de faire la balance de mon compte, fut obligé de le recommencer trois fois, parce qu'il venait de faire l'exercice, et qu'il en avait encore la tête pleine. Je me trouvai indisposé; j'envoyai chercher un chirurgien.

« Il vint : Mars dans ses yeux avait mis son courage,
« Il semblait respirer la guerre et le carnage;
« Un sabre menaçant lui battait le talon;
« Deux pistolets chargés armaient son ceinturon.

ment, suivant le besoin des localités. Ce tribunal ne connaît en général que des délits secondaires, etc. — Ed.

« Je vis avec effroi cet appareil sinistre,
« Comme si de la mort arrivait un ministre. »

Je le renvoyai, et j'eus recours à un médecin ; mais celui-ci commençait aussi à pratiquer un mode de tuer beaucoup plus expéditif que celui que sa profession lui offrait. Enfin je revins ici, et je vois que nos sages voisins de Fairport ont pris aussi la même humeur belliqueuse. Je déteste un fusil comme un canard sauvage blessé; je hais le tambour autant qu'un quaker; et quand ils font chaque jour leur maudit exercice hors de la ville, l'artillerie par ci, le roulement du tambour par là, viennent me frapper jusqu'au fond du cœur.

— Mon frère, ne parlez pas ainsi de messieurs les volontaires. Je proteste qu'ils ont l'uniforme le plus galant qu'il soit possible. Ils ont été deux fois trempés jusqu'aux os la semaine dernière : je les ai vus rentrer dans la ville terriblement mouillés, et plus d'un y a sûrement gagné un bon rhume. On doit leur savoir gré des peines qu'ils se donnent.

—Et je sais, ajouta miss Mac Intyre, que mon oncle a envoyé vingt guinées pour contribuer à leur équipement.

—C'était pour encourager le commerce de la ville, dit M. Oldbuck, et acheter de la réglisse et du sucre candi pour rafraîchir le gosier des officiers qui s'étaient enroués en hurlant pour le service de leur pays.

— Prenez-y garde, Monkbarns, vous finirez par vous faire ranger parmi les mécontens.

—Non, sir Arthur, je ne fais que gronder tout bas. Je ne réclame que le droit de coasser dans mon coin, sans unir ma voix au grand chorus des grenouilles du marais. *Ni quito rey, ni pongo rey* [1], je ne fais ni ne défais de roi, comme dit Sancho ; mais je prie de bon cœur pour notre souverain, et je paie les taxes et les contributions tout en murmurant contre celui qui est chargé de les recevoir.

(1) Ces mots espagnols sont traduits immédiatement dans le texte. — Tr.

Mais voici le fromage de lait de brebis qui arrive fort à propos ; il est plus favorable à la digestion que la politique.

Lorsque les dames se furent retirées, Oldbuck et sir Arthur commencèrent une discussion savante à laquelle M. Lovel ne prit aucune part, soit que leur entretien roulât sur des objets trop abstraits pour lui, soit que son attention fût occupée différemment ; et il ne fut retiré de la rêverie à laquelle il se livrait que par un appel inattendu à son jugement.

—Je m'en rapporte à M. Lovel, dit Oldbuck ; il est né dans le nord de l'Angleterre, et il peut connaître l'endroit dont il s'agit.

Sir Arthur pensa qu'il n'était pas probable qu'un si jeune homme eût donné quelque attention à de pareilles matières.

— Je suis certain du contraire, dit Oldbuck. Qu'en dites-vous, M. Lovel? Allons, jeune homme, parlez pour votre honneur.

Lovel fut forcé d'avouer qu'il se trouvait dans la situation ridicule d'un homme qui n'avait rien entendu de la conversation depuis une heure.

— Et à quoi diable sa tête était-elle donc occupée? Au surplus je n'en suis pas surpris. Voilà ce que c'est que la compagnie de la gent femelle ; six heures après qu'on en est débarrassé, on ne peut tirer d'un jeune homme une parole de bon sens. Hé bien, M. Lovel, vous saurez donc qu'il exista autrefois un peuple nommé les Picks...

—Plus convenablement nommé les Pictes, interrompit le baronnet.

— Je dis les Picks, répéta Oldbuck, Pikar, Pihar, Piochtar, Piaghter ou Peughtar ; ils parlaient un dialecte gothique.

—Le vrai celtique, dit sir Arthur.

—Gothique, gothique! j'en réponds sur ma vie, reprit Oldbuck.

—Messieurs, dit Lovel, c'est une question sur laquelle les philologues peuvent aisément prononcer, s'il reste quelque chose de leur langue.

—Il n'en reste qu'un seul mot, dit le baronnet; mais en dépit de l'opiniâtreté de M. Oldbuck, ce mot décide la question.

—En ma faveur, reprit Oldbuck. M. Lovel, vous allez en juger; j'ai de mon côté le savant Pinkerton.

—Et j'ai du mien l'infatigable et érudit Chalmers.

—Gordon est de mon opinion.

—Sir Robert Sibbald est de la mienne.

—J'ai pour moi Innes.

—Ritson ne laisse aucun doute.

—Messieurs, dit Lovel, avant de passer vos forces en revue, et de m'accabler sous le poids de tant d'autorités, ne pourriez-vous me dire quel est le mot dont il s'agit?

—*Benval*, dirent en même temps les deux antagonistes.

—Ce qui signifie *caput valli*, dit Oldbuck.

—Le haut de la palissade, dit sir Arthur.

Il y eut un moment de silence.—C'est un terrain bien étroit pour y établir une hypothèse, dit l'arbitre.

—Nullement, nullement, s'écria Oldbuck : on ne se bat que mieux sur un espace resserré : on n'a pas besoin d'un mille d'étendue pour terrasser son adversaire, un pouce suffit.

—Ce mot est décidément celtique. Le nom de toutes les montagnes d'Ecosse commence par *ben*[1].

—Mais que dites-vous de *val*, sir Arthur? n'est-ce pas bien clairement le mot saxon *wall?*

—C'est le mot latin *vallum*. Les Pictes ont emprunté cette portion du mot.

—Point du tout : s'ils ont emprunté quelque chose, c'est votre *ben* qu'ils ont pu prendre de leurs voisins les Bretons de Strath-Cluyd.

---

(1) Ben-Lomond, Ben-Nevis, Ben-Lawers, etc.— Ed.

— Il faut, dit Lovel, que les Picks ou Pictes aient eu un dialecte bien pauvre, puisque sur deux syllabes formant le seul mot qui nous reste de tout leur vocabulaire ils ont été obligés, ainsi que vous en convenez tous deux, d'en emprunter une à une autre langue. Avec toute la déférence que je vous dois, messieurs, il me semble que votre querelle ressemble à celle qu'eurent autrefois deux chevaliers relativement à un bouclier qui était noir d'un côté et blanc de l'autre. Chacun de vous réclame une syllabe de ce mot, et semble renoncer à l'autre. Mais ce qui me frappe le plus, c'est la pauvreté d'une langue qui a laissé si peu de vestiges.

— Vous êtes dans l'erreur, dit sir Arthur, c'était une langue très-riche, un peuple grand et puissant. Il construisit deux églises, l'une à Brechin, l'autre à Abernethy [1]. Les filles pictes du sang royal habitaient le château d'Edimbourg, qu'on nomma pour cette raison *castrum puellarum* [2].

— Conte de vieille femme, dit Oldbuck, inventé pour donner de l'importance à la race trompeuse des femelles. On l'appela le château des filles, *quasi lucus à non lucendo* [3], parce qu'il résistait à toutes les attaques, ce que les femmes ne font jamais.

— Il existe une liste des rois pictes, une liste bien authentique, depuis Crenthemynachcryme, dont le règne remonte à une époque un peu incertaine jusqu'à Drusterstone, en qui s'éteignit leur dynastie. La plupart d'entre eux portent le prénom patronimique et celtique *Mac*, c'est-à-dire *filius*. Qu'avez-vous à répondre à cela, M. Oldbuck? Il y a Drust-Macmorachin, Trynel-Maclachlin, le premier de cet ancien clan, comme on peut bien

---

(1) Villes du comté d'Angus. — ED.

(2) Camp des filles. Nous avons en France le *Mons puellarum*, le Mont des filles (*Montpellier*). — ED.

(3) Comme un bois était appelé *lucus* parce qu'il manque de lumière (*lux, lucis*).
— ED.

le juger, Gormach-Macdonald, Alpin-Macmetegus, Drust-Macktallargam. Ici le baronnet fut interrompu par une quinte de toux. Hum! hum! hum! Golarge Mac..... hum! hum! Macchan..... hum! hum! Macchanan..... hum! Macchananail, Kenneth, hum! hum! Mac-Feredith, hum! hum! Eachanmacfungus, et vingt autres dont je vous citerais tous les noms véritablement celtiques, hum! hum! si cette maudite toux voulait me le permettre.

— Prenez un verre de vin, sir Arthur, pour faire passer cette liste des rois païens, que le diable ne pourrait avaler sans s'étrangler. Il n'y a que le dernier de ces drôles qui porte un nom qu'on puisse comprendre ; il sont tous de la tribu Mac-Fungus, monarques champignons depuis le premier jusqu'au dernier, nés sur le fumier du mensonge et de la folie dans le cerveau exalté de quelque sennachie [1] des Highlands.

— Je suis surpris de vous entendre parler ainsi, M. Oldbuck, vous qui savez ou qui devez savoir que la liste de ces potentats fut copiée par Henry Maule de Melgum sur les chroniques de Lochleven et de Saint-André, et insérée dans son abrégé très-satisfaisant de l'histoire des Pictes, imprimé par Robert Freebairn d'Edimbourg, et vendu dans sa boutique, près de Parliament-Close, en l'an de grace 1705 ou 1706, car je ne sais trop lequel des deux, mais j'en ai un exemplaire qui figure à merveille à côté des Actes écossais, format in-12, et qui va fort bien sur la même table. Que dites-vous à cela, M. Oldbuck?

— Que je me moque d'Henry Maule et de son histoire, et que par là j'accède à la prière qu'il fait à ses lecteurs d'accueillir son ouvrage comme il le mérite.

— Ne vous moquez pas d'un homme qui valait mieux que vous, dit sir Arthur d'un ton un peu méprisant.

— Je crois qu'il m'est très-permis, sir Arthur, de me moquer de lui et de son histoire.

---

(1) Poète et chroniqueur. — ED.

—Henry Maule de Melgum était gentilhomme, M. Oldbuck.

—Quel avantage cette qualité lui donne-t-elle sur moi? demanda l'antiquaire un peu sèchement.

—Permettez-moi de vous faire observer, M. Oldbuck, qu'il était gentilhomme de haute naissance, d'une famille ancienne, et que par conséquent.....

—Et que par conséquent le descendant d'un imprimeur de Westphalie ne doit parler de lui qu'avec respect? Si telle est votre opinion, sir Arthur, ce n'est pas la mienne. Je crois que l'origine que je tire de cet industrieux et infatigable typographe Wolfbrand Oldenbuck, qui, en décembre 1493, sous les auspices, comme il nous le dit lui-même, de Sébald Scheyte et de Sébastien Kammermaister, termina l'impression de la grande chronique de Nuremberg; je crois, dis-je, que l'origine que je tire de ce grand restaurateur des sciences est plus honorable pour moi, comme homme de lettres, que si je comptais dans ma généalogie tous les vieux barons gothiques, batailleurs, et couverts de fer des pieds à la tête, qui ont vécu depuis le temps de Crenthemynachcryme, et dont aucun probablement ne savait écrire son nom.

—Si cette observation est un trait dirigé contre mes ancêtres, dit le baronnet en prenant un air de supériorité, j'ai le plaisir de vous annoncer que le nom d'un de mes aïeux, Gamelyn de Guardover Miles, est fort bien écrit de sa propre main dans la plus ancienne copie de la déclaration de Ragman.

—Ce qui ne sert qu'à prouver qu'il fut un des premiers à donner l'exemple de la bassesse en se soumettant à Edouard Ier. Après un tel faux pas, sir Arthur, nous parlerez-vous encore de la loyauté sans tache de votre famille?

—C'en est assez, monsieur, dit sir Arthur en se levant avec fierté, et en repoussant sa chaise en arrière, j'aurai soin désormais de ne pas honorer de ma compagnie un homme qui montre si peu de gratitude pour ma condescendance.

—Vous ferez en cela ce qui vous sera le plus agréable, sir Arthur; comme j'ignorais toute l'étendue de l'honneur que vous avez daigné me faire en venant me visiter dans ma pauvre maison, j'espère que je puis être excusé de n'avoir pas poussé la reconnaissance jusqu'à la servilité.

— Fort bien! très-bien! M. Oldbuck, je vous souhaite le bonsoir.

— Monsieur..... monsieur qui?..... Shovel, je pense, j'ai l'honneur de vous saluer.

Sir Arthur sortit de la salle à manger aussi courroucé que s'il eût été animé de la fureur de tous les chevaliers de la table ronde, et traversa à grands pas le labyrinthe de passages qui conduisait au salon.

— Avez-vous jamais vu un vieil âne si entêté? dit Oldbuck à Lovel : mais je ne veux pas qu'il parte ainsi comme un forcené.

A ces mots, il poursuivit le baronnet qui faisait retraite, se guidant sur le bruit des portes que sir Arthur ouvrait et fermait avec force, en cherchant l'appartement où le thé devait être servi. —Vous vous blesserez, criait l'antiquaire : *qui ambulat in tenebris nescit quò vadit* [1].

Sir Arthur se trouvait alors effectivement dans une obscurité complète, véritable calmant dont les bonnes et les enfans connaissent l'efficacité. Si elle n'apaisa pas le courroux de l'irritable baronnet, du moins elle retarda sa marche, et M. Oldbuck, qui connaissait mieux le local, le rejoignit à l'instant où il allait entrer dans le salon.

— Un moment, sir Arthur, dit Oldbuck en se mettant entre la porte et lui; pas tant de vivacité, mon bon et ancien ami. Je confesse que je me suis laissé emporter trop loin en vous parlant de sir Gamelyn. Parbleu, c'est une

(1) Qui marche dans les ténèbres ne sait où il va. — Tr.

de mes anciennes connaissances, un de mes favoris, un des compagnons de Bruce et de Wallace. Je le jurerais sur une bible *editio princeps*, il ne signa la déclaration de Ragman que dans l'intention légitime et justifiable de tromper ces coquins d'Anglais. C'était une ruse de véritable Ecossais, mon brave chevalier ; mille autres en ont fait autant. Allons, allons, oubli et pardon. Avouons que nous avons donné à ce jeune homme le droit de nous regarder comme deux vieux fous entêtés.

— Parlez pour vous-même, M. Jonathan Oldbuck, dit sir Arthur d'un ton majestueux.

— Fort bien ! fort bien ! le moyen de faire entendre raison à un homme opiniâtre !

La porte s'ouvrit, et l'on vit entrer dans le salon sir Arthur suivi de Lovel et de M. Oldbuck, tous trois ayant évidemment l'air un peu embarrassé.

— Je vous attendais, mon père, dit miss Wardour, pour vous proposer d'aller à pied à la rencontre de notre voiture. La soirée est si belle !

Sir Arthur accepta sur-le-champ une proposition qui convenait si bien à l'humeur à laquelle il s'était livré, et ayant refusé thé et café, comme c'est l'usage quand on est mécontent, il prit sa fille sous le bras, et partit après avoir salué les dames en grande cérémonie, et dit adieu très-sèchement à M. Oldbuck.

— Je crois que quelque mouche a encore piqué M. Arthur, dit miss Oldbuck.

— Quelque mouche ! quelque diable plutôt ! il est plus absurde qu'aucune femelle dans tout l'univers. Qu'en dites-vous, Lovel ? Hé bien ! il est aussi parti !

— Mon oncle, il a pris congé de nous pendant que miss Wardour mettait son schall ; mais je crois que vous n'y avez pas fait attention.

— Ils ont tous le diable au corps. Voilà ce qu'on gagne à sortir de ses habitudes, et à se mettre en frais pour donner à dîner. — O Seged, empereur d'Ethiopie, ajouta-t-il en prenant une tasse de thé d'une main, tandis qu'il tenait de l'autre un volume du *Rambler* [1], car pendant tous les repas qu'il faisait en présence de sa sœur, son usage constant était de faire une lecture, afin de prouver en même temps son mépris pour la société des femmes, et sa résolution de consacrer tous ses instans à s'instruire ; — ô Seged, dit-il, tu avais bien raison ; personne ne peut dire : Ce jour sera un jour de bonheur !

Oldbuck continua sa lecture pendant près d'une heure, sans être interrompu par sa sœur ni par sa nièce, qui s'occupaient en silence de quelque ouvrage à l'aiguille. Tout à coup on entendit frapper modestement à la porte du salon, et elle s'entr'ouvrit presque au même instant.

— C'est vous, Caxon? dit Oldbuck ; entrez.

Le vieux barbier avança sa tête couverte de quelques cheveux gris, et une manche de son habit blanchi par la poudre, et dit d'un ton mystérieux : — Je voudrais vous parler, monsieur.

— Entrez donc, vieux fou ; voyons ce que vous avez à me dire.

— C'est que je crains d'effrayer ces dames.

— Effrayer! que voulez-vous dire ? N'importe, ne vous inquiétez pas d'elles. Avez-vous encore vu un esprit sur le Humlock-Knowe?

— Il ne s'agit pas d'esprit, monsieur ; mais je n'en suis pas plus tranquille.

— Avez-vous jamais entendu parler de quelqu'un qui le fût? Pourquoi un vieux coquin tout poudreux comme vous jouirait-il de plus de tranquillité que le reste des hommes ?

— Ce n'est pas pour moi que je suis inquiet, monsieur ; mais la nuit menace d'être terrible, et sir Arthur et miss Wardour, pauvre fille!.....

— Pauvre idiot ! ils ont dû trouver leur voiture au bout

---

(1) *Le Rôdeur*, essai de morale dans le genre du *Spectateur* d'Addison, par S. Johnson. — Ed.

de l'avenue ou aux environs, et ils sont chez eux depuis long-temps.

— Non, monsieur, non. Ils n'ont pas pris la grande route; ils ont tourné par les sables.

Ce mot fut une étincelle électrique qui frappa M. Oldbuck. — Par les sables! impossible!

— C'est ce que j'ai dit au jardinier; mais il prétend qu'il les a vus monter Mussel-Craig. En vérité, Davie, lui dis-je, si cela est, je crains bien.....

— Un almanach! un almanach! s'écria l'antiquaire en se levant d'un air alarmé. Fi donc! s'écria-t-il en jetant par terre un petit almanach de poche que sa nièce lui présenta, c'est l'almanach de Fairport qu'il me faut. — L'almanach fut apporté, consulté, et augmenta son agitation. — J'irai moi-même. Appelez le jardinier et son garçon, qu'ils se munissent de cordes et d'échelles, qu'ils amènent avec eux le plus de monde qu'ils pourront, qu'ils gagnent le haut des rochers, et qu'ils poussent de grands cris pour les avertir du danger.

— De quel danger? demandèrent en même temps sa sœur et sa nièce.

— La marée, la plus forte marée de l'année! répondit l'antiquaire hors de lui.

— Je vais envoyer Jenny..... mais, non, j'irai moi-même, dit miss Mac Intyre partageant la terreur de son oncle. Je vais courir chez Saunders Mucklebackit, et lui dire de mettre sa barque en mer.

— Bien dit! ma chère, je vous remercie. C'est ce qu'on a encore dit de plus sensé à ce sujet. S'en aller par les sables! s'écria-t-il en prenant sa canne et son chapeau, vit-on jamais pareil trait de folie?

CHAPITRE VII.

« Ils viennent d'admirer les vagues mugissantes
« Qui franchissent soudain leurs digues impuissantes;
« Déjà de toutes parts ils sont entourés d'eau ;
« L'onde avance, recule, avance de nouveau :
« Chaque nouvelle vague approchant davantage,
« Menace de couvrir entièrement la plage. »

L'alarme que le rapport de Davie Dibble avait causée à Monkbarns n'était que trop bien fondée. L'intention de sir Arthur et de sa fille en partant avait été de retourner à Knockwinnock par la grande route, sur laquelle ils auraient trouvé leur voiture ; mais en arrivant au bout de l'avenue qui conduisait au château de Monkbarns, ils aperçurent à peu de distance devant eux Lovel, qui marchait à petits pas, comme pour se procurer une occasion de les joindre. Aussitôt miss Wardour proposa à son père de prendre un autre chemin, et, comme le temps était beau, de s'en retourner à pied par les sables qui, s'étendant sous une chaîne de rochers escarpés, offraient presque toujours une promenade agréable de Monkbarns à Knockwinnock.

Sir Arthur y consentit volontiers :—Il serait très-déplaisant, dit-il, de se trouver accostés par ce jeune inconnu, que M. Oldbuck a pris la liberté de nous présenter. Le baronnet était de la vieille roche ; il n'avait point acquis cette aisance moderne avec laquelle on coupe[1] l'homme

[1] *To cut a man.* Couper un homme, dans le jargon *fashionable* moderne, c'est ne pas le reconnaître. Les Anglais poussent cet art très-loin : ils ont le *cut* direct, le *cut* indirect, le *cut* sublime, le *cut* infernal, etc. Le *cut* direct, c'est passer du côté opposé de la rue, pour ne pas rencontrer l'homme qu'on veut *couper* ; le *cut* indirect, c'est affecter de regarder attentivement d'un autre côté pour ne pas le voir ; le *cut* sublime, c'est regarder le ciel, ou un clocher, ou une tour, etc. ; le *cut* infernal, c'est regarder son soulier, ou tout autre objet par terre, avec inquiétude, etc. — En-

dans la société duquel on a vécu toute une semaine, du moment qu'on trouve incommode de le reconnaître. Sir Arthur chargea seulement un enfant, très-charmé d'avoir l'occasion de gagner un penny sterling, de courir au-devant de sa voiture, et de dire à son cocher de la reconduire à Knockwinnock.

Cette affaire étant réglée, et le petit émissaire étant parti, le chevalier et sa fille quittèrent la grande route, et, suivant un sentier qui circulait entre des monticules de sable, couverts en partie de genêts épineux et d'une espèce de jonc appelée bent-grass [1], ils arrivèrent bientôt au bord de l'Océan. La marée n'était pas aussi éloignée qu'ils l'avaient pensé, mais cette circonstance ne leur donna aucune inquiétude, car il n'arrivait pas dix fois par an qu'elle approchât assez des rochers pour ne pas y laisser un passage à pied sec. Cependant, à l'époque des marées de printemps, et même dans les temps ordinaires, quand le flux était accéléré par un grand vent, cette route était entièrement inondée par la mer, et la tradition conservait le souvenir de plusieurs accidens qui étaient arrivés en pareilles occasions. Mais ces histoires, comme tant d'autres, ne servaient qu'à charmer les loisirs du coin du feu. On ne regardait le danger que comme éloigné et invraisemblable, et les sables servaient toujours de communication ordinaire entre Knockwinnock et Monkbarns.

Sir Arthur et sa fille jouirent, chemin faisant, de l'agrément de marcher sur un sable frais et humide; Isabelle ne put s'empêcher de remarquer que la marée précédente s'était avancée beaucoup plus loin que de coutume. Le baronnet fit la même observation, mais ni l'un ni l'autre ne fut alarmé de cette circonstance. Le disque du soleil était alors de niveau avec l'Océan, et dorait d'épais nuages que le vent avait dispersés pendant toute la jour-

---

[1] L'*Arundo arenalis*, qui croît sur les bords de la mer. ÉD.

née, et qui se rassemblaient alors de toutes parts, comme les infortunes se multiplient autour d'un monarque qui succombe. Cependant sa splendeur mourante prêtait une sombre magnificence à l'amas de vapeurs dont les masses figuraient des tours et des pyramides nuancées d'or, de pourpre, et quelques-unes d'un rouge foncé. La mer s'étendait au loin avec un calme imposant sous ce dais pompeux et varié ; elle réfléchissait les rayons étincelans de l'astre qui semblait descendre dans son sein, et les riches couleurs des nuages au milieu desquels il se couchait. Plus près du rivage, la marée s'avançait en vagues argentées qui gagnaient imperceptiblement sur les sables.

Tout occupée à admirer cette scène romantique, ou peut-être rêvant à quelque objet plus intéressant encore, miss Wardour marchait en silence à côté de son père, dont la dignité encore offensée ne lui permettait pas de se livrer à la conversation. Suivant les détours que formaient le rivage, ils cotoyèrent les promontoires des rochers les uns après les autres, et se trouvèrent enfin sous une chaîne non interrompue de monts escarpés dont la ceinture protège cette côte en beaucoup d'endroits. De longs rescifs à fleur d'eau dont l'existence n'était annoncée que par un pic qui s'élevait çà et là au-dessus de la surface de la mer, ou par le bouillonnement que formaient les vagues en passant sur ceux qui en étaient presque entièrement couverts, rendaient la baie de Knockwinnock redoutable aux pilotes. Les rocs qui s'élevaient entre la plage et la terre, à la hauteur de deux ou trois cents pieds, offraient, dans leurs crevasses, à d'innombrables oiseaux de mer une retraite dont l'élévation prodigieuse semblait les mettre à l'abri des entreprises de l'homme. Un grand nombre de ces oiseaux sauvages, mus par cet instinct qui les porte à regagner la terre avant un orage, volaient vers leurs nids avec un cri aigu, expression d'inquiétude et de crainte. Le disque du soleil fut obscurci et voilé avant de tomber sous l'horizon, et de profondes ténèbres souillèrent le crépuscule serein d'une soirée d'été. Le vent commença bientôt à se lever, mais ses mugissemens sourds se firent entendre et ses effets sur la mer se firent apercevoir long-temps avant que l'ouragan fût sensible sur le rivage. La masse d'eau, alors sombre et menaçante, commença à se soulever en lames plus épaisses, et à s'affaisser dans des sillons plus profonds ; des vagues s'élançaient écumeuses au-dessus des brisans, ou se brisaient sur la plage avec un bruit semblable au tonnerre lointain.

Effrayée d'un changement de temps si soudain, Isabelle se rapprocha de son père, et lui saisit vivement le bras. — Je voudrais, lui dit-elle, mais à demi-voix, comme si elle eût rougi de lui montrer ses craintes croissantes, je voudrais que nous eussions suivi la grande route, ou que nous eussions attendu la voiture à Monkbarns.

Sir Arthur jeta un coup d'œil autour de lui, et ne vit pas ou ne voulut pas convenir qu'il y eût aucun signe d'orage prochain. — Nous serons à Knockwinnock, lui dit-il, long-temps avant le commencement de la tempête. Cependant il doubla le pas, et sa fille, qui avait peine à le suivre, vit par là qu'il pensait que quelques efforts étaient nécessaires pour que cette prédiction consolante s'accomplît.

Ils étaient alors presque au centre d'une baie étroite, mais profonde, formée par deux promontoires de rochers élevés et inaccessibles qui s'avançaient vers la mer en forme de croissant ; ni le père ni la fille n'osaient exprimer la crainte qu'ils éprouvaient que les progrès rapides de la marée ne les missent dans l'impossibilité de doubler le cap qui était devant eux, et même de regagner celui qu'ils avaient déjà dépassé.

Tandis qu'ils s'avançaient ainsi, regrettant sans doute de ne pouvoir changer cette ligne courbe que les sinuosités du rivage les forçaient à décrire, pour cette ligne droite qu'on prétend funeste aux proportions de la beauté, sir Arthur aperçut sur la grève une figure humaine qui s'avançait vers eux. — Dieu soit loué! s'écria-t-il, voici quelqu'un qui a dû doubler le promontoire d'Halket-Head, et par conséquent nous pourrons y passer. Il avait eu assez de force pour cacher sa crainte, mais il ne put s'empêcher de laisser éclater son espérance.

— Oui, Dieu soit loué! répéta sa fille avec émotion, et reconnaissante de cette faveur du ciel.

L'individu qui s'approchait d'eux leur faisait plusieurs signes que l'obscurité de l'atmosphère, alors troublée par le vent et la pluie, les empêcha de distinguer, ou de comprendre. Quelques instants avant d'être près de lui, sir Arthur reconnut le vieux mendiant à manteau bleu, Edie Ochiltrie. On dit que les animaux mêmes, dans un danger pressant et commun, oublient leurs animosités et leurs antipathies naturelles. De même la plage d'Halket-Head, menacée d'être couverte à chaque instant par une forte marée que poussait un vent impétueux, devint un terrain neutre où un magistrat et un mendiant vagabond pouvaient traiter presque sur le pied de l'égalité.

— En arrière, en arrière! s'écria Edie : pourquoi n'êtes-vous pas retournés sur vos pas aussitôt que je vous en ai fait signe.

— Nous pensions, répondit sir Arthur avec la plus grande inquiétude, que nous pouvions doubler Halket-Head.

— Halket-Head! la marée y battra contre les rochers avec autant de force que la cataracte de Fyers [1], avant que vous y soyez arrivés. Ce fut tout ce que j'ai pu faire que d'y passer il y a environ vingt minutes, et la mer venait déjà à trois pieds de moi. Il faut tâcher de regagner la pointe de Bally-Burgh-Ness, et que le ciel nous protège, car c'est notre seule chance de salut. Mais il faut essayer.

— O mon Dieu! et ma pauvre enfant! — Mon père, mon

---

(1) Une des belles cascades de l'Ecosse, dans le comté d'Inverness. — Ed.

tendre père, s'écrièrent en même temps sir Arthur et sa fille, tandis que la frayeur leur prêtant de nouvelles forces, et doublant la vitesse de leur marche, ils s'efforçaient de regagner le cap sous lequel ils avaient passé un quart d'heure auparavant, et qui formait l'extrémité méridionale de la baie.

— J'ai appris que vous étiez ici, de l'enfant que vous avez envoyé au-devant de votre voiture, dit le mendiant en marchant d'un pas ferme derrière miss Wadour, et je n'ai pu penser sans trembler au péril que courait cette pauvre jeune dame qui a toujours eu tant de bontés pour moi et pour tous les malheureux qui ont jamais imploré son secours. Si bien qu'en regardant les vagues avancer et reculer, je calculais que si je pouvais passer la baie assez tôt pour vous avertir, il serait encore possible de vous sauver, mais je crains bien qu'il ne soit trop tard. Qui a jamais vu la marée monter avec une telle force? voyez là bas le Ratton-Skerry; j'ai toujours vu sa tête hors de l'eau, et maintenant il en est couvert.

Sir Arthur jeta un coup d'œil vers l'endroit désigné par le vieillard. Un roc énorme qui en général, et même dans les marées du printemps, montrait au-dessus des eaux une masse semblable à la quille d'un grand navire, était alors entièrement submergé, et l'on ne reconnaissait sa place qu'au bouillonnement des ondes irritées de la résistance qu'il leur opposait.

— Hâtez-vous, ma jeune dame, continua le vieillard, hâtez-vous, tout espoir n'est pas encore perdu. Appuyez-vous sur mon bras, il est vieux et faible, mais il s'est déjà trouvé en pareil danger. Prenez mon bras, vous dis-je, ma bonne dame. Voyez-vous ce point noir là-bas au milieu des eaux? Ce matin il était aussi élevé que le mât d'un vaisseau, et à présent à peine l'aperçoit-on; mais tant que j'en verrai grand comme mon chapeau, j'espérerai toujours que nous pourrons passer au bas de Bally-Burgh-Ness.

Isabelle accepta en silence le secours que lui offrait le mendiant, et que sir Arthur n'était guère en état de lui donner. Les vagues s'approchaient alors tellement d'eux, qu'ils furent obligés d'abandonner les sables, où ils avaient jusqu'alors pu marcher d'un pas ferme, et de prendre un sentier raboteux situé au pied des rochers, et qui même montait quelquefois sur leurs bords. Il aurait été impossible à sir Arthur et à sa fille de suivre ce chemin dangereux dans l'obscurité, s'ils n'avaient eu pour guide le vieil Edie, qui les encourageait en leur disant qu'il avait plusieurs fois passé en cet endroit pendant de hautes marées, quoiqu'il fût obligé de convenir qu'il n'avait jamais vu une nuit si terrible.

Elle l'était véritablement. Le mugissement de la tempête se mêlant aux cris des oiseaux de mer semblait le chant de mort des trois infortunés placés entre deux des objets les plus imposans et les plus redoutables de la nature, une mer orageuse et des rocs inaccessibles. Ils continuaient leur route pénible et dangereuse sur la lisière des rochers, où ils étaient souvent atteints par l'écume jaillissante d'une vague monstrueuse qui s'élançait sur le sable plus loin que celles qui l'avaient précédée. A chaque instant leur ennemi gagnait du terrain sur eux ; cependant ils ne perdaient pas toute espérance : le roc noir que leur avait montré Ochiltrie était encore visible, et il continua de l'être jusqu'à ce qu'ils arrivassent au détour du sentier précaire qu'ils suivaient ; ce fut la projection du rocher qui le déroba à leur vue. Privés de l'espèce de phare sur lequel ils comptaient, ils éprouvèrent une double angoisse d'inquiétude et de terreur. Ils s'efforcèrent pourtant d'avancer, mais étant arrivés à un endroit d'où ils auraient dû l'apercevoir, ils ne le revirent plus, et mille vagues écumantes venant se briser contre le promontoire de Bally-Burgh-Ness, s'élevaient aussi haut que le grand mât d'un navire de haut bord.

Le vieillard changea de visage. Isabelle poussa un profond gémissement. — Que Dieu ait pitié de nous ! Cette exclamation solennelle qui, échappa au mendiant, fut répétée par sir Arthur d'un ton lamentable.

— Ma fille! ma chère fille! ajouta-t-il : te voir périr d'une pareille mort!

— Mon père! mon pauvre père! dit Isabelle en le serrant dans ses bras; et vous aussi, dit-elle à Edie, qui allez perdre la vie pour avoir voulu sauver la nôtre !

— Ce n'est pas la peine d'y penser, dit Ochiltrie : j'ai assez vécu pour être las de la vie. Et ici ou là, au bord d'un fossé, dans la neige ou sous une vague, qu'importe où mourra le vieux porte-besace?

— Brave homme, dit sir Arthur, n'est-il donc nul moyen?..... ne pouvez-vous rien imaginer?..... Je vous ferai riche.... je vous donnerai une ferme.... Je vous.....

— Nos fortunes seront bientôt égales, dit le mendiant en jetant un regard sur les flots conjurés. Elles le sont déjà, car je n'ai pas un pouce de terre; et vous donneriez toute votre baronnie pour la plus petite pointe de rocher qui resterait à sec pendant douze heures.

Tout en parlant ainsi, ils s'arrêtèrent sur le plus haut bord du rocher qu'ils purent atteindre, car ils virent que toute tentative pour avancer vers le promontoire ne servirait qu'à accélérer leur perte. Il fallait donc attendre en ce lieu les progrès lents mais sûrs de l'élément furieux, à peu près comme les martyrs de l'Eglise primitive, condamnés par des tyrans païens à être exposés aux bêtes féroces, voyaient d'abord l'impatience et la rage qui les agitaient en attendant l'instant où l'on ouvrirait les grilles de leurs cages.

Cependant cette pause terrible donna le temps à Isabelle de réunir toutes les forces d'une ame naturellement ferme et courageuse, et que le danger arma d'une nouvelle résolution. — Perdrons-nous donc la vie, s'écria-t-elle, sans faire quelques efforts pour la sauver? n'existe-t-il aucun sentier, quelque dangereux qu'il soit, qui puisse nous conduire sur le sommet du rocher, ou du moins à une hauteur que la mer ne puisse atteindre, et où nous puissions rester jusqu'au jour, ou jusqu'à ce qu'il nous arrive du secours? on doit connaître notre situation, et l'on viendra sûrement à notre aide.

Sir Arthur, qui avait entendu la question de sa fille presque sans la comprendre, se tourna cependant par instinct et d'un air empressé vers le vieux mendiant, comme s'il eût dépendu de lui de leur sauver la vie.

— Quand j'étais jeune, dit Ochiltrie après un instant de silence, personne n'était plus hardi que moi à gravir les rochers, et j'ai déniché plus d'un nid sur ceux-ci, il y a long-temps, bien long-temps, et nul mortel ne pourrait y monter sans corde. Mais quand j'aurais encore aujourd'hui l'œil aussi bon, le pied aussi sûr, la main aussi ferme qu'autrefois, comment pourrais-je vous sauver? Il est bien vrai qu'il y avait un sentier ici aux environs, mais si nous pouvions le voir, vous aimeriez peut-être mieux rester où nous sommes que de vous y hasarder. — Dieu soit loué! s'écria-t-il tout à coup, il y a quelqu'un sur le haut du rocher. Et criant de toutes ses forces, il se mit à donner à l'aventurier hardi qui se présentait les instructions que lui suggéraient ses connaissances des lieux.

— C'est cela! c'est cela! Par ici, par ici! Attachez bien la corde autour de la Corne de la Vache, cette grosse pierre noire là-haut; faites-y deux tours. — C'est bien! A présent avancez un peu sur la droite, vers cette autre pointe de rocher que nous appelons l'Oreille du Chat. Il y avait là le tronc d'un vieux chêne. — Tout doucement. Mettez-y le temps. Prenez bien garde à vous. Mais, mon Dieu, mettez-y le temps, vous dis-je. Bien! Maintenant descendez sur le *Tablier de Bessy* [1], cette grande pierre bleue plate; de là, avec votre aide et celle de la corde,

---

(1) Toutes ces désignations populaires sont, comme on voit, l'expression de la configuration des rochers. — Ed.

je crois que nous pourrons sauver la jeune dame et sir Arthur.

Lovel, car c'était lui, ayant exactement suivi les avis du vieux mendiant, lui jeta le bout de la corde, que celui-ci attacha solidement autour du corps de miss Wardour, après l'avoir enveloppée dans son propre manteau bleu, pour la préserver, s'il était possible, de tout accident. Alors, s'aidant de la corde, dont l'autre bout était attaché à la pierre noire qu'il avait indiquée, il se mit lui-même à gravir le rocher, entreprise hasardeuse qu'il n'exécuta pas sans courir plus d'un danger. Enfin il arriva sur l'espèce de plate-forme où se trouvait Lovel, et leurs forces réunies vinrent à bout de faire monter Isabelle jusqu'au même lieu de sûreté. Lovel descendit alors pour aider sir Arthur, attacha la corde autour de lui, et remonta, mais non sans difficulté, pour travailler avec Ochiltrie à amener en haut le baronnet.

La joie qu'ils éprouvèrent en se voyant échappés à la mort d'une manière presque miraculeuse produisit son effet ordinaire. Le père et la fille se jetèrent dans les bras l'un de l'autre, s'embrassèrent et pleurèrent de tendresse. Cependant ils avaient la triste perspective de passer une nuit orageuse sur le flanc d'un rocher escarpé, dont le bord offrait à peine assez de place pour ces quatre personnes tremblant de froid, qui, de même que la troupe des oiseaux de mer, y cherchaient un asile contre l'élément destructeur. Déjà les vagues, qui continuaient à grossir, couvraient l'endroit qu'ils venaient de quitter, et leur cime inondait celui qui leur servait maintenant de refuge. Au bruit produit par leur choc on aurait dit qu'elles redemandaient la proie qui leur échappait. C'était une nuit d'été, mais elle était si affreuse qu'on pouvait douter que la constitution délicate de miss Wardour pût résister jusqu'au matin à tout ce qu'elle avait à souffrir d'une pluie qui tombait sans discontinuer, et d'un vent qui redoublait de violence à chaque instant.

— J'ai passé en plein air plus d'une nuit semblable, dit Ochiltrie, mais la petite, la pauvre bonne petite, Dieu me protège, comment pourra-t-elle y survivre?

C'était à Lovel qu'il communiquait ainsi ses inquiétudes à demi-voix; car il existe une sorte de franc-maçonnerie entre les esprits hardis et entreprenans, qui fait qu'ils se reconnaissent et s'entendent dans le moment du danger, et il s'était établi sur-le-champ entre eux une confiance mutuelle.

— Je vais gravir de nouveau jusqu'au haut du rocher, dit Lovel; l'obscurité n'est pas assez complète pour m'empêcher de voir où appuyer le pied, et je pourrai appeler du secours.

— Faites-le, faites-le, pour l'amour du ciel! s'écria vivement sir Arthur.

— Êtes-vous fou? dit le mendiant; Francie O'fowlsheugh, et personne n'était plus hardi à gravir les rochers, car il se cassa le cou sur celui de Dunbuy de Slaines, Francie, vous dis-je, n'aurait pas osé monter sur les rocs d'Halket-Head après le coucher du soleil. Après ce que vous avez déjà fait, c'est une grande merveille que vous ne soyez pas déjà dans la mer, qui est sous nos pieds, et il a fallu la grace de Dieu pour vous en préserver. Je n'aurais pas cru qu'un homme pût descendre du haut de ce rocher comme vous l'avez fait. Je ne sais si j'en serais venu à bout moi-même dans le temps où j'avais avec moi la force et la jeunesse. Mais vouloir y remonter! ce serait tenter la Providence.

— Je ne crains rien, répondit Lovel! j'ai bien remarqué en descendant tous les endroits qui peuvent m'aider, et il y a encore assez de clarté pour que je les reconnaisse. Je suis sûr que j'arriverai au sommet sans accident. Quant à vous, mon cher ami, restez près de sir Arthur et de sa fille.

— Il faudra donc que le diable m'engourdisse les jambes, dit Ochiltrie brusquement. Si vous y montez, j'y monterai aussi; nous aurons fort à faire tous deux pour gagner le haut de ce rocher.

— Non, répondit Lovel, restez ici pour veiller sur miss Wardour. Vous voyez que les forces de sir Arthur sont épuisées.

— Hé bien, restez-y vous-même, répliqua le mendiant, et je m'en irai seul : il est juste que le fruit mûr tombe avant celui qui est encore vert.

— Restez tous deux, je vous en conjure, dit Isabelle d'une voix faible ; je me trouve bien, et je puis passer la nuit ici sans inconvénient : je sens que mes forces reviennent. A ces mots la voix lui manqua, ses genoux fléchirent sous elle, et elle serait tombée dans la mer qui baignait le pied du rocher, si Lovel et Ochiltrie ne l'eussent soutenue. Ils l'assirent près de son père, qui, épuisé par la fatigue et l'inquiétude, s'était déjà assis sur la pierre, plongé dans une espèce de stupeur.

— Il est impossible que nous les quittions, dit Lovel ; que faire ? Écoutez ! écoutez ! n'ai-je pas entendu un cri !

— C'est un tammie-norie [1], répondit Ochiltrie, je connais son cri parfaitement.

— De par le ciel, dit Lovel, c'était une voix humaine.

De nouveaux cris se firent entendre dans le lointain, et l'on pouvait les reconnaître malgré le bruit des élémens et les cris que poussaient les mouettes dont ils étaient entourés. Lovel et le mendiant crièrent ensemble de toutes leurs forces, et le premier, ayant pris le mouchoir de miss Wardour, l'attacha au bout de son bâton et l'agita en l'air dans l'espoir qu'on apercevrait son signal. Les mêmes cris se répétèrent plus d'une fois, mais il se passa quelque temps avant qu'ils répondissent exactement aux leurs ; de sorte qu'on pouvait craindre que le bruit de la tempête n'empêchât ceux qui arrivaient si à propos d'entendre les infortunés qui avaient besoin de leurs secours, et que

---

(1) C'est le nom écossais du plongeon imbrim, *colymbus glacialis*. — Ed.

l'obscurité ne leur permit pas de distinguer vers quel point ce secours devait être dirigé. Enfin les cris se répondirent d'une manière distincte et régulière; Lovel et ses compagnons reprirent courage en voyant qu'ils étaient à portée d'être entendus par quelques amis, sinon d'en être secourus.

CHAPITRE VIII.

« Il est sur ce rivage un rocher sourcilleux
« Dont les flancs sont battus par l'Océan fougueux:
« Portez-moi sur sa cime, et ma reconnaissance
« Promet de réparer bientôt votre indigence. »
SHAKSPEARE. *Le Roi Léar.*

Le bruit des voix qui venaient du haut du rocher ne tarda point à augmenter, et des torches joignirent leurs lueurs à celle des éclairs. Quelques tentatives furent faites pour ouvrir une communication entre ceux qui apportaient du secours et ceux qui en avaient un si grand besoin; mais le bruit de la tempête était tel, que tous les sons de la voix semblaient aussi peu articulés que les cris poussés par les habitants ailés du rocher, effrayés de ces clameurs réitérées dans un lieu où l'homme s'était si rarement fait entendre.

Sur l'extrême bord des rochers était alors assemblé un groupe rempli d'inquiétude. A la tête était Oldbuck, qui, ayant assuré son chapeau et sa perruque avec un mouchoir noué sous son menton, avançait la tête sur le précipice avec un air de détermination qui faisait frémir ses compagnons moins hardis.

— Prenez garde, Monkbarns, prenez garde, s'écriait Caxon, retenant de toutes ses forces son patron par les pans de son habit; pour l'amour de Dieu, prenez garde. Sir Arthur est déjà noyé; si vous tombez aussi dans l'eau, il n'y aura plus qu'une perruque dans la paroisse, et ce sera celle du ministre.

— Ici, ici! s'écria Mucklebackit, vieux pêcheur qui avait fait long-temps le métier de contrebandier; arrivez ici! Steenie, Steenie, apportez le câble, je vous garantis qu'avant peu nous les amènerons à bord. Monkbarns, si vous voulez dégager le chemin?

— Je les vois, dit Oldbuck, ils sont là-bas sur cette roche plate. Holà! eh! ho!

— Je les vois bien aussi, répondit Mucklebackit; ils sont là-bas accroupis comme des corbeaux au brouillard; mais croyez-vous les tirer d'embarras en criant comme une vieille mouette au premier coup de vent. Steenie, apportez le mât. De par Dieu! je sais comment m'y prendre pour les monter ici. Combien de tonneaux de vin et d'eau-de-vie n'ai-je pas pêchés ainsi autrefois! Allons, mes enfans, la pioche, la hache, et qu'on fende le rocher pour y enfoncer le mât. Attachez le fauteuil au câble bien solidement; un bon nœud de tisserand; tirez les deux bouts; serrez bien!

Les pêcheurs avaient apporté avec eux le mât d'une barque, et comme la moitié des habitans du pays étaient accourus, les uns par zèle, les autres par curiosité, ils l'eurent bientôt solidement fixé dans le rocher. On y attacha en travers une vergue à laquelle on suspendit une corde qui, coulée autour d'une poulie, forma tout à coup une espèce de grue; ce qui fournit le moyen de pouvoir descendre un fauteuil bien attaché à la corde jusqu'à la petite plate-forme où s'étaient réfugiés nos quatre infortunés. Ils entendirent le bruit des préparatifs qu'on faisait pour les secourir; mais leur joie ne fut pas sans mélange de crainte, quand ils virent le frêle esquif destiné à les transporter dans les airs. Il flottait à environ trois pieds de l'endroit où ils se trouvaient, obéissant à chaque coup de vent, et n'ayant pour toute garantie que la solidité d'une corde qui, dans l'obscurité, ne paraissait presque qu'un fil imperceptible. Mais outre ce premier risque qu'on courait en se confiant à une machine si frêle, il en existait un autre non moins effrayant, c'était d'être brisé contre le rocher par suite des vibrations de la corde agitée par le vent. Pour diminuer ce dernier danger autant qu'il était possible, l'expérience de Mucklebackit lui avait suggéré de descendre avec le fauteuil une autre corde qui, tenue d'en-bas par les compagnons du voyageur aérien, pouvait en quelque sorte servir de guide, et rendre la montée plus sûre et plus régulière. Néanmoins, pour se hasarder dans une telle voiture pendant une nuit obscure, et au milieu des mugissemens des vents et de la tempête, avec un rocher escarpé sur la tête, et un abîme effrayant sous les pieds, il fallait tout le courage que le désespoir seul peut donner. Cependant, en dépit de tous ces dangers et des craintes qu'ils inspiraient nécessairement, Ochiltrie, après une courte consultation, se suspendit un instant à la corde, et au risque de sa vie en reconnut la solidité; Lovel et lui convinrent qu'il fallait d'abord attacher solidement miss Wardour sur le fauteuil, et se fier au zèle et au soin de leurs amis pour la faire arriver sans accident au haut du rocher.

— Que mon père parte le premier, s'écria Isabelle : pour l'amour du ciel, mes amis, songez d'abord à sa sûreté.

— Cela est impossible, miss Wardour, dit Lovel, il faut avant tout sauver votre vie ; d'ailleurs il serait possible qu'une corde assez solide pour supporter votre poids ne fût pas en état.....

— Je n'écouterai point un tel raisonnement, ce serait un égoïsme...

— Mais il faut que vous m'écoutiez, ma bonne demoiselle, dit Ochiltrie, car votre vie en dépend. Quand vous serez là-haut, vous pourrez rendre compte à vos amis de la situation où nous sommes sur cette langue de rocher, et leur dire ce qu'ils auront à faire, au lieu qu'il me semble que sir Arthur n'en est guère en état.

Frappée de la justesse de cette réflexion, — Vous avez raison, s'écria-t-elle, oui, j'y suis décidée, je ferai la première ce voyage périlleux. Mais qu'aurai-je à dire à nos amis là-haut?

— De bien prendre garde que la corde ne frotte contre le rocher, et de descendre et remonter le fauteuil doucement et tranquillement; nous crierons quand nous serons prêts.

Avec autant d'attention qu'un père en aurait eu pour sa fille, Lovel attacha miss Wardour au dos et aux bras du fauteuil avec son mouchoir, sa cravate et la ceinture de cuir du mendiant, s'assurant avec grand soin que chaque nœud était bien solidement serré, tandis qu'Ochiltrie cherchait à tranquilliser sir Arthur, qui avait à peine l'usage de la raison.

— Que faites-vous à ma fille? que lui faites-vous? on ne la séparera pas de moi. Restez près de moi, Isabelle, je vous l'ordonne.

— Pour l'amour du ciel, sir Arthur, retenez votre langue, et rendez grace au ciel de ce qu'il y a des gens plus sages que vous pour conduire votre barque, s'écria Ochiltrie impatienté des exclamations déraisonnables du pauvre baronnet.

— Adieu, mon père, dit Isabelle d'une voix tremblante; adieu, mes amis; et fermant les yeux, comme Edie le lui avait recommandé, elle dit qu'elle était prête : Lovel et le vieux mendiant donnèrent le signal à leurs amis en poussant de grands cris. Tandis qu'elle s'élevait dans les airs, Lovel, tenant la seconde corde attachée au fauteuil, le dirigeait de manière à l'empêcher de heurter contre le rocher : son cœur battait vivement, en voyant les vêtemens blancs de miss Wardour agités par les vents encore en fureur, et il ne commença à respirer plus librement que lorsqu'il la vit arrivée au niveau de l'extrémité du rocher.

— Courage, camarades, courage! criait Mucklebackit, qui remplissait les fonctions de commodore; saisissez la corde avec un crampon. Bien! la voilà en terre ferme.

Un cri de joie partit du haut du rocher pour célébrer son arrivée à bon port; et il fut répété avec enthousiasme par Lovel et par Ochiltrie. M. Oldbuck, ravi en extase, ôta sa redingote pour envelopper miss Wardour, et il allait faire servir son habit au même usage, si le prudent Caxon ne s'y fût opposé.

— Prenez garde, M. Monkbarns, lui dit-il, Votre Honneur attrapera un rhume; vous serez obligé de rester quinze jours en robe de chambre, sans mettre de perruque, et cela ne nous conviendrait ni à l'un ni à l'autre: la voiture de sir Arthur est à deux pas, on peut y transporter la jeune dame.

— Vous avez raison, dit l'antiquaire en repassant la manche de son habit et en arrangeant son collet, vous avez raison, Caxon; il fait une nuit diablement humide. Miss Wardour, permettez-moi de vous conduire à votre voiture.

— Non! pour le monde entier; il faut d'abord que je voie mon père en sûreté.

Alors, en peu de mots, mais qui prouvaient combien elle avait conservé de sang-froid et de courage au milieu des périls qu'elle avait courus, elle expliqua la situation où se trouvaient ses compagnons d'infortune, et communiqua les instructions qu'Ochiltrie l'avait chargée de donner.

— Fort bien! très-bien! Et moi aussi, je voudrais voir sur un terrain sec le descendant de sir Gamelyn de Guardover. Je crois qu'en ce moment il signerait volontiers le serment d'abjuration à la mémoire du Prétendant, la fameuse déclaration de Ragman, et sa renonciation au titre de champion de la reine Marie, pour se trouver en face de ma bouteille de vieux porto qu'il a quittée si brusquement à moitié vide. Mais il arrive, il arrive! (On commençait en ce moment à remonter le fauteuil, dans lequel sir Arthur s'était laissé placer et attacher presque sans savoir ce qu'on lui voulait.) — Courage! mes camarades, il faut de bons bras : une généalogie de peut-être cent degrés est suspendue à une corde de vingt sous. Toute la baronnie de Knockwinnock dépend de la solidité de quelques brins de chanvre. *Respice finem, respice funem*, c'est-à-dire, attention à la fin et à la corde! Mais le voici! le voici! Soyez le bienvenu sur la terre ferme, mon bon et ancien ami, quoique je ne puisse dire qu'il y fasse bien chaud et bien sec. Vive la corde contre cinquante brasses d'eau! Vous connaissez le vieux proverbe : ce n'est pas que je veuille en faire l'application; mais enfin il dit qu'il vaut mieux être suspendu par les reins que par le cou.

Pendant ce temps, Isabelle embrassait tendrement son père, qui était encore dans un état de stupeur complète; et, prenant sur elle de donner les ordres que les circonstances exigeaient, elle chargea quelques villageois de le transporter dans sa voiture, disant qu'elle le suivrait dans quelques instans; et, s'appuyant sur le bras d'un vieux paysan, elle resta sur le rocher, probablement pour être certaine de la sûreté de ceux qui avaient partagé ses dangers.

— Qui diable nous arrive ici? s'écria Oldbuck quand le fauteuil remonta pour la troisième fois. Quelle est cette figure de cuir ridé et tanné? Quoi! c'est toi, vieux coquin; ajouta-t-il en reconnaissant à la lueur des torches les cheveux gris et les traits sillonnés du vieux Edie Ochiltrie. — Il faudra que je sois de tes amis. Mais qui diable est donc le quatrième qui reste là-bas?

— Quelqu'un qui nous vaut bien tous deux, M. Monkbarns; le jeune étranger qu'on nomme Lovel, et qui s'est conduit pendant cette belle nuit comme s'il avait eu trois vies à perdre, et qu'il eût voulu les risquer toutes les trois pour nous sauver. Attention, messieurs, si vous faites cas de la bénédiction d'un vieillard; songez qu'il ne reste personne en-bas pour tenir les guides ; songez à l'Oreille du Chat ; n'oubliez pas la Corne de la Vache.

— Oui ! oui ! s'écria Oldbuck, prenez bien garde ! Quoi ! c'est mon cygne noir, *rara avis in terris*, le phénix des compagnons de voyage. Ayez bien soin de lui, Mucklebackit.

— J'en aurai autant de soin que si c'était une pipe de vieille eau-de-vie, répondit le vieux contrebandier, et c'est tout ce que je puis faire de mieux. Allons, mes enfans, courage !

Dans le fait, Lovel courut sur le fauteuil beaucoup plus de dangers qu'aucun de ceux qui l'y avaient précédé. Il n'était pas assez lourd pour que son poids opposât aux vents une résistance suffisante, et il était suspendu comme un pendule, poussé de côté et d'autre, au risque d'être écrasé contre les rochers ; mais il était jeune, intrépide, actif, et avec l'aide du bâton ferré du mendiant, que celui-ci lui avait laissé avec quelques instructions sur l'usage qu'il devait en faire, il réussit à se garantir de tout choc contre le rocher et contre les pointes plus dangereuses encore qui en hérissaient la surface. Secoué dans l'espace comme une plume légère, ayant à chaque instant à craindre pour sa vie, et éprouvant un mouvement capable de causer un étourdissement, il conserva cependant sa présence d'esprit et sa fermeté ; et ce ne fut que lorsqu'il se trouva au haut du rocher, que ses sens l'abandonnèrent un instant. Dès qu'il revint de cette demi-faiblesse, il jeta les yeux autour de lui ; mais l'objet que cherchait son regard disparaissait déjà, et l'on ne pouvait plus distinguer que la robe blanche d'Isabelle, sur le sentier par lequel on avait conduit son père. Elle avait attendu jusqu'à ce qu'elle eût vu le dernier de ses compagnons hors de danger, et que Mucklebackit l'eût assurée, dans son langage grossier, — que le jeune gars n'avait pas les os brisés, et qu'il n'était qu'un peu étourdi du voyage. Mais Lovel ne savait même pas qu'elle eût exprimé pour lui le degré d'intérêt qu'il aurait acheté par des périls encore plus grands que ceux auxquels il s'était exposé dans cette soirée ; ce n'était pourtant que ce qu'elle devait bien légitimement à un étranger qui l'avait secourue, au risque de sa vie, dans un si grand péril. Avant de partir, elle avait recommandé au mendiant de se rendre sur-le-champ à Knockwinnock ; et, comme il s'en était excusé, elle lui avait dit de ne pas manquer d'y venir le lendemain, et le vieillard le lui avait promis.

Oldbuck lui mit alors quelque chose dans la main. Ochiltrie y jeta les yeux à la lueur des torches, et le lui rendit aussitôt. — Non, Monkbarns, non, dit-il ; jamais l'or ne passe par mes mains. D'ailleurs, vous le regretteriez peut-être demain. Hé bien ! messieurs, ajouta-t-il en se tournant vers le groupe de pêcheurs et de paysans qui couvraient le rocher, qui de vous me donnera ce soir à souper, et une botte de cosses de pois pour dormir ?

— Moi ! — moi ! — moi ! — moi ! s'écrièrent plusieurs voix en même temps.

— Je suis content de vous voir dans de si bonnes dispositions ; mais, comme je ne puis coucher que dans une grange à la fois, je m'en irai avec Saunders Mucklebackit. On trouve toujours chez lui quelque chose qui vous réchauffe le cœur. D'ailleurs, mes enfans, je vivrai peut-être encore assez long-temps pour vous rappeler que vous m'avez promis un gîte et une charité. Et à ces mots il s'en alla avec le pêcheur.

Oldbuck saisit fortement le bras de Lovel. — Du diable si je vous laisse aller ce soir à Fairport, jeune homme : il faut que vous reveniez avec moi à Monkbarns. Vous vous êtes conduit en héros, en vrai Wallace, à tous égards. Allons, mon brave jeune homme, prenez mon bras. Je ne suis qu'un pauvre soutien par un tel vent, mais voilà Caxon qui me prêtera son aide. Allons, vieil idiot, venez à côté de moi. Mais comment diable êtes-vous descendu de cet infernal Tablier de Bessy? Bessy! sans doute quelque diablesse qui a déployé cette vile bannière de son maudit sexe, pour causer la ruine du nôtre comme font toutes ces femelles.

— Je suis habitué à gravir les rochers, et j'ai vu des chasseurs passer dans le même endroit.

— Mais, au nom du ciel, comment avez-vous découvert le danger que couraient l'impétueux baronnet et sa fille plus intéressante?

— Je les ai vus du haut du rocher.

— Du haut du rocher? Hum! et de quel diable étiez-vous possédé pour être là? *Dumosâ pendere procul de rupe* [1]. *Dumosa* n'est pourtant pas l'épithète convenable, car la roche est diablement nue. Mais enfin quel motif vous avait conduit sur ce rocher?

— J'aime à voir s'amonceler les nuages précurseurs d'une tempête, et pour emprunter votre langage classique, M. Oldbuck, *Suave mari magno*, etc. Mais voici le chemin qui conduit à Fairport, et il faut que je vous quitte.

— Point d'un pas, point d'un pied, d'un pouce, d'un *shathmont*, puis-je dire; mot, soit dit en passant, dont le sens a embarrassé plus d'un soi-disant antiquaire. Moi je soutiens qu'au lieu de la longueur d'un *shathmont* nous devons lire la longueur d'un saumon. Vous savez que l'espace accordé par les statuts pour le passage du saumon à travers une écluse est exactement celui de la longueur d'un saumon parvenu à toute sa grosseur. Or j'ai le projet de prouver que, de même qu'on a eu recours aux objets terrestres pour déterminer une mesure sous les eaux, l'on doit supposer que les productions des eaux ont servi de base pour établir des mesures sur la terre. — *Shathmont*, *saumon*, vous voyez l'alliance intime de ces deux sons. Il ne s'agit que de retrancher quelques lettres, d'en ajouter une autre, et plût au ciel que jamais antiquaire n'eût

---

[1] Se suspendre à l'extrême cime d'une roche *boisée*. — Ed.

demandé de concessions plus importantes pour former ses dérivés.

— Mais, mon cher monsieur, il faut que je rentre chez moi. Je suis percé jusqu'aux os.

— Vous aurez du linge, des pantoufles, ma robe de chambre; et vous gagnerez la fièvre des antiquaires, comme on gagne la peste en portant des vêtemens infectés. Je sais ce qui vous arrête, vous craignez de mettre en frais le vieux célibataire; mais n'avons-nous pas les restes de ce glorieux pâté de poulets, qui, *meo arbitrio* [1], est encore meilleur froid que chaud? et cette bouteille de vieux porto dont ce vieux fou de baronnet, à qui je ne puis pardonner encore, puisqu'il a évité de se briser les os, n'avait bu qu'un seul verre quand il a eu la sottise de prendre la mouche à propos de Gamelyn de Guardover.

Tout en parlant ainsi il entraîna Lovel, et ils arrivèrent bientôt à Monkbarns par la porte du Pèlerin. Jamais peut-être elle ne s'était ouverte pour deux piétons ayant si grand besoin de repos, car Oldbuck n'était nullement accoutumé à la fatigue, et son compagnon, quoique plus robuste, avait éprouvé ce soir-là une agitation d'esprit qui l'avait épuisé plus que tout le travail de corps auquel il s'était livré.

(1) Selon moi. — Tr.

CHAPITRE IX.

« Vous avez du courage? oh ! vous pouvez rester,
« Et mon appartement pourra vous contenter.
« Des spectres paraîtront? vous saurez les combattre ;
« De leurs chaînes le bruit ne pourra vous abattre.
« Vous leur demanderez, sans trouble et sans effroi,
« Ce qu'ils veulent de vous, quel est leur nom, pourquoi
« Ils viennent, sans raison, troubler cette demeure.
« A votre lit on va mettre des draps sur l'heure. »

Histoire véritable.

Ils entrèrent dans la salle où ils avaient dîné, et miss Oldbuck poussa des cris de joie en les voyant arriver.

— Et où est la plus jeune femelle? demanda l'antiquaire.

— Vraiment, mon frère, au milieu de toute cette équipée, miss Maria n'a pas voulu se laisser guider par moi. Il a fallu qu'elle courût à Halket-Head. Je suis surprise que vous ne l'y ayez pas vue.

— Quoi! comment! que dites-vous donc? par une nuit semblable, elle serait allée à Halket-Head! Juste ciel ! Tous les malheurs de cette nuit ne sont donc pas encore finis!

— Mais vous ne m'écoutez pas jusqu'au bout, mon frère : vous avez le ton si impératif et si impatient!

— Trêve de bavardage, s'écria l'antiquaire hors de lui, dites-moi sur-le-champ si vous savez où est ma pauvre Marie?

— Elle est où vous devriez être vous-même, mon frère, là-haut, chaudement dans son lit.

— J'aurais dû m'en douter, dit Oldbuck en riant, mais évidemment soulagé d'un grand poids ; j'aurais dû m'en douter. La petite femelle ne s'inquiétait guère que nous fussions tous noyés. Pourquoi me disiez-vous qu'elle était allée à Halket-Head?

— Si vous vouliez m'écouter, vous sauriez tout. Elle y a été, et elle en est revenue avec le jardinier, aussitôt qu'elle a vu qu'il n'était arrivé malheur à personne, et que miss Wardour était montée en voiture. Il y a un quart d'heure qu'elle est rentrée, car il est à présent près de dix heures. Comme elle était mouillée, la pauvre créature! aussi lui ai-je fait boire un verre de vin de sherry[1] dans de l'eau de gruau.

— Fort bien, Grizzy, fort bien. On peut s'en rapporter à vous autres femelles pour vous choyer les unes les autres. Mais écoutez-moi, ma vénérable sœur. Que ce mot de vénérable ne vous fasse pas secouer l'oreille ; il ne s'applique pas seulement à l'âge, mais à bien d'autres qualités estimables, et pourtant l'âge est honorable par lui-même, quoique ce soit la dernière chose par laquelle vous autres femelles vous aimez à vous voir honorées. Mais faites attention à mes paroles, et qu'on nous serve à l'instant les précieux restes de notre pâté de poulets et de ma bouteille de vieux porto.

— Le pâté! le porto! Eh! mon Dieu! mon frère, il ne restait que quelques os, un fond de bouteille.

Le front de l'antiquaire se couvrit d'un nuage; mais il avait trop de savoir-vivre pour montrer, en présence d'un étranger, le mécontentement qu'il éprouvait en apprenant que le souper sur lequel il avait compté avait disparu. Sa sœur entendit pourtant fort bien le langage de ses yeux.

— Eh, mon Dieu! mon frère, pourquoi faire tant de bruit pour si peu de chose?

— Du bruit, Grizzy! je n'ai pas dit un mot.

— Mais enfin à quoi bon montrer tant d'humeur et de mécontentement pour quelques os décharnés? Si vous voulez savoir la vérité, je vous dirai que le ministre est

---

(1) Vin de Xérès. — Tr.

venu, ce digne homme! bien inquiet sur votre situation *précairière*, comme il dit, car vous savez comme il a toujours des termes choisis; et il a voulu rester ici jusqu'à ce qu'il sût s'il n'était arrivé aucun accident à personne. Il m'a dit de bien belles choses sur le devoir de la résignation à la volonté de la Providence, le digne homme! certainement il m'en a dit.

— Et je m'imagine qu'il se mettait peu en peine, le digne homme! dit Oldbuck en contrefaisant le ton de sa sœur, que le domaine de Monkbarns tombât en quenouille un peu plus tôt ou un peu plus tard, et que c'est pendant qu'il s'occupait à vous prodiguer des consolations chrétiennes, et à vous fortifier contre un malheur qui n'était pas encore arrivé, que mon pâté et mon vieux porto ont disparu.

— Mon cher frère, comment pouvez-vous penser à de telles bagatelles, après avoir échappé ce soir à de tels dangers?

— Plût à Dieu, Grizzy, que mon souper eût échappé de même au gosier du ministre! il n'en reste rien, je suppose?

— Mais vous parlez, mon frère, comme s'il n'existait dans la maison que ce malheureux reste de pâté. Est-ce que vous auriez voulu que je n'offrisse pas quelques légers rafraîchissemens à ce digne homme qui s'était donné la peine de venir du presbytère ici?

Oldbuck, sans rien répondre, siffla le commencement d'une vieille ballade écossaise, et fredonna les derniers vers.

« Il avala mon pouding et mon vin :
« J'étais absent, bonheur extrême!
« Car il semblait avoir tellement faim
« Qu'il m'aurait avalé moi-même. »

Sa sœur se hâta de mettre fin à ses murmures en servant quelques autres restes du dîner; Oldbuck parla d'une autre bouteille de vin, mais il recommanda de préférence un verre d'eau-de-vie, et elle était véritablement excellente. Comme aucune prière ne put décider Lovel à mettre le bonnet de velours et la robe de chambre à grands ramages de son hôte, l'antiquaire, qui avait des prétentions à quelques connaissances dans l'art médical, insista pour qu'il se couchât de bonne heure, et promit d'envoyer le lendemain à la pointe du jour un exprès à Fairport, l'infatigable Caxon, pour lui rapporter d'autres vêtemens.

Ce fut le premier mot qui put donner à penser à miss Oldbuck que le jeune étranger devait passer la nuit à Monkbarns, et la surprise qu'elle éprouva d'un événement si peu commun fut telle que, sans le poids extraordinaire du bonnet qu'elle portait, et dont nous avons déjà fait la description, ses cheveux gris, en se dressant sur sa tête, l'auraient précipité par terre.

— Que le ciel nous protège ! s'écria-t-elle d'un ton d'étonnement.

— Qu'avez-vous donc, Grizzy ?

— Je voudrais vous dire un mot, mon frère.

— Un mot ? Je n'ai besoin que de mon lit, et faites-en aussi préparer un bien vite pour mon jeune ami.

— Un lit ! Que le ciel nous protège ! s'écria de nouveau miss Griselda.

— Hé bien ! qu'avez-vous donc ? N'y a-t-il pas assez de lits et de chambres dans la maison ? N'était-ce pas autrefois un *hospitium*, où je réponds qu'on faisait des lits tous les soirs pour une vingtaine de pèlerins !

— Qui peut savoir ce qui se passait alors, mon frère ? Mais de nos jours... Un lit ! Sans doute il n'en manque pas, ni de chambres non plus, mais vous savez comme moi combien il y a de temps que personne n'y a couché et qu'on n'a donné de l'air aux chambres. Si je l'avais prévu, miss Maria et moi nous aurions été coucher au presbytère, miss Beckie a toujours tant de plaisir à nous voir, de même que le ministre son frère ; mais en ce moment, Dieu nous protège...

—N'y a-t-il pas la chambre verte, Grizzy?

—Sans doute, et même elle est en bon ordre, quoique personne n'y ait couché depuis le docteur Heavystern. Mais...

—Mais quoi?

—Mais quoi! vous devez savoir vous-même quelle nuit il y a passée; voudriez-vous que ce jeune homme en passât une semblable?

En entendant cette altercation, Lovel protesta qu'il préférait retourner à Fairport plutôt que de leur causer le moindre embarras; l'exercice lui serait utile; il connaissait parfaitement la route, l'orage n'était plus si violent; enfin il allégua toutes les excuses que la civilité put lui suggérer pour se dispenser de profiter d'une hospitalité qui paraissait plus gênante pour ses hôtes qu'il n'aurait pu se l'imaginer. Mais pendant ce temps, on entendait le sifflement des vents; la pluie battait avec force contre les fenêtres, et Oldbuck, qui savait combien son jeune ami avait essuyé de fatigues pendant la soirée, n'aurait jamais consenti à le laisser partir par un pareil temps, quand même il n'eût pas conçu pour lui une si vive affection. Mais indépendamment de ce motif, il était piqué d'honneur, et il voulait lui prouver qu'il ne vivait pas sous la domination du cotillon.

— Asseyez-vous, asseyez-vous, dit-il; si je vous laisse partir ainsi, je consens à ne jamais déboucher un flacon, et voici qu'il nous arrive une excellente bouteille.... une bouteille de double ale, qui ne ressemble en rien au misérable breuvage qu'on vend sous ce nom. Elle a été brassée à Monkbarns, faite avec l'orge produit par mes terres. John de Girnel n'a jamais eu meilleure liqueur à offrir au ménestrel ou au pèlerin qui lui apportait des nouvelles de la Palestine. Mais pour vous ôter toute envie de partir, je vous dirai que si vous ne couchez ici, votre renommée de vaillant chevalier est perdue à jamais. C'est une aventure que de coucher à Monkbarns dans la chambre verte. Ma sœur, veillez à ce qu'on prépare le lit. Et quoique l'aventurier hardi Heavystern ait souffert peines et douleurs dans cet appartement, ce n'est pas une raison pour qu'un jeune et galant chevalier comme vous, qui avez le double de sa taille, et qui n'avez pas la moitié de sa pesanteur, ne puissiez courir cette aventure, et peut-être avoir la gloire de rompre le charme.

—Quoi! revient-il des esprits dans cette chambre?

—Sans doute, sans doute. Il n'existe pas dans ce pays une maison dont la fondation remonte à une certaine antiquité, sans qu'il s'y trouve une chambre dont quelques esprits se soient mis en possession, et vous ne devez pas nous supposer moins favorisés que les autres. Il est vrai qu'ils commencent à passer de mode, mais j'ai vu le temps où, si vous aviez seulement paru douter de l'existence d'un esprit dans un vieux château, vous auriez couru le risque d'être métamorphosé vous-même en esprit, comme dit Hamlet. Oui, si vous aviez révoqué en doute la présence du capuchon-rouge dans le château de Glenstirym, le vieux sir Pierre Pepperbrand vous aurait fait tirer l'épée dans sa cour, et si vous n'aviez pas été le plus fort en escrime, il vous aurait cloué comme un crapaud sur son poteau seigneurial. J'ai couru moi-même de grands risques à cet égard, mais je me suis humilié, et j'ai fait mes excuses au capuchon-rouge; car, même dans ma jeunesse, je n'étais pas ami de la *monomachie* ou du duel, et je préférais à une rencontre avec sir Pierre une promenade avec son chapelain. Peu m'importe ce qu'on pense de ma valeur. Dieu merci, je suis vieux maintenant, et je puis me livrer à mon humeur sans être obligé d'en rendre compte l'épée à la main.

En ce moment miss Oldbuck rentra. — M. Lovel, dit-elle avec un air grave et composé, les draps sont mis à votre lit, la chambre est prête, et j'ai fait allumer du feu dans la cheminée. Ce n'est point à cause de l'embarras que... au surplus, j'espère que vous y passerez une bonne nuit, mais...

—Mais vous êtes bien résolue, Grizzy, de faire tout ce que vous pourrez pour l'en empêcher.

—Moi! mon frère; bien certainement je n'ai rien dit.

—Mais moi, ma chère miss Oldbuck, je vous serai fort obligé, si vous voulez bien m'expliquer le motif des inquiétudes que vous aviez pour moi.

—Mon frère ne se soucie pas de l'entendre. Cependant il sait aussi bien que moi que cette chambre est en mauvais renom. On n'a pas oublié que c'était là qu'était couché le vieux Rab Tull, le clerc de la ville, lorsqu'il eut cette vision merveilleuse relativement à notre grand procès avec les seigneurs féodaux de Mussel-Craig. Il nous avait déjà coûté bien de l'argent, M. Lovel; car il en fallait dans ce temps-là pour les procès, tout aussi-bien qu'aujourd'hui; et le Monkbarns d'alors, notre grand-père, M. Lovel, courait grand risque de perdre son affaire, faute d'une pièce. Monkbarns que voilà sait bien quelle était cette pièce, mais il n'y a pas de danger qu'il m'aide à finir mon récit. Au surplus c'était une pièce de grande importance, et faute de laquelle notre procès était à vau-l'eau. Hé bien! notre cause devait être jugée devant les quinze juges, comme on les appelle, en présence du vieux Rab Tull, le clerc de la ville; celui-ci vint pour faire une dernière recherche de cette pièce qui nous manquait, à l'instant où notre grand-père allait partir pour Dimbourg, de sorte qu'il n'y avait pas de temps à perdre en allées et en venues. C'était une espèce d'imbécile que ce Rab Tull, à ce que j'ai entendu dire; mais il était alors clerc de la ville à Fairport, et les Monkbarns l'employaient toujours dans leurs affaires litigieuses, pour se maintenir en bonne intelligence avec la ville. Vous entendez bien?

— Cela est abominable, Grizzy, s'écria M. Oldbuck; j'atteste le ciel que vous auriez eu le temps d'évoquer les esprits de tous les abbés de Trotcosey, à commencer par Waldimir, depuis que vous suez sang et eau pour en faire paraître un seul. Apprenez à être succincte dans vos narrations. Imitez le style concis du vieux Aubrey, le premier homme du monde pour voir des esprits, et dont les récits à ce sujet étaient toujours clairs et précis. *Exempli gratiâ :* « Un esprit apparut à Cirincester le 5 mars 1670. On lui demanda s'il était un bon ou un mauvais esprit. Il ne répondit rien, et disparut en faisant un certain bruit qui fut suivi d'un parfum singulier. » Voyez ses Mélanges, page 18, et, autant que je puis m'en souvenir, vers le milieu de la page [1].

— Croyez-vous donc, mon frère, que tout le monde soit aussi savant que vous dans les livres. Mais vous aimez à faire paraître les autres comme des ignorans, et c'est ce qui vous arrive toujours avec sir Arthur, et même avec le ministre.

— La nature a fait plus que moi dans ces deux exemples, Grizzy, ainsi que dans un troisième que je m'abstiendrai de citer. Mais buvez un verre d'ale, ma sœur, et continuez votre histoire, car il commence à être tard.

— Jenny bassine votre lit, mon frère, et il faut bien que vous attendiez qu'elle ait fini. Ainsi donc j'en étais à la recherche que faisait notre grand-père Monkbarns, avec l'aide du vieux Rab Tull ; mais ils ne furent jamais assez heureux pour trouver la pièce qui leur manquait. De sorte qu'après avoir fouillé dans je ne sais combien de sacs de cuir pleins de papier, on servit dans la soirée un bowl de punch au clerc de la ville pour faire passer la poussière qu'il avait avalée. Nous n'avons jamais été grands biberons dans notre famille, M. Lovel ; mais le brave homme s'était tellement habitué à boire avec les baillis et les diacres, dans leurs assemblées, et ils en tenaient une presque tous les soirs, pour le bien général de la ville, qu'il ne

---

[1] John Aubrey, antiquaire anglais, né en 1626 et mort en 1700. L'ouvrage dont il est ici question est intitulé en anglais *Misceleanies or apparitions magic.* — F.D.

pouvait dormir sans s'être rincé le gosier. Il but donc son bowl de punch, et il alla se coucher. Mais quel réveil il eut au milieu de la nuit ! jamais il ne put en bien revenir, et il eut une attaque de paralysie quatre ans après, jour pour jour. Il lui sembla, M. Lovel, qu'il entendait tirer les rideaux de son lit. Il ouvrit les yeux, croyant, le pauvre homme, que ce pouvait être un chat; mais il vit... Dieu me protège ! car je ne puis raconter cette histoire sans frissonner, quoique je l'aie déjà racontée plus de vingt fois; il vit au clair de la lune un vieillard de bonne mine, debout près de son lit, vêtu d'une manière singulière, ayant à son habit force glands et boutons; et cette partie de ses vêtemens qu'il ne convient pas à une femme de nommer 1 était si ample, si large, et faisait tant de plis qu'on aurait pu le prendre pour un matelot d'Hambourg. Il avait une longue barbe, et des moustaches retroussées en l'air. Rab Tull avait donné dans le temps de bien plus longs détails, mais ils sont oubliés aujourd'hui, car c'est une vieille histoire. Hé bien, Rab Tull était un homme vivant bien, pour un clerc de province, de sorte qu'il fut moins effrayé qu'on ne pourrait le croire, et il demanda au spectre, au nom du ciel, ce qu'il voulait. L'esprit lui répondit dans une langue inconnue. Alors Rab Tull lui parla erse, car il était né dans les montagnes de Glenlivat; mais cela ne réussit point. Hé bien, il se rappela deux ou trois mots de latin dont il se servait pour rédiger les ordonnances de la ville, et il ne les eut pas plus tôt prononcés que l'esprit fit pleuvoir sur lui un tel déluge de latin, que le pauvre Rab Tull, qui n'était pas trop savant, en fut tout déconcerté. Cependant, comme il ne manquait pas de hardiesse, il se souvint du mot latin qui signifiait la pièce dont il avait besoin. C'était quelque chose comme une carte, je m'imagine, car l'esprit s'écria : oui, *carter, carter.*

---

(1) La pudeur britannique recule en effet devant le simple mot de *culotte*, qu'on appelle fréquemment le vêtement nécessaire ou les inexprimables. Cette même pudeur va au théâtre entendre Othello traiter sa femme de *Strumpet*, etc. — Ed.

—*Carta !* s'écria Oldbuck, *carta*, vous dis-je ; pourquoi estropier ainsi les langues ? Si mon ancêtre n'en avait pas appris d'autre dans l'autre monde, du moins il ne pouvait y avoir oublié le latin, qui l'avait rendu célèbre dans celui-ci.

— *Carta*, si vous voulez, mon frère, mais ceux qui m'ont raconté cette histoire m'ont toujours dit *carter*. Hé bien, il cria donc : oui, *carta*, puisque *carta* vous plaît, et fit signe à Rab de le suivre. Rab avait le courage d'un vrai montagnard ; il sauta à bas de son lit, mit à la hâte quelques vêtemens, et suivit l'esprit, tantôt montant, tantôt descendant, jusqu'à une espèce de petite tour qui était à une encognure de la vieille maison, et où il y avait un tas de caisses et de malles de rebut. Là l'esprit, lui donnant une paire de coups de pied, le poussa vers cette vieille armoire des Indes qui est maintenant dans le cabinet de mon frère, à côté de sa table, et disparut comme une bouffée de fumée de tabac, laissant Rab dans un état pitoyable.

—*Tenues secessit in auras*, dit Oldbuck, mais, morbleu ! *mansit odor* [1], car la pièce tant désirée se trouva dans un tiroir de cette armoire oubliée, avec beaucoup d'autres vieux papiers très-curieux qui sont maintenant mis en ordre et convenablement étiquetés, et qui paraissent avoir appartenu à un de mes ancêtres, premier propriétaire de Monkbarns. Ce titre, recouvré d'une manière si étrange, était la charte originaire d'érection de l'abbaye de Trotcosey, terres et dépendances, comprenant Monkbarns et autres domaines, en seigneurie relevant du roi, en faveur du premier comte de Glengibber, favori de Jacques VI. Elle fut signée par ce monarque à Westminster le 17 janvier *anno Domini* 1612 ou 1613. Ce n'est pas la peine de vous dire les noms des témoins.

— J'aimerais mieux, dit Lovel dont la curiosité com-

---

(1) *Tenues secessit in auras*, il se dissipa comme une légère vapeur. *Mansit odor*, l'odeur resta. — Tr.

mençait à s'éveiller, savoir ce que vous pensez de la manière dont ce titre fut découvert.

— Si j'avais besoin d'une autorité pour ma légende, j'en trouverais une qui ne serait pas moindre que saint Augustin, car il nous raconte l'histoire d'un défunt qui apparut à son fils lorsque celui-ci était poursuivi en paiement d'une prétendue dette, pour lui apprendre où il en trouverait la quittance. Mais je pense plutôt avec lord Bacon que l'imagination a fait souvent de pareils miracles. Il a toujours couru dans la famille un conte absurde que cette chambre était hantée par l'esprit d'Aldobrand Oldbuck mon grand-grand-grand-grand-père. C'est une honte pour la langue anglaise que nous n'ayons pas une manière moins ridicule d'exprimer le cinquième degré de parenté en ligne directe ascendante, tandis qu'il se présente si souvent des occasions d'y penser et d'en parler. Il était étranger, et n'avait pas renoncé au costume de son pays, dont la tradition avait conservé la description exacte. Il existe même son portrait gravé, dit-on, par Reginald Eldstrake, dans lequel il est représenté travaillant à la presse de ses propres mains, et tirant les feuilles de son édition, devenue si rare, de la Confession d'Augsbourg. Il était chimiste et mécanicien, et une seule de ces qualités suffisait alors dans ce pays pour faire supposer des connaissances surnaturelles. Le vieux Rab Tull, probablement superstitieux, avait entendu parler de tout cela, et dans son sommeil l'idée d'Aldobrand Oldbuck s'associa sans doute à celle de sa vieille armoire qu'on avait jetée sous le pigeonnier pour s'en débarrasser, preuve évidente du respect et de la reconnaissance que nous conservons souvent pour la mémoire de nos ancêtres et pour les antiquités. Ajoutez à cela un *quantùm sufficit* [1] d'exagération, et vous avez la clef de tout le mystère.

—Ho! mon frère, mon frère! mais le docteur Heavy-

(1) Une quantité suffisante. — T R.

stern, dont le sommeil fut si désagréablement interrompu qu'il déclara qu'il ne passerait pas une autre nuit dans la chambre verte, dût-il devenir propriétaire de Monkbarns; de manière que Maria et moi nous fûmes obligées de lui céder notre.....

— Le docteur est un brave et honnête Allemand, ma sœur, plein de mérite dans son genre, mais il a le crâne épais, et il est entiché d'idées mystiques comme un grand nombre de ses concitoyens. Vous et lui vous aviez bavardé toute la soirée, et en échange de votre légende de la chambre verte il vous avait régalé des contes de Mesmer, de Cagliostro et des autres grands génies modernes qui prétendent avoir trouvé l'art d'évoquer les esprits, de découvrir les trésors cachés, et autres merveilles semblables. Et considérant que l'*illustrissimus* avait mangé à son souper une livre et demie de viande, fumé six pipes, et bu de l'ale et de l'eau-de-vie en proportion, je ne suis pas surpris qu'il ait eu pendant la nuit un accès de cauchemar. Mais tout est prêt maintenant, M. Lovel; permettez-moi de vous conduire à votre appartement. Je me flatte qu'Aldobrand connaît trop bien les devoirs de l'hospitalité pour troubler le repos que vous avez si bien mérité par votre bravoure et votre générosité.

A ces mots notre antiquaire prit un chandelier d'argent massif, d'une forme antique, dont le métal, dit-il à Lovel, provenait des mines de Hartz, et qui avait appartenu au personnage qui venait de faire le sujet de leur conversation. Il conduisit son hôte par maints détours et passages obscurs, tantôt montant, tantôt descendant, et il l'introduisit enfin dans la chambre qui lui était destinée.

CHAPITRE X.

« Quand sur un ciel d'airain que nul astre n'éclaire
« Minuit a déployé son crêpe funéraire ;
« Que sortant du tombeau des spectres tout sanglans
« Viennent dans leur sommeil effrayer les vivans ;
« Les esprits, les lutins, les revenans, les ombres,
« Ne m'environnent pas de leurs prestiges sombres,
« Mais bien plus tristement mon sommeil suspendu
« Me rend le souvenir du bien que j'ai perdu. »

W. R. SPENCER.

En entrant dans la chambre verte, comme on l'appelait, Oldbuck plaça la chandelle sur la toilette devant un grand miroir encadré de bois noir et entouré de boîtes de même couleur ; puis il jeta les yeux autour de lui, d'un air qui annonçait quelque trouble.

—Je viens rarement dans cet appartement, dit-il, et jamais je n'y entre sans me livrer à une espèce de mélancolie qui, soyez-en bien sûr, ne puise pas sa source dans la ridicule histoire que Grizzy vient de vous conter, mais dans des circonstances relatives à un attachement de ma première jeunesse qui n'a pas été heureux. C'est dans de semblables momens, M. Lovel, que nous sentons combien les temps sont changés. Les mêmes objets sont sous nos yeux ; ces mêmes choses inanimées que nous avons vues dans notre enfance légère et volage, dans notre jeunesse vive et impétueuse, dans la maturité de l'âge livrée aux projets et à l'ambition, elles sont permanentes, elles restent les mêmes ; mais quand nous les regardons avec le sang-froid et l'insensibilité de la vieillesse, à une époque où notre caractère, nos goûts, nos sentimens, nos forces nos traits, ont subi un changement complet, pouvons-nous dire que nous sommes encore les mêmes ? En portant les yeux en arrière, en cherchant avec une sorte de surprise ce que nous étions autrefois, ne devons-nous pas nous regarder comme formant aujourd'hui un être entièrement distinct de ce que nous étions alors? Le philosophe qui en appelait de Philippe pris de vin à Philippe à jeun, ne choisissait pas un juge aussi différent que s'il en eût appelé de Philippe jeune encore à Philippe dans sa vieillesse. Je ne puis jamais me rappeler sans attendrissement le sentiment si bien exprimé dans un poëme que j'ai souvent entendu répéter [1].

« Pourquoi mes yeux versent-ils tant de larmes?
« Pourquoi, sans nul motif, mes sens sont-ils émus?
« Je crois entendre encor ces sons remplis de charmes
« Que j'entendais alors, que je n'entendrai plus.

« Tel est pourtant le sort de la vieillesse.
« Mais si de la prudence un conseil est suivi,
« Il faudra déplorer ce que le temps nous laisse,
« Au lieu de regretter ce qu'il nous a ravi.

Au surplus le temps guérit toutes les blessures, et quoique la cicatrice reste, et cause parfois quelque douleur, elle n'est pas comparable à celle qu'on ressentit de la première atteinte.

A ces mots, il serra la main de Lovel, lui souhaita une bonne nuit, et se retira.

Lovel entendit le bruit toujours plus lointain des pas de son hôte dans les divers passages par lesquels ils étaient venus ensemble, et celui des portes qu'il fermait après lui. Bientôt succéda un profond silence; notre jeune homme, ainsi séparé du monde vivant, prit le chandelier en main et fit la revue de l'appartement. Un bon feu brillait dans la cheminée; miss Grizzy avait eu soin de placer dans un coin quelques morceaux de bois pour qu'il pût l'entretenir. Si la chambre n'était pas magnifiquement meublée, du moins il n'y manquait rien de ce qui pouvait être né-

---

(1) Probablement les ballades lyriques de Wordsworth n'avaient pas encore été publiées. (*Note de l'auteur anglais.*)

cessaire. Les murs en étaient garnis d'une tapisserie que des artistes d'Arras avaient fabriquée dans le seizième siècle, et que le savant typographe dont nous avons plus d'une fois parlé, avait apportée lors de son émigration, comme une preuve de la perfection à laquelle les arts étaient arrivés sur le continent. Elle représentait une chasse ; et comme les arbres de la forêt formaient par leur feuillage la couleur dominante, cette circonstance avait fait donner à l'appartement le nom de chambre verte. Des personnages à mine refrognée, portant l'ancien costume flamand, des pourpoints à taillades couverts de rubans, des manteaux courts, et de larges hauts-de-chausse, étaient occupés à tenir en laisse des chiens de chasse de toute espèce, ou à les animer contre leur proie. D'autres, armés de pieux, d'épées et de fusils antiques, attaquaient des cerfs et des ours qu'ils avaient forcés. Les branches des arbres étaient chargés d'oiseaux de différentes espèces, tous portant le plumage qui leur appartenait. Il semblait que le génie et la veine poétique du vieux Chaucer eussent communiqué leur pouvoir créateur à l'artiste flamand. Aussi était-ce dans les œuvres de cet ancien poète qu'Oldbuck avait choisi des vers qu'il avait fait broder en caractères gothiques sur une bordure ajoutée à la tapisserie :

« Du chêne et du tilleul voyez-vous jusqu'aux cieux
« S'élever dans ce bois les troncs majestueux ?
« Quel asile charmant ! sous l'ombre hospitalière
« Croît un riant gazon qui tapisse la terre :
« Par la main du printemps le plus humble arbrisseau
« Vient d'être décoré d'un feuillage nouveau,
« Et du soleil couchant la clarté vive et pure
« D'une teinte de pourpre embellit la verdure. »

D'un autre côté on lisait les vers suivans tirés aussi du même auteur :

« On voit s'y promener le cerf et sa compagne ;
« En folâtrant gaîment le faon les accompagne ;

« Les daims et les chevreuils bondissent par troupeaux,
« Maints écureuils légers, émules des oiseaux,
« Sautent de branche en branche ou rongent les noisettes.

Les rideaux du lit étaient aussi d'une étoffe analogue, d'un vert foncé mais terni par le temps. On voyait qu'on avait cherché à l'assortir à la tenture des murs, mais elle était évidemment l'ouvrage d'une main plus moderne et moins habile. De grandes chaises rembourrées, à dossier d'ébène, étaient couvertes d'une tapisserie de même espèce : et l'encadrement d'une grande glace placée sur une cheminée antique, était du même bois que toute la garniture de la toilette.

—J'ai entendu dire, pensa Lovel en examinant l'ameublement de cette chambre, que les esprits choisissent ordinairement le meilleur appartement de la maison qu'ils honorent de leur présence; et je ne puis blâmer le goût de l'imprimeur de la Confession d'Augsbourg. Mais il trouva si difficile d'arrêter ses idées sur l'histoire qu'on venait de lui raconter, et qui semblait si bien assortie à la chambre dans laquelle il se trouvait, qu'il regretta presque de ne pouvoir éprouver cette espèce d'agitation produite en partie par la crainte et en partie par la curiosité, qui prête de l'intérêt à ces vieilles légendes où règnent le terrible et le merveilleux. Mais la passion sans espoir à laquelle son cœur était livré éloigna, par sa réalité, toutes les chimères de son imagination.

« Quel changement m'a fait éprouver la cruelle?
« Depuis que je porte ses fers,
« Je me crois seul dans l'univers.
« Mon cœur devient-il donc insensible comme elle? ».

En vain il s'efforça de s'abandonner aux émotions qu'en tout autre instant sa situation aurait fait naître en lui : son cœur ne pouvait admettre qu'une seule idée, et le souvenir de miss Wardour déterminée à ne pas le reconnaître quand elle s'était trouvée forcée de souffrir sa société, et ayant montré ensuite le désir de l'éviter, l'occupait tout entier. A ce souvenir s'en joignaient d'autres qui ne l'agitaient pas moins, quoiqu'ils fussent moins pénibles, c'étaient le danger qu'elle venait de courir et le secours qu'il avait été assez heureux pour lui porter. Et cependant quelle avait été sa récompense! Sauvée en partie par ses soins, elle avait quitté le rocher avant de savoir s'il se sauverait lui-même, quand elle pouvait douter s'il ne perdait pas une vie hasardée pour elle avec tant de dévouement. La reconnaissance au moins exigeait qu'elle prît quelque intérêt à son sort. Mais non, elle ne pouvait être coupable ni d'ingratitude ni d'injustice ; ces sentimens ne pouvaient entrer dans son cœur. Elle n'avait voulu que fermer la porte à l'espérance, et, par compassion pour lui, éteindre une passion qu'elle ne pouvait payer de retour.

Ce dernier raisonnement, suggéré par l'amour, ne pouvait le rendre plus content de son sort, puisque plus son imagination lui peignait miss Wardour sous des traits aimables, plus il sentait qu'il lui serait pénible de renoncer à tout espoir. Il savait à la vérité qu'il pourrait faire disparaître ses préjugés sur certains points ; mais, même dans cette extrémité, il résolut de s'en tenir à la détermination qu'il avait prise de s'assurer qu'elle désirait une explication, avant de se hasarder à lui en offrir une. D'ailleurs, en envisageant les choses sous un autre point de vue, il ne trouvait pas de raison pour désespérer encore. Lorsque Oldbuck l'avait présenté à miss Wardour, il avait aperçu dans ses regards autant d'embarras que de surprise ; et l'un de ces deux sentimens n'était peut-être qu'un voile dont elle avait voulu se servir pour couvrir l'autre. Non, il n'abandonnerait pas des projets dont la poursuite lui avait déjà tant coûté. Des plans convenables au caractère romanesque qui les faisait éclore se succédaient rapidement les uns aux autres avec la même irrégularité que ces atomes qu'on voit se mouvoir lorsqu'un rayon du soleil traverse une chambre où il ne règne qu'un demi-jour.

Ils continuèrent à se présenter à son esprit long-temps après qu'il se fut couché, et l'empêchèrent de goûter le repos dont il avait un si grand besoin. Enfin, fatigué des obstacles qu'offrait l'exécution de chaque projet qu'il méditait, il prit la résolution héroïque de faire un dernier effort pour chasser l'amour de son cœur, comme le lion secoue les gouttes de rosée tombées sur sa crinière [1], et de reprendre le cours des études qu'une tendresse non partagée avait depuis si long-temps interrompues. Il appela au secours de cette détermination tous les argumens que l'orgueil et la raison purent lui suggérer. — Elle ne pourra supposer, dit-il, que, me prévalant d'un service que le hasard a voulu que je lui rendisse ainsi qu'à son père, je prétende en profiter pour obtenir d'elle des sentimens dont, personnellement, elle ne m'a pas jugé digne. Je ne la verrai plus. Je retournerai dans un pays parmi les filles duquel on peut trouver sinon plus de charmes, du moins peut-être autant d'attraits et moins d'insensibilité qu'en miss Wardour. Demain je ferai mes adieux aux rivages du nord, et à celle dont la rigueur et la froideur ressemblent au climat qu'elle habite.

Quand Lovel se fut livré quelque temps à ces réflexions, la nature épuisée reprit ses droits ; et malgré son dépit, ses doutes et ses inquiétudes, ses yeux se fermèrent peu à peu.

Après une agitation violente, il est rare qu'on jouisse d'un sommeil profond et paisible. Celui de Lovel fut troublé par mille visions confuses et sans suite. Il se crut tour à tour oiseau et poisson ; il volait comme l'un et nageait comme l'autre, facultés qui auraient été bien essentielles à sa sûreté quelques heures auparavant. Alors miss Wardour devenait une syrène ou un oiseau de Paradis, son père un triton ou un veau marin, et le vieil Oldbuck fut alternativement une torture et un cormoran. Ces visions

---

(1) *Like dew-drops from the lion's mane.* Expression de Shakspeare souvent citée d'Angleterre. — Éd.

agréables étaient variées par tous les désordres qui accompagnent les rêves nés du délire de la fièvre. L'air refusait de le porter; l'eau semblait tout à coup bouillante, et les vagues le jetaient contre des rochers qui devenaient doux comme de l'édredon. Tout ce qu'il entreprenait manquait d'une manière étrange et inattendue, et tout ce qui attirait son attention subissait soudain quelque métamorphose inconcevable et merveilleuse. Son ame sentait pourtant, jusqu'à un certain point, qu'elle était le jouet d'une illusion, et appelait inutilement à son secours le réveil pour s'en délivrer : symptômes que ne connaissent que trop ceux à qui rend des visites nocturnes cette affreuse sorcière que les savans nomment *éphialte* [1]. Enfin ces fantômes absurdes prirent une forme plus régulière, à moins que l'imagination de Lovel, et ce n'était pas la faculté de son esprit la moins brillante, ne se soit chargée insensiblement, peu à peu et sans s'en douter, à son réveil, de donner le coloris à une scène dont ses rêves n'avaient fait que tracer la première esquisse. Peut-être aussi son agitation aida-t-elle à la formation de la nouvelle vision dont nous allons parler.

Abandonnant cette discussion aux savans, nous dirons qu'après une longue suite d'images bizarres, notre héros, car nous devons avouer que c'est lui que nous avons choisi pour l'être [2], se rappela où il était, et tout l'ameublement de la chambre verte se représenta à son imagination. Mais ici qu'il me soit permis de protester que s'il reste encore dans cette génération sceptique assez de la foi du bon vieux temps pour croire que ce qui va suivre fut une impression produite par les yeux plutôt que par l'imagination, nous n'entendons élever aucune objection contre cette opinion. Il était donc, ou il s'imaginait être éveillé, couché dans la chambre verte, et regardant brûler dans la cheminée quelques restes de fagots qui, s'enflammant

---

(1) Le cauchemar : voyez le *Smarra* de Charles Nodier. — Ed.
(2) L'auteur oublie qu'il a appelé déjà l'*antiquaire* son héros. — Ed.

de temps en temps, répandaient une clarté passagère dans tout l'appartement. Insensiblement la légende d'Aldobrand Oldenbuck et les visites mystérieuses qu'il avait rendues à ceux qui avaient passé la nuit dans cette chambre, se représentèrent à son esprit; et, comme il arrive souvent dans les rêves, il éprouva cette sorte d'attente inquiète qui manque rarement de faire apparaître l'objet que nous craignons le plus d'apercevoir. Tout à coup une lumière plus vive et plus durable jaillit de la cheminée et éclaira toute la chambre. La tapisserie qui en garnissait les murailles devint animée, et les figures qui s'y trouvaient reçurent la vie et le mouvement. Les chasseurs sonnèrent du cor; le cerf prit la fuite, le sanglier se retourna pour se défendre, les chiens poursuivirent l'un et attaquèrent l'autre; les cris des bêtes fauves se mêlèrent aux aboiemens des chiens et aux hennissemens des chevaux. Chaque groupe poursuivait avec toute l'ardeur que donne la chasse l'occupation dans laquelle l'artiste l'avait représenté. Lovel regardait ce spectacle étrange sans étonnement, sentiment qui se glisse rarement dans nos rêves, mais avec une sensation de crainte et d'inquiétude. Tandis qu'il regardait attentivement les chasseurs, un d'entre eux sembla se détacher de la tapisserie et s'avancer vers son lit; mais à mesure qu'il approchait il subissait une métamorphose. Son cor de chasse devint un gros volume fermé par des agrafes de cuivre; et son chapeau de chasseur un bonnet fourré semblable à ceux que portent les bourgmestres de Rembrand; il conserva son costume flamand, mais ses traits, au lieu d'être animés de toute l'ardeur de la chasse, prirent un air calme et imposant qui semblait convenir au premier propriétaire de Monkbarns, d'après le portrait que son descendant en avait fait à Lovel dans le cours de la soirée précédente. Pendant que cette métamorphose s'effectuait, l'agitation des autres personnages de la tapisserie disparut aux regards de Lovel, qui n'avait plus d'yeux que pour l'être qui continuait à s'avancer vers lui. Il s'efforça de l'interroger en prononçant la formule d'exorcisme convenable en pareille occasion, mais sa langue, comme il arrive dans les rêves effrayans, lui refusa son service, et resta collée à son palais comme frappée de paralysie. Aldobrand leva le doigt pour imposer silence à l'intrus qui se trouvait dans son appartement, et se mit à ouvrir le livre vénérable qu'il tenait de la main gauche. Dès qu'il l'eut ouvert il le feuilleta quelques instans, et le tournant ensuite du côté de Lovel il lui en montra du doigt un passage. Quoique ce livre fût écrit dans une langue que celui-ci ne connaissait point, son attention fut tellement excitée par la ligne que ce personnage mystérieux semblait lui montrer ainsi, et dont les mots paraissaient briller d'un éclat surnaturel, qu'elle se grava dans sa mémoire. Aldobrand ferma son volume, et au même instant les sons d'une musique délicieuse se firent entendre dans l'appartement. Lovel tressaillit, et s'éveilla complètement; cependant la musique continuait, et il reconnut distinctement un ancien air écossais.

Lovel se mit sur son séant, et s'efforça de chasser de son cerveau les fantômes qui l'avaient agité pendant cette nuit fatigante. Les premiers rayons du soleil levant pénétraient à travers les volets à demi fermés, et répandaient une lumière distincte dans tout l'appartement. Il jeta les yeux sur la tapisserie, mais les groupes de chasseurs étaient aussi immobiles que pouvaient les rendre les clous qui les attachaient à la muraille, si ce n'est une légère agitation que leur communiquait l'air du matin en se frayant une voie à travers la croisée entr'ouverte. Lovel sauta à bas de son lit, et, s'enveloppant d'une robe de chambre qu'on avait eu la précaution de lui préparer, courut à la fenêtre qui donnait sur la mer; les vagues mugissantes se ressentaient encore de la tempête qui les avait soulevées la veille, quoique la matinée fût belle et l'air serein. Une tour s'avançait à un angle du bâtiment, non loin de la chambre qu'occupait Lovel; la fenêtre en était à demi ouverte, et il entendit sortir les mêmes sons de musique qui avaient probablement interrompu son rêve. Mais le prestige, en se dissipant, leur avait ôté la moitié de leurs charmes : ce n'était plus qu'un air passablement exécuté sur le clavecin. Tels sont les caprices de l'imagination en jugeant les beaux-arts. Une voix de femme chantait, avec quelque goût et avec beaucoup de simplicité, les paroles suivantes qui semblaient tenir le milieu entre un hymne et une ballade.

« Toi que je vois assis près de ces murs détruits,
« Dis-moi, qu'y cherches-tu, vieillard à cheveux gris?
« Y viens-tu méditer sur leur splendeur passée,
« Réfléchir tristement sur leur gloire éclipsée?

« Une imposante voix répond : Tu me connais,
« Puisque tu méprisas si souvent mes bienfaits.
« C'est moi que tour à tour ta coupable inconstance
« Désire, appelle, craint, néglige, implore, offense.

« Comme un chaume léger dispersé par le vent,
« Tout mortel disparait sous mon souffle puissant.
« Les empires par moi s'élèvent et fleurissent,
« Je n'ai qu'à me montrer pour qu'ils s'anéantissent.

« Profite des instans, le nombre en est compté,
« Vois ce sable tomber avec rapidité.
« Sans crainte et sans désir attends et persévère;
« Le bonheur et l'amour fermeront ta paupière. »

Lovel était retourné dans son lit, et ce fut de là qu'il entendit chanter ces vers. Ils éveillèrent dans son esprit de nouvelles idées, il se plut à les accueillir, et ajournant la tâche difficile de prendre un parti définitif sur la conduite qu'il tiendrait, il s'abandonna à une sorte de langueur produite par l'air qu'il venait d'entendre, et s'endormit d'un sommeil si profond qu'il ne s'éveilla qu'assez tard dans la matinée, lorsque le vieux Caxon entra doucement dans son appartement pour y remplir les fonctions de valet de chambre.

— J'ai brossé votre habit, monsieur, dit le vieux barbier dès qu'il vit Lovel éveillé : j'ai été le chercher de grand matin à Fairport, car celui que vous aviez hier n'est pas encore bien sec, quoiqu'il ait été étendu toute la nuit devant la cheminée de la cuisine. J'ai nettoyé vos souliers. Je me doute bien que vous n'aurez pas besoin de moi pour vos cheveux, d'après la manière dont les jeunes gens les portent aujourd'hui. (Et à ces mots il ne put retenir un soupir.) Mais j'ai apporté mon fer à friser; et si vous le permettez, je vous les arrangerai avant que vous n'alliez joindre les dames.

Lovel, qui était alors sur ses jambes, le remercia de ses offres de service, mais il accompagna son refus d'une gratification qui en adoucit complètement l'amertume.

— C'est bien dommage qu'il ne fasse pas nouer et poudrer ses cheveux, dit le vieux Caxon en entrant dans la cuisine, où il trouvait toujours quelque prétexte pour passer les trois quarts du temps où il n'avait rien à faire, c'est-à-dire toute sa journée; c'est véritablement dommage, car c'est un jeune homme d'une figure bien avenante.

— Taisez-vous, vieux fou, dit Jenny Rintherout : voudriez-vous frotter ses beaux cheveux bruns avec votre vilaine pommade, et y jeter de la farine comme sur la perruque du vieux ministre? mais vous n'oubliez pas votre déjeuner, sans doute? Tenez voilà un morceau de pouding à la farine d'orge et une jatte de lait caillé; avalez, cela vaudra mieux que de vous mêler de toucher à la tête de M. Lovel : vous gâteriez la plus belle chevelure qui soit dans tout Fairport, dans tout le comté, oserais-je dire.

Le pauvre barbier soupira en voyant dans quel mépris son art était tombé; mais Jenny était un personnage trop important pour qu'il osât la contredire : s'asseyant donc à un coin de la table, il avala son affront avec le déjeuner qui lui avait été offert.

CHAPITRE XI.

« Il demandait parfois si cette vision
« Avait pour fondement l'imagination ;
« S'il ne devait y voir qu'un songe, un vain prestige,
« Ou si pour lui le ciel avait fait un prodige. »

Nous allons maintenant prier nos lecteurs de se transporter dans la salle où déjeunait M. Oldbuck, qui, méprisant l'usage moderne de prendre du thé ou du café, faisait un déjeuner substantiel, *more majorum*, avec du bœuf froid, et un verre de *mum*, espèce de bière faite de froment et d'herbes amères, dont la génération actuelle ne connaît plus que le nom ; encore s'est-il conservé, parce que dans différens actes du parlement il se trouve accolé au cidre, au poiré, et à d'autres boissons assujetties à des droits. Lovel, qui se laissa aller à goûter ce breuvage, eut peine à s'empêcher de le déclarer détestable. Il se retint pourtant, car il vit que ce serait offenser grièvement son hôte, qui lui dit qu'il le faisait préparer tous les ans avec un soin particulier, suivant la recette qu'il avait trouvée dans les papiers d'Aldobrand Oldenbuck. Les dames eurent l'attention d'offrir à notre héros un déjeuner plus conforme au goût moderne ; et tandis qu'il y faisait honneur, il fut assailli de questions indirectes sur la manière dont il avait passé la nuit.

— Ce n'est pas un compliment à faire à M. Lovel, mon frère, mais certainement il n'a pas bonne mine ce matin. Il est pâle comme un mort, et quand il est arrivé ici, il était vermeil comme une rose ; mais il ne voudra sûrement pas convenir que son sommeil a été troublé.

— Faites attention, ma sœur, que cette rose a été pendant la soirée d'hier secouée par le vent, et arrosée par l'eau de la mer, comme si c'eût été une herbe marine. Comment diable voudriez-vous qu'elle eût conservé sa couleur?

— Il est certain, dit Lovel, que j'éprouve encore un reste de fatigue, quoique votre obligeante hospitalité ne m'ait rien laissé à désirer.

— Ah! monsieur, dit miss Oldbuck en le regardant avec un sourire malin, ou qui du moins voulait le paraître, c'est votre politesse qui vous empêche de convenir que votre sommeil ait été troublé cette nuit.

— Réellement, mademoiselle, il n'a éprouvé aucune interruption, car je ne puis donner ce nom à la musique dont quelque aimable fée a daigné me favoriser.

— Je me doutais bien que Maria vous aurait éveillé avec ses glapissemens. Elle ne savait pas que j'avais laissé la fenêtre de votre chambre entr'ouverte, car, pour ne point parler de l'esprit, il fume toujours dans la chambre verte quand il fait de grands vents. Mais je suis sûre que vous avez entendu autre chose que les roucoulemens de ma nièce. Hé bien! il faut en convenir, les hommes ont de la tête, ils savent résister à certaines choses..... Quant à moi, s'il m'était arrivé quelque événement de cette nature, c'est-à-dire contre l'ordre de la nature, je suis sûre que j'aurais crié à éveiller toute la maison, quoi qu'il eût pu en arriver, et j'ose dire que le ministre en aurait fait autant, comme je le lui ai dit à lui-même. Je ne connais que mon frère et vous, M. Lovel, qui ayez une telle force d'esprit.

— Un homme aussi instruit que M. Oldbuck, mademoiselle, n'aurait pas été exposé au même inconvénient que le clerc de la ville de Fairport dont vous nous parliez hier soir.

— Ah! ah! vous savez maintenant où gît le lièvre : la difficulté de comprendre la langue que parle l'esprit. Mais mon frère connaît une manière de renvoyer les esprits par-delà le Jourdain, si ce n'était qu'on ne voudrait manquer d'honnêteté envers personne, pas même envers un esprit. Cependant, mon frère, j'essaierai cette recette que vous m'avez montrée dans un livre, si jamais quelqu'un couche encore dans cette chambre : et pourtant, par charité chrétienne, il vaudrait mieux faire arranger la salle au rez-de-chaussée. Il est bien vrai qu'elle est humide et obscure ; mais nous avons si rarement l'occasion d'offrir un lit à quelqu'un.

— Non, non, ma sœur, les ténèbres et l'humidité sont plus dangereuses que les esprits : le nôtre d'ailleurs est un esprit de lumière. Cependant je ne serais pas fâché que vous fissiez l'épreuve du charme.

— Je le ferais bien volontiers, mon frère, si j'avais les ingrédiens nécessaires, comme les appelle mon livre de cuisine. Voyons ! il faut d'abord de la verveine et du *dill*[1] : — je m'en souviens ; — Davie Dibble connaît ces plantes, quoiqu'il leur donnera peut-être des noms latins. — Puis de l'anis, je crois ; nous n'en manquons pas, et...

— De l'hypéricon, folle que vous êtes, cria Oldbuck d'une voix de tonnerre. Croyez-vous faire un haggis [2] ? Parce qu'un esprit est une substance aérienne, supposez-vous qu'on puisse le chasser par une recette contre les vents ? Cette prudente sœur Grizzy, M. Lovel, se rappelle, et vous voyez avec quelle exactitude, un charme dont je lui ai parlé une fois ; et, comme ce sujet tient à ses folies superstitieuses, elle s'en souvient mieux que de mille choses utiles que je puis lui avoir dites depuis dix ans. Mais plus d'une vieille fille, sans la compter.....

— Vieille fille ! mon frère, s'écria miss Oldbuck, s'élevant un peu au-dessus du ton de soumission qui lui était ordinaire. Réellement vous êtes moins que civil à mon égard.

— Rien moins que juste, Grizzy. Au surplus, j'enferme dans la même liste force noms bien ronflans, depuis Sam-

---

[1] Espèce de fenouil. — Ed.
[2] Espèce de pouding écossais. — Ed.

blicus jusqu'à Aubray, qui ont perdu leur temps à nous donner des remèdes imaginaires contre des maux qui n'existaient point. Mais j'espère, mon jeune ami, que, soit qu'il existe ou non un esprit dans la chambre verte, soit que vous soyez armé de toute la puissance de l'hypéricon, du dill et de la verveine, qui met une sorcière en peine, ou que vous soyez livré sans défense aux attaques du monde invisible, vous donnerez une autre nuit aux terreurs de ce formidable appartement, et un autre jour à vos sincères et fidèles amis.

— Je le voudrais de tout mon cœur, mais...

— Point de mais : c'est un mot avec lequel je suis en guerre.

— Je vous suis très-obligé, mon cher monsieur, mais....

— L'y voilà! encore un *mais!* je vous dis que je déteste les *mais*. Jamais cette expression ne peut paraître sous un jour agréable, à moins qu'il ne s'agisse d'un *mai* de cocagne. *Mais* est pour moi une combinaison de lettres plus détestable que *non* même. *Non* est un gaillard franc et déterminé, qui vous dit sans détour ce qu'il pense : *Mais* est un drôle qui biaise, qui cherche des subterfuges, un sournois qui vous fait sauter le verre de la main à l'instant où vous le portez à la bouche.

« Un *mais* gâte toujours ce qui l'a précédé.
« Fi de *mais!* ce n'est rien qu'un geôlier haïssable
« Conduisant au gibet quelque obscur misérable. »

— Hé bien! répondit Lovel, qui dans le fait n'avait encore rien de bien arrêté sur la marche qu'il suivrait, je ne veux pas que vous puissiez allier le souvenir de mon nom avec celui d'une conjonction qui vous est si désagréable. Je crains d'être bientôt obligé de quitter Fairport; et, puisque vous êtes assez bon pour le désirer, je saisirai volontiers cette occasion de passer encore une journée avec vous.

— Et cette journée ne sera pas perdue pour vous, mon jeune ami. D'abord je vous ferai voir le tombeau de John de Girnell. Ensuite, tout en nous promenant sur les sables, bien entendu en choisissant une heure à laquelle nous n'aurons rien à craindre de la marée, car il ne faut pas faire une suite aux aventures de Pierre Wilkins [1], nous irons jusqu'au château de Knockwinnock, nous informer de la santé du vieux baronnet et de ma belle ennemie. Ce ne sera qu'un acte de civilité; après quoi...

— Pardon, mon cher monsieur, mais ne feriez-vous pas mieux d'ajourner cette visite à demain? Vous savez que je suis étranger dans ce pays.

— Vous n'en êtes que plus tenu à faire un acte de politesse, à ce qu'il me semble. Mais je vous demande pardon d'employer un terme dont un antiquaire seul pourrait peut-être s'aviser. — Que voulez-vous? Je suis de la vieille école; j'appartiens au temps où

> Alors qu'un courtisan traversait trois comtés
> Le lendemain d'un bal pour savoir si sa belle
> N'avait pas pris un rhume ou quelque toux cruelle.

— Hé bien..... si..... si vous croyez qu'on puisse s'attendre à ma visite,.... je..... crois pourtant qu'il vaudrait mieux ne pas la faire.

— Soit, soit, mon cher ami, je ne tiens pas assez aux vieux usages pour vous presser de faire ce qui vous est désagréable. Non, sur ma foi! il suffit que je voie qu'il existe quelque *remora*, quelque motif qui vous retient, quelque empêchement dont je n'ai pas le droit de vous demander la cause. Ou peut-être êtes-vous encore fatigué? Ne vous inquiétez pas. Je saurai donner de l'occupation à votre esprit sans vous exercer les jambes. Moi-même je n'aime pas à faire trop d'exercice; une promenade dans le jardin une fois par jour suffit pour un être pensant. Il n'y a qu'un fou ou un chasseur de renards qui puisse en exi-

---

[1] Sans doute quelque marin du genre de l'aventureux Pierre Viaud. — Éd.

ger davantage. Hé bien, qu'allons-nous faire? vous lirai-je mon essai sur la castramétation? Non, je réserve cette lecture comme un cordial pour l'après-dînée. Je vais vous montrer les pièces de la controverse entre Mac-Cribb et moi sur les poëmes d'Ossian. Je me suis déclaré contre l'éditeur, et il en soutient l'authenticité. La querelle a commencé d'une manière douce, civile et honnête, mais l'aigreur commence à s'en mêler, et notre style à devenir scaligérien. Je crains que le coquin n'entende parler de cette sotte histoire d'Ochiltrie. En tout cas j'aurais une réponse vigoureuse à lui faire, au sujet de la disparition de mon Antigone. Je vais vous montrer sa dernière épître, et le brouillon de ma réponse. Diable! c'est un fier coup d'étrivières!

En parlant ainsi, l'antiquaire ouvrit un tiroir, et commença à fouiller dans un amas de papiers anciens et modernes confusément mêlés. Mais malheureusement il lui arrivait souvent en pareille occasion, comme à bien des savans et même à des gens qui ne le sont guère, d'éprouver ce qu'Arlequin appelle l'embarras des richesses. En un mot l'abondance des pièces composant cette collection l'empêchait fréquemment d'y trouver celle qu'il cherchait.

—Au diable soient ces papiers, dit-il en les feuilletant, je crois qu'ils prennent des ailes comme les sauterelles, afin de s'envoler; mais en attendant, regardez ce petit trésor. Et en même temps il lui mit en main une boîte de bois de chêne ornée de rosettes et de clous d'argent. Poussez ce bouton, dit-il en voyant que Lovel ne savait comment l'ouvrir. Aussitôt le couvercle s'ouvrit, et laissa voir un in-quarto fort mince relié avec soin en chagrin noir. Voyez, M. Lovel, ajouta-t-il, voilà l'ouvrage dont je vous parlais hier soir, ouvrage très-rare, la Confession d'Augsbourg; la fondation et le boulevard de la religion réformée; rédigée par le savant et vénérable Mélanchton, défendue par l'électeur de Saxe et d'autres braves champions qui soutinrent leur foi en face d'un empereur puissant et victorieux, et imprimée par le digne et non moins vénérable Aldobrand Oldenbuck dont je me fais gloire de descendre, pendant les tentatives encore plus tyranniques de Philippe II pour détruire en même temps la liberté civile et religieuse. Oui, monsieur, ce fut pour avoir imprimé cet ouvrage que cet homme illustre fut exilé de son ingrat pays, forcé de transporter ici ses dieux pénates, et à les établir au milieu des débris de la religion romaine; considérez sa véritable image et respectez l'occupation honorable dans laquelle on l'a représenté, travaillant lui-même à sa presse, pour répandre les connaissances chrétiennes et politiques. Faites aussi attention à sa devise favorite, qui annonce son indépendance et sa confiance en lui, sentimens qui lui faisaient dédaigner de devoir à la protection ce que son mérite n'aurait pu obtenir; à cette devise qui exprimait aussi cette fermeté d'ame, cette ténacité dans ses desseins que recommande Horace. Il les possédait, M. Lovel; c'était un homme qu'on aurait vu rester inébranlable au milieu des débris de ses caractères, de ses formes, de ses presses, et de toute son imprimerie. Mais, lisez sa devise, vous dis-je, car chaque imprimeur avait la sienne dans le berceau de ce bel art. Celle d'Aldobrand, comme vous le voyez, était conçue en ces termes teutoniques : Kunst macht gunst ; c'est-à-dire que la prudence et l'adresse à nous servir de nos talens et de nos avantages naturels obtiennent enfin la faveur et la protection; quand même l'ignorance et les préjugés s'y opposent.

—Et c'est là, dit Lovel après un moment de réflexion et de silence, c'est là ce que signifient ces mots allemands?

—Sans contredit. Vous sentez leur application évidente au sentiment intime que ce grand homme avait de son mérite, et du degré d'élévation où il était parvenu dans un art utile et honorable. Chaque imprimeur, à cette époque, avait, ainsi que je vous l'ai déjà dit, sa devise tout aussi-bien que le plus fier chevalier qui s'avançait dans un tournoi. Aldobrand était aussi fier de la sienne que s'il l'avait déployée victorieux sur un champ de bataille. Elle annonçait qu'il répandait non le sang, mais les connaissances. Et cependant il existe une tradition de famille qui prétend qu'une circonstance plus romanesque la lui fit choisir.

—Et quelle est cette circonstance, mon cher monsieur!

— Hé! hé! elle est un peu dérogatoire à la réputation de prudence de mon respectable prédécesseur dans ce domaine. Mais *semel insanivimus omnes*, chacun fait à son tour quelque folie. On dit qu'Aldobrand, pendant qu'il était apprenti chez un descendant du patriache de l'imprimerie, de Fust qu'une tradition populaire a envoyé au diable sous le nom de Faustus, se laissa gagner le cœur par un misérable brin de femelle, la fille de son maître, nommée Berthe. Ils rompirent une bague et firent toutes les singeries absurdes d'usage en pareil cas pour se promettre un amour constant, et Aldobrand partit pour faire son tour de Germanie, en brave et honnête *hand-werker*, car tel était alors l'usage des ouvriers : ils parcouraient tout l'Empire, et travaillaient successivement dans les principales villes, avant de songer à former un établissement. Cette coutume était fort sage; car ces ouvriers étant partout reçus en frères par les gens qui exerçaient le même métier, trouvaient ainsi l'occasion d'acquérir ou de répandre des connaissances. Quand Aldobrand retourna à Nuremberg, son ancien maître était mort, dit-on, et deux ou trois jeunes galans, peut-être quelques embryons à demi affamés de l'ordre de la noblesse, serraient de près la *yung fraw*[1] Berthe, à qui l'on savait que son père avait laissé une fortune qui pouvait bien équivaloir à seize quartiers de noblesse. Mais Berthe, qui n'était pas un trop mauvais échantillon de la gent femelle, avait fait vœu de

---

(1) Jeune fille. — Ed.

ne prendre pour époux que l'homme qui pourrait travailler à la presse de son père. Ce genre de talent était à cette époque aussi rare qu'il est admirable, et cette proposition la débarrassa sur-le-champ de ses nobles amans auxquels il aurait été aussi facile de manier la baguette du magicien que le bâton du compositeur. Quelques typographes du mérite le plus ordinaire firent pourtant la tentative, mais aucun d'eux n'était suffisamment initié dans les mystères de l'art. Mon histoire vous ennuie peut-être, M. Lovel.

—Nullement, je vous assure, M. Oldbuck. Continuez, je vous prie; je vous écoute avec beaucoup d'intérêt.

— Ce n'est pourtant qu'une folie. Au surplus, Aldobrand arriva sous le costume ordinaire d'un ouvrier imprimeur, costume sous lequel il avait traversé toute l'Allemagne, et causé avec Luther, Mélancthon, Erosine, et d'autres savans qui n'avaient méprisé ni ses connaissances ni les moyens qu'il avait de les communiquer, quoiqu'elles fussent cachées sous des vêtemens grossiers. Mais ce qui avait paru respectable aux yeux de la sagesse, de la religion, de la science et de la philosophie, devait, comme on pouvait s'y attendre, paraître bas, vil et méprisable, aux yeux d'une sotte femelle pétrie d'affectation, et Berthe refusa de reconnaître son ancien amant dans l'ouvrier revêtu d'un habit troué, portant un bonnet de peau, des souliers garnis de clous, et le tablier de cuir de sa profession. Il réclama pourtant le privilège d'être admis à l'épreuve, et quand ses rivaux eurent les uns renoncé à l'entreprise, les autres fait une feuille d'impression que le diable n'aurait pu lire, son pardon en eût-il dépendu, tous les yeux se fixèrent sur l'étranger. Aldobrand s'avança avec grace, arrangea ses caractères sans omettre une lettre, un trait ou une virgule, et tira une feuille d'impression dans laquelle il ne se trouvait pas plus de fautes que si c'eût été une tierce. Chacun applaudit au digne successeur de l'immortel Fust; Berthe reconnut en rougissant qu'elle avait commis une erreur en ne consultant que le témoignage de ses yeux; et Aldobrand, devenu son époux, prit pour devise KUNST MACHT GUNST; ou *le talent gagne la faveur*. Mais qu'avez-vous donc? Vous semblez enfoncé dans de sombres réflexions. Allons, allons, je vous disais bien qu'une telle histoire ne méritait pas l'attention d'hommes pensans. Mais j'ai enfin mis la main sur ma controverse au sujet d'Ossian.

— Je vous demande pardon, M. Oldbuck; je vais vous paraître bien singulier, bien peu stable dans mes idées; mais vous sembliez penser que la civilité exigeait que je rendisse une visite à sir Arthur?

— Bon, bon! je me charge de vos excuses. D'ailleurs, si vous devez nous quitter aussi promptement que vous le dites, qu'importe le rang que vous occuperez dans ses bonnes graces? et je vous en avertis, mon essai sur la castramétation est d'une certaine longueur. Ce sera tout ce que nous pourrons faire que de le lire dans l'après-dînée, de sorte que si nous ne consacrons pas la matinée à la controverse sur Ossian, vous courez le risque de la perdre. Nous irons sous mon bosquet sacré, mon houx toujours vert, et nous la lirons *fronde super viridi*.

« Chantons le houx sacré! crions vive le houx;
« L'amitié n'est qu'un mot, l'amour est pour les fous. »

— Mais vraiment, plus je vous examine, plus je commence à croire que vous n'êtes pas du même avis. Amen! de tout mon cœur; jamais je ne querelle la monture d'un autre parce qu'elle ne peut suivre la mienne. Hé bien, que dites-vous; dans le langage du monde et des mondains, si vous pouvez descendre dans une sphère si basse, irons-nous? resterons-nous?

— Allons-y, allons-y, répondit Lovel; c'est vous répondre dans le langage de l'égoïsme, et par conséquent dans celui du monde.

— Amen, amen, comme le dit le comte Marshall, dit Oldbuck en changeant ses pantoufles pour une paire de souliers, et en couvrant ses jambes de *cutikins*, nom qu'il donnait à ses guêtres de drap noir.

Il ne se détourna de la route que pour passer sur le tombeau de John de Girnell, dernier bailli de l'abbaye qui avait résidé à Monkbarns. Sous un vieux chêne situé au haut d'une colline descendant vers le sud, et d'où l'on apercevait la mer dans le lointain, au-dessus de deux ou trois beaux enclos et du Mussel-Craig, était une pierre couverte de mousse sur laquelle on avait gravé une inscription en l'honneur du défunt, inscription que personne ne pouvait lire, mais qu'Oldbuck prétendait avoir déchiffrée ainsi qu'il suit :

« Passant, ci-gît John de Girnell :
« La coque est ci-dessous, mais l'amande est au ciel.
« De son vivant nulles femelles
« Ne connurent stérilité.
« Poules pondaient l'hiver comme l'été :
« Chaque famille avait ou jumeaux ou jumelles.
« De quatre boisseaux il savait
« En faire cinq, dont il donnait
« Quatre à l'Eglise, et le cinquième aux belles. »

— Vous voyez, dit Oldbuck, combien était modeste l'auteur de cet éloge funèbre. Il nous dit que l'honnête John était assez adroit pour trouver dans quatre boisseaux de quoi en faire cinq ; que de ces cinq boisseaux de sa façon, il en rendait quatre à l'Eglise, c'est-à-dire à ses maîtres, et qu'il donnait le dernier aux femmes du pays. Il ajoute que de son vivant les poules pondaient hiver comme été, mais du diable si cela m'étonne, si elles mangeaient le cinquième des grains de l'abbaye, et que nulle famille ne restait sans enfans, miracle qu'il faut regarder comme inexplicable. Mais, allons, laissons John de Girnell, et gagnons les sables. Vous voyez que la mer, semblable à un ennemi vaincu, nous a cédé le terrain sur lequel elle nous a livré bataille hier soir.

En parlant ainsi, il s'avançait vers les sables. Sur les

dunes qui en étaient voisines s'élevaient trois ou quatre huttes habitées par des pêcheurs dont les barques laissées à sec par la marée exhalaient le parfum agréable du goudron fondu par les rayons ardens du soleil, se mêlant à celui des entrailles des poissons et des autres immondices ordinairement accumulées autour des chaumières écossaises. Au milieu de cette atmosphère empestée, et sans en paraître aucunement incommodée, était une femme de moyen âge, dont les traits durs et rembrunis auraient défié mille tempêtes, et qui, assise à sa porte, s'occupait à raccommoder un filet. Un mouchoir noué sur sa tête, et un habit qui avait été jadis celui d'un homme, lui donnaient un air masculin, auquel des membres vigoureux, une taille presque gigantesque et une voix rauque ajoutaient encore.

— Qu'est-ce qu'il faut aujourd'hui à Votre Honneur? dit-elle, ou plutôt cria-t-elle à Oldbuck; des harengs, des merlans, un turbot, une plie?

— Combien pour le turbot et la plie? demanda l'antiquaire.

— Quatre shillings d'argent et six pence, répondit la naïade.

— Quatre diables et six diablotins, répliqua Oldbuck; me prenez-vous pour un fou, Maggie?

— Et croyez-vous, dit la virago en appuyant les poings sur ses hanches, que mon homme et mes enfans aillent à la mer par un temps pareil à celui qu'il a fait hier et qu'il fait encore aujourd'hui, sans rien avoir pour leurs peines que des sottises, M. Monkbarns? Ce n'est pas du poisson que vous achetez, c'est la vie des hommes.

— Hé bien! Maggie, je vais vous faire une belle offre : je vous donnerai un shilling pour les deux; c'est six pence la pièce. Si tout votre poisson est aussi bien payé, votre homme, comme vous l'appelez, et vos enfans, n'auront pas fait un mauvais voyage.

— J'aimerais mieux que le diable eût brisé leur barque

sur le Bell-Rock ¹, c'eût été un voyage plus heureux. Un shilling pour ces deux beaux poissons! voilà une belle proposition!

— Hé bien, hé bien! ma vieille amie, portez votre poisson à Monkbarns, et vous verrez à vous arranger avec ma sœur.

— Non, M. Monkbarns, non. Je veux faire affaire avec vous, car, quoique vous soyez dur à la desserre, miss Grizzy nous rogne les ongles de bien près. Je vous les donnerai, ajouta-t-elle en adoucissant sa voix, pour trois shillings six pence.

— Dix-huit pence ou rien.

— Dix-huit pence! cria-t-elle d'un ton qui annonçait d'abord une surprise mêlée de colère, et qui finit par un gémissement lorsqu'elle vit Oldbuck faire un pas pour s'éloigner d'elle. Vous ne voulez donc pas de mon poisson? Hé bien, continua-t-elle d'un ton plus haut, en voyant qu'il s'en allait, vous les aurez avec... avec une demi-douzaine de crabes pour faire la sauce, pour trois shillings et un verre d'eau-de-vie.

— Allons, Maggie, vous aurez une demi-couronne et le verre d'eau-de-vie.

— Il faut bien en passer par où Votre Honneur le veut; d'ailleurs un verre d'eau-de-vie vaut de l'argent aujourd'hui que les alambics ne travaillent plus.

— Et j'espère bien qu'ils ne travailleront plus de mon temps ².

— Vraiment, il est bien aisé à Votre Honneur de parler ainsi, de même qu'à ceux qui, comme vous, ont tout à bouche que veux-tu, bon feu et bon couvert, bonne chère et bons habits; mais si votre cheminée était froide, si

---

(1) Bell-Rock ou Inch Cape est situé à douze milles sud-ouest d'Arbroath. Ce roc est surnommé le Phare calédonien, depuis la construction d'un phare dont l'histoire est celle d'un des plus beaux triomphes de l'industrie humaine sur les élémens. — ED.

(2) Il s'agit ici de la distillation frauduleuse des liqueurs spiritueuses, qu'on a beaucoup de peine à empêcher en Ecosse et en Irlande. — ED.

vous ne saviez comment dîner aujourd'hui, si vos habits étaient mouillés, si vous grelottiez de froid, et que vous eussiez en outre le chagrin dans le cœur, ce qui est le pire de tout, avec dix pence dans votre poche, ne seriez-vous pas bien aise d'avoir un verre d'eau-de-vie pour vous servir de souper, et vous tenir le cœur chaud jusqu'au lendemain matin?

— Cela n'est que trop vrai, Maggie. Et le brave homme est-il encore en mer ce matin, après ses travaux d'hier soir?

— Oui, sans doute, Votre Honneur. Il est parti ce matin à quatre heures, tandis que le vent soulevait encore les vagues comme le levain fait lever la pâte, et notre petite barque dansait comme un bouchon.

— C'est un homme laborieux. Hé bien, vous porterez ce poisson à Monkbarns.

— Je vais y aller, ou plutôt j'y enverrai Jenny : elle ira plus vite; mais j'irai moi-même chercher le verre d'eau-de-vie, et je dirai à miss Grizzy que c'est de votre part.

Une créature d'une espèce qu'aucun naturaliste n'a décrite, et qui aurait pu passer pour une syrène, attendu qu'elle était dans une mare formée par l'eau de la mer entre les rochers, fut appelée à grands cris par la femme du pêcheur, et s'étant mise décemment, comme le dit sa mère, c'est-à-dire ayant ajouté une espèce de mante rouge au jupon qui formait auparavant son unique vêtement, et qui ne lui couvrait pas les genoux, elle partit avec le poisson dans un panier, et chargée par Oldbuck de dire qu'on le fît cuire pour dîner.

— Il se serait passé bien du temps, dit Oldbuck d'un air content de lui-même, avant que mes femelles eussent fait un marché aussi raisonnable avec cette vieille peau tannée, et cependant je les entends quelquefois se disputer avec elle pendant une heure entière sous la fenêtre de mon cabinet, criaillant toutes trois comme des mouettes pendant un ouragan. Mais, allons, reprenons le chemin de Knockwinnock.

CHAPITRE XII.

« Mendiant, dites-vous? Dans la société
« Nul être ne jouit d'autant de liberté.
« Il ignore les lois, ne connaît pas de maître,
« Se dispense à la fois et de culte et de prêtre,
« Et n'admet en un mot d'autre religion
« Que quelques anciens *us* de sa profession.
« N'allez pas cependant le traiter de rebelle. »
BROME.

Avec la permission de nos lecteurs, nous devancerons notre antiquaire dont la marche, naturellement lente quoique assurée, était considérablement retardée par de fréquentes haltes, tantôt pour montrer à son compagnon quelque point de vue remarquable, tantôt pour appuyer sur quelque argument favori avec plus de force.

Malgré les fatigues et les dangers de la nuit précédente, miss Wardour avait pu se lever à son heure ordinaire et reprendre le cours de ses occupations de tous les jours, après s'être d'abord informée avec inquiétude de la santé de son père. Sir Arthur n'avait d'autre indisposition que la suite d'une grande agitation et d'une fatigue à laquelle il n'était pas habitué; mais c'en fut assez pour l'engager à garder la chambre.

Passer en revue les événemens de la veille, était pour Isabelle une tâche bien triste. Elle devait sa vie et celle de son père à celui de tous les hommes envers lequel elle aurait le moins voulu contracter une obligation, parce qu'elle pouvait à peine lui exprimer la reconnaissance la plus ordinaire, sans encourager des espérances qui pouvaient leur être funestes à tous deux. — Pourquoi, pensait-elle, pourquoi faut-il qu'il m'ait rendu un si grand service, et qu'il se soit exposé à de tels risques pour moi, lui dont j'ai sans cesse cherché à décourager la passion romanesque? Pourquoi le hasard lui a-t-il donné cet avantage sur moi? Mais pourquoi? oui, pourquoi y a-t-il au fond de mon cœur un sentiment à demi subjugué qui, en dépit de ma raison, s'applaudit presque de lui avoir cette obligation?

Tandis que miss Wardour s'accusait ainsi de caprice et de bizarrerie, elle vit s'avancer dans l'avenue, non son jeune sauveur dont elle craignait la présence, mais le vieux mendiant, qui avait joué un des principaux rôles dans le drame de la soirée précédente.

Elle sonna pour appeler sa femme de chambre : — Faites entrer ce vieillard, lui dit-elle.

Betzy revint au bout de quelques instans : — Il ne veut pas venir, mademoiselle, il dit que jamais ses souliers garnis de clous n'ont marché sur un tapis, et que s'il plaît à Dieu jamais ils n'y marcheront. Le ferai-je entrer dans l'office.

— Non, un instant. J'ai besoin de lui parler. Où est-il en ce moment? Car elle l'avait perdu de vue quand il était arrivé près de la maison.

— Assis au soleil sur le banc de pierre de la cour près la fenêtre de la salle à manger.

— Dites-lui de m'attendre ; je vais y descendre, et je lui parlerai par la croisée.

Elle descendit sur-le-champ, et le trouva non pas tout-à-fait assis, mais appuyé contre le banc de pierre. Tout vieux et tout mendiant qu'il était, Edie Ochiltrie sentait probablement que sa grande taille, ses traits expressifs, sa longue barbe et ses cheveux blancs devaient produire une impression favorable, et l'on remarquait qu'il se montrait toujours dans une attitude propre à faire ressortir ces avantages. En ce moment il était à demi appuyé sur le banc ; ses joues ridées mais vermeilles et ses yeux gris pleins de feu étaient tournés vers le ciel, et sa besace et son bâton à côté de lui. Il jeta un coup d'œil autour de la cour, d'un air d'ironie et de sarcasme, et reporta ensuite ses regards vers le firmament. Un artiste aurait pu le prendre pour modèle d'un ancien philosophe cynique, souriant de la frivolité des désirs des hommes, méditant sur le peu de solidité des biens du monde, et dirigeant ses pensées vers la source d'où dérivent les seuls biens durables.

Miss Wardour, en présentant sa jolie figure et sa taille pleine de graces à la fenêtre ouverte, mais qui, suivant un ancien usage adopté pour les croisées du rez-de-chaussée des châteaux, était garnie de barreaux de fer, donnait à cette scène un intérêt d'un genre différent. Une imagination romanesque aurait pu voir en elle une damoiselle captive, faisant le récit de ses souffrances à un vieux pèlerin, pour qu'il excitât chaque chevalier courtois qu'il rencontrerait dans ses courses à venir briser ses chaînes.

Miss Wardour, après avoir offert au mendiant, dans les termes les plus expressifs, des remerciemens que celui-ci déclara beaucoup au-dessus de ce qu'il méritait, commença à lui tenir un langage qu'elle supposait devoir lui faire plus de plaisir. — Je ne sais, lui dit-elle, ce que mon père a dessein de faire pour notre libérateur, mais bien certainement il vous mettra à l'abri du besoin pour le reste de votre vie. Si vous voulez demeurer au château, je donnerai ordre...

— Ma bonne demoiselle, dit le vieillard en souriant et en secouant la tête, ce serait un mauvais tour à jouer à vos beaux laquais. Ils seraient honteux de moi, et je ne crois pas avoir encore fait honte à personne.

— Sir Arthur donnerait des ordres très-positifs...

— Vous êtes bien bonne, miss Wardour, sans doute, sans doute ; mais il y a des choses qu'un maître ne peut ordonner. Je ne doute pas qu'il ne leur défendît de me battre, et bien hardi d'ailleurs celui qui s'en aviserait. Il leur ordonnerait de me donner mon pouding de farine d'avoine, et mon morceau de viande. Mais croyez-vous que tous les ordres de sir Arthur pourraient empêcher le coup de langue et la malice de l'œil, ou me faire donner ma nourriture avec cet air de bonté qui en facilite la digestion! Croyez-vous qu'il pourrait leur interdire cet air de mépris et de reproche qui fait plus de mal que toutes les injures? D'ailleurs je suis le vieux fainéant le plus volontaire qui ait jamais existé. Je ne pourrais m'astreindre à des heures régulières ni pour manger ni pour dormir. Enfin, pour vous dire honnêtement la vérité, je serais un mauvais exemple dans une maison bien réglée.

— Hé bien, Edie, que diriez-vous d'une petite chaumière, une pièce d'argent tous les jours, et rien à faire que de bêcher votre jardin quand cela vous plairait?

— Et combien de fois croyez-vous que cela arriverait par an? peut-être pas une seule entre la Chandeleur et Noël. Et quand on ferait tout pour moi comme si j'étais sir Arthur lui-même, je ne pourrais jamais me résoudre à rester toujours à la même place, à voir, toutes les nuits, sur ma tête les mêmes poutres et les mêmes solives. Et puis j'ai une humeur goguenarde qui va bien à un vagabond mendiant, parce que personne ne prend garde à ce qu'il dit: sir Arthur de son côté a, comme vous devez le savoir, quelques singulières manies; il pourrait m'arriver d'en rire et d'en plaisanter; vous seriez fâchée contre moi, et il ne me resterait plus qu'à me pendre.

— Vous êtes un homme privilégié, Ochiltrie; nous vous donnerons toute la latitude convenable; ainsi suivez mon conseil et faites attention à votre âge.

— Mais je ne suis pas encore si cassé. Tenez, vous m'avez vu bien mouillé hier soir, et j'étais encore frétillant comme une anguille. Et que ferait tout le pays sans le vieil Ochiltrie, qui porte les nouvelles et les *on dit* d'une ferme à l'autre; qui a toujours un morceau de pain d'épices pour les petites filles, et qui fait pour les petits garçons des sabres de bois et des bonnets de grenadier; qui raccommode les violons des hommes et les casseroles des femmes ; qui a des remèdes pour toutes les maladies des vaches et des chevaux ; qui sait plus de ballades et de contes que toute la baronnie ensemble, et que personne ne voit jamais arriver sans rire ? Non, ma bonne demoiselle, non, je ne puis renoncer à ma vocation : ce serait une perte publique.

— Hé bien, Edie, puisque l'idée de votre importance a plus de prix à vos yeux que le désir de devenir indépendant...

— Et non, miss Wardour, non, je me trouve au contraire plus indépendant comme je suis. Je ne demande jamais qu'un repas dans une maison, ou même une bouchée de viande ; si on me la refuse à une porte, je vais à une autre : ainsi donc je dépends, non de personne en particulier, mais du pays en général.

— Hé bien, promettez-moi seulement que lorsque votre vieillesse vous ôtera les moyens de continuer vos courses ordinaires, et que vous désirerez vous fixer quelque part, vous ne manquerez pas de m'en informer, et en attendant prenez cette bagatelle.

— Non, miss Wardour, je ne puis recevoir tant d'argent en une fois : c'est contre nos règles. D'ailleurs, quoiqu'il ne soit peut-être pas honnête de le répéter, on dit que l'argent ne foisonne pas chez sir Arthur, et qu'il a un peu trop négligé ses affaires à force de creuser pour trouver des mines de plomb et de cuivre.

Isabelle n'était pas sans quelques inquiétudes à ce sujet ; mais il lui fut pénible d'apprendre que les embarras pécuniaires qu'éprouvait son père offraient déjà au public un sujet de conversation : comme si les erreurs de l'homme de bien, la chute du puissant et la ruine du riche n'étaient pas toujours le revenant-bon de la médisance. — Quoi qu'on en dise, Edie, répondit-elle en soupirant, nous avons de quoi payer nos dettes, et celle que nous avons contractée envers vous est une des plus sacrées. Prenez donc ce que je vous offre.

— Pour que je sois volé et assassiné quelque nuit en allant d'un village à l'autre; ou pour que je sois toujours dans la crainte de l'être, ce qui ne vaut guère mieux? Ecoutez-moi, miss Wardour, ajouta-t-il en baissant la voix, après avoir jeté un coup d'œil de précaution autour de lui, je veux bien vous dire que je ne suis pas si au dépourvu que vous le pensez; et quoiqu'il soit possible que je meure dans un fossé, on trouvera cousu dans ce vieux manteau bleu de quoi m'enterrer comme un chrétien, et de quoi régaler convenablement ceux qui voudront venir à mes funérailles. Vous voyez donc que j'ai déjà pourvu à mon enterrement; et que faut-il de plus pour un vieux mendiant? Si l'on me voyait jamais changer un billet de banque, croyez-vous que quelqu'un serait assez fou pour me faire ensuite la charité? Cette nouvelle parcourrait tout le pays comme un éclair : on dirait que le vieux Edie est cousu d'or et d'argent, et je mourrais de faim avant que personne me donnât un os à ronger, ou un bodle à mettre en poche.

— Mais n'y a-t-il donc rien que je puisse faire pour vous?

— Si vraiment. D'abord je viendrai à l'ordinaire vous demander l'aumône. Ensuite vous pouvez dire au constable et aux officiers de police de ne pas me gêner dans mon métier. Puis vous pourriez dire un mot à Sandy Netherstane, le meunier, pour qu'il enchaîne son gros chien, car je ne voudrais pas qu'il fît de mal à cette pauvre bête. Il ne fait que son devoir en aboyant contre un mendiant. Il y a bien encore une autre chose, mais ce serait peut-être trop de hardiesse à moi que de vous en parler?

— De quoi s'agit-il, Edie? soyez sûr que je ferai tout ce qui dépendra de moi pour vous obliger, en tout ce qui vous concerne.

— C'est vous-même que cela concerne, et la chose ne dépend que de vous. Allons, il faut que je vous le dise. Vous êtes une bonne demoiselle, une jolie demoiselle, et il est possible que vous ayez une bonne dot. Mais n'éloignez pas de vous ce jeune Lovel, comme vous l'avez fait il n'y a pas bien long-temps en vous promenant avec lui sur le Brierybank, car je vous y ai vus tous deux, et je vous ai entendus aussi, quoique vous ne m'ayez pas aperçu. Soyez indulgente pour ce pauvre jeune homme, car il vous aime véritablement, et si vous et votre père vivez encore, c'est à lui et non à moi que vous en êtes redevable.

Il prononça ces mots à voix basse, mais distinctement; et sans attendre de réponse il s'avança vers une petite porte qui conduisait à la partie de la maison où se tenaient les domestiques, et y entra.

Miss Wardour resta quelques instans dans la situation où elle était pendant que le vieillard lui avait tenu ce discours extraordinaire, c'est-à-dire appuyée sur les barres de fer de la croisée, et il lui fut impossible de dire un seul mot sur un sujet si délicat, avant que le mendiant eût disparu. Il lui était en effet assez difficile de prendre un parti à cet égard. Il était vrai qu'elle avait eu avec ce jeune inconnu une entrevue et une conversation en tête-à-tête; mais que ce secret fût en la possession d'un homme dans la classe duquel jamais jeune fille n'aurait choisi un confident; qu'elle se trouvât à la merci d'un mendiant qui était par profession le rapporteur de tous les bavardages du canton, c'était pour elle un sujet de regret véritable. Elle n'avait aucune raison pour supposer que le vieillard voudrait faire, de propos délibéré, rien qui lui fût désagréable, encore moins chercher à lui nuire; mais la liberté qu'il avait prise de lui parler comme il venait de le faire, semblait suffire pour prouver un manque total de délicatesse, et elle croyait bien qu'un partisan si déclaré de la liberté ne se ferait pas scrupule de faire et de dire tout ce qui pourrait lui passer par la tête. Cette idée la tourmentait tellement qu'elle aurait presque désiré que Lovel et Ochiltrie ne se fussent pas trouvés si à propos la veille pour la secourir.

Tandis qu'elle était dans cette agitation d'esprit, elle vit tout à coup Oldbuck et Lovel entrer dans la cour. Elle se retira sur-le-champ de la fenêtre, de manière à pouvoir remarquer, sans être aperçue, que l'antiquaire s'arrêta en face de la maison, et que levant la main vers les armoiries des anciens propriétaires, sculptées sur la muraille, il semblait prodiguer à Lovel tous les trésors de son érudition, tandis que l'air distrait de celui-ci annonçait assez clairement qu'il n'en profitait guère. Elle sonna, donna ordre à un domestique de les faire monter dans le salon, et, passant par un escalier dérobé, gagna son appartement, pour réfléchir, avant de se montrer, sur la conduite qu'elle devait tenir. Conformément à ses ordres, on fit entrer nos deux amis dans le salon où l'on recevait ordinairement la compagnie.

CHAPITRE XIII.

« Oui, je vous haïssais et je ne vous hais plus.
« N'allez pas pour cela croire que je vous aime.
« Pour moi votre présence était un deuil extrême :
« A présent je pourrai peut-être vous souffrir.
« C'est tout ce que de moi vous pouvez obtenir. »
SHAKSPEARE. *Comme il vous plaira.*

Le teint de miss Isabelle Wardour était plus animé que de coutume quand, après avoir pris le temps nécessaire pour mettre quelque ordre dans ses idées, elle entra dans le salon.

— Je suis enchanté de vous voir, ma belle ennemie, dit l'antiquaire en la saluant de l'air le plus affectueux, car j'ai eu, dans mon jeune ami que voici, un auditeur réfractaire ou du moins fort négligent, tandis que je cherchais à lui faire connaître l'histoire du château de Knocwinnock.

Je crois que le danger de la nuit dernière a troublé la cervelle du pauvre jeune homme. Mais vous, miss Isabelle, vous êtes aussi vermeille que si vous étiez habituée à braver toutes les nuits la fureur des vagues, les vents déchaînés et une pluie d'orage. Vos couleurs sont plus fraîches encore qu'elles ne l'étaient hier, lorsque vous honorâtes mon *hospitium* de votre présence. Et sir Arthur, comment se porte mon bon et ancien ami?

— Passablement, M. Oldbuck; mais je crains qu'il ne soit pas encore en état de recevoir vos félicitations, et d'offrir... d'offrir... à M. Lovel ses remerciemens pour son dévouement sans égal.

— Je le crois bien. Un bon oreiller de duvet aurait mieux valu pour sa tête grise que la couche dure qu'il a trouvée sur le tablier de Bessy, que j'envoie à tous les diables.

— Je n'avais pas dessein, dit Lovel, baissant les yeux, hésitant à chaque mot, et cherchant à cacher son émotion, je n'avais pas dessein de... de me présenter devant sir Arthur et miss Wardour. Je savais que ma présence devait leur être... leur être peu agréable, puisqu'elle doit nécessairement rappeler des souvenirs pénibles.

— Ne croyez pas mon père si injuste et si ingrat, dit Isabelle d'un ton non moins embarrassé. J'ose dire.... je suis certaine que mon père se trouverait heureux de pouvoir prouver à M. Lovel sa reconnaissance.... c'est-à-dire pourvu qu'il voulût bien lui-même lui en indiquer le moyen le plus convenable.

— Que diable signifie une pareille réserve? s'écria Oldbuck: vous me rappelez notre grave ministre, qui buvant, en vieux fat qu'il est, aux inclinations de ma sœur, jugea convenable d'ajouter: pourvu qu'elles soient vertueuses, miss Griselda. Fi donc! point de pareilles balivernes. J'ose dire que quelque autre jour sir Arthur sera charmé de nous voir. Et quelles nouvelles du royaume souterrain des ténèbres et de l'espérance? Que dit le noir esprit de la mine?

Sir Arthur fonde-t-il quelque espoir sur sa dernière entreprise dans Glen-Withershins?

Miss Wardour secoua la tête.— Je crains que ses espérances ne soient bien faibles, M. Oldbuck. Voici pourtant, ajouta-t-elle en montrant à l'autre bout du salon une table sur laquelle étaient placés divers fragmens de pierres et de minéraux, — voici des échantillons qui lui ont été envoyés tout récemment.

— Ah! les pauvres cent livres que sir Arthur est venu à bout de me faire mettre pour ma part dans cette entreprise m'auraient acheté un chariot d'échantillons de minéralogie; n'importe, il faut que je les voie.

A ces mots il alla s'asseoir près de la table, et se mit à examiner successivement toutes les pierres qui s'y trouvaient, murmurant, et levant les épaules chaque fois qu'il en laissait une pour en reprendre une autre.

Pendant ce temps Lovel, que la retraite de l'antiquaire forçait en quelque sorte à se trouver en tête-à-tête avec miss Wardour, saisit cette occasion pour lui adresser la parole.

— Je me flatte, dit-il à demi-voix, que miss Wardour n'attribuera qu'à des circonstances presque inévitables la présence d'un homme qui a tant de raisons pour croire qu'il est vu ici avec si peu de plaisir.

— M. Lovel, répondit Isabelle sur le même ton, j'espère que... je suis sûre que vous êtes incapable de vouloir abuser de l'avantage que vous donnent les services que vous nous avez rendus, services pour lesquels..... mon père ne saurait avoir trop de reconnaissance. Si M. Lovel pouvait me regarder comme une amie, comme une sœur, personne ne pourrait, et d'après tout ce que j'ai appris de M. Lovel, personne ne devrait être vu ici avec plus de plaisir; mais...

Lovel répéta ici intérieurement l'anathème prononcé par M. Oldbuck contre la conjonction *mais*. — Pardonnez-moi si je vous interromps, miss Wardour, vous ne devez pas craindre que je vous entretienne d'un sujet que vous m'avez déjà interdit. Mais si vous refusez d'écouter l'expression de mes sentimens, n'ajoutez pas à cette sévérité la rigueur de me forcer à les désavouer.

— Je suis très-fâchée, M. Lovel, de votre......, c'est à regret que je me sers d'un mot si dur, de votre opiniâtreté aussi romanesque qu'inutile. C'est pour vous-même que je parle. Songez que vous devez compte de vos talens à votre patrie. Il ne faut pas, en vous livrant à une prédilection déplacée, et qui n'est qu'une préférence passagère, perdre un temps qui, bien employé, pourrait jeter les fondemens de votre élévation future. Permettez-moi de vous conjurer de prendre une ferme résolution, et de....

— C'en est assez, miss Wardour, je vois clairement que.....

— Vous vous trouvez blessé, M. Lovel, et, croyez-moi, je compatis à la peine que je vous cause. Mais puis-je vous parler autrement, si je veux être juste envers vous et envers moi? Sans le consentement de mon père, jamais je n'écouterai les propositions de personne, et vous savez parfaitement vous-même qu'il est absolument impossible qu'il approuve les sentimens dont vous m'honorez, et je dois dire...

— Non, miss Wardour, n'allez pas plus loin. N'est-ce pas assez de détruire toutes mes espérances dans la situation où je me trouve aujourd'hui? faut-il encore me défendre d'en conserver pour l'avenir? pourquoi me dire quelle serait votre conduite si votre père n'avait plus d'objections à faire?

— Parce que cet espoir est chimérique, M. Lovel, parce qu'il est impossible de les détruire. Comme votre amie, comme une personne qui vous doit sa vie et celle de son père, je vous supplie de vaincre ce malheureux attachement. Quittez une ville où vous ne pouvez trouver aucun moyen de développer vos talens, et reprenez la profession honorable que vous semblez avoir abandonnée.

— Hé bien! miss Wardour, je vous obéirai; mais patientez encore un mois. Si dans ce court espace de temps je ne vous donne pas des raisons suffisantes pour prolonger mon séjour à Fairport,—des raisons que vous approuviez vous-même, je dirai adieu à ces environs, et en même temps à toutes mes espérances de bonheur.

— Ne parlez pas ainsi, M. Lovel; j'espère que pendant bien des années vous jouirez du bonheur dont vous êtes digne, d'un bonheur fondé sur des bases plus raisonnables que celui qui est en ce moment le but de vos désirs. Il est temps de mettre fin à cette conversation. Je ne puis vous forcer à suivre mon avis; je ne puis fermer la porte de cette maison à celui qui a sauvé la vie de mon père et la mienne; mais plus tôt M. Lovel pourra s'armer d'assez de force pour renoncer à des vœux qu'il avait formés imprudemment, plus il s'élèvera dans mon estime. En attendant il doit m'excuser si, pour lui comme pour moi, je le prie de ne pas renouveler dorénavant un entretien sur un sujet si pénible.

Un domestique vint annoncer en ce moment que sir Arthur priait M. Oldbuck de passer dans son appartement.

— Je vais vous montrer le chemin, dit Isabelle, qui craignait sans doute la continuation de son tête-à-tête avec Lovel; et elle conduisit l'antiquaire dans l'appartement de son père.

Sir Arthur, les jambes enveloppées de flanelle, était étendu sur un sopha. — Vous êtes le bienvenu, s'écria-t-il; j'espère que le mauvais temps a eu hier soir des suites moins fâcheuses pour vous que pour moi.

— Dans le fait, sir Arthur, je n'y ai pas été aussi exposé que vous. J'étais *in terrâ firmâ* tandis que la mer et les vents conspiraient contre vous. Mais de telles aventures conviennent mieux à un galant chevalier qu'à un humble écuyer. S'élever sur les ailes du vent de la nuit, s'enfoncer dans les profondeurs de la terre..... Et à propos, quelles nouvelles de notre contrée souterraine de Bonne-Espérance, de la *terra incognita* de Glen-Withershins?

— Rien de bon jusqu'à présent, répondit le baronnet en faisant une grimace comme s'il eût été attaqué d'une douleur de goutte; mais Dousterswivel ne désespère pas encore.

— Vraiment, dit Oldbuck : hé bien! moi, je désespère, ne lui en déplaise. Le vieux docteur H..... m'a dit à Edimbourg, d'après les échantillons que je lui ai montrés, que nous ne trouverions jamais dans cette mine assez de cuivre pour faire une paire de boucles de jarretières. Et je ne vois pas que les échantillons qui sont sur une table dans votre salon soient d'une qualité fort différente.

— Je ne crois pas que le savant docteur soit infaillible.

— Non, mais c'est un de nos premiers chimistes, et ce philosophe ambulant, votre Dousterswivel est, je crois, un de ces aventuriers habiles dont Kircher parle en ces termes : *Artem habent sine arte, partem sine parte; quorum medium est mentiri, vita eorum mendicatum ire*; c'est-à-dire, miss Wardour... [1].

— Je n'ai pas besoin d'explication, M. Oldbuck, je comprends fort bien ce que vous voulez dire, mais j'espère que M. Dousterswivel se trouvera plus digne de confiance.

— J'en doute beaucoup, reprit l'antiquaire, et nous sommes en mauvais chemin, si nous ne découvrons pas la maudite veine qu'il nous prophétise depuis deux ans.

— Vous n'avez pas un grand intérêt dans cette affaire, M. Oldbuck, dit le baronnet.

— Un trop grand, sir Arthur; un trop grand! Et cependant, pour l'amour de ma belle ennemie que voilà, je consentirais volontiers à tout perdre pour savoir que vous n'avez pas risqué davantage.

(1) Ils ont de l'art sans art, un métier qui n'en est pas un; leur système est le mensonge; l'aumône fait toute leur ressource. — Tr.

Un silence pénible régna quelques minutes, car sir Arthur était trop fier pour avouer que ses premiers songes ne l'abusaient plus, quoiqu'il commençât à prévoir le résultat de son entreprise. — J'ai appris, dit-il enfin, que le jeune homme dont le courage et la présence d'esprit nous ont rendu hier soir un si grand service, a eu la politesse de me rendre une visite, et vous a accompagné chez moi. Je regrette de me trouver hors d'état de le voir, de même que qui que ce soit, excepté un ancien ami comme vous, M. Oldbuck.

L'antiquaire ne put s'empêcher de reconnaître cette préférence par un salut révérencieux.

— Je présume que vous avez fait connaissance avec ce jeune homme à Edimbourg?

Oldbuck lui raconta les circonstances qui le lui avaient fait connaître.

— Ma fille connaît donc M. Lovel depuis plus long-temps que vous?

— Oui-dà! j'étais loin de m'en douter.

— Le hasard m'a fait rencontrer M. Lovel, dit Isabelle en rougissant un peu, lorsque j'étais chez ma tante mistress Wilmot, le printemps dernier.

— Dans le comté d'York? et que faisait-il alors? que disait-on de lui? pourquoi avez-vous eu l'air de ne pas le connaître quand je vous l'ai présenté?

Isabelle répondit à la question la moins difficile, et laissa l'autre sans réponse.

— Il avait une commission dans l'armée, et il y avait, je crois, obtenu de la considération. Il était fort estimé, et passait pour un jeune homme aimable et qui promettait beaucoup.

— Mais, la chose étant ainsi, pourquoi l'avoir traité en étranger quand vous l'avez vu chez moi? Je vous aurais crue, miss Wardour, moins entichée du misérable orgueil de votre sexe.

— Elle avait de très-bonnes raisons pour agir ainsi,

dit sir Arthur d'un air de dignité. Vous connaissez les opinions, vous direz peut-être les préjugés de ma famille; mais n'importe, nous attachons le plus grand prix à une naissance sans tache. Or il paraît que ce jeune homme est fils illégitime d'un homme riche. Ma fille ne voulait donc pas renouer connaissance avec lui, avant de savoir si j'approuverais une pareille liaison.

— S'il se fût agi de sa mère, j'en pourrais voir une excellente raison. Le pauvre garçon! voilà pourquoi il paraissait si confus et si distrait, pendant que je lui expliquais le motif de la bande de bâtardise qui se trouve dans ces armoiries sculptées au-dessus de la porte d'une de vos tourelles.

— Sans doute, dit le baronnet d'un air content de lui-même; ce sont les armes de Malcolm l'usurpateur, comme on l'appelle. La tour qu'il fit construire porte son nom; mais on l'appelle plus fréquemment la tour de Baltard, ce que je regarde comme une corruption pour la tour du Bâtard. Dans la généalogie latine de ma famille, il est nommé *Milcolumbus Nothus*. Il s'empara temporairement de nos biens, essaya d'établir par la violence sa race illégitime dans le domaine de Knockwinnock, et fit naître par là des querelles de famille et une longue suite de malheurs qui ont produit en nous un sentiment d'horreur et d'antipathie pour tout ce qui n'est pas fils de bonne mère, sentiment que mes respectables ancêtres m'ont transmis avec leur sang.

— Je connais cette histoire, dit Oldbuck, ainsi que les sages maximes qu'elle a inspirées à votre famille, et j'en faisais le récit à Lovel il n'y a qu'un instant. Pauvre jeune homme! il doit s'être trouvé blessé. J'attribuais son inattention à la négligence, et j'en étais piqué; tandis que ce n'était que l'effet naturel d'une susceptibilité portée à l'excès. J'espère, sir Arthur, que vous ne tiendrez pas moins à votre vie, parce que vous en êtes redevable à un homme dont la naissance est entachée?

— Et je n'en serai pas moins reconnaissant pour mon libérateur, s'écria le baronnet; ma porte et ma table lui seront toujours ouvertes, comme si le sang le plus pur coulait dans ses veines.

— Je suis charmé de vous entendre parler ainsi. S'il lui manque jamais un dîner, il saura où le trouver. Mais que fait-il dans ces environs? Il faut que je le catéchise, et si je trouve qu'il ait besoin d'avis... Qu'il en ait besoin ou non, je ne l'en laisserai pas manquer.

Après avoir fait cette promesse libérale, l'antiquaire prit congé de sir Arthur et de sa fille, tant il était empressé de commencer ses opérations sur Lovel. Il lui dit que miss Wardour lui faisait ses complimens et était restée près de son père; et lui prenant le bras, il sortit avec lui du château.

Knockwinnock conservait encore en grande partie les attributs extérieurs auxquels on reconnaissait autrefois les châteaux habités par des barons. Il avait un pont-levis, quoiqu'il fût toujours baissé; il était bordé par un large fossé sans eau, dont les deux rampes avaient été plantées en arbres verts. Le bâtiment s'élevait partie sur un rocher de couleur rougeâtre qui descendait vers la mer, partie sur la terre ferme, à peu de distance du fossé. Nous avons déjà parlé de l'avenue; d'autres bouquets de grands arbres s'élevaient dans les environs, comme pour réfuter le préjugé qui prétend que les arbres croissent mal dans le voisinage de la mer. Nos voyageurs s'arrêtèrent et se retournèrent vers le château quand ils furent parvenus sur une hauteur au milieu de la grande route; car on juge bien qu'ils ne voulurent pas courir le risque de s'exposer à la marée en s'en allant par les sables. L'édifice jetait son ombre épaisse sur des bosquets qui étaient sur la gauche, tandis que les fenêtres en face réfléchissaient les rayons du soleil. Cette vue ne leur inspirait pourtant pas les mêmes idées. Lovel, avec toute l'ardeur de cette passion qui se nourrit de bagatelles, comme on dit que le caméléon vit de l'air ou des insectes invisibles qui s'y trouvent, cherchait à deviner laquelle des nombreuses fenêtres qui s'offraient à ses yeux était celle de l'appartement embelli en ce moment par la présence de miss Wardour. Les réflexions de l'antiquaire étaient d'un genre plus sérieux, et il en donna la preuve quand, se retournant brusquement pour continuer sa route, il s'écria : *citò peritura !* Lovel, sortant de sa rêverie, le regarda comme pour lui demander ce que signifiait cette exclamation. Le vieillard secoua la tête. — Oui, mon jeune ami, dit-il, je crains, et c'est avec un vrai chagrin que je vous le dis; je crains que cette ancienne famille ne soit à l'instant de sa chute.

—Vraiment! s'écria Lovel; vous me surprenez beaucoup.

— C'est en vain, dit l'antiquaire poursuivant le cours de ses réflexions, que nous cherchons à nous endurcir le cœur, pour voir avec une juste indifférence les changemens qui surviennent dans ce monde trompeur et périssable; c'est en vain que nous nous efforçons de deviner l'être invulnérable qui se suffit à lui-même, le *teres atque rotundus* [1] du poète; cette exemption des peines et des misères de la vie humaine, que le stoïcien se vante de posséder, est aussi imaginaire que l'état de quiétude mystique et de perfection auquel prétendent quelques enthousiastes.

— Et à Dieu ne plaise qu'il en soit autrement ! dit Lovel avec chaleur ; à Dieu ne plaise qu'il existe une philosophie capable de nous endurcir le cœur au point qu'il ne puisse être ému que par ce qui a un rapport direct à nous-même ! J'aimerais autant désirer que ma main devînt calleuse comme la corne, pour n'avoir pas à craindre le danger d'une coupure ou d'une égratignure, que d'ambitionner un stoïcisme qui ferait de mon cœur un bloc de pierre.

(1) Rond et poli de tous côtés. — Tr.

L'antiquaire regarda son jeune compagnon d'un air qui annonçait l'intérêt et la compassion. — Attendez, lui dit-il, attendez que votre barque ait été battue soixante ans par la tempête des vicissitudes humaines, et vous apprendrez alors à carguer vos voiles pour qu'elle puisse obéir au gouvernail; ou, pour vous parler le langage du monde, vous aurez enduré et il vous restera à endurer assez de détresses pour donner de l'exercice à votre sensibilité, sans prendre à la destinée des autres un intérêt plus vif que celui qu'il ne vous sera guère possible de leur refuser.

— Cela peut être, M. Oldbuck; mais comme en ce moment je me sens plus disposé à imiter votre pratique, qu'à adopter votre théorie, je ne puis m'empêcher de prendre un vif intérêt au sort de la famille que nous venons de quitter.

— Et ce n'est pas sans raison. Depuis quelque temps les embarras de sir Arthur se sont tellement multipliés et sont devenus si pressans, que je suis surpris que vous n'en ayez pas entendu parler. Et puis les opérations ruineuses que lui a fait faire ce corsaire de terre, ce vaurien d'Allemand, ce Dousterswivel.....

— Je crois avoir vu ce personnage dans un café de Fairport où je vais quelquefois. Un homme de grande taille, à gros sourcils, l'air gauche et lourd, parlant d'objets scientifiques, autant qu'il est permis à mon ignorance d'en juger, avec plus de présomption que de connaissances réelles, et mêlant d'une manière bizarre des termes de science à un jargon mystique. Il semblait prononcer des oracles en débitant ses opinions. Un jeune homme me dit avec naïveté que c'était un illuminé, et qu'il avait commerce avec le monde invisible.

— C'est lui, c'est lui-même. Il a assez de connaissances pratiques pour s'exprimer savamment et avec bon sens en présence de ceux dont il craint l'intelligence; et pour vous dire la vérité, cette sorte de sagacité qu'il possède, jointe à une impudence sans égale, m'en a imposé quelque temps quand j'ai fait sa connaissance ; mais j'ai su depuis que lorsqu'il se trouve avec des fous, ou dans une compagnie de femelles, il se montre un parfait charlatan, parle du *magisterium*, de sympathies et d'antipathies, de la cabale, de la baguette divinatoire, en un mot de toutes les billevesées dont les rosecroix se sont servis pour en imposer à un siècle moins éclairé, et qui, à notre honte éternelle, se sont renouvelées dans le nôtre. Mon ami Heavystern a connu ce drôle en pays étranger ; car il faut que vous sachiez que le digne docteur est aussi une sorte de croyant, et il m'a fait connaître son vrai caractère. Ah! si j'étais calife pour un jour, comme le désirait l'honnête Abcul Hassan, je chasserais du pays tous ces jongleurs, avec un fouet de scorpions. Ils détraquent l'esprit des cerveaux faibles et crédules par leurs rêveries mystiques, aussi bien que s'ils attaquaient leur raison par des liqueurs fortes, et alors ils vident leurs poches avec la même facilité. C'est pourtant ce vaurien, ce vagabond, ce misérable, qui porte le dernier coup pour achever la ruine d'une ancienne et honorable famille.

—Mais comment serait-il possible qu'il en imposât à sir Arthur au point de le ruiner?

—Je ne sais trop. Sir Arthur est un brave homme, un homme respectable ; mais, comme vous avez pu le remarquer d'après ce qu'il nous a dit sur la langue des Pictes, le bon sens n'est pas son fort. Une partie de ses biens est grevée d'hypothèques, et il a toujours été gêné. Ce fripon lui a promis des montagnes de cuivre, et une compagnie anglaise s'est chargée d'avancer des sommes considérables sur la garantie de sir Arthur, ce qui me donne de grandes craintes. Quelques personnes, et j'ai été assez âne pour être de ce nombre, ont pris de petites parts dans cette entreprise, et le baronnet a déboursé lui-même des sommes assez fortes. Nous fûmes leurrés par des apparences spécieuses et par des mensonges encore plus spécieux, et maintenant, comme John Bunyan [1], nous nous éveillons, et nous voyons que nous n'avons fait qu'un rêve.

— Je suis surpris que vous, M. Oldbuck, vous ayez encouragé sir Arthur par votre exemple.

— Ma foi, répondit l'antiquaire en baissant les yeux, j'en suis moi-même surpris et honteux. Ce n'était pas l'avidité du gain, car il n'existe pas un homme sur la terre, j'entends un homme prudent, qui soit plus indifférent que moi sur l'argent. Mais..... je crus pouvoir risquer cette bagatelle. On s'attend, quoique je ne sache trop pourquoi, que je donnerai quelque chose à quiconque aura la bonté de me débarrasser de ce brin de femelle, ma nièce Marie Mac Intyre; et peut-être on pense aussi que je dois faire quelque chose pour avancer dans l'armée son garnement de frère. Dans l'un et l'autre cas, ma mise triplée m'aurait donné un bon coup de main. D'ailleurs, j'avais quelque idée que les Phéniciens avaient eu autrefois une fabrique de cuivre précisément à l'endroit où l'on faisait la fouille. Ce drôle, cet intrigant, ce Dousterswivel que le ciel confonde, trouva mon côté faible, il me berça de sots contes, prétendant avoir trouvé des traces prouvant qu'on avait autrefois exploité cette mine, et que ce genre de travaux se conduisait alors d'une manière toute différente que de nos jours, et je..... en un mot, je fus un vrai fou, et ce mot finit tout. Ma perte ne vaut pas la peine qu'on en parle, mais je sais que sir Arthur a contracté des engagemens très-considérables, et mon cœur saigne pour lui et pour la pauvre fille qui doit partager sa détresse.

Cette conversation n'alla pas plus loin. Nous verrons dans le chapitre suivant celle qui lui succéda.

(1) Auteur de l'allégorie mystique intitulée le *Voyage du pèlerin*. Voyez la note sur cet ouvrage dans *la Prison d'Edimbourg*. — Éd.

CHAPITRE XIV.

« Si mon songe n'est pas un prestige imposteur,
« Le sommeil cette nuit m'a promis le bonheur :
« Je pense à mon amant et me sens plus légère ;
« Tout me sourit, mes pieds ne touchent pas la terre. »
SHAKSPEARE. *Roméo et Juliette.*

Les détails de la malheureuse entreprise de sir Arthur avaient fait perdre de vue à Oldbuck l'interrogatoire qu'il se proposait de faire subir à Lovel sur la cause de sa résidence à Fairport. Il résolut pourtant alors d'entamer ce sujet.

— Miss Wardour m'a dit qu'elle vous connaissait avant de vous avoir vu chez moi, M. Lovel?

— J'ai eu le plaisir de la voir chez mistress Wilmot, dans le comté d'York.

— Vraiment! vous ne m'en aviez jamais parlé. Et pourquoi ne l'avez-vous pas abordée comme une ancienne connaissance?

— Je... je ne comptais pas la trouver chez vous, et... j'ai cru qu'il était de mon devoir d'attendre qu'elle me reconnût la première.

— Je conçois votre délicatesse. Le baronnet est un vieux fou pointilleux, mais je vous garantis que sa fille est au-dessus de ces cérémonies qui tiennent à des préjugés ridicules. Et maintenant que vous avez trouvé ici de nouveaux amis, puis-je vous demander si vous avez toujours dessein de quitter Fairport aussi tôt que vous vous le proposiez?

— Si je répondais à votre question par une autre? Si je vous demandais quelle est votre opinion sur les rêves?

—Mon opinion sur les rêves? Et que voulez-vous que j'en pense, jeune fou, si ce n'est que ce sont des illusions produites par l'imagination, lorsque la raison abandonne les rênes? Je ne vois aucune différence entre les rêves et les divagations de la folie. Dans les deux cas les chevaux sans guide entraînent la voiture : dans le dernier le cocher est ivre; dans l'autre il ne fait que sommeiller. Que dit à ce sujet notre ami Marcus Tullius Cicero? *Si insanorum visis fides non adhibenda, cur credatur somnientium visis, quæ multò etiam perturbatiora sunt, non intelligo* [1].

— Fort bien, monsieur, mais Cicéron nous dit aussi que celui qui passe toute la journée à lancer des javelines doit quelquefois atteindre le but. De même, parmi la foule des songes que nous faisons, il peut s'en trouver quelques-uns qui aient rapport à des événemens futurs.

— Ah! ah! c'est-à-dire que dans votre sagesse vous vous imaginez que votre javeline a touché le but? Ah, mon Dieu! comme les hommes sont toujours prêts à se laisser égarer par la folie! Mais voyons, je veux bien admettre pour une fois l'existence de la science onéirocritique; j'ajouterai foi à l'explication des songes, et je dirai qu'un nouveau Daniel a paru au milieu de nous, si vous pouvez me prouver qu'un rêve vous a tracé une ligne de conduite sage et prudente.

— Dites-moi donc pourquoi, tandis que j'hésitais si j'abandonnerais une entreprise que j'avais tentée peut-être inconsidérément, j'ai rêvé, la nuit dernière, que je voyais Aldobrand Oldbuck me montrer sa devise que vous m'avez expliquée, et m'encourager ainsi à la persévérance? Pourquoi un songe m'aurait-il présenté ces trois mots que je ne me souviens pas d'avoir jamais ouïs, trois mots qui appartiennent à une langue qui m'est inconnue, et dont cependant l'explication m'a paru contenir une

---

[1] Si on n'ajoute aucune foi aux visions des fous, pourquoi en ajouter aux visions des personnes endormies, qui sont encore plus déréglées. C'est ce que je ne comprends pas. — Tr.

leçon parfaitement applicable aux circonstances dans lesquelles je me trouve?

L'antiquaire partit d'un grand éclat de rire.

— Pardonnez-moi, mon jeune ami, mais c'est ainsi que nous nous trompons nous-mêmes, faibles mortels que nous sommes, et que nous cherchons à trouver hors de nous des motifs qui n'ont d'autre source que notre propre volonté. Je crois pouvoir vous expliquer les causes de votre vision. Vous étiez si absorbé dans vos réflexions, hier après le dîner, que vous fîtes peu d'attention à l'entretien que nous avions, sir Arthur et moi, jusqu'au moment où nous tombâmes sur la controverse relative aux Pictes, qui se termina si brusquement; mais je me souviens d'avoir montré au baronnet un livre imprimé par Aldobrand, et de lui en avoir fait remarquer la devise. Votre esprit était ailleurs, mais vos oreilles et vos yeux en ont été machinalement frappés, et en ont conservé le souvenir. Votre imagination, échauffée par la légende que Grizzy vous avait contée, s'est mise en travail et vous a représenté ces trois mots allemands pendant votre sommeil. Mais une fois éveillé, se faire d'une circonstance si frivole un prétexte pour persister dans quelque projet qu'on ne saurait appuyer sur de meilleurs motifs, c'est un de ces subterfuges auxquels le plus sage de nous a quelquefois recours pour céder à notre inclination en dépit de notre jugement.

— J'en conviens, M. Oldbuck, dit Lovel, je crois que vous avez raison, et je dois perdre dans votre estime pour avoir attaché un moment quelque importance à une circonstance si puérile. Mais j'étais agité par des désirs et des projets qui se contrariaient, et vous savez que la moindre corde suffit pour faire marcher une barque quand elle est à flot, tandis que le câble le plus fort ne pourrait la faire changer de place quand elle est à sec sur le rivage.

— Très-juste! on ne peut pas plus juste. Perdre dans

mon estime! Pas un pouce, pas une ligne. Je ne vous en aime que mieux. Nous sommes maintenant à jeu égal; nous avons histoire pour histoire. Je suis moins honteux de penser que je me suis peut-être un peu trop avancé relativement à ce maudit *prætorium*. Et cependant je suis encore convaincu que le camp d'Agricola a dû être dans ces environs. Mais à présent, Lovel, parlez-moi franchement : que faites-vous dans ce voisinage? Pourquoi avez-vous quitté votre pays et votre profession? Quel aimant peut vous retenir dans une ville comme Fairport? Faites-vous l'école buissonnière?

— Exactement. Je tiens à si peu de chose dans le monde, il existe si peu de personnes qui prennent intérêt à moi ou à qui j'en doive prendre, que cet état d'isolement assure mon indépendance. Celui dont la bonne ou mauvaise fortune ne concerne que lui seul a droit de ne consulter que son caprice sur le chemin qu'il doit suivre.

— Pardonnez-moi, jeune homme, dit Oldbuck en lui frappant sur l'épaule d'un air d'amitié, et en faisant une halte; mais *sufflamina*, enrayez, je vous prie. Je veux bien supposer que vous n'ayez pas d'amis pour prendre part à vos succès dans le monde et s'en réjouir avec vous; qu'il n'existe personne à qui vous deviez reconnaissance ou protection ; vous n'en devez pas moins marcher constamment dans le sentier du devoir. Vous devez compte de vos talens non-seulement à la société, mais encore à l'Etre suprême, qui vous les a accordés pour que vous les employiez d'une manière utile à vous-même et aux autres.

— Mais je ne sache pas que je possède de tels talens, répondit Lovel avec un mouvement d'impatience. Je ne demande à la société que la permission de parcourir tranquillement les sentiers de la vie, sans coudoyer les autres, et sans me laisser coudoyer moi-même. Je ne dois rien à personne. J'ai les moyens de me maintenir dans une indépendance complète, et mes désirs sont si modérés, que ces moyens, quoique limités, vont au-delà de ce que je puis souhaiter.

— Hé bien, dit l'antiquaire en se remettant en marche, si vous êtes assez philosophe pour vous croire assez riche, je n'ai plus rien à dire, je ne prétends pas avoir le droit de vous donner des conseils. Vous avez atteint l'*Acme*, le plus haut point de perfection. Mais comment se fait-il que vous ayez choisi Fairport pour y pratiquer cette philosophie désintéressée ? C'est comme si un adorateur du vrai Dieu allait planter sa tente au milieu des idolâtres de la terre d'Egypte. Il ne se trouve pas un seul être dans Fairport qui ne soit prosterné devant le veau d'or, le Mammon d'iniquité. Moi-même je suis tellement infecté par la contagion de ce mauvais air, que je me sens quelquefois tenté de partager cette idolâtrie.

— La littérature étant la principale source où je puise mes amusemens, et des circonstances que je ne puis expliquer m'ayant déterminé à renoncer, au moins pour quelque temps, au service militaire, j'ai choisi Fairport comme un endroit où je pouvais me livrer à mes goûts, sans être exposé à ces tentations qu'une société plus choisie m'aurait présentées.

—Ah ! ah ! je commence à comprendre l'application que vous vous êtes faite de la devise d'Aldobrand. Vous prétendez aux faveurs du public, quoique d'une autre manière que je ne l'avais pensé d'abord. Vous voulez briller comme littérateur, et vous espérez y réussir à force de travail et de persévérance.

Lovel, qui se trouvait serré de très-près par les questions de l'antiquaire, conclut que ce qu'il pouvait faire de mieux était de le laisser dans l'erreur à laquelle il se livrait volontairement.

—J'ai quelquefois été assez fou, lui répondit-il, pour nourrir de pareilles idées.

—Pauvre garçon ! c'est un cas vraiment fâcheux. Et peut-être, comme bien des jeunes gens, vous vous imaginez amoureux de quelque brin de femelle trompeuse, ce qui est, comme Shakspeare le dit avec vérité, employer le fouet et l'éperon pour courir plus vite à sa perte.

Il continua alors à lui faire des questions auxquelles il avait souvent la bonté de répondre lui-même, car les études habituelles du bon antiquaire lui avaient fait contracter l'habitude de bâtir des théories sur des données qui étaient fort loin de pouvoir y conduire ; et comme il tenait assez fortement à ses opinions, comme nos lecteurs peuvent l'avoir remarqué, il n'aimait à être contredit ni sur les faits ni sur les conclusions qu'il en tirait, même par ceux qui étaient personnellement intéressés au sujet qu'il discutait. Il continua donc à tracer la carrière littéraire de Lovel.

— Et par quel ouvrage comptez-vous marquer votre début comme homme de lettres? Oh! je le devine. La poésie, la poésie, cette douce séductrice de la jeunesse. Oui, oui, la confusion modeste que je vois dans vos yeux en fait l'aveu positif. Et quel sujet anime votre verve? Aspirez-vous à prendre votre essor jusqu'aux plus hautes régions du Parnasse, ou vous bornez-vous à quelques excursions au pied de la docte colline?

— Je ne me suis encore essayé que dans le genre lyrique.

— Je m'en doutais. Sautant de branche en branche pour essayer vos ailes. Mais je présume que vous avez dessein de prendre un vol plus hardi? Faites bien attention que je ne vous engage nullement à persister dans un métier si peu profitable. Mais vous dites que vous ne dépendez nullement du caprice du public?

— Pas le moins du monde.

— Et que vous êtes décidé à ne pas embrasser un genre de vie plus actif?

— Quant à présent, telle est ma résolution.

— Hé bien donc, il ne me reste qu'à vous donner mes avis sur ce que vous devez faire en ce genre, et à vous aider de tout mon pouvoir. Je suis moi-même auteur, j'ai publié deux essais dans l'*Antiquarian repository* ¹, et par conséquent je ne suis pas sans expérience. L'un, intitulé Remarques sur l'édition de Robert de Glocester, de Hearnes, est signé *Scrutator*; l'autre, signé *Indagator*, est une dissertation sur un passage de Tacite. Je pourrais y ajouter un écrit qui fit beaucoup de bruit dans le temps et qui fut inséré dans le *Gentleman's Magasine* ² : c'était une discussion sur l'inscription d'Ælia Lélia, et je la signai *Œdipe*. Vous voyez donc que je ne laisse pas d'être initié dans les mystères de la littérature, et que je dois nécessairement connaître le goût et le caractère du temps. Or maintenant, je vous le demande, par où comptez-vous commencer ?

— Je n'ai pas en ce moment l'intention de rien publier de si tôt.

— Ah! ce n'est pas cela; dans tout ce qu'on entreprend il faut toujours avoir devant les yeux la crainte du public. Voyons. Un recueil de poésies fugitives? Non. Les poésies fugitives restent ordinairement stationnaires dans la boutique du libraire. Il faut que vous fassiez quelque chose qui soit en même temps solide et attrayant. Point de romans, point de nouveautés anomales. Il faut vous établir de prime abord sur un terrain solide. Attendez. Que penseriez-vous de l'épopée? l'ancien et grand poëme historique, continué pendant douze ou vingt-quatre chants. Oui, c'est cela. Il ne vous faut qu'un sujet; je vous le fournirai. La bataille entre les Calédoniens et les Romains. Vous l'intitulerez *la Calédoniade ou l'Invasion repoussée*. Ce titre conviendra au goût du jour, et vous pourrez y placer quelques allusions au temps actuel.

— Mais l'invasion d'Agricola ne fut pas repoussée.

— Qu'importe? vous êtes poëte, libre de toute dépen-

---

(1) Le *Répertoire* ou *Recueil d'Antiquités*, espèce de publication périodique. — Ed.

(2) Feuille périodique mensuelle, et qui n'est pas la plus savante, c'est-à-dire la plus scientifique. — Tr.

dance. Vous n'êtes pas plus obligé que Virgile de vous assujettir au vrai et au probable. Vous pouvez battre les Romains, en dépit de Tacite.

— Et faire camper Agricola au Kaim de..... comment l'appelez-vous, en dépit d'Edie Ochiltrie?

— Ne parlons plus de cela, si vous avez quelque amitié pour moi. D'ailleurs, j'ose dire qu'il est possible que vous disiez la vérité dans les deux cas, en dépit de la toge de l'historien, et du manteau bleu du mendiant.

— Le conseil est fort bon. Hé bien, je ferai de mon mieux. Mais vous aurez la bonté de me donner toutes les informations locales.

— Si je vous les donnerai? je ferai bien plus; j'écrirai des notes critiques et historiques sur chaque chant, et je vous tracerai moi-même le plan de tout le poëme. Je ne suis pas sans quelque génie poétique, M. Lovel; seulement je n'ai jamais su faire un vers.

— C'est bien dommage, monsieur, qu'il vous manque une des qualités les plus essentielles de l'art.

— Les plus essentielles? point du tout. Les vers sont la partie mécanique. Un homme peut être poète sans mesurer des spondées et des dactyles comme les anciens, et sans faire rimer le bout de ses lignes comme les modernes, de même qu'on peut être architecte sans savoir assembler des pierres comme un maçon. Croyez-vous que Vitruve ou Palladio aient manié la truelle?

— Dans ce cas, il faudrait deux auteurs pour chaque poëme, l'un pour inventer et tracer, l'autre pour exécuter.

— Cela ne serait pas plus mauvais : mais, quoi qu'il en soit, nous en ferons l'épreuve. Ce n'est pas que je désire que le public soit informé de la part que j'y aurai eue. On peut, dans la préface, reconnaître d'une manière gracieuse qu'on a reçu quelques secours d'un savant ami; mais je suis inaccessible à la petite vanité dont tant d'auteurs sont gonflés.

Lovel s'amusait en entendant une déclaration qui ne s'accordait guère avec l'empressement que son vieil ami semblait mettre à saisir l'occasion de se montrer au public, quoique ce fût en quelque sorte monter derrière une voiture, au lieu de se placer dans l'intérieur. Quant à l'antiquaire, il était ravi. De même que bien des auteurs qui s'occupent dans l'obscurité de recherches littéraires, il nourrissait secrètement l'ambition de se faire imprimer, mais cette ambition était réprimée par des accès de défiance, la crainte de la critique, une indolence naturelle, et l'habitude de remettre au lendemain. — Maintenant, pensait-il, je puis, comme un autre Teucer, lancer mes traits à l'abri du bouclier de mon allié. En supposant qu'il ne soit pas un poète du premier ordre, je ne suis nullement responsable de ses fautes, et de bonnes notes peuvent faire passer un texte médiocre. Mais il est, il doit être bon poète. Il a la véritable distraction poétique. Rarement il répond à une question avant qu'on la lui ait faite deux fois ; il se brûle en oubliant de laisser refroidir son thé ; il mange sans savoir ce qu'il met dans sa bouche. C'est bien là l'*œstus poeticus*, *l'awen* des bardes welches, le *divinus afflatus* qui transporte le poète au-delà de ce monde sublunaire. Ses visions sont encore un symptôme de fureur poétique. Il faudra que je songe ce soir à envoyer Caxon voir s'il a eu soin d'éteindre sa chandelle : les poètes et les visionnaires sont souvent très-négligens à cet égard. Se tournant alors vers son compagnon, il reprit à voix haute le fil de son discours.

— Oui, mon cher Lovel, vous aurez des notes en abondance, et en vérité je crois que nous pourrons joindre à votre poëme mon traité sur la castramétation, par forme d'appendix. Cela donnera beaucoup de valeur à l'ouvrage. Nous aurons soin de faire revivre les anciennes formes, si honteusement négligées dans les temps modernes. Vous invoquerez les muses, et certainement elles doivent sourire à un poète qui, dans un siècle d'apostasie, se conforme avec la foi d'Abdiel [1] aux anciennes formules d'adoration. Ensuite nous aurons une vision dans laquelle le génie de la Calédonie apparaîtra à Galgacus, et fera passer en revue devant lui toute la suite des vrais monarques d'Ecosse. Là j'aurai soin, dans une note, de ne pas manquer Boethius. Mais non, il ne faut pas toucher à cette corde, les vibrations en seraient trop sensibles pour sir Arthur, et il est vraisemblable qu'il aura assez de tribulations sans cela. Mais j'anéantirai Ossian, Macpherson et Mac-Crib.

— Mais il faut songer aux frais d'impression, dit Lovel, voulant essayer si cette idée serait l'eau froide capable d'éteindre l'ardeur d'un collaborateur si zélé à s'offrir.

— Les frais d'impression? dit Oldbuck en s'arrêtant et en mettant machinalement la main dans sa poche. Sans doute, je pourrais y contribuer. Mais n'aimeriez-vous pas mieux publier cet ouvrage par souscription?

— Non certainement, répondit Lovel.

— Non, non, répéta l'antiquaire, ce n'est pas là une manière honorable de publier un ouvrage. Mais écoutez-moi : je crois connaître un libraire qui a quelques égards pour mon opinion; il risquera le papier et l'impression, et je ferai vendre pour votre compte autant d'exemplaires qu'il me sera possible.

— Oh! je ne suis pas un auteur mercenaire. Tout ce que je désire, c'est de ne courir aucun risque.

— Bien, bien. Nous y veillerons, nous le rejetterons tout entier sur l'éditeur. Je voudrais que votre poëme fût déjà commencé. Vous l'écrirez en vers blancs sans doute? Ce genre de poésie est plus grand, plus majestueux, et convient mieux à un sujet historique. D'ailleurs, et cela vous regarde, mon jeune ami, je le crois plus facile.

Cette conversation les conduisit jusqu'à Monkbarns, où l'antiquaire eut à recevoir une mercuriale de sa sœur, qui,

---

(1) Abdiel, l'ange fidèle, qui refusa de déserter la cause des bons anges dans le *Paradis perdu*. — Éd.

quoiqu'elle ne fût pas philosophe, l'attendait sous le portique pour la lui administrer.

—Mon Dieu! mon frère, lui dit-elle, les denrées ne sont-elles pas assez chères? Faut-il que vous fassiez vous-même hausser le prix du poisson en donnant à la mère Mucklebackit tout ce qu'il lui plaît de vous demander?

—Comment, Grizzy, je croyais avoir fait un excellent marché.

— Un excellent marché! en donnant à cette effrontée la moitié de ce qu'elle vous a demandé! Si vous étiez une vieille femme et que vous achetassiez vous-même votre poisson, vous sauriez qu'il ne faut jamais offrir plus du quart. Et cette impudente! avoir l'assurance de venir demander un verre d'eau-de-vie! Mais Jenny et moi nous lui avons bien dit son fait, je m'en flatte.

—En vérité, dit Oldbuck en adressant un coup d'œil malin à Lovel, je crois que nous devons bénir notre étoile qui nous a préservés d'entendre cette contestation. Hé bien, hé bien, Grizzy, j'ai eu tort une fois en ma vie : *ne ultrà crepidam* [1]; j'en conviens. Mais ne songeons pas à la dépense; les soucis tueraient un chat [2]. Nous mangerons le poisson, coûte qui coûte. Maintenant, Lovel, il faut que je vous dise que si je vous ai pressé de rester, c'est parce que je sais que nous ferons meilleure chère que de coutume, attendu qu'hier était un jour de gala. Je préfère le lendemain d'une fête à la fête même. J'aime les *analecta*, les *collectanea*, comme je puis appeler les restes du dîner qui a paru la veille en semblable occasion. Mais voyez, voilà Jenny qui va sonner la cloche du dîner.

(1) Que le cordonnier ne sorte pas de ses *souliers*. — Tr.
(2) Proverbe anglais. — Ed.

CHAPITRE XV.

« Que cette lettre soit remise au plus vite ; — allons
« pars et cours au galop, à bride abattue, maraud ;
« il y va de ta vie, il y va de ta vie. »
Les lettres d'importance.

Nous allons laisser M. Oldbuck se régaler avec son jeune ami du poisson qu'il avait surpayé, et nous transporter avec nos lecteurs dans l'arrière-boutique de la maison de la poste aux lettres de Fairport. Le buraliste était absent, et sa femme s'occupait à classer les lettres qui venaient d'arriver d'Edimbourg, pour les remettre au facteur chargé d'en faire la distribution. Dans les villes de province, c'est souvent le moment de la journée que les commères choisissent de préférence pour aller faire une visite à *l'homme ou à la femme de lettres*, afin de pouvoir, en lisant les adresses, et quelquefois aussi, s'il faut en croire les bruits publics, en jetant un coup d'œil sur l'intérieur, se procurer des renseignemens, ou former des conjectures sur les affaires de leurs voisins. A l'instant dont nous parlons, deux femmes de cette espèce s'occupaient à aider mistress Mailsetter à s'acquitter de ses fonctions officielles, ou pour mieux dire à les mal remplir.

— Hé mon Dieu ! dit la femme du boucher, voilà dix, onze, douze lettres pour Tennant et compagnie ! ces gens-là font plus d'affaires à eux seuls que tout le reste de la ville ensemble.

— Oui, dit la boulangère, mais faites attention qu'en voilà deux pliées en carré et fermées de deux cachets. Je serais bien surprise s'il ne s'y trouvait pas quelques traites protestées.

— Est-il arrivé quelque lettre pour Jenny Caxon ? demanda la bouchère. Il y a trois semaines que le lieutenant est parti.

— Il en est arrivé une il y a eu mardi huit jours, répondit mistress Mailsetter.

— Une lettre venant de l'étranger !

— Oui vraiment.

— C'était donc du lieutenant? Je ne croyais pas qu'il eût retourné la tête pour elle.

— Oh! oh! en voici une autre, s'écria mistress Mailsetter, une lettre venant de l'étranger, portant le timbre de Sunderland.

Les deux commères voulurent y porter la main en même temps.

— Non, non, mesdames, j'ai eu bien assez de cette besogne. Savez-vous que M. Mailsetter a eu une fameuse réprimande du secrétaire de l'administration à Edimbourg, à qui Aily Bisset avait fait des plaintes au sujet d'une lettre que vous avez ouverte, mistress Shortcake?

— Moi! s'écria l'épouse du premier boulanger de Fairport; vous savez bien vous-même, madame, qu'elle s'est ouverte d'elle-même entre mes mains. En suis-je la cause? Pourquoi n'emploie-t-on pas de meilleure cire à cacheter?

— C'est bien vrai, répondit mistress Mailsetter la mercière ; et nous en avons que je puis recommander en conscience, si vous connaissez quelqu'un qui en ait besoin. Mais le fort et le faible, c'est que nous perdrions la place s'il y avait encore de pareilles plaintes.

— Bon, bon, ma commère, n'avez-vous pas le prévôt pour vous?

— Je ne me fie ni au prévôt ni au bailli. Cela n'empêche pas que je ne sois disposée à obliger des voisines, et vous pouvez examiner tant qu'il vous plaira l'extérieur d'une lettre. Voyez, le cachet porte une ancre. Je parierais qu'il a cacheté sa lettre avec un bouton de son habit.

— Montrez-la-moi! montrez-la-moi! s'écrièrent en même temps les deux commères, et elles se jetèrent sur la prétendue lettre d'amour, comme les trois sorcières de Macbeth sur le pouce du pilote ¹, avec autant de curiosité et guère moins de malice. Mistress Heukbane, la bouchère, était une femme de grande taille; elle saisit la lettre la première, et la leva entre ses yeux et la croisée. Mistress Shortcake, petite femme grosse et ronde, se dressait sur la pointe des pieds pour tâcher d'avoir sa part de l'examen.

— C'est de lui, dit la bouchère, j'en suis sûre, car je puis lire la signature, Richard Taffril, et le papier est rempli d'un bout à l'autre.

— Baissez-la donc, madame, s'écria mistress Shortcake d'un ton plus élevé que ne le permettait la prudence exigée par leurs opérations secrètes; baissez-la donc? Croyez-vous être la seule qui sache lire l'écriture?

— Paix donc! mesdames, paix donc! dit mistress Mailsetter : il y a quelqu'un dans la boutique. Et parlant alors plus haut : — Baby, ajouta-t-elle, ayez soin de servir les pratiques.

Baby répondit d'une voix aigre : — Il n'y a personne, madame; ce n'est que Jenny Caxon qui vient voir s'il y a des lettres pour elle.

— Dites-lui, dit la fidèle maîtresse de poste en faisant un signe d'intelligence à ses deux amies, qu'elle revienne demain matin à dix heures, et je l'en informerai. Nous n'avons pas encore eu le temps d'arranger les lettres. Elle est toujours si pressée! on dirait que ses lettres sont plus importantes que celles du plus gros marchand de la ville!

La pauvre Jenny, jeune fille d'une modestie et d'une beauté peu communes, ne put que s'envelopper de sa mante pour cacher le soupir que lui arrachait son espoir déçu, et retourner chez elle pour passer encore une nuit dans l'inquiétude et la crainte.

---

(1) Dans la fameuse scène du sabath. — Ed.

— Je vois, dit mistress Shortcake, au niveau des yeux de laquelle la bouchère avait abaissé l'épître, qu'il est question dans cette lettre d'aiguille et d'enseigne.

— N'est-ce pas une honte, dit mistress Heukbane, de mépriser ainsi une pauvre fille crédule, après lui avoir fait la cour si long-temps, et en avoir eu tout ce qu'il a voulu, comme je n'en doute pas?

— Comme on n'en peut douter, dit la boulangère; — lui reprocher que son père n'est qu'un barbier avec une enseigne à sa porte, et qu'elle n'est elle-même qu'une couturière! Fi! c'est une indignité.

— Hé non! mesdames, hé non! s'écria mistress Mailsetter, vous vous trompez; je vois ce que c'est : c'est un vers d'une chanson de marin que je lui ai entendu chanter vingt fois. Il dit qu'il lui sera fidèle comme l'aiguille l'est au pôle.

— Hé bien! hé bien! je désire que cela soit. Mais il n'en est pas mieux à une fille comme elle d'entretenir une correspondance avec un officier du roi.

— Je ne dis pas le contraire, dit la buraliste, mais toutes ces lettres d'amour sont d'un bon rapport pour la poste. Ah! voyez! six lettres pour sir Arthur Wardour, la plupart fermées avec des pains à cacheter au lieu de cire. Il y aura bientôt du désarroi de ce côté, croyez-moi.

— Bien certainement, dit mistress Heukbane, ce sont sûrement des lettres d'affaires. Elles ne viennent pas de ses grands amis, qui mettent toujours sur le cachet leurs armoiries, comme ils les appellent. Nous verrons son orgueil rabaissé. Il y a un an qu'il n'a réglé son compte avec nous. Ce n'est plus qu'un avorton, je crois.

— Et nous n'en avons rien reçu depuis six mois, dit mistress Shortcake; c'est une croûte brûlée.

— Voici, dit la digne maîtresse de la poste, une lettre qui vient sûrement de son fils le capitaine, car le cachet est semblable aux armes qui sont sur la voiture de son père.

Il va peut-être revenir pour voir ce qu'il pourra sauver du feu.

Elles ne cessèrent de s'occuper du chevalier baronnet que pour passer à l'écuyer. — Deux lettres pour Monkbarns. C'est de quelques savans de ses amis. Voyez comme elles sont écrites en caractères fins, et jusque sous le cachet. Tout cela pour éviter le port d'une lettre double. C'est bien ce que ferait Monkbarns lui-même : quand il affranchit une lettre, il ne manque pas de lui donner le poids d'une once si exactement, qu'un grain d'anis, mis dans la balance, la ferait pencher ; mais jamais il ne dépasserait ce poids d'un grain. Je ne serais pas bonne à jeter aux chiens si je ne donnais pas meilleur poids aux pratiques qui viennent acheter chez nous du poivre, du sucre et du soufre.

— Le laird de Monkbarns est un vrai ladre, dit mistress Heukbane ; il fait autant de bruit pour acheter un quartier d'agneau au mois d'août, que s'il s'agissait d'une culotte de bœuf.—Mistress Mailsetter, donnez-nous donc un autre verre d'eau de cannelle. — Ah! mesdames, si vous aviez connu son frère comme moi! Que de fois il est venu me voir sans bruit avec une couple de canards sauvages dans sa poche, tandis que mon premier homme était au marché de Falkirk! Ah! je n'en pourrais dire assez.

— Je n'ai point de mal à dire de Monkbarns, dit mistress Shortcake, son frère ne m'a jamais apporté de canards sauvages, et celui-ci est un brave et honnête homme. C'est nous qui lui fournissons le pain, et il paie régulièrement toutes les semaines. Seulement il s'est fâché tout rouge quand nous lui avons envoyé un livre au lieu d'une marque en bois, parce que c'était, disait-il, l'ancienne manière d'établir les comptes entre les boulangers et leurs pratiques ; et c'est la vérité.

—Voyez, mesdames, voyez! s'écria mistress Mailsetter;

voici de quoi guérir tous les maux d'yeux du monde. Que ne donneriez-vous pas pour savoir ce que contient cette lettre ? C'est du grain nouveau. Jamais vous n'en avez vu de semblable. A William Lovel, écuyer, chez mistress Hadoway, High-street, à Fairport, par Edimbourg. C'est la seconde lettre qu'il reçoit depuis qu'il est ici.

—Voyons ! voyons ! s'écrièrent à la fois les deux dignes filles de notre mère Eve ; pour l'amour de Dieu, montrez-nous cette lettre. C'est ce jeune homme que personne ne connaît dans toute la ville, un beau garçon, vraiment ! Voyons ! voyons !

— Non, non, mesdames, s'écria mistress Mailsetter ; à bas les mains, retirez-vous. Ce n'est point ici une de ces lettres de quatre sous, dont nous pouvons compter la valeur à l'administration en cas d'accident. Le port est de vingt-cinq shillings, et il y a au dos un ordre du secrétaire de l'envoyer au jeune homme par un exprès, s'il n'est pas chez lui. Non, non, mesdames, vous dis-je, cette lettre veut être maniée avec précaution.

— Mais laissez-nous en voir du moins l'extérieur, ma commère.

Cet extérieur ne put donner lieu qu'à quelques remarques sur les différentes propriétés que les philosophes attribuent à la matière, longueur, largeur, épaisseur, pesanteur. L'enveloppe était faite de papier très-épais, impénétrable aux yeux de la curiosité même, et par conséquent à ceux de nos trois commères, quoiqu'elles les ouvrissent de manière à faire croire qu'ils allaient s'élancer hors de leurs orbites. Le cachet était large, appliqué avec soin, et défiait tous les efforts qu'on pourrait faire pour le faire sauter adroitement.

—Diantre ! mesdames, dit mistress Shortcake, pesant le paquet dans sa main, et souhaitant probablement que la cire trop solide pût s'y amollir et s'y fondre, je voudrais bien savoir ce qu'il y a dans cette lettre, car ce Lovel est un homme comme on n'en a jamais vû sur le pavé de Fairport. Personne ne sait qui il est, d'où il vient, ni ce qu'il fait.

— Hé bien! hé bien! mesdames, dit la buraliste, nous allons en jaser en prenant le thé. Baby, apportez la bouilloire. Je vous remercie des gâteaux que vous m'avez envoyés, mistress Shortcake. Ensuite nous fermerons la boutique, nous enverrons Baby se coucher, nous ferons une partie de cartes jusqu'à ce que M. Mailsetter arrive, et puis nous goûterons les riz de veau que vous avez eu la bonté de m'envoyer, mistress Heukbane.

— Mais n'enverrez-vous pas d'abord la lettre de M. Lovel? dit mistress Heukbane.

— Je ne saurais qui envoyer avant que mon homme soit de retour, car le vieux Caxon m'a dit que M. Lovel couchera cette nuit à Monkbarns. Il a gagné la fièvre hier, en pêchant dans la mer le laird et sir Arthur.

— Les vieux fous! dit la boulangère : qu'avaient-ils besoin d'aller à l'eau comme des canards, par une nuit comme celle d'hier?

— On m'a donné à entendre que c'est le vieux Edie qui les a sauvés, dit mistress Heukbane : Edie Ochiltrie, le Manteau-Bleu, vous savez; et qui les a retirés tous les trois d'une mare d'eau salée, car Monkbarns les avait toujours fait aller en avant pour leur faire voir d'anciens ouvrages des moines.

— Ce n'est pas cela, voisine, dit mistress Mailsetter; je vais vous dire l'histoire telle que Caxon me l'a racontée. Il faut que vous sachiez que sir Arthur, miss Wardour et M. Lovel avaient dîné à Monkbarns...

— Mais, mistress Mailsetter, dit de nouveau la bouchère, n'êtes-vous pas d'avis d'envoyer sur-le-champ cette lettre par un exprès? Ce ne serait pas la première fois que notre cheval et notre garçon auraient fait des commissions pour la poste. Le bidet n'a fait que trente milles aujourd'hui, et Jack était à l'étrier comme je sortais de la maison.

— Mistress Heukbane, dit la buraliste en faisant la moue, vous devez savoir que notre homme aime à faire lui-même ces sortes de commissions. C'est à nos mouettes que nous devons donner nos poissons. Toutes les fois qu'il monte sa jument, c'est une bonne demi-guinée de gagnée, et j'ose dire qu'il ne tardera pas à arriver. D'ailleurs qu'importe que M. Lovel reçoive cette lettre ce soir ou demain matin de bonne heure?

— Si ce n'est que M. Lovel sera à Fairport avant que votre exprès soit parti, et alors où en serez-vous? Au surplus, ce sont vos affaires.

— Hé bien! mistress Heukbane, répondit mistress Mailsetter avec un peu d'humeur et d'un air déconcerté, bien certainement j'ai toujours été bonne voisine; j'aime à vivre et à laisser vivre, comme on dit; et, puisque j'ai fait la sottise de vous montrer l'ordre du secrétaire de la poste, sans doute il faut que je l'exécute : mais je n'ai pas besoin de votre garçon; j'enverrai mon petit David sur votre cheval, et cela fera juste cinq shillings et trois pence pour chacune de nous.

— David! hé, mon Dieu! l'enfant n'a pas dix ans; et, pour vous dire la vérité, la route est fort mauvaise, notre bidet est rétif, et nul autre que Jack ne peut en venir à bout.

— J'en suis fâchée, répondit gravement la buraliste : mais, en ce cas, il faudra attendre M. Mailsetter. Je ne voudrais pas rester responsable de cette lettre en la confiant à un vaurien comme votre Jack. Notre petit David appartient à la poste en quelque sorte.

— Fort bien, fort bien, mistress Mailsetter : je vous comprends parfaitement : mais, puisque vous voulez bien risquer l'enfant, je puis bien risquer la bête.

Les ordres furent donnés en conséquence. On fit lever

le cheval de sa litière, bon gré mal gré, et on se disposa
de nouveau à le mettre en activité de service. David fut
perché sur la selle, la larme à l'œil, une houssine à la
main, et un sac à lettres en cuir suspendu à ses épaules.
Jack eut la complaisance de le conduire jusque hors de
la ville; et, l'encourageant de la voix, l'excitant du fouet,
il lui fit prendre la route de Monkbarns.

Cependant les trois commères, comme les sibylles,
après avoir consulté leurs feuilles, arrangèrent et combi-
nèrent les renseignemens qu'elles s'étaient procurés, et
qui le lendemain se répandirent par cent canaux divers,
et avec cent variations différentes, dans le monde de Fairport. Des bruits aussi étranges que contradictoires furent
le résultat de leurs conjectures et de leurs bavardages.
Les uns disaient que Tennant et compagnie faisaient banqueroute, et que toutes leurs traites leur avaient été ren-
voyées protestées; les autres assuraient qu'ils avaient fait
un marché important avec le gouvernement, et que les
principaux négocians de Glascow leur avaient écrit pour
leur demander une part dans l'entreprise, en leur offrant
une prime. On disait d'un côté que le lieutenant Taffril
avait écrit pour reconnaître un mariage secret avec Jenny
Caxon; d'un autre, que sa lettre contenait des reproches
sur la bassesse de sa naissance et de sa profession, et qu'il
lui faisait ses adieux pour toujours. Le bruit général était
que les affaires de sir Arthur Wardour étaient arrivées à
leur crise; et si quelques personnes sages en doutaient,
c'était parce que cette nouvelle partait de la boutique de
mistress Mailsetter, source d'où sortaient toujours plus
de mensonges que de vérités. Mais chacun était d'accord
qu'il était arrivé la veille, du bureau du secrétaire d'Etat,
un paquet adressé à M. Lovel, apporté par un dragon
d'ordonnance, venu du quartier-général d'Edimbourg,
qui avait traversé Fairport au galop, et qui ne s'était arrêté que pour demander le chemin de Monkbarns. On
expliquait de différentes manières la raison qui avait fait

dépêcher une lettre avec tant de hâte à un étranger paisible et menant la vie la plus retirée. Suivant les uns, Lovel était un noble émigré français qu'on invitait à aller se mettre à la tête d'une insurrection qui allait éclater dans la Vendée : suivant les autres, c'était un espion, un officier général faisant une inspection secrète des côtes, enfin un prince du sang voyageant incognito.

Cependant la lettre qui devait donner lieu le lendemain à tant de conjectures cheminait vers Monkbarns avec l'enfant qui la portait ; mais ce voyage ne se fit pas sans danger et sans interruption. Le jeune David Mailsetter, qui, comme on peut bien se l'imaginer, n'avait rien de commun avec un dragon d'ordonnance, s'avança assez bon train vers Monkbarns, tant que le cheval qu'il montait conserva le souvenir des exhortations énergiques que Jack lui avait adressées, et du bruit du formidable fouet qu'il lui avait fait entendre. Mais sentant bientôt que David, dont les petites jambes ne pouvaient le maintenir en équilibre, sautait en avant et en arrière sur son dos, le noble coursier dédaigna de se soumettre plus longtemps. Il commença par quitter le trot pour prendre le pas. Son cavalier ne lui en sut pas mauvais gré, car la première allure de l'animal ne l'avait pas peu déconcerté. Il profita même de ce moment de tranquillité pour manger un morceau de pain d'épices que sa mère lui avait mis dans la main pour engager ce jeune émissaire de la poste aux lettres à s'acquitter plus gaiement des fonctions dont elle le chargeait. Le rusé cheval s'aperçut peu à peu que les rênes n'étaient pas tenues par un cavalier expérimenté ; secouant le cou un peu vivement, il les lui fit tomber des mains, et s'amusa à brouter l'herbe sur le bord du chemin. Effrayé de ces symptômes, qui annonçaient dans sa monture un esprit volontaire et rebelle, craignant de tomber, et ne se trouvant pas trop rassuré sur la selle, le pauvre David se mit à pleurer et à crier. Le bidet, entendant sur son dos un bruit auquel il n'était pas accoutumé, crut sans doute que tout ce qu'il pouvait faire de mieux, tant pour lui-même que pour son cavalier, était de retourner d'où il venait; et, en conséquence, il commença une marche rétrograde vers Fairport. Mais, comme toute retraite finit souvent par une déroute, le coursier, alarmé par les cris de l'enfant, inquiet de sentir les rênes qui lui battaient les jambes de devant, et ayant le nez tourné vers son écurie, partit d'un tel train que, si David eût pu se maintenir en selle, chose extrêmement douteuse, il se serait bientôt trouvé à la porte de l'écurie d'Heukbane. Heureusement, au premier détour de la route, l'enfant rencontra un auxiliaire qui ramassa les rênes, et arrêta le cheval dans sa course : c'était le vieux Edie Ochiltrie.

— Hé bien ! enfant, s'écria-t-il, pourquoi galoper ainsi ?

— C'est que je ne puis l'empêcher. Je suis le petit David.

— Et où allez-vous ?

— A Monkbarns.

— Vous ne prenez pas le chemin d'y arriver.

L'enfant ne put répondre que par des pleurs.

Le vieux mendiant était naturellement compatissant, et surtout quand il s'agissait de l'enfance. — Je n'allais pas de ce côté, pensa-t-il, mais un des grands avantages de mon genre de vie, c'est que tout chemin m'est indifférent. Je suis bien sûr qu'on ne me refusera pas une botte de paille à Monkbarns ; je vais m'y traîner avec cet enfant, car, s'il n'y a personne pour conduire le bidet, le pauvre diable tombera de cheval et se fendra la tête. Vous avez donc une lettre à porter, mon garçon ? Voulez-vous me la montrer ?

— Je ne dois la montrer à personne, répondit David en fidèle serviteur de la poste ; il faut que je la remette à M. Lovel à Monkbarns, et je m'acquitterais de mon devoir, si ce méchant cheval.....

— Fort bien, mon petit homme, fort bien, dit Ochiltrie, en tournant du côté de Monkbarns la tête du cheval, qui n'y semblait guère disposé; à nous deux nous en viendrons à bout, à moins que ce ne soit un diable incarné.

L'antiquaire, après le dîner, avait invité Lovel à faire une promenade sur la hauteur de Kinprunes, et là, s'étant réconcilié avec le camp d'Agricola qu'on avait cherché à dégrader dans son esprit, il profitait de tous les objets que les environs lui présentaient pour faire une description animée du camp du général romain à l'aube du jour, quand il aperçut le mendiant et son jeune protégé. — Que diable! s'écria-t-il, voici, je crois, le vieux Edie avec armes et bagages.

Le mendiant expliqua la cause de son arrivée, mais David voulait exécuter littéralement sa commission, et aller jusqu'à Monkbarns, quoiqu'il eût encore un mille à faire pour y arriver; et ce ne fut pas sans peine qu'on le détermina à remettre la lettre à celui à qui elle était adressée.

—Mais ma mère, dit David, m'a dit que j'aurais à recevoir vingt-cinq shillings pour le port de la lettre, et dix shillings et demi pour l'envoi d'un exprès. Voici le papier.

— Voyons, voyons, dit Oldbuck en mettant ses lunettes, et en examinant un exemplaire, orné de tous les agrémens de la vétusté, des réglemens de la poste aux lettres, auxquels David en appelait. Pour un exprès, homme et cheval, une journée, pas plus de dix shillings et demi? Une journée! il n'y a pas une heure de chemin. Homme et cheval! je ne vois qu'un singe à califourchon sur un chat maigre.

—Mon père serait venu lui-même sur sa jument rouge, dit David, mais il aurait fallu vous faire attendre jusqu'à demain soir.

— Quoi! vingt-quatre heures après l'heure régulière de la distribution! Petit serpent né de l'œuf d'un coq, êtes-vous déjà si savant dans l'art de l'imposture et de la fourberie?

—Allons, allons, Monkbarns, dit le mendiant, n'épuisez pas votre esprit contre un marmot. Songez que la bouchère a risqué sa bête et la buraliste son enfant. Les deux valent bien dix shillings six pence, je suppose. Vous n'y avez pas regardé de si près avec John Hawie, quand...

Lovel, assis sur le prétendu *Prætorium*, avait jeté un coup d'œil sur les papiers qui lui étaient adressés ; il mit fin à cette altercation en payant à David la somme qu'il demandait, et se tournant vers M. Oldbuck, il lui dit d'un air agité : — Vous m'excuserez si je ne retourne point à Monkbarns ce soir ; il faut que je me rende sur-le-champ à Fairport, et peut-être que j'en parte d'un moment à l'autre. Jamais je n'oublierai, M. Oldbuck, l'amitié que vous m'avez témoignée.

— Je me flatte que vous n'avez pas reçu de mauvaises nouvelles !

— Elles sont d'une nature mixte. Mais adieu : dans la bonne fortune comme dans la mauvaise, je ne vous oublierai jamais.

—Un moment ! un moment ! s'écria l'antiquaire en paraissant faire un effort sur lui-même. Si... si vous éprouvez quelque embarras pécuniaire, j'ai cinquante guinées, une centaine même, à votre service jusqu'à... jusqu'à la Pentecôte... ou jusqu'à ce qu'il vous convienne de me les rendre.

— Je vous suis fort obligé, M. Oldbuck, mais l'argent ne me manque pas. Excusez-moi, mais je ne puis soutenir plus long-temps la conversation ; je vous écrirai ou je vous reverrai avant de quitter Fairport, si je suis obligé d'en partir. A ces mots, il serra la main de l'antiquaire, et, se détournant de lui, il prit à grands pas la route de Fairport, ne pouvant plus songer à rester à Monkbarns.

— Fort extraordinaire ! s'écria Oldbuck ; mais il y a dans ce jeune homme quelque chose que je ne puis pénétrer; et cependant il m'est impossible de mal penser de lui. Il faut que je retourne à Monkbarns, et que j'éteigne le feu dans la chambre verte, car pas une de mes femelles n'osera y entrer à la brune.

— Et comment est-ce que je m'en irai? dit l'enfant en pleurant.

— La nuit est belle, dit le mendiant en levant les yeux vers le ciel, et je crois que je ferai aussi bien de retourner à la ville pour avoir l'œil sur ce jeune gars.

— Oui, Edie, oui, dit l'antiquaire; et ayant fouillé quelque temps dans la profondeur de la poche de sa veste, il y trouva enfin ce qu'il cherchait. Voilà, ajouta-t-il alors, une pièce de six pence pour vous acheter du tabac.

CHAPITRE XVI.

« La compagnie de ce drôle m'a ensorcelé. Je veux
« être pendu si ce coquin ne m'a pas fait prendre
« un philtre pour se faire aimer de moi. Oui, il faut
« que j'aie pris un philtre. »
SHAKSPEARE. *Henry IV*, partie II.

PENDANT une quinzaine, l'antiquaire ne manqua pas de demander tous les jours au vieux Caxon s'il savait ce que faisait M. Lovel, et tout ce qu'il put en apprendre fut qu'il avait encore reçu une ou deux grosses lettres venant du sud, mais qu'on ne le rencontrait jamais sur les trottoirs de Fairport, et que personne ne savait ce qu'il faisait.

—Mais comment vit-il? Caxon.

—Oh! mistress Hadoway lui prépare un bœuf-steak, des côtelettes de mouton, un poulet rôti, enfin ce qu'elle préfère elle-même, et il mange dans la petite salle rouge, près de sa chambre à coucher. Elle ne peut lui faire dire ce qu'il voudrait avoir pour son dîner. Elle lui prépare son thé tous les matins, et il la paie honorablement toutes les semaines.

—Mais ne sort-il donc jamais?

—Il a tout-à-fait renoncé à la promenade. Tout le long de la journée il est assis dans sa chambre, à lire ou à écrire. Je ne saurais dire combien de lettres il a écrites, mais il ne les met point à la poste à Fairport, quoique mistress Hadoway lui ait offert de les y porter elle-même; il les envoie sous enveloppe au sheriff, et mistress Mailsetter croit que le sheriff les fait mettre à la poste de Tannonburgh par son domestique. A mon avis, il soupçonne qu'on cherche à lire ses lettres à Fairport, et il n'a peut-être pas si grand tort, car ma pauvre fille Jenny...

—Du diable! ne m'ennuyez pas de vos femelles, Caxon. Parlons de ce pauvre jeune homme. N'écrit-il donc que des lettres?

— Si vraiment; il remplit des feuilles d'autres choses, à ce que m'a dit mistress Hadoway. Elle a bien des fois tâché de le déterminer à sortir, car elle lui trouve mauvaise mine, et son appétit s'en va. Mais non, il ne veut point passer le seuil de la porte, lui qui avait coutume d'aller se promener si souvent.

— Il a tort. Je me doute de ce qui l'occupe; mais il ne faut pas travailler avec excès. J'irai le voir aujourd'hui. Sans doute il ne songe plus qu'à la Calédoniade.

Ayant pris cette magnanime résolution, M. Oldbuck se disposa à l'exécuter sur-le-champ. Il mit ses gros souliers, prit sa canne à pomme d'or, et partit en répétant les paroles de Falstaff que nous avons mises en tête de ce chapitre, car il était lui-même surpris du degré d'attachement qu'il avait conçu pour cet étranger.

Une course à Fairport était une aventure extraordinaire pour M. Oldbuck, une entreprise qu'il ne faisait point avec grand plaisir. Il ne pouvait souffrir qu'on l'arrêtât dans les rues, et il y rencontrait toujours quelques oisifs qui l'abordaient, soit pour lui demander les nouvelles du jour, soit pour quelques autres fadaises semblables. A peine fut-il entré dans la ville qu'il fut accueilli par un Bonjour, Monkbarns; avez-vous lu le journal aujourd'hui? On dit que la grande entreprise aura lieu dans une quinzaine.

— Plût à Dieu qu'elle fût faite et refaite, répondit-il en continuant son chemin, afin que je n'en entendisse plus parler.

— J'espère, vint lui dire un autre, que Votre Honneur est content des fleurs que je lui ai fournies. Si vous voulez des ognons de jacinthes de Hollande, ou, ajouta-t-il en baissant la voix, un baril ou deux de genièvre d'Hambourg, un de nos bricks est arrivé hier.

— Grand merci, M. Crabtree, grand merci, je n'en ai pas besoin à présent, répondit l'antiquaire sans s'arrêter.

— M. Oldbuck, lui dit le clerc de la ville, personnage plus important qui l'empêcha de continuer sa route en se mettant en face de lui, le prévôt, apprenant que vous êtes en ville, vous prie instamment de ne pas en partir sans l'avoir vu. Il désire causer avec vous relativement au projet d'amener dans la ville de l'eau de Fairwell-Spring, parce qu'il faudra qu'elle traverse une partie de vos terres.

— Que diable! ne peut-il trouver d'autres terres que les miennes à fouiller et à couper? Dites-lui que je n'y consentirai point.

— Et le prévôt et le conseil de la ville, continua le clerc, sont d'accord de vous donner en indemnité les vieilles statues de pierre de la chapelle de Donagild, dont vous aviez envie.

— Hem? Quoi? Oh! c'est une autre affaire. Hé bien! j'irai voir le prévôt, et nous en parlerons.

— Mais il ne faut pas tarder, M. Monkbarns, si vous voulez avoir les statues; car le diacre Harlewalls pense qu'on pourrait s'en servir pour orner la nouvelle maison commune. C'est-à-dire, on mettrait de chaque côté de la porte les deux statues qui ont les jambes croisées, et qu'on nomme Robin et Bobbin; et l'on placerait au-dessus de la porte la troisième, qu'on appelle Ailie Dailie. Le diacre dit que cela sera du meilleur goût, et tout-à-fait dans le style gothique moderne.

— Que le ciel me délivre de cette génération de Goths! Le monument d'un chevalier templier aux deux côtés d'un portique grec, et une *madona* au-dessus de la porte! *ô tempora!* Hé bien, dites au prévôt que je consens à accorder le cours d'eau sur mes terres, mais que je veux avoir les statues. Il est fort heureux que je sois venu ici aujourd'hui.

Ils se séparèrent mutuellement satisfaits; mais le rusé clerc avait surtout raison de se féliciter de sa dextérité, car la proposition d'un échange de monumens que le conseil de la ville avait décidé de faire abattre parce qu'ils gênaient la voie publique, contre le droit de faire venir l'eau dans la ville à travers les terres d'Oldbuck, était une idée qui s'était présentée à lui à l'instant même.

Après plusieurs autres interruptions semblables, M. Oldbuck arriva enfin chez mistress Hadoway. Cette bonne femme était veuve d'un ministre, et la mort prématurée de son mari l'avait réduite à cet état voisin de l'indigence dans lequel végètent souvent les veuves des membres du clergé écossais. Elle se tirait d'affaire en louant un appartement meublé dans la maison qu'elle occupait, et comme elle avait trouvé en Lovel un locataire menant une vie tranquille et régulière, payant parfaitement bien, et apportant la plus grande honnêteté dans les relations qu'ils avaient nécessairement ensemble, mistress Hadoway, qui n'était sans doute pas habituée à trouver toutes ces qualités réunies dans tous ceux qui logeaient chez elle, s'était attachée à son locataire, et avait pour lui toutes les attentions que les circonstances pouvaient exiger. Apprêter un mets avec plus de recherche qu'à l'ordinaire pour le dîner du pauvre jeune homme, employer son crédit auprès de ceux qui se souvenaient encore de son mari, ou qui avaient quelque amitié pour elle, pour se procurer des légumes de primeur, ou quelque chose qu'elle s'imaginait pouvoir exciter l'appétit de Lovel, étaient autant de soins qu'elle se faisait un plaisir de prendre, quoiqu'elle le cachât scrupuleusement à celui qui en était l'objet. Elle ne faisait pas un mystère de sa bienveillance afin d'éviter les railleries de ceux qui auraient pu supposer qu'un visage ovale, des yeux noirs, un teint un peu brun, mais animé de belles couleurs, quoique appartenant à une femme de quarante-cinq ans, et à demi cachés sous une coiffure de veuve, pouvaient encore prétendre à faire des conquêtes; car, pour dire la vérité, ce soupçon ridicule ne s'étant jamais présenté à son esprit, elle ne se serait jamais imaginé qu'il pût entrer dans la tête d'un autre : c'était par délicatesse qu'elle cachait ses attentions pour son hôte, parce qu'elle craignait qu'il ne fût plus généreux que riche, et qu'il ne lui eût été pénible de laisser ses civilités sans récompense. Elle ouvrit la porte à M. Oldbuck, et la surprise qu'elle éprouva en le voyant mouilla ses yeux de quelques larmes qu'elle put à peine retenir.

—Je suis charmée de vous voir, monsieur, très-charmée en vérité. Je crains que mon pauvre jeune homme ne soit pas bien; et cependant il ne veut voir ni médecin, ni ministre, ni homme de loi. Jugez de ce que je deviendrais, M. Monkbarns, si un homme venait à mourir chez moi sans avoir pris l'avis des trois facultés savantes, comme le disait mon pauvre M. Hadoway.

— C'est ce qu'on peut faire de mieux, grommela le cynique antiquaire. Apprenez de moi, mistress Hadoway, que le clergé vit de nos péchés, la médecine de nos maladies, et la justice de nos sottises et de nos malheurs.

—Fi donc! Monkbarns; faut-il que je vous entende parler ainsi! Mais vous allez monter? vous irez le voir? Hélas! un si beau jeune homme! Son appétit s'en va de plus en plus; à peine prend-il quelque chose sur le plat pour faire semblant de manger un morceau. Ses pauvres joues deviennent de jour en jour plus maigres et plus pâles, et maintenant il a vraiment l'air aussi vieux que moi, qui pourrais être sa mère... c'est-à-dire pas tout-à-fait, mais approchant.

— Pourquoi ne prend-il pas d'exercice?

— Je crois que nous l'y avons enfin déterminé, car il a acheté un cheval de Gibbie Goligtly, le maquignon. Il se connaît bien en chevaux; Gibbie l'a dit lui-même à notre servante. Il lui avait offert un bidet qu'il croyait assez bon pour un homme qui a toujours un livre ou une plume à la main; mais M. Lovel n'a pas seulement voulu le regarder, et il en a acheté un digne du maître de Morphie. Il est à l'auberge des *Armes de Græmes*, dans la grande rue; il a fait une promenade hier matin et aujourd'hui avant de déjeuner. Mais ne voulez-vous pas monter dans sa chambre?

— Tout à l'heure, tout à l'heure. Personne ne vient-il le voir?

— Pas une ame, M. Oldbuck; puisqu'il ne voulait voir personne quand il était gai et bien portant, comment se trouverait-il quelqu'un dans Fairport qui songeât à lui maintenant?

— C'est vrai, c'est vrai. J'aurais été surpris s'il en eût été autrement. Hé bien, montrez-moi le chemin, mistress Hadoway, de peur que je ne me méprenne de chambre.

La bonne hôtesse précéda M. Oldbuck dans un escalier étroit, l'avertissant chaque fois qu'il fallait tourner, et regrettant à chaque marche d'être obligée de le faire monter si haut. Enfin elle frappa doucement à la porte.

— Entrez, dit Lovel; et M. Oldbuck parut aux yeux de son jeune ami.

Le petit appartement était propre et décemment meublé. Les sièges en étaient garnis d'une tapisserie, œuvre de l'aiguille de mistress Hadoway. Mais il était trop chaud, sentait le renfermé, et il parut à M. Oldbuck un séjour malsain pour un jeune homme d'une santé délicate; observation qui le décida dans un projet qu'il avait déjà formé relativement à Lovel. Ayant devant lui une table couverte de livres et de papiers, Lovel était sur un sopha, en robe de chambre et en pantoufles. L'antiquaire fut affligé du changement qui s'était fait en lui. Son effrayante pâleur rendait plus saillante, par le contraste, une tache de pourpre qui colorait ses joues, et bien différente de ce teint vermeil qui annonçait naguère en lui une si brillante santé. Oldbuck remarqua qu'il avait un gilet et des culottes noires, et vit un habit de même couleur sur une chaise. En le voyant entrer, Lovel se leva et alla au-devant de lui.

— Voilà une preuve d'amitié, lui dit-il en lui serrant la main, une vraie preuve d'amitié dont je vous remercie : mais vous ne faites que prévenir une visite que je comptais vous rendre incessamment. Il faut que vous sachiez que je suis devenu cavalier depuis peu.

— C'est ce que j'ai appris de mistress Hadoway, mon jeune ami. Je désire seulement que vous ayez été assez heureux pour trouver un cheval tranquille. J'ai été une fois assez fou pour en acheter un moi-même de ce Gibbie Golightly, et ce quadrupède maudit m'entraîna malgré moi plus de deux milles à la suite d'une meute avec laquelle je n'avais pas plus affaire qu'avec la neige de l'année dernière; après avoir ainsi contribué, à ce que je crois, à l'amusement de tous les chasseurs, il eut la bonté de me jeter dans un fossé sans eau. J'espère que votre bête est plus paisible?

— Je me flatte du moins qu'elle se montrera plus docile.

— C'est-à-dire que vous vous regardez comme un bon écuyer.

— Je ne conviendrais pas volontiers que j'en sois un mauvais.

— Sans doute. Tous les jeunes gens pensent qu'autant vaudrait s'avouer tailleurs sans hésiter. Mais avez-vous pour vous l'expérience ? *Experto crede*. Un cheval emporté ne badine point.

— Je ne me vante pas d'être parfait écuyer ; mais lorsque j'étais aide-de-camp de sir..., à la bataille de..., l'année dernière, j'ai vu bien des officiers démontés qui étaient meilleurs cavaliers que moi.

— Ah! ah! vous avez donc vu face à face le dieu formidable des combats? Vous connaissez le front sourcilleux de Mars *armipotens?* Voilà qui achève de prouver qu'il ne vous manque rien pour faire une épopée. Cependant vous vous souviendrez que les Bretons combattaient sur des chariots. *Covinarii* est l'expression dont se sert Tacite. Vous vous rappelez sa belle description de l'instant où ils se précipitèrent sur l'infanterie romaine, quoique ce grand historien dise que le terrain raboteux n'était guère convenable à un combat de cavalerie. Et au total je ne conçois pas trop quelle sorte de chariots on a jamais pu faire rouler en Ecosse, excepté sur les grandes routes. Hé bien, voyons. Les muses vous ont-elles visité? Avez-vous quelque chose à me montrer?

— Mon temps, dit Lovel en jetant un coup d'œil sur son habit noir, a été moins agréablement employé.

— La perte d'un ami?

— Oui, M. Oldbuck ; presque du seul ami que je pusse me flatter de posséder.

— En vérité ! Hé bien, jeune homme, consolez-vous. La mort, en vous enlevant un ami pendant que votre affection mutuelle était vive encore, pendant que vos larmes peuvent couler sans être remplies d'amertume par quelque souvenir de froideur, de méfiance, ou de perfidie, vous a peut-être épargné une épreuve encore plus pénible. Jetez les yeux autour de vous ; combien voyez-vous de personnes conserver dans leur vieillesse l'affection de ceux avec lesquels ils étaient unis par les nœuds de la plus tendre amitié dans leur jeunesse? Les sources de plaisir, communes à tous les hommes, se dessèchent peu à peu, à mesure qu'ils avancent dans la vallée des ans, et alors ils s'en ménagent d'autres d'où sont exclus les premiers compagnons de leur pèlerinage. La jalousie, la rivalité, l'envie, se disputent à qui éloignera de nous nos amis, et il ne reste auprès de nous que ceux qui s'y trouvent par habitude plutôt que par choix, et qui, tenant à nous par le sang plus que par l'amitié, font compagnie au vieillard pendant sa vie, afin de ne pas en être oubliés à sa mort.

Hæc data pœna diù viventibus [1].

Ah! M. Lovel, si vous êtes destiné à atteindre la saison triste et froide de l'hiver de la vie, vous ne regarderez plus alors les chagrins de votre jeunesse que comme de légers nuages qui ont intercepté un instant les rayons du soleil levant. Mais je force vos oreilles à entendre des vérités contre lesquelles votre sensibilité se révolte peut-être.

— Je suis très-sensible à vos bonnes intentions, M. Oldbuck, mais une blessure récente est toujours douloureuse, et la conviction que le reste de ma vie ne me réserve qu'une succession de chagrins continuels, serait, permettez-moi de vous le dire, une faible consolation dans l'affliction que j'éprouve. Pardonnez-moi encore si j'ajoute que vous me semblez avoir moins de raisons que personne pour envisager la vie humaine sous un point de vue si sombre. Vous jouissez d'une fortune honnête; vous êtes généralement respecté; vous pouvez, pour vous parler votre langage, *vacare musis*, et vous livrer aux recherches savantes auxquelles votre goût vous invite; vous pouvez trouver de la société hors de chez vous, et vous en avez une agréable dans l'intérieur de votre maison, dans le sein d'une famille attentive et affectionnée.

— Oui, j'en conviens; mes femelles, grace à la bonne

---

[1] P ine infligée à ceux qui vivent long-temps. — Tr.

discipline que j'ai établie, sont civiles et traitables. Elles ne me dérangent pas de mes études le matin; lorsque après le dîner ou après le thé il me prend fantaisie de faire un somme, elles marchent dans la chambre avec la prudence et la légèreté d'un chat. Tout cela est fort bien, mais il me manque quelqu'un à qui je puisse parler, avec qui je puisse faire un échange d'idées.

— Et pourquoi n'engagez-vous pas votre neveu le capitaine Mac-Intyre, dont chacun parle comme d'un jeune homme plein d'esprit et d'ardeur, à venir demeurer avec vous?

— Qui? Mon neveu Hector? Le Hotspur [1] du nord? Que le ciel m'en préserve! j'aimerais autant jeter un tison enflammé dans ma grange. C'est un Almanzor, un Chamont [2]. Il a une généalogie montagnarde aussi longue que sa claymore, et une claymore aussi longue que la grande rue de Fairport. La dernière fois qu'il vint ici ne la dégaina-t-il pas contre le chirurgien de la ville? Je l'attends un de ces jours, mais je vous promets que j'aurai soin de le tenir à une distance respectueuse. Lui, demeurer dans ma maison! Mes chaises et mes tables trembleraient d'effroi à sa vue. Non, non, point d'Hector Mac-Intyre. Mais écoutez-moi, Lovel, vous êtes un jeune homme d'un caractère doux et tranquille; ne feriez-vous pas mieux de planter votre tente pour un mois ou deux à Monkbarns, puisqu'il me paraît que vous n'avez pas encore dessein de quitter le pays sur-le-champ? Je ferai ouvrir une porte dans le jardin. Cette dépense ne sera qu'une bagatelle; il en existait autrefois une dont la place est visible encore. Par cette porte vous pourrez aller, quand bon vous semblera, de la chambre verte au jardin, sans déranger votre vieil ami, et vous n'aurez pas à craindre qu'il vous dé-

---

(1) Héros bouillant de Shakspeare. Voyez *Henry IV*. — Éd.
(2) Autre espèce de héros rodomont: l'un de la création de Dryden, l'autre d'Otway. — Éd.

range. Quant à votre nourriture, mistress Hadoway m'a dit, pour me servir de ses propres termes, que vous êtes très-sobre de votre bouche ; ainsi vous vous contenterez de mon modeste ordinaire. Votre blanchissage...

— Mon cher M. Oldbuck, s'écria Lovel en retenant avec peine un sourire prêt à lui échapper, — avant que votre hospitalité règle tous les avantages que je trouverais chez vous, permettez-moi de vous faire mes sincères remerciemens d'une offre si obligeante, qu'il n'est pas en mon pouvoir d'accepter en ce moment ; il est probable que je quitterai l'Ecosse avant peu ; mais auparavant j'espère être assez heureux pour pouvoir passer quelques jours chez vous.

L'antiquaire changea de visage. — Je me flattais, dit-il, d'avoir trouvé un arrangement qui devait nous convenir à tous deux. Qui sait ce qui pourrait arriver à la longue ? Peut-être ne nous séparerions-nous plus. Je suis maître absolu de mes biens, grace à l'avantage que j'ai d'être descendu d'ancêtres qui avaient plus de bon sens que d'orgueil. On ne peut me forcer à transmettre mes biens, mes domaines, mes héritages autrement que comme il me plaira. Je n'ai pas une suite d'héritiers substitués, aussi ridiculement enfilés l'un après l'autre que les morceaux de papier attachés à la queue d'un cerf-volant. Non, rien ne me gêne dans mon inclination, et l'essor de ma prédilection est parfaitement libre. Au surplus je vois que rien ne peut vous tenter en ce moment. Mais la Calédoniade marche toujours, j'espère ?

— Oh ! certainement, répondit Lovel, je ne puis songer à abandonner un plan si heureux.

— Heureux ! sans doute, reprit l'antiquaire en levant les yeux d'un air grave ; car, quoiqu'il fût assez bon juge des plans formés par les autres, il avait naturellement une opinion un peu trop favorable peut-être de ceux qui avaient pris naissance dans son cerveau. — C'est une de ces conceptions, continua-t-il, qui, si l'exécution est digne du sujet, peuvent effacer la tache de frivolité qu'on reproche à la littérature du siècle où nous vivons.

En ce moment on frappa à la porte, et mistress Hadoway remit une lettre à Lovel, en lui disant qu'un domestique attendait la réponse.

— Ce billet vous concerne autant que moi, dit Lovel à l'antiquaire en le lui remettant après y avoir jeté les yeux.

C'était une lettre de sir Arthur Wardour, conçue dans les termes les plus civils. Il regrettait qu'un accès de goutte l'eût empêché jusqu'alors d'aller lui-même faire à M. Lovel ses remerciemens du service important qu'il lui avait rendu peu de temps auparavant. Il aurait voulu pouvoir se rendre chez lui en personne, mais il espérait que M. Lovel lui pardonnerait de se dispenser de ce cérémonial, et qu'il voudrait bien se joindre à une petite société qui se proposait de visiter le lendemain les ruines du prieuré de Sainte-Ruth, dîner ensuite à Knockwinnoch et y passer la soirée. Il finissait par dire qu'il avait invité la famille de Monkbarns à cette petite partie de plaisir, et il fixait le rendez-vous général à une barrière située à peu près à égale distance de la demeure de tous ceux qui devaient composer la société.

— Que ferons-nous? demanda Lovel à l'antiquaire, quoiqu'il ne doutât nullement de la réponse.

— Nous irons, mon jeune ami, nous irons bien certainement. Il m'en coûtera pourtant une chaise de poste. Voyons : il y a trois places, une pour vous, l'autre pour moi, et la troisième pour Marie Mac-Intyre. Fort bien; quant à mon autre femelle, elle ira passer la journée au presbytère, et vous pourrez revenir à Monkbarns dans la chaise, attendu que je la prendrai pour toute la journée.

— Je crois que je ferai mieux de prendre mon cheval.

— Oh, vraiment, j'oubliais votre bucéphale; cependant, soit dit en passant, vous êtes un jeune fou de préférer les jambes d'une autre créature à celles que la nature vous a données.

— Celles du cheval ont l'avantage de marcher beaucoup plus vite, et d'être en nombre double : c'est pourquoi je penche fort, je l'avoue.....

— C'en est assez ! c'en est assez ! Faites ce qui vous convient le mieux. En ce cas je conduirai ou Grizzy ou le ministre ; car quand je paie des chevaux de poste, j'aime à en tirer tout le service qu'ils me doivent. Ainsi donc nous nous trouverons à la barrière de Tirlingen vendredi prochain, à midi précis.

L'affaire étant ainsi réglée, les deux amis se séparèrent.

CHAPITRE XVII.

« C'était là qu'autrefois de pieux solitaires,
« La nuit à l'Eternel adressaient leurs prières.
« Le cœur chargé d'ennuis y pouvait respirer ;
« La vengeance et la haine y venaient expirer ;
« La pitié, des remords adoucissant la crainte,
« A l'orgueil imprimait du repentir l'empreinte. »
CRABBE.

La matinée du vendredi fut aussi belle que si l'on n'eût projeté aucune partie de plaisir, ce qui est un événement aussi rare dans la vie que dans les romans [1]. Lovel, qui éprouvait la salutaire influence de la saison, et qui jouissait de l'espérance de revoir bientôt miss Wardour, n'avait pas été depuis long-temps d'une humeur aussi gaie. Son avenir semblait s'offrir à lui plus riant, et l'espérance, quoique semblable encore au soleil du matin dont les rayons percent avec peine les nuages et les brouillards, jetait du moins pour lui quelques rayons sur le sentier de

---

(1) L'auteur écrit en Ecosse. — Tr.

la vie. D'après cette disposition d'esprit, il arriva le premier au rendez-vous, comme on peut aisément le supposer; et ses regards étaient fixés avec tant d'attention sur la route qui conduisait à Knockwinnock, comme il n'est pas moins facile de le croire, qu'il ne s'aperçut de l'arrivée de la division venant de Monkbarns, que grace au cri:— Gare! que le postillon fut obligé de répéter plusieurs fois.

Cette chaise de poste contenait d'abord le digne et grave M. Oldbuck, et ensuite le révérend M. Blattergowl, personnage presque aussi imposant, ministre de Trotcosey, paroisse dans laquelle étaient situés les châteaux de Monkbarns et de Knockwinnock. Sur son énorme perruque était placé un chapeau à cornes en forme de triangle équilatéral; c'était, comme le disait notre antiquaire, le *parangon* des trois perruques qui restaient dans la paroisse, et qu'il avait coutume de comparer aux trois degrés de comparaison, la petite perruque bien collée sur le front de sir Arthur étant le positif, sa propre perruque ronde le comparatif, et l'*in-folio* du révérend le superlatif. Le surintendant de ces trois coiffures antiques, croyant ou affectant de croire qu'il ne pouvait s'absenter dans une occasion qui les réunissait toutes trois, s'était assis derrière la voiture, afin, disait-il, de se trouver à portée, si par hasard Leurs Honneurs désiraient un coup de peigne avant le dîner. Entre les deux figures majestueuses de Monkbarns et du ministre, s'élevait, comme une aiguille, la taille svelte et élancée de Marie Mac-Intyre, sa tante ayant préféré une visite au presbytère et quelques heures de bavardage avec miss Blattergowl, au plaisir de parcourir les ruines du prieuré de Sainte-Ruth.

Tandis que Lovel et Oldbuck se saluaient réciproquement, sir Arthur arriva dans son équipage, calèche découverte dont le vernis éclatant, les armoiries qui en couvraient les portières, les chevaux bais qui la traînaient, et deux coureurs qui la précédaient, faisaient un contraste frappant avec la vieille chaise de poste de l'antiquaire et les haridelles qui y étaient attelées. Sir Arthur et sa fille occupaient les places d'honneur, le fond de la voiture. Le premier coup d'œil que miss Wardour jeta sur Lovel donna une nouvelle vivacité aux roses de son teint ; mais elle s'était probablement préparée à le recevoir simplement en ami, car elle répondit avec autant de calme que de politesse au salut empressé qu'il lui adressa. Sir Arthur fit arrêter son équipage, serra la main de Lovel, et lui exprima le plaisir qu'il éprouvait en saisissant cette occasion de lui faire lui-même tous ses remerciemens du service qu'il lui avait rendu. Lui montrant alors un troisième personnage assis sur la banquette de devant, place réservée ordinairement aux gens d'une condition inférieure : — M. Dousterswivel ! M. Lovel, lui dit-il [1].

Lovel fit une légère inclination de tête à l'adepte allemand, et celui-ci la lui rendit avec un air d'humilité, ou plutôt de bassesse, qui ne fit qu'ajouter aux préventions défavorables que notre héros avait déjà conçues contre lui ; on pouvait voir, aux sourcils froncés de l'antiquaire, que ce surcroît de compagnie lui causait à lui-même quelque déplaisir. On ne fit guère que se saluer de loin, et les voitures ayant continué à rouler pendant environ trois milles, s'arrêtèrent enfin à l'enseigne des *Quatre Fers à cheval*, petite auberge voisine du prieuré, où Caxon ouvrit humblement la portière de la chaise de poste, tandis que les deux laquais de sir Arthur aidaient leurs maîtres à descendre.

Là on se salua plus à loisir ; les deux jeunes demoiselles se prirent la main ; et Oldbuck, alors dans son élément, se mit à la tête de la compagnie pour jouer le double rôle de guide et de cicerone, car on devait se rendre à pied sur le lieu qui excitait leur curiosité. Il eut soin de retenir près de lui Lovel, qu'il regardait comme l'auditeur le plus

---

(1) Manière laconique de présenter une personne à une autre, en les nommant toutes deux et avec un simple signe de tête. — Éd.

docile, et il se retournait de temps en temps pour donner un mot d'instruction à sa nièce et à miss Wardour, qui les suivaient. Il ne disait rien au baronnet ni au ministre, parce qu'il connaissait leurs prétentions à savoir plus que lui sur cette matière; et il évitait Dousterswivel, dont la présence l'offusquait, le regardant comme un charlatan et comme la cause immédiate de la perte qu'il craignait de faire des cent livres risquées par lui dans l'entreprise de la mine de cuivre. Le ministre et l'adepte étaient donc deux satellites faisant leur révolution autour de sir Arthur, qui était d'ailleurs le personnage le plus important de toute la société.

Il arrive souvent en Ecosse que les plus beaux points de vue se trouvent cachés dans quelque lieu écarté, et vous pouvez traverser ce pays dans tous les sens, sans vous douter qu'il y a près de vous quelque chose qui mérite d'être vu, à moins que le hasard ou une intention déterminée ne vous y conduise; c'est ce qui arrive surtout dans les environs de Fairport, qui, en général, n'offrent qu'un pays découvert et nu; mais par intervalles le cours d'un ruisseau ou d'une petite rivière vous conduit à des vallons, des glens, ou des dens [1], comme on les appelle dans le dialecte provincial, entourés de hautes roches escarpées sur lesquelles croissent avec une profusion de verdure des arbres et des arbustes de toute espèce; vue d'autant plus agréable qu'elle forme un contraste frappant avec le caractère général du pays. C'est ce qu'éprouvèrent nos voyageurs en se rendant aux ruines du prieuré de Sainte-Ruth par un sentier qui ne semblait fréquenté que par les troupeaux, le long d'une montagne nue et escarpée. Cependant, à mesure qu'ils avançaient, et quand ils eurent tourné ce rocher, ils commencèrent à voir quelques arbres, d'abord solitaires, vieux et rachitiques, aux

---

(1) *Glen* et *den* sont à peu près synonymes. Den signifie ordinairement une grotte, une caverne : ici ce mot s'applique à ces vallons en *entonnoir* entourés presque de toutes parts de rochers, comme les glens. — Éd.

troncs desquels des flocons de laine étaient attachés, et dont les grosses racines mises à découvert formaient de grands creux dans lesquels les moutons aiment à se reposer; spectacle plus flatteur pour l'œil d'un admirateur du pittoresque que pour celui de l'homme qui aime à planter des arbres et à les voir croître et prospérer. Peu à peu ces arbres formèrent des groupes, rendus plus épais par les épines et les noisetiers qui en garnissaient le centre et les bords; enfin ces divers bouquets se réunirent, et quoiqu'on vît de temps en temps sous leurs branches une large percée, et qu'on trouvât quelques endroits où un sol marécageux ou couvert de bruyères refusait la sève nécessaire aux arbres, on pouvait se regarder comme dans un pays bien boisé. Bientôt les collines commencèrent à se rapprocher; on entendit le bruit d'un ruisseau, et, à travers les clairières du bois, on le vit promener avec rapidité ses eaux limpides sous leur dais de feuillage.

Oldbuck prit alors sur lui de déployer toute l'autorité d'un cicerone, et recommanda à chacun de ses compagnons de ne pas s'écarter d'un pas du sentier désigné, s'ils voulaient admirer dans toute sa beauté le spectacle qu'ils étaient venus voir. — Vous êtes heureuse de m'avoir pour guide, miss Wardour, dit-il; et il accompagna de la main et de la tête les vers suivans, qu'il déclama :

« De ce bois je connais jusqu'au moindre détour.
« Les coteaux, les rochers, les échos d'alentour,
« Les grottes, les ruisseaux, les vallons, les collines,
« Les. . . . . . . »

Diable! cette maudite branche de ronces a démoli tout l'édifice de Caxon, et a manqué de jeter ma perruque dans le ruisseau. Voilà ce qu'on gagne à des citations *hors de propos*.

— Pourquoi vous en inquiéter, mon cher monsieur? répondit miss Wardour; n'avez-vous pas ici votre fidèle Caxon, dont la main est toujours prête à réparer de pareils désastres? Vous reparaîtrez avec une splendeur égale à celle dont vous brilliez avant cet accident ; et faisant une citation à mon tour, je vous dirai :

> « Dans le sein de Thétis éteignant tous ses feux,
> « Tel on voit chaque soir le plus brillant des dieux
> « Disparaître privé de toute sa puissance :
> « Mais rendu le matin à sa magnificence,
> « Il reprend ses rayons un moment éclipsés.
> « Son front couronné d'or........ »

—Assez! assez! s'écria Oldbuck ; je ne devais pas m'exposer à vous donner l'avantage sur moi. Mais voici de quoi vous arrêter dans votre carrière satirique, car je sais que vous êtes une admiratrice de la nature. En effet il avait fait passer ses compagnons par une brèche d'un ancien mur peu élevé et tombant en ruines, et ils virent tout à coup une scène inattendue et intéressante.

Ils étaient sur une hauteur qui, formant une espèce d'amphithéâtre, dominait un beau lac de quelques acres d'étendue. Autour d'une plage d'abord unie s'élevaient des bords escarpés, mêlés de rochers arides, tandis que le taillis qui croissait irrégulièrement sur les flancs rompait l'uniformité de la verdure. Aux pieds de nos promeneurs le lac se déchargeait dans le ruisseau rapide qu'ils avaient suivi depuis qu'ils étaient entrés dans ce glen. C'était à l'endroit où le ruisseau sortait du «lac paternel,» que l'on admirait les ruines qu'ils venaient voir ; elles n'occupaient pas une grande étendue de terrain, mais la beauté singulière du lieu solitaire où elles étaient situées leur donnait plus d'intérêt et d'importance qu'on n'en attache ordinairement à des restes d'architecture d'un caractère plus imposant, mais voisins des habitations des hommes et privés des mêmes accessoires romantiques. Les croisées de l'église, du côté de l'orient, subsistaient encore, et les murs soutenus par de légers arcs-boutans qui en étaient détachés, ornés de pinacles et de sculptures, donnaient à l'édifice un air de variété et de légèreté. Le toit et le mur du côté de l'occident étaient entièrement détruits; mais l'église figurait un des côtés d'un carré dont deux autres étaient formés par les ruines du prieuré, et le quatrième par le jardin. La partie des bâtimens qui faisait face au ruisseau était située sur un roc escarpé; car ce couvent avait quelquefois servi de forteresse, et avait été pris d'assaut pendant les guerres de Montrose. Sur le terrain qui avait autrefois servi de jardin on voyait encore quelques arbres fruitiers. A quelque distance étaient des chênes, des ormes et des châtaigniers qui croissaient solitairement, et dont le tronc avait atteint une grosseur énorme. Le reste de l'espace qui séparait les ruines de la montagne était un tapis de frais gazon où les moutons trouvaient leur pâture journalière, et suppléaient à la faux du jardinier. Toute cette scène respirait un calme imposant sans être monotone. Le bassin profond où reposaient les eaux transparentes du lac réfléchissant les fleurs élégantes du nénuphar et les arbres qui çà et là projetaient leurs branches, offrait un contraste parfait avec le bruit du ruisseau rapide qui, s'échappant de la vallée comme un captif de sa prison, tournait autour de la base du rocher sur lequel étaient situées les ruines, et couvrait d'écume les pierres et les rocs opposés à son passage. Le même contraste régnait entre la pelouse où étaient situées les ruines ombragées par quelques arbres touffus, et l'escarpement des bords qui s'élevaient à quelque distance, alternativement décorés comme d'une guirlande légère d'arbrisseaux, tapissés d'une rouge bruyère, ou plus brusques dans leurs saillies de granit grisâtre nuancé par les lichens et ces plantes peu délicates dont les racines puisent une sève suffisante dans les crevasses des rochers les plus arides.

— C'était ici une des retraites de la science dans les siècles de ténèbres, M. Lovel, dit Oldbuck, autour duquel toute la compagnie s'était groupée en admirant ce paysage si romantique, offert inopinément à leurs regards. Ici vivaient dans un docte repos des sages fatigués des vanités de la vie humaine, et qui consacraient toutes leurs pensées soit au monde à venir, soit au service des générations suivantes. Je vais maintenant vous montrer la bibliothèque. Voyez ce reste de mur dans lequel sont percées des fenêtres carrées; c'est là qu'elle existait, et il s'y trouvait, comme l'atteste un ancien manuscrit en ma possession, un trésor de cinq mille volumes. C'est bien le cas ici de gémir et de se lamenter comme le savant Léland, qui, regrettant la destruction des bibliothèques des cloîtres, s'écrie avec la douleur de Rachel pleurant sur ses enfans, que si les Lois, les Décrets, les Décrétales, les Clémentines des papes, et autres drogues semblables, même les Sophismes d'Heytesburg, les Universaux de Porphyre, la Logique d'Aristote, la Théologie de Dunse, enfin toutes ces guenilles pouilleuses, vous demandant pardon de l'expression, miss Wardour, avaient été enlevées de nos bibliothèques pour fournir les boutiques des épiciers et des herboristes, on pouvait aisément s'en consoler; mais avoir employé à un usage aussi ignoble, aussi méprisable, nos anciennes chroniques, nos nobles histoires, nos savans commentaires, nos documens naturels, c'est avoir dégradé notre nation, c'est nous avoir déshonorés aux yeux de la postérité jusqu'à la fin des siècles. O négligence fatale à notre pays!

—O John Knox [1]! dit le baronnet d'un ton un peu ironique; John Knox! sous les auspices et par l'influence duquel cette tâche patriotique fut accomplie!

L'antiquaire, se trouvant à peu près dans la même situation qu'un chasseur pris dans le piège qu'il vient de tendre, se détourna en toussant pour cacher une légère rougeur qui lui monta au visage, tandis qu'il cherchait une réponse. — Quant à l'apôtre de la réformation en Ecosse, dit-il...

(1) Le réformateur de l'Ecosse, qui joua le rôle d'un Erostrate protestant. — Ed.

Miss Wardour se hâta d'interrompre une conversation qui pouvait avoir des suites dangereuses. —Dites-moi, je vous prie, M. Oldbuck, quel est le nom de l'auteur que vous venez de citer?

—Le savant Léland, miss Wardour, qui perdit l'esprit en voyant la destruction des bibliothèques des monastères d'Angleterre.

—Son infortune a peut-être sauvé la raison de quelques antiquaires modernes, qui se seraient infailliblement noyés dans cette vaste mer de science, si son étendue n'eût été diminuée par quelques dessèchemens.

— Hé bien, Dieu merci! il n'y a plus de danger. On nous en a laissé tout au plus une petite tasse pour commettre ce suicide.

A ces mots, il les fit descendre de la montagne par un sentier un peu raide, mais non dangereux, qui les conduisit dans la belle prairie où étaient les ruines. — Voilà où ils vivaient, continua-t-il, n'ayant autre chose à faire que d'éclaircir des points douteux d'antiquité, de transcrire des manuscrits, et de composer de nouveaux ouvrages pour l'instruction de la postérité.

— Et d'accomplir les rites de la religion, ajouta le baronnet, avec une pompe et un cérémonial dignes de leur auguste ministère.

— Et si fotre excellence fouloir le permettre, dit l'Allemand en se courbant jusqu'à terre, les cénopites poufoir aussi alors faire te très-curieuses expériences tans leurs laporatoires, tant en chimie qu'en *magia naturalis*.

— Il me semble, dit le ministre, qu'ils avaient assez d'ouvrage à recueillir les dîmes de trois paroisses.

—Et tout cela, ajouta miss Wardour en regardant malignement l'antiquaire, sans être interrompus par une seule femelle.

—Oui vraiment, ma belle ennemie, répondit Oldbuck; c'était un paradis où nulle Eve n'était admise; et c'est ce qui rend plus étonnant que les bons pères aient pu le perdre.

Tout en faisant ces observations critiques sur ceux qui avaient autrefois habité cet auguste édifice, ils se promenèrent quelque temps au milieu de ces ruines couvertes de mousse, toujours dirigés par Oldbuck, qui leur détailla avec beaucoup de plausibilité le plan général de tout le couvent, et qui leur lut et leur expliqua diverses inscriptions à peine déchiffrables qu'on apercevait encore sur des pierres sépulcrales, ou sous des niches qui avaient contenu jadis les statues de quelques saints.

—Comment se fait-il, demanda enfin miss Wardour à l'antiquaire, que la tradition nous ait transmis si peu de chose relativement à ces édifices majestueux, élevés à si grands frais, construits avec tant de goût, et dont les propriétaires étaient dans leur temps des personnages de la première importance, et jouissaient d'un pouvoir très-étendu? Le moindre castel d'un baron maraudeur, d'un écuyer qui vivait de sa lance et de son épée, est consacré par quelque légende, et le plus simple berger vous dira avec exactitude les noms et les exploits de tous ceux qui les ont habités tour à tour. Mais adressez à un villageois la moindre question sur ces ruines magnifiques, sur les restes de ces tours, de ces murs, de ces cloîtres, de ces chapelles, tout ce qu'il pourra vous en apprendre c'est que les moines les ont fait construire autrefois.

Cette question était un peu embarrassante. Sir Arthur leva les yeux vers le ciel comme s'il en eût attendu une inspiration pour y répondre.—Oldbuck rejeta sa perruque en arrière en se grattant le front. — Le ministre pensa que ses paroissiens étaient trop fortement imbus de la vraie doctrine presbytérienne, pour conserver aucun souvenir des papistes qui avaient jadis couvert le pays, et qui n'étaient que les rejetons du grand arbre d'iniquité dont les racines sont dans les entrailles des sept montagnes d'abomination. Lovel pensa que le moyen de résoudre la question était d'examiner quels sont les événemens qui font le plus d'impression sur l'esprit du vulgaire.—Ce ne sont point, dit-il, ceux qui ressemblent aux progrès graduels d'une rivière fertilisant les terres qu'elle arrose ; ce sont ceux qui participent à la fureur impétueuse d'un torrent débordé. Les ères par lesquelles le peuple compte le temps, ont toujours rapport à quelque époque de craintes et de tribulations. Elles tirent leur date d'une tempête, d'un tremblement de terre, ou d'une guerre civile. Or si tels sont les faits qui se perpétuent le plus facilement dans la mémoire du peuple, nous ne pouvons nous étonner qu'il se souvienne du guerrier féroce, et que l'abbé paisible soit délaissé dans l'oubli.

— S'il plaise à fous, messieurs et mesdames, dit Dousterswivel, et demandant humplement pardon à sir Arthur, à miss Wardour, à ce digne ecclésiastique, à mon pon ami M. Oldenbuck qui être mon compatriote, et à ce prave jeune M. Lofel aussi, moi croire que le tout être dû à la main de gloire.

— A la main de quoi? s'écria l'antiquaire.

— A la main de gloire, mein herr Oldenbuck, qui être un très-grand et très-terrible secret, dont les moines s'être servis jadis pour cacher leurs trésors, quand eux avoir été chassés de leurs cloîtres par ce que fous appeler la réforme.

— Oui-da, dit Oldbuck : contez-nous cela. De tels secrets méritent d'être connus.

— Fous fouloir rire de moi, mein herr Oldenbuck; mais la main de gloire être très-fort connue dans les pays où vos dignes ancêtres afoir fécu. C'être la main coupée au corps d'un homme qui afoir été pendu pour meurtre, et pien délicatement séchée à la fumée de bois de genéfrier; et si fous y mettre un peu de ce que vous appeler if, cela n'en faloir que mieux, c'est-à-dire n'être pas pire. Alors fous prendre un peu de graisse d'ours, de pléreau, de sanglier, et d'un petit enfant qui n'afoir pas été paptisé, car cela être très-fort essentiel, et ensuite faire une chandelle et la mettre dans la main de gloire à l'heure et à la minute, et afec les cérémonies convenables; alors quiconque chercher les trésors, ne pas jamais les troufer.

—J'attesterais par serment cette conclusion, dit l'antiquaire. Et est-ce l'usage en Westphalie, M. Doursterswivel, de se servir de cet élégant candélabre?

— Toujours, mon pon monsieur, quand fous fouloir que pas personne parler de quoi fous faire ; et c'être ce que les moines afoir toujours fait, quand eux cacher leur argenterie d'église, leurs calices, leurs pagues et leurs pierres précieuses.

— Mais cependant, vous autres chevaliers rosecroix, vous aviez sans doute les moyens de rompre le charme, et de découvrir ce que les pauvres moines avaient pris tant de peine à cacher?

—Ah! mein herr Oldenbuck, répondit l'adepte en remuant la tête d'un air mystérieux, fous être fort dur à croire ; mais si fous afoir fu les pelles pièces d'argenterie si massives, sir Arthur ; si bien trafaillées, miss Wardour; et la croix d'argent, votre référence, que nous afoir trouvées, Schrœpfer et moi, pour mein herr Freygraff, paron Von Blunderhaus, moi croire peaucoup que fous alors pouvoir être moins incrédule.

— Il est certain que voir conduit à croire ; mais comment vous y prîtes-vous? quels moyens employâtes-vous?

—Ah! mon pon monsieur, c'être mon pêtit secret, ma propriété, voyez-vous. Vous me pardonner, si pas vous le dire ; mais moi poufoir fous dire qu'il y afoir plusieurs moyens pour cela. Par exemple, un rêve que fous faire trois fois, c'être un pien pon moyen.

— J'en suis ravi, dit Oldbuck en jetant un coup d'œil à la dérobée à Lovel ; car j'ai un ami qui est à cet égard particulièrement favorisé par Morphée.

—Ensuite il y afoir les sympathies et les antipathies, les propriétés étranges et les fertus naturelles de différentes plantes, et de la baguette divinatoire.

— Je voudrais voir quelqu'une de ces merveilles, au lieu d'en entendre parler, dit miss Wardour.

—Ah! mais, honoraple jeune demoiselle, ce n'être pas ici le temps ni le moyen pour découfrir les trésors cachés de l'Eglise; mais pour fous opliger, ainsi que sir Arthur mon patron, le référend ecclésiastique, le pon M. Oldenbuck, et M. Lovel qui être un fort prafe jeune gentilhomme, moi fous faire foir qu'il être possible, très-possible de découvrir une source d'eau, une petite fontaine cachée sous terre, sans pelle, sans pioche, et sans oufrir le sol.

—Ouais! dit l'antiquaire; j'ai entendu parler de ce tour de gibecière. Cette recette ne fera pas fortune en ce pays; vous devriez la porter en Espagne ou en Portugal, vous y en tireriez meilleur parti.

— Ah! mon pon M. Oldenbuck, il y afoir là l'inquisition et les auto-da-fé; moi pas fouloir être brûlé comme sorcier, quand moi n'être que philosophe.

—Si on le brûlait en cette qualité, dit Oldbuck à Lovel à voix basse, ce serait vouloir perdre des fagots; mais si on l'attachait au pilori comme un des plus impudens coquins qui aient jamais eu le don de la parole, le châtiment ne serait que proportionné à son mérite. Mais voyons: je crois qu'il va nous tirer quelque pièce de son sac.

Dans le fait, l'adepte était entré dans un petit bois taillis à quelque distance des ruines, et il paraissait très-occupé à chercher une baguette qui pût servir à la célébration de ses mystères. Après en avoir coupé, examiné, et rejeté plusieurs, il en prit enfin une de coudrier, terminée en fourche, et vint annoncer qu'elle possédait la vertu nécessaire pour l'expérience qu'il allait faire. Tenant de chaque main, entre un doigt et le pouce, le bout fourchu de la baguette, et la maintenant droite, il parcourut les ruines, suivi du reste de la compagnie.—Moi croire qu'il n'y afoir point d'eau ici, dit-il après avoir fait le tour de plusieurs bâtimens détruits, sans remarquer aucun des signes auxquels il prétendait s'attendre. Moi croire que ces moines d'Ecosse afoir troufé l'eau trop froide pour le climat, et avoir toujours pu du pon fin du Rhin. Ah! ah! foyez! —et les spectateurs virent la baguette tourner dans ses doigts, quoiqu'il eût l'air de la tenir très-serrée. — Pien sûr, dit-il, il y afoir de l'eau ici aux enfirons. — Et tournant de côté et d'autre, suivant que l'agitation de la baguette semblait augmenter ou diminuer, il arriva au milieu de ce qu'on pouvait appeler un appartement, puisque des restes de murailles s'élevaient encore sur les fondations; c'était autrefois la cuisine du prieuré. Là la baguette se tortilla au point de se pencher presque directement vers la terre. — Ici être la place, dit l'adepte. Si fous ne pas trouver de l'eau ici, moi fous donner la permission de m'appeler un impudent coquin.

— Qu'on trouve de l'eau ou non, dit tout bas l'antiquaire à Lovel, c'est une permission que je prendrai.

Un domestique, qui avait suivi nos curieux pour porter quelques rafraîchissemens dans un panier, fut envoyé chez un bûcheron qui demeurait à peu de distance, pour se procurer quelques travailleurs armés de pioches et de pelles. Le bûcheron vint avec ses deux fils; et quand ils eurent déblayé environ deux pieds de gravas, on aperçut l'eau, à la grande satisfaction du philosophe, à la surprise non moins grande des deux demoiselles, du ministre, de sir Arthur et de Lovel, et à la confusion de l'antiquaire. Celui-ci ne manqua pourtant pas de faire, à l'oreille de son jeune ami, une protestation contre ce miracle. — Tout cela n'est qu'une fourberie, dit-il; le drôle, de manière ou d'autre, connaissait d'avance l'existence de cet ancien puits, et c'est d'après cette assurance qu'il a fait ce tour de jonglerie mystique. Faites attention à ce qu'il va dire; car, ou je me trompe fort, ou ceci n'est que le prélude de quelque fourberie plus sérieuse. Voyez comme le coquin prend un air d'importance, comme il est glorieux du succès qu'il a obtenu, et comme le pauvre sir Arthur se laisse abuser par le jargon ridicule que ce charlatan vient de débiter comme des principes des sciences occultes !

— Fous foir, mon pon patron, ainsi que fous, mes pelles dames, et fous, digne docteur Plattergowl, et fous-mêmes, MM. Lofel et Oldenbuck, si fous fouloir foir, que l'art n'afoir d'autre ennemi que l'ignorance. En foyant cette petite baguette de coudrier, fous tous convenir qu'elle n'être ponne à rien, à rien qu'à fouetter un petit enfant...

— S'il s'agissait de toi, murmura l'antiquaire à voix basse, je préférerais un manche à balai garni de neuf bonnes lanières.

— Mais si fous la mettre entre les mains d'un philosophe, paf! elle faire la grande découferte. Mais tout cela n'être rien, sir Arthur; rien du tout, mes aimaples dames; rien, docteur Plattergowl; rien, M. Lofel, et mein herr Oldenbuck, en comparaison de ce que l'art poufoir faire. Ah! si moi troufer un homme de courage et de résolution, moi lui faire foir des choses bien meilleures que de l'eau; moi lui faire foir...

— Mais, pour lui faire voir toutes ces belles choses, dit l'antiquaire, il vous faudrait sans doute de l'argent?

— Une pagatelle, une fétille, pas mériter d'en parler.

— Je m'en doutais, reprit Oldbuck. Quant à moi, je vais, en attendant, et sans baguette divinatoire, vous faire voir un excellent pâté de venaison, et une bouteille de vieux madère. Je crois que toute la science de M. Dousterswivel ne pourrait nous offrir rien de mieux.

Les provisions furent étalées *fronde super viridi*, comme le dit l'antiquaire, sous les branches touffues d'un vieux chêne nommé le *chêne du prieur*; et chacun s'étant assis en cercle, on fit honneur au repas champêtre.

CHAPITRE XVIII.

« Tel un griffon ailé poursuit d'un vol rapide
« L'ennemi déloyal dont la ruse perfide
« A su lui dérober l'or qu'il devait garder;
« Tel le roi des enfers. . . . . . »

MILTON. *Le Paradis perdu.*

Lorsque la collation fut finie, sir Arthur fit retomber la conversation sur les mystères de la baguette divinatoire, sujet dont il s'était déjà entretenu plus d'une fois avec Dousterswivel. — Mon ami M. Oldbuck, dit-il, serait maintenant préparé à écouter avec plus de respect l'histoire des découvertes que vous et vos confrères, M. Dousterswivel, avez faites en Allemagne.

— Ah! sir Arthur, ce n'être pas une chose à raconter devant ces messieurs, parce que c'être le manque de crédulité, de foi, qui faire échouer les grandes entreprises.

— Du moins, ma fille peut lire la relation qu'elle a composée de l'histoire de Martin Waldeck.

— Ah! c'être une histoire très-féritable; mais miss Wardour être si pleine d'esprit et de malice, qu'elle en afoir fait un roman, aussi pien que Goethe et Wieland, sur mon honoraple parole.

— Pour dire la vérité, M. Dousterswivel, dit miss Wardour, le romanesque l'emportait tellement sur le probable dans cette légende, qu'il était impossible qu'une main amie du merveilleux y touchât sans la rendre parfaite dans son genre. Au surplus, la voici; et si vous n'aviez pas dessein de quitter cet ombrage avant que la grande chaleur du jour soit passée, et que vous voulussiez bien avoir de l'indulgence pour mon ouvrage, sir Arthur ou M. Oldbuck auraient peut-être la complaisance d'en faire la lecture.

— Ce ne sera pas moi, dit sir Arthur, car je suis enrhumé.

— Ni moi, dit Oldbuck, car j'ai oublié mes lunettes; mais voici Lovel, qui a de bons yeux et une bonne voix. Quant à M. Blattergowl, je sais qu'il ne lit jamais, de peur qu'on ne le soupçonne de lire ses sermons.

Cette tâche fut donc imposée à Lovel, qui reçut avec un certain tremblement, comme Isabelle lui remit avec quelque embarras, le manuscrit tracé par cette belle main dont la possession lui semblait le plus grand bonheur auquel il pût aspirer sur la terre. Mais il sentit la nécessité de cacher son émotion, et ayant jeté les yeux quelques instans sur le manuscrit, comme pour se familiariser avec l'écriture, il reprit assez de calme pour lire ce qui suit :

LES AVENTURES DE MARTIN WALDECK.

Les solitudes de la forêt de Hartz, en Allemagne, et surtout les montagnes nommées Blockberg, ou plutôt Brockenberg, sont la scène privilégiée des contes où figurent des sorcières, des démons et des apparitions. La plupart des habitans de ce canton étant bûcherons ou mineurs, leur genre de vie les rend plus accessibles aux superstitions vulgaires, et ils attribuent souvent au pouvoir de la magie ou à l'intervention des esprits les phénomènes naturels qui frappent leurs yeux dans la solitude de leurs bois ou dans la profondeur des mines. Parmi les différentes fables qui courent dans ce pays sauvage, la plus répandue est celle qui suppose que la forêt de Hartz est habitée par un démon qu'on représente sous la forme d'un homme de taille gigantesque, portant une couronne et une ceinture de feuilles de chêne, et tenant en main un pin arraché de terre avec ses racines. Il est certain qu'un grand nombre de personnes prétendent l'avoir vu du fond d'un vallon se promener ainsi sur le penchant d'une montagne; et le fait de cette apparition est si généralement admis, que le scepticisme moderne ne trouve d'autre excuse, pour refuser d'y croire, que de l'attribuer à une illusion d'optique.

Dans les anciens temps ce démon avait un commerce plus fréquent avec les habitans; et, suivant les traditions du pays, il intervenait souvent dans les affaires des mortels, avec le caprice assez ordinaire à cette classe d'êtres, c'est-à-dire tantôt pour leur nuire, tantôt pour leur être utile. Mais on remarquait qu'avec le temps ses dons devenaient funestes, même à ceux qu'il favorisait. Les pasteurs, en faisant de longs sermons pour l'instruction de leurs ouailles, prenaient souvent pour texte l'importance de n'avoir aucunes relations directes ni indirectes avec le démon de Hartz; et les vieillards ont souvent raconté à leurs enfans l'histoire de Martin Waldeck, quand ils les voyaient rire d'un danger qui leur paraissait imaginaire.

Un missionnaire capucin s'était mis en possession de la chaire de l'église couverte en chaume d'un petit hameau nommé Morgenbrodt, situé dans la forêt de Hartz. De là il tonnait contre la corruption des habitans et contre les communications qu'ils avaient avec des sorcières, des esprits, des fées, et surtout avec le détestable démon de Hartz. La doctrine de Luther avait déjà commencé à se répandre dans les campagnes; car on place cette aventure sous le règne de Charles V, et les paysans ne firent que rire du zèle que déployait le révérend père. Mais sa véhémence augmentait en proportion du mépris qu'on y opposait, et le mépris en proportion de la véhémence. Les habitans n'aimaient point que l'on confondît un démon paisible, auquel ils étaient habitués, qui avait habité le Brockenberg depuis des siècles, avec Belphégor, Astaroth et même Belzébut, et qu'on le condamnât sans miséricorde à être précipité dans l'abîme sans fond. La crainte que le démon ne se vengeât sur eux de la condamnation portée contre lui en leur présence d'une manière si peu libérale, se joignit à l'intérêt qu'ils lui portaient de temps immémorial. — Un missionnaire capucin, dirent-ils, qui est ici aujourd'hui, et qui demain sera ailleurs, peut dire tout ce que bon lui semble; mais ce sera nous, nous les anciens et constans habitans du pays, qui paierons pour lui. — Ces réflexions portèrent l'irritation dans leurs esprits : ils ne s'en tinrent plus à des propos injurieux, ils prirent des pierres, et, les jetant à la tête du capucin, ils le chassèrent du pays en lui disant d'aller prêcher ailleurs contre les démons.

Trois jeunes gens qui avaient été spectateurs et acteurs dans cette scène retournaient dans leur hutte, où ils s'occupaient à réduire du bois en charbon. Chemin faisant, la conversation tomba naturellement sur le démon de Hartz, et sur le sermon du capucin. Max et George Waldeck, les deux frères aînés, tout en convenant que le missionnaire avait été indiscret et blâmable d'oser prononcer sur la nature et le caractère de l'esprit de Hartz, soutinrent pourtant qu'il était dangereux au plus haut degré d'accepter ses dons et d'avoir avec lui aucune communication. Ils reconnaissaient qu'il était puissant, mais il était en même temps fantasque et capricieux, et ceux qui avaient eu des relations avec lui avaient rarement fait une bonne fin. N'avait-il pas donné à ce brave chevalier Ecbert de Rabenwald ce fameux coursier noir, grace auquel il avait vaincu tous ses concurrens au grand tournoi de Brême? et ce même coursier ne s'était-il pas précipité avec son maître dans un abîme si profond qu'on n'avait jamais eu de nouvelles du cheval ni du cavalier? N'avait-il pas donné à dame Gertrude Trodden un charme pour faire prendre le beurre, et n'avait-elle pas été brûlée comme sorcière, par ordre du grand juge criminel de l'électorat, pour avoir fait usage de ce secret? Mais tous ces exemples, et plusieurs autres qu'ils citèrent encore des funestes bienfaits du démon de Hartz, ne firent aucune impression sur l'esprit de Martin Waldeck, le plus jeune des trois frères.

Martin était un jeune homme téméraire, impétueux, et

excellant dans tous les exercices qui distinguent les montagnards, et d'une bravoure à toute épreuve, parce qu'il était familiarisé avec les dangers qu'ils courent en gravissant les rochers. Il ne fit que rire de la timidité de ses frères. — Ne me contez pas de telles sottises, leur dit-il; ce démon est un bon démon; il vit au milieu de nous comme s'il n'était qu'un paysan; il gravit les rochers, et court sur les montagnes comme s'il chassait ou gardait des chèvres; et puisqu'il aime la forêt de Hartz et ses sites sauvages, il ne peut être indifférent au sort de ceux qui habitent les mêmes lieux. Mais quand il serait aussi méchant que vous le faites, quel pouvoir peut-il avoir sur ceux qui ne font que se servir de ses dons sans contracter aucun engagement envers lui? Quand vous portez votre charbon à la fonderie, l'argent que vous donne le surintendant, ce vieux Blaise qui ne fait que blasphémer, n'est-il pas aussi bon que si vous le receviez du pasteur lui-même? Ce ne sont donc pas les dons du démon qui peuvent vous mettre en danger, mais c'est de l'usage que vous en faites que vous demeurez comptable. Quant à moi, s'il m'apparaissait en ce moment, et qu'il me montrât une mine d'or ou d'argent, je me mettrais à creuser la terre avant qu'il eût le dos tourné; et tant que je ferais un bon usage des richesses qu'il m'aurait procurées, je me croirais sous la protection d'un être bien plus puissant que lui.

L'aîné de ses frères lui répondit qu'on faisait rarement un bon usage d'un bien mal acquis, et Martin eut la présomption de répliquer que la possession de tous les trésors de la forêt de Hartz ne produirait pas le moindre changement dans ses habitudes, dans ses mœurs ni dans son caractère.

Max lui conseilla de parler d'un pareil sujet avec plus de réserve, et ce ne fut pas sans peine qu'il parvint à en détourner son attention en lui rappelant une partie de chasse aux ours qu'ils avaient projetée. Cet entretien les conduisit jusqu'à leur hutte, misérable chaumière qui était située sur le penchant d'une colline, dans une vallée étroite et romantique, dans le cœur des montagnes de Brockenberg. Ils relevèrent leur sœur, qui s'était chargée, pendant leur absence, de veiller à la réduction du bois en charbon, opération qui demande une attention continuelle, et se partagèrent le même soin pour la nuit, suivant leur coutume, deux d'entre eux dormant tandis que le troisième était à l'ouvrage.

Max Waldeck, l'aîné, chargé de veiller les deux premières heures, fut fort alarmé en apercevant, sur une colline située en face de leur chaumière, un grand feu autour duquel plusieurs personnes semblaient tourner en faisant des gestes bizarres. Il pensa d'abord à appeler ses frères, mais, songeant au caractère entreprenant du plus jeune, et craignant de ne pouvoir éveiller George sans troubler en même temps le sommeil de Martin, pensant aussi que ce qu'il voyait pouvait être une illusion du démon, produite peut-être à cause des propos inconsidérés que son frère cadet avait tenus la soirée précédente, il crut ne pouvoir mieux faire que de recourir à la prière, et d'attendre avec inquiétude et terreur la fin de cette étrange et alarmante vision. Le feu, après avoir brillé quelque temps, s'éteignit peu à peu; l'obscurité y succéda, et pendant le reste du temps qu'il devait encore veiller, il ne fut plus troublé que par le souvenir de ce qu'il avait vu.

George prit alors la place de Max, qui alla se coucher à son tour. Le phénomène d'un grand feu allumé sur la colline en face se présenta à ses yeux comme à ceux de son frère. Autour de la flamme étaient aussi des figures qui, alternativement placées entre la chaumière et le feu, étaient faciles à distinguer, gesticulant comme si elles étaient occupées de quelque cérémonie mystique. Quoique aussi prudent que son frère aîné, George était d'un caractère plus hardi. Il résolut donc d'examiner de plus près cette merveille; et, ayant traversé un petit ruisseau qui coulait dans le vallon, il s'approcha du feu à la distance d'un trait de flèche, et le vit encore briller du même éclat.

Les êtres qui l'entouraient ressemblaient à ces fantômes que des rêves nous présentent, et leur vue le confirma dans l'idée qu'il avait eue d'abord qu'ils appartenaient à un autre monde. Parmi ces figures étranges, il distingua un géant velu, tenant en main un pin arraché avec ses racines, dont il semblait se servir de temps en temps pour attiser le feu, et sans autres vêtemens qu'une couronne et une ceinture de feuilles de chêne. George sentit son cœur défaillir en reconnaissant le démon de la forêt de Hartz, tel qu'on en faisait la description, d'après les bergers et les chasseurs qui l'avaient vu autrefois traverser les montagnes. Il retourna sur ses pas en prenant la fuite; mais en y réfléchissant il se reprocha sa lâcheté, et, récitant tout bas le psaume : « Que tous les peuples bénissent le Seigneur, » il reprit le chemin de la colline où il avait vu le feu, mais, à sa grande surprise, il n'en existait plus aucune trace.

Les pâles rayons de la lune éclairaient la vallée; et quand George, le front couvert d'une sueur froide, et les cheveux hérissés, fut arrivé tout tremblant à l'endroit sur lequel il avait aperçu le feu, et remarquable par un grand chêne qui semblait au milieu des flammes, il ne trouva pas le plus léger vestige de tout ce qu'il avait cru voir. La mousse, le gazon, les fleurs sauvages, tout était intact, et les feuilles du grand chêne étaient humides de gouttes de rosée.

Il retourna à la hutte en tremblant, et, raisonnant comme son frère aîné, il résolut de ne point parler de ce qu'il avait vu, de peur d'éveiller en Martin une curiosité entreprenante, qu'il regardait presque comme une impiété.

C'était alors le tour de Martin de veiller. Le coq de la petite basse-cour venait déjà d'annoncer que la nuit ne tarderait pas à faire place à l'aurore. Il examina l'état de la fournaise où le bois était déposé pour être réduit en charbon, et fut surpris de voir que le feu n'avait pas été suffisamment entretenu ; car l'excursion de George et le spectacle étonnant dont il avait été témoin lui avaient fait oublier ce qui devait être son principal soin. Sa première pensée fut d'appeler ses frères ; mais voyant qu'ils dormaient profondément, il respecta leur sommeil, et fournit au feu de nouveaux alimens sans demander l'aide de personne. Mais le bois qu'il prit était apparemment vert ou humide ; car bien loin de ranimer le feu, il parut diminuer encore son reste d'activité. Il courut sur-le-champ chercher du bois bien sec, mis en réserve pour de pareilles occasions ; mais quand il revint, il trouva le feu tout-à-fait éteint : c'était un accident sérieux, et dont la suite pouvait être la perte d'une de leurs journées de travail. Fort contrarié de cet événement, il se mit à battre le briquet ; mais l'amadou avait pris de l'humidité, et tous ses efforts furent inutiles. Il allait alors appeler ses frères, car la circonstance semblait pressante, quand une lumière subite se répandit dans la hutte par la fenêtre et par les crevasses des murs ; il en ouvrit la porte, et vit le même phénomène qui avait alarmé Max et George.

Sa première idée fut que les Muhllerhaussers, avec lesquels ils avaient eu plusieurs querelles causées par la jalousie de métier, avaient empiété sur leurs limites pour marauder dans cette portion du bois. Il pensa de nouveau à éveiller ses frères pour aller punir ces audacieux voisins, mais en considérant les gestes de ceux qui semblaient travailler au feu, il changea d'opinion, et quoique un peu sceptique en pareilles matières, il conclut qu'il voyait un phénomène surnaturel. — Que ce soient des hommes ou des esprits, dit l'intrépide jeune homme, et quelle que soit la besogne dont ils s'occupent, j'irai leur demander du feu pour rallumer notre fournaise. Il renonça en même temps à l'idée d'éveiller ses frères. On croyait généralement qu'il fallait être seul pour réussir dans des aventures semblables à celle qu'il allait entreprendre; il craignait aussi que la timidité scrupuleuse de ses frères ne s'opposât à la résolution qu'il avait formée. Prenant donc un long épieu à chasser les ours suspendu à la muraille, il partit seul, résolu de mettre à fin cette aventure.

Avec le même succès que son frère George, mais avec un courage beaucoup plus ferme, Martin traversa le ruisseau, monta sur la colline, et s'avança si près de cette étrange assemblée, qu'il reconnut dans l'être qui semblait y présider tous les attributs du démon de Hartz. Il fut saisi d'un frisson pour la première fois de sa vie; mais il se rappela qu'il avait désiré plus d'une fois l'occasion qui se présentait; cette pensée ranima son courage, et, trouvant dans son amour-propre la résolution qui commençait à lui manquer, il s'avança du côté du feu avec assez de fermeté, les êtres qui étaient à l'entour lui semblant prendre un caractère plus bizarre, plus fantastique, plus surnaturel, à mesure qu'il en approchait. Il fut accueilli par de grands éclats de rire, dont les sons discordans et extraordinaires parurent à ses oreilles étourdies plus alarmans que la combinaison des sons les plus funèbres et les plus mélancoliques qu'on puisse imaginer.

— Qui es-tu? lui demanda le géant, cherchant à donner à ses traits hideux un air de gravité forcée que déconcertait souvent, comme malgré lui, un accès de rire sardonique.

— Martin Waldeck le charbonnier, répondit l'audacieux jeune homme. Et vous-même, qui êtes-vous?

— Le maître des montagnes et des mines. Et comment as-tu osé venir troubler mes mystères?

— Je viens chercher du feu pour rallumer ma fournaise. Et il lui demanda à son tour avec hardiesse : Et quels sont ces mystères que vous célébrez ici?

— Nous célébrons, répondit le démon complaisant, les noces d'Hermès avec le dragon noir. Mais prends le feu que tu viens chercher, et va-t'en. Nul mortel ne peut nous voir long-temps sans périr.

Martin enfonça la pointe de son épieu dans une grosse pièce de bois bien enflammée, et, l'ayant soulevée non sans peine, il reprit le chemin de sa hutte au milieu des éclats de rire qui se renouvelèrent avec une triple violence, et qui firent retentir toute la vallée. Arrivé dans sa chaumière, son premier soin, quelque occupé qu'il fût de ce qu'il venait de voir, fut de placer sa pièce de bois enflammée au milieu du bois sec pour rallumer le feu de sa fournaise; mais en dépit de tous ses efforts, et malgré le secours d'un excellent soufflet de forge, la pièce de bois embrasée finit par s'éteindre, sans avoir mis le feu à une seule allumette. Il se retourna, et vit que le feu brillait encore sur la colline, quoiqu'il parût abandonné par tous les êtres qui l'entouraient auparavant. S'imaginant que le démon avait voulu lui jouer un tour, il se livra à son audace naturelle; et, décidé à voir la fin de cette aventure, il retourna sur la colline, y prit un second tison enflammé sans éprouver aucune opposition, mais ne réussit pas mieux à rallumer son feu. L'impunité augmentant sa hardiesse, il résolut de faire une troisième épreuve, et réussit encore à arriver jusqu'au feu et à y prendre de la même manière un gros morceau de bois embrasé; mais comme il s'en allait, il entendit la même voix qui lui avait déjà parlé prononcer ces paroles: — Garde-toi bien de revenir ici une quatrième fois!

Les nouveaux efforts qu'il fit pour rallumer son feu n'ayant pas eu plus de succès, Martin y renonça, et, se jetant sur son lit de feuilles, il résolut d'attendre le jour pour communiquer à ses frères tout ce qui lui était arrivé. La fatigue de corps et l'agitation d'esprit ne tardèrent pas à l'endormir, et il fut réveillé par de grands cris de joie et de surprise. Ses frères, en s'éveillant, étonnés de trouver le feu éteint, avaient retiré le bois de la fournaise afin de l'arranger pour le rallumer plus facilement, et avaient trouvé dans les cendres trois énormes lingots de métal : les connaissances en minéralogie que la pratique donne à presque tous les habitans de ce canton leur avaient fait reconnaître sur-le-champ que c'était de l'or le plus pur.

Leurs transports se calmèrent un peu quand Martin leur eut appris de quelle manière ce trésor se trouvait en leur possession ; car ce qu'ils avaient vu eux-mêmes ne leur permettait pas de douter de la vérité de cette aventure. Mais ils ne purent résister à la tentation de partager la bonne fortune de leur frère. Se regardant alors comme le chef de la famille, Martin Waldeck acheta des terres et des forêts, fit construire un château, obtint des lettres de noblesse, et fut investi des mêmes privilèges que les plus nobles barons du voisinage, au grand déplaisir de ceux-ci. Son courage dans la guerre, ainsi que dans les querelles particulières qu'il eut à soutenir, le maintint contre la haine à laquelle l'exposèrent son élévation soudaine et ses prétentions arrogantes. Mais Martin Waldeck fournit bientôt un nouvel exemple qui prouve combien peu les hommes sont en état de prévoir l'influence qu'aura sur leurs mœurs une prospérité soudaine. Ses mauvaises inclinations, que sa pauvreté avait arrêtées, se développèrent ; la tentation et le moyen d'y céder leur firent porter de funestes fruits. Une passion en éveilla une autre ; le démon de l'avarice évoqua celui de l'orgueil, et l'orgueil appela à son aide l'oppression et la cruauté.

Le caractère de Martin Waldeck, toujours audacieux et entreprenant, mais rendu plus dur et plus insolent par la prospérité, attira bientôt sur lui la haine non-seulement de la noblesse, mais encore des classes inférieures, qui voyaient avec une double indignation les droits plus oppressifs de la féodalité exercés sans remords et dans toute leur rigueur par un homme sorti de la poussière. Son aventure, quoique cachée avec grand soin, commençait aussi à être connue, et le clergé traitait déjà de sorcier et de complice des démons le misérable qui, ayant obtenu un trésor presque inépuisable par des moyens si étranges, n'en avait pas consacré une partie à l'Eglise pour sanctifier le reste. Entouré d'ennemis publics et privés, ayant des querelles avec tous ses voisins, et menacé d'excommunication, Martin, ou pour mieux dire le baron Von Waldeck, comme on l'appelait alors, regretta plus d'une fois bien amèrement les travaux et les plaisirs d'une pauvreté qui n'excitait pas l'envie. Mais le courage ne lui manqua jamais ; il semblait même en puiser davantage dans les dangers qui s'accumulaient autour de lui. Un incident imprévu accéléra sa chute.

Une proclamation du duc régnant de Brunswick avait invité à un grand tournoi tous les nobles allemands de naissance libre et honorable. Martin Waldeck, couvert d'armes magnifiques, accompagné de ses deux frères, et suivi d'une escorte nombreuse somptueusement équipée, eut l'insolence de se montrer au milieu des chevaliers assemblés, et de demander à entrer en lice. Cette démarche fut considérée comme comblant la mesure de sa présomption. Mille voix s'écrièrent qu'il ne fallait pas souffrir qu'un ancien remueur de cendres se mêlât aux jeux de la chevalerie. Irrité jusqu'à la fureur, Martin tira son épée, et en frappa le héraut qui, sur la réclamation universelle, s'opposait à ce qu'il entrât dans la lice. Cent épées sortirent en même temps du fourreau pour punir une violence qu'on regardait alors comme un crime qui ne le cédait en noirceur qu'au sacrilège et au régicide. Waldeck, après s'être défendu comme un lion, fut enfin saisi, traduit devant les maréchaux du tournoi, jugé sur le lieu même, et condamné, en réparation de l'attentat qu'il avait commis en violant la paix publique et en frappant la personne sacrée d'un héraut d'armes, à avoir la main droite coupée, à être dégradé du rang de la noblesse, dont il était indigne, et à être chassé de la ville. Quand, dépouillé de ses armes, il eut subi cette sentence sévère, il fut abandonné à la populace, qui suivit cette malheureuse victime de l'ambition en poussant de grands cris, l'appelant magicien et oppresseur, et qui, après l'avoir insulté par les propos les plus injurieux, finit par le maltraiter de toutes les manières. Son escorte avait pris la fuite et s'était dispersée. Cependant ses deux frères parvinrent à le tirer des mains de la canaille qui se faisait un plaisir de le tourmenter, lorsque, ayant rassasié sa soif de vengeance, elle le vit succomber sous les mauvais traitemens dont elle l'accablait, et tomber épuisé par la perte de son sang. La cruauté de ses ennemis fut pourtant assez ingénieuse encore pour ne permettre qu'on ne le transportât que sur un chariot à charbon semblable à celui qu'il avait autrefois conduit lui-même. Ses frères l'y placèrent sur une botte de paille, espérant à peine pouvoir le conduire en un lieu de sûreté avant que la mort eût mis fin à ses maux.

Lorsque les Waldeck, voyageant de cette manière misérable, arrivèrent dans les environs de leur pays natal, ils aperçurent de loin, dans un défilé situé entre deux montagnes, quelqu'un qui s'avançait vers eux, et qu'ils prirent d'abord pour un vieillard. Mais à mesure que cet inconnu s'approchait, sa taille croissait, son manteau disparut de dessus ses épaules, son bourdon de pèlerin devint un pin arraché avec les racines, et le démon gigantesque de la forêt de Hartz parut à leurs yeux et les frappa de terreur. Quand il arriva en face du chariot sur lequel était le malheureux Waldeck, ses traits prirent l'expression d'un souverain mépris et d'une malignité satisfaite, et il demanda à Martin : — Comment trouves-tu le feu que mon bois a allumé? La vue de cet être redoutable rendit les deux frères immobiles d'effroi, et ranima au contraire les forces du mourant; il se souleva, ferma le poing de la main qui lui restait, et en menaça l'esprit. Le démon poussa, selon son usage, un éclat de rire sardonique, et disparut à leurs yeux, laissant Waldeck épuisé par ce dernier effort de la nature défaillante.

Les frères, frappés d'épouvante, se dirigèrent alors vers les tours d'un couvent qui s'élevaient dans un bois de pins près de la route. Ils y furent charitablement reçus par un capucin à pieds nus et à longue barbe, et Martin ne vécut que le temps nécessaire pour se confesser de ses fautes, ce qui ne lui était point arrivé depuis les jours de sa prospérité soudaine, et pour en recevoir l'absolution des mains de ce même prêtre qu'il avait aidé à chasser à coups de pierres du hameau de Morgenbrodt, trois ans auparavant jour pour jour. On crut que ces trois années d'une félicité précaire avaient un rapport mystérieux avec le nombre de voyages que Martin avait faits sur la colline où brûlait un feu surnaturel.

Le corps de Martin Waldeck fut enterré dans le couvent où il expira, et où ses frères, ayant pris l'habit de l'ordre, vécurent et moururent occupés d'œuvres de dévotion et de charité. Ses terres, sur lesquelles personne n'éleva de prétentions, restèrent incultes jusqu'à ce que l'empereur en prît possession comme d'un fief dévolu à la couronne, et les ruines du château auquel il avait donné son nom sont encore redoutées par le mineur et le bûcheron, qui n'osent en approcher et qui prétendent qu'elles servent de retraite à de mauvais esprits. C'est ainsi que Martin Waldeck offrit en sa personne un exemple des maux attachés à une richesse mal acquise et dont on fait un mauvais usage.

CHAPITRE XIX.

> « . . . . . Mon cher cousin le brave capitaine
> « A fièrement reçu notre jeune soldat!
> « Et pourquoi cependant ce funeste débat ?
> « Pour une bagatelle, un rien, une vétille.
> « Sur un nom, sur un grade où s'est cherché castille. »
> *La Querelle.*

L'auditoire avait écouté cette légende avec attention, et remercia miss Wardour, comme la politesse l'exigeait. Oldbuck seul secoua la tête, et dit que la science de miss Wardour pouvait se comparer à celle des alchimistes, attendu qu'elle avait su tirer une saine morale d'une légende ridicule et absurde. — On prétend que c'est la mode d'admirer ces fictions extravagantes, ajouta-t-il; quant à moi, j'ai le cœur d'un Anglais,

> « Et pour m'épouvanter les esprits et les ombres
> « Ne sortiront jamais de leurs demeures sombres. »

— Afec fotre permission, mon pon M. Oldenbuck, dit l'Allemand, miss Wardour afoir pien certainement tiré de pon or de cette histoire comme de tout ce qu'elle touche. Mais l'histoire du démon de Hartz ayant un grand arpre pour canne, et portant des feuilles sur la tête et à la ceinture, être parfaitement fraie, aussi fraie que moi honnête homme.

— On ne peut plus en douter avec une telle garantie, dit sèchement l'antiquaire. Mais en ce moment l'arrivée d'un étranger interrompit la conversation.

Cet étranger était un beau jeune homme d'environ vingt-cinq ans, en petit uniforme, et martial dans son air et dans sa tournure. Il fut reconnu sur-le-champ par la plus grande partie de la compagnie.

—Mon cher Hector! s'écria miss Mac-Intyre en se levant et en lui prenant la main.

—Hector, fils de Priam, s'écria l'antiquaire. Et d'où venez-vous, mon neveu?

—Du comté de Fife, mon oncle, répondit le jeune homme. Et ayant salué avec politesse toute la compagnie, et particulièrement sir Arthur et sa fille: — En me rendant à Monkbarns pour vous voir, ajouta-t-il, j'ai appris d'un domestique que je vous trouverais ici avec sir Arthur, et je me suis hâté d'y venir pour avoir le plaisir de saluer en même temps d'anciens amis.

—Et de faire connaissance avec un nouveau, mon brave Troyen, dit Oldbuck. M. Lovel, voici mon neveu, le capitaine Mac-Intyre. Hector, je vous présente mon ami, M. Lovel, qui, j'espère, sera aussi le vôtre.

Le jeune militaire fixa ses yeux pénétrans sur M. Lovel, et le salua avec plus de réserve que de cordialité. Celui-ci, lui trouvant un air de froideur qui allait presque jusqu'au dédain, lui rendit son salut avec autant d'indifférence que de hauteur; et ce fut ainsi que, dès le premier instant de leur connaissance, chacun d'eux conçut contre l'autre un préjugé défavorable.

Les observations que fit Lovel pendant le reste du temps que dura encore cette partie de plaisir ne furent pas de nature à lui faire goûter davantage ce nouveau compagnon. Le capitaine Mac-Intyre se dévoua au service de miss Wardour avec toute la galanterie qu'on pouvait attendre de son âge et de sa profession, et saisit toutes les occasions possibles d'avoir pour elle ces petites attentions que Lovel aurait donné le monde entier pour lui prodiguer, ce qu'il n'osait de peur de lui déplaire. Ce fut donc tantôt avec une espèce de désespoir, tantôt avec dépit, qu'il vit le jeune et beau capitaine se mettre en possession de tous les privilèges de chevalier servant. Il présenta à miss Wardour ses gants, l'aida à mettre son schall, et ne la quitta pas de toute la promenade, toujours prêt à écarter du sentier les petits obstacles qui pouvaient s'y rencontrer, et à lui offrir le bras quand le chemin était escarpé ou difficile : sa conversation était toujours adressée à elle, et quelquefois même de manière à n'être entendue que d'elle. Lovel savait que cette conduite pouvait n'être que le résultat de cette galanterie inspirée par l'égoïsme, qui porte certains jeunes gens de nos jours à s'emparer de l'attention de la plus jolie femme d'une société, comme si les autres personnes qui la composent n'étaient pas dignes de ses regards. Mais il croyait remarquer dans les soins du capitaine Mac-Intyre quelque chose qui annonçait une prédilection particulière, capable d'éveiller la jalousie d'un amant. Miss Wardour recevait ses soins, et quoiqu'il fût assez juste pour convenir qu'ils étaient de nature à ne pouvoir être refusés sans affectation, les lui voir accepter n'en était pas moins une blessure cruelle pour son cœur.

L'humeur que lui causaient ces réflexions n'était pas propre à lui faire goûter la sécheresse des discussions de l'antiquaire, qui ne le quittait pas un instant, et il entendit, avec des mouvemens d'impatience qu'il avait peine à dissimuler, une longue dissertation sur tous les genres d'architecture claustrale depuis le style saxon si massif, jusqu'au gothique fleuri, et depuis le gothique proprement dit jusqu'à ce style d'architecture mixte, adopté sous le règne de Jacques Ier, époque à laquelle, dit M. Oldbuck, tous les ordres furent confondus ; alors des colonnes de toute espèce s'élevèrent parallèles ou furent empilées les unes sur les autres, comme si toute idée de symétrie avait été oubliée et les vrais principes de l'art perdus dans une confusion nouvelle de toutes les règles. — Quoi de plus cruel, s'écria-t-il avec enthousiasme, que le spectacle de maux dont on est le témoin forcé sans avoir le pouvoir d'y remédier ! — Lovel répondit à cette exclamation par un soupir involontaire. — Je vois, mon jeune et cher ami, reprit l'antiquaire, que votre cœur répond au mien, et que la vue de pareilles choses vous fait souffrir autant que moi. Les avez-vous jamais vues sans être tenté d'accélérer la fin de procédés si déshonorans?

— Déshonorans! répéta Lovel, tout entier à l'idée qui l'occupait; et en quoi?

— Je veux dire honteux pour leurs auteurs, et pour ceux qui en sont témoins.

— Où? comment?

— Par exemple, à Oxford, où un architecte ignorant et barbare s'est avisé de réunir à grands frais les cinq ordres d'architecture sur la façade d'un seul édifice.

C'était ainsi qu'Oldbuck, sans se douter qu'il mettait Lovel à la torture, le forçait à lui accorder quelque attention, comme un pêcheur habile gouverne, par le moyen de la ligne, les mouvemens les plus désespérés de sa proie expirante.

Ils retournaient alors à l'endroit où ils avaient laissé les voitures, et nous ne saurions dire combien de fois, pendant ce court trajet, Lovel, fatigué du babil infatigable de son digne compagnon, donna intérieurement au diable de bon cœur, ou à quiconque aurait voulu le délivrer de l'ennui d'en entendre parler plus long-temps, tous les ordres et désordres de l'architecture inventés et combinés depuis la construction du temple de Salomon jusqu'à nos jours. Cependant un léger accident lui fit prendre patience, et calma un peu son déplaisir.

Miss Wardour et le jeune militaire qui s'était constitué son chevalier marchaient un peu en avant du reste de la société dans l'étroit sentier qu'ils suivaient. Isabelle, voulant probablement se réunir à ses autres amis, et peut-être rompre son tête-à-tête avec le capitaine, s'arrêta tout à coup et attendit M. Oldbuck. — Je désirerais, lui dit-elle, vous demander à quelle date remontent ces ruines intéressantes?

On ferait injure au jugement de miss Wardour si l'on supposait qu'elle ignorait qu'une pareille question amènerait une réponse d'une certaine longueur. L'antiquaire, tressaillant comme un cheval de bataille au son de la trompette, se lança tout à coup au milieu des argumens pour et contre la date de 1272, qu'un ouvrage récent sur les antiquités architecturales d'Ecosse fixait comme celle de la construction du prieuré de Sainte-Ruth. Il lui débita les noms de tous les prieurs qui dirigèrent successivement cet établissement religieux, des nobles qui l'avaient enrichi par des donations, et des rois qui avaient reçu les honneurs funèbres dans cette église aujourd'hui détruite. Comme une allumette qui prend feu ne manque pas de le communiquer à celle qui la touche, le baronnet, entendant le nom d'un de ses ancêtres prononcé par Oldbuck, entra sur-le-champ dans le détail des guerres qu'il avait soutenues, des victoires qu'il avait remportées, des lauriers dont il s'était couvert; tandis que le docteur Blattergowl, à propos d'une concession de terres, *cum decimis inclusis, tam vicariis quàm garbalibus, et nunquàm anteà separatis*, entra dans une longue explication sur l'interprétation donnée à cette clause par la cour des dîmes, lors d'un procès qu'il avait soutenu récemment pour augmenter les revenus de sa cure. Chacun des trois orateurs, semblable à un cheval de course, se pressait d'arriver à son but, sans s'inquiéter s'il gênait la marche de ses compétiteurs. M. Oldbuck haranguait, sir Arthur déclamait, le ministre prêchait, et le tout offrait un mélange bizarre du latin barbare des concessions féodales avec le jargon de l'art héraldique et le baragouin plus barbare encore qu'employait la cour des dîmes d'Ecosse [1].

— C'était, s'écriait Oldbuck en parlant du prieur Adhémar, un prélat vraiment exemplaire, et d'après la rigidité de ses mœurs, la sévérité des pénitences qu'il s'im-

---

(1) *The tiends court.* La cour des dîmes, quoique formée des juges de la cour des sessions, a toujours exercé une juridiction distincte. Elle se réunit deux fois par mois : ses attributions sont de déterminer le transfert des dîmes, les revenus des ministres, la division d'une paroisse en deux, la construction des églises, etc.
— Ed.

posait, la charité dont il faisait preuve en toute occasion, et les infirmités de son grand âge et de sa vie ascétique....

Un accès de toux qui l'interrompit en ce moment permit d'entendre plus distinctement ce que sir Arthur disait d'un de ses ancêtres. — On lui avait donné le surnom de l'*Enfer en armes*. Son écu était fond de gueules, traversé par une bande noire que nous avons quittée depuis long-temps. Il périt à la bataille de Verneuil, en France, après avoir tué six Anglais de sa propre......

— Décret de certification, dit le ministre de ce ton lent, solennel et soutenu qui, quoique étouffé d'abord par les cris d'orateurs plus véhémens, promet à la longue d'obtenir l'ascendant sur eux; — décret de certification ayant eu lieu, les parties étant regardées comme convaincues par leurs propres aveux, la preuve semblait être complètement claire, lorsque leur avocat demanda à faire entendre des témoins qui prouveraient que les champs dans lesquels ils avaient coutume de conduire leurs troupeaux étaient exempts de dîmes, ce qui n'était qu'une évasion; car......

Mais ici l'accès de toux de M. Oldbuck étant passé, et le baronnet ayant repris haleine, ils se remirent à parler tous ensemble; et les trois fils de la conversation, pour parler le langage d'un tisserand, se mêlèrent ensemble au point de ne pouvoir plus être distingués.

Cependant, quelque peu intéressant que fût ce jargon, il était évident que miss Wardour aimait mieux l'écouter que donner au capitaine Mac-Intyre l'occasion d'entamer de nouveau avec elle une conversation particulière. Après avoir attendu quelque temps avec un mécontentement que sa hauteur ne déguisait qu'en partie, celui-ci la laissa libre de se livrer à son mauvais goût; et prenant sa sœur par le bras, il la retint un peu en arrière du reste de la compagnie.

— Je trouve, Marie, que votre voisinage n'est devenu ni plus animé ni moins savant depuis que je vous ai quittés.

— Il nous fallait votre patience et votre sagesse pour nous instruire, Hector.

— Grand merci, ma chère sœur. Mais il me semble que l'addition faite à votre société lui a fait gagner sinon plus de vivacité, au moins plus de sagesse qu'elle n'en avait perdu par l'absence de votre frère indigne. Qui est donc ce M. Lovel, si bien ancré dans les bonnes graces de notre vieil oncle, qui n'est pourtant pas dans l'habitude de faire tant d'accueil à des étrangers?

— M. Lovel, mon frère, est un jeune homme comme il faut [1].

— Sans doute; c'est-à-dire qu'il salue en entrant dans un salon, et qu'il porte un habit dont les coudes ne sont pas troués.

— Je veux dire, mon frère, que ses manières et ses discours prouvent qu'il a reçu une excellente éducation, et qu'il appartient à une classe distinguée de la société.

— Mais je désire savoir quel est le rang qu'il y occupe, quelle est sa naissance, quels sont ses droits pour paraître dans la société où je le trouve?

— Si vous voulez savoir pourquoi il vient à Monkbarns, il faut le demander à mon oncle, qui vous répondra probablement qu'il est le maître d'inviter à venir chez lui qui bon lui semble. Et si vous vous adressez à sir Arthur, il vous apprendra que M. Lovel lui a rendu, ainsi qu'à sa fille, le service le plus signalé.

— Quoi! cette histoire romanesque est donc vraie? Et je vous prie, ce valeureux chevalier aspire-t-il, comme c'est l'usage en pareil cas, à la main de la belle dont il a été le libérateur? Cela va de droit dans un roman, je le sais, et j'ai trouvé la conversation de miss Wardour extraordinairement sèche tandis que je l'accompagnais. Elle se retournait même de temps en temps comme si elle eût craint de donner de l'ombrage à son galant chevalier.

---

[1] *Gentleman-like.* — Éd.

— Mon cher Hector, si vous continuez véritablement à nourrir votre attachement pour miss Wardour.....

— Si? pourquoi ce si, Marie?

— J'avoue que je regarde votre persévérance comme sans espoir.

— Et pourquoi sans espoir, ma prudente sœur? Miss Wardour, dans la situation où se trouvent les affaires de son père, ne peut prétendre à une grande fortune; et quant à la famille, je me flatte que celle des Mac-Intyre n'est pas inférieure à la sienne.

— Mais, Hector, songez donc que sir Arthur nous considère comme appartenant à celle de Monkbarns.

— Sir Arthur peut penser ce que bon lui semble; mais quiconque a un peu de sens commun conviendra que le rang de la femme se règle par celui du mari, et que ma généalogie paternelle, comptant quinze degrés sans la moindre tache, doit avoir anobli ma mère, quand il n'aurait coulé dans ses veines que de l'encre d'imprimeur.

— Pour l'amour du ciel! Hector, prenez garde à ce que vous dites; une seule expression semblable rapportée à mon oncle par un indiscret ou par quelqu'un intéressé à vous nuire, vous ferait perdre ses bonnes graces et tout espoir de succéder jamais à ses biens.

— Que m'importe! j'exerce une profession dont le monde n'a jamais pu se passer, et qui lui sera encore plus nécessaire que jamais pendant un demi-siècle. Mon cher oncle peut donc, si bon lui semble, Marie, attacher son domaine et son nom plébéien aux cordons de votre tablier, et vous pouvez épouser son nouveau favori si vous voulez, et mener ensemble une vie douce, tranquille et régulière, s'il plaît à Dieu. Quant à moi, mon parti est bien pris, et je ne ferai jamais la cour à personne pour obtenir un héritage qui doit m'appartenir par droit de naissance.

Miss Mac-Intyre appuya la main sur le bras de son frère, et le supplia de parler avec moins de véhémence,

— Qui vous nuit, qui cherche à vous nuire, lui dit-elle, si ce n'est votre caractère impétueux? Quels dangers avez-vous à braver, si ce ne sont ceux que vous attirez vous-même sur votre tête? Notre oncle en a agi envers nous jusqu'ici avec une bonté vraiment paternelle; pourquoi supposer qu'il se conduira à notre égard autrement qu'il ne l'a fait depuis que la perte de nos parens nous a laissés à ses soins?

— C'est un excellent vieillard, j'en dois convenir, répliqua Mac-Intyre, et je suis enragé contre moi quand il m'arrive de l'offenser ; mais ses harangues éternelles sur des sujets qui ne valent pas l'étincelle d'une pierre à fusil, ses dissertations interminables sur de vieux pots et d'anciennes casseroles hors de service, me font quelquefois perdre patience. Il faut que je l'avoue, il y a en moi quelque chose d'Hotspur.

— Que trop, mon frère, beaucoup trop! Combien de risques ce caractère violent ne vous a-t-il pas déjà fait courir, et quelquefois, permettez-moi de vous le dire, dans des occasions qui ne vous étaient pas trop honorables. Faites en sorte que de tels nuages ne viennent pas rembrunir le temps que vous avez à passer près de nous, et montrez-vous à notre bienfaiteur tel que vous êtes, bon, généreux, vif, mais non fougueux et opiniâtre.

— Fort bien! voilà ma leçon faite. De bonnes manières, ce sera mon mot d'ordre; et, pour commencer, je serai civil avec votre nouvel ami; je dirai quelques mots à ce M. Lovel.

Dans cette résolution, qui était sincère en ce moment, il rejoignit la compagnie. La triple dissertation était alors terminée, et sir Arthur parlait de nouvelles étrangères et de la situation politique et militaire du pays, sujets sur lesquels chacun se croit en état d'émettre une opinion. Une bataille de l'année précédente ayant été mise sur le tapis, Lovel, se mêlant à la conversation, en donna quelques détails dont l'exactitude parut douteuse au capitaine

Mac-Intyre, qui en fit l'observation, quoique avec politesse.

— Vous devez convenir ici que vous avez tort, Hector, dit M. Oldbuck, quoique je ne connaisse personne qui fasse plus difficilement un pareil aveu. Vous étiez alors en Angleterre, et M. Lovel était probablement à l'affaire dont il s'agit.

— Je parle donc à un militaire? dit Mac-Intyre : puis-je savoir à quel régiment appartient M. Lovel?

Lovel lui donna le numéro du régiment.

— Il est bien étrange que nous ne nous soyons jamais rencontrés, M. Lovel. Je connais parfaitement votre régiment, car il était de la même division que le mien.

Une légère rougeur couvrit un instant le visage de Lovel. — Il y a long-temps que je n'ai été à mon régiment, répondit-il; j'ai servi, la campagne dernière, dans l'état-major du général sir...

— Oui! cela est encore plus étrange. Je n'ai pas servi sous le général sir..., mais j'ai connu tous les noms des officiers de son état-major, et je ne me souviens pas d'y avoir vu celui de Lovel.

Cette observation fit rougir de nouveau Lovel, et cette fois sa rougeur fut assez marquée pour attirer l'attention de toute la compagnie, tandis qu'un sourire méprisant semblait indiquer le triomphe du capitaine Mac-Intyre.

— Il y a quelque chose d'étrange dans tout cela, se dit Oldbuck à lui-même, mais je n'abandonnerai pas si facilement le phénix des compagnons de chaise de poste [1]. Ses actions, ses discours, ses manières, tout annonce en lui un homme bien né.

Cependant Lovel, ouvrant son porte-feuille, y prit une lettre qu'il retira de son enveloppe, et la présentant à Mac-Intyre : — Vous connaissez probablement, lui dit-il, l'écriture du général ***; peut-être ne devrais-je pas mon-

---

(1) M. Oldbuck ou l'auteur oublient que c'est en diligence qu'ils ont voyagé ensemble. — Ed.

trer des expressions exagérées de son estime et de son amitié pour moi. — Cette lettre contenait des remerciemens et des éloges pour un service militaire récemment rendu. Le capitaine, après y avoir jeté les yeux, ne put nier que ce ne fût l'écriture du général. — Mais, ajouta-t-il d'un ton sec en la rendant, l'adresse y manque.

— L'adresse, capitaine, répondit Lovel sur le même ton, sera à votre service quand vous voudrez venir me la demander.

— C'est ce que je ne manquerai pas de faire, répliqua Mac-Intyre.

— Hé bien! hé bien! s'écria Oldbuck, que signifie tout ceci? C'est bien le diable! Nous ne voulons pas de bravades ici. Revenez-vous de faire la guerre à l'étranger pour rapporter la discorde dans notre pays paisible? Etes-vous comme de jeunes boule-dogues qui, lorsqu'on a arraché le pauvre taureau à leur fureur, s'attaquent les uns les autres, et mordent les jambes des honnêtes gens?

Sir Arthur dit qu'il se flattait que ces messieurs ne s'oublieraient pas au point de s'échauffer pour une vétille telle que l'adresse d'une lettre.

Tous deux assurèrent que rien n'était plus éloigné de leurs intentions, et protestèrent, les joues enflammées et les yeux étincelans, que jamais ils n'avaient été plus calmes. Cependant un nuage sombre sembla couvrir toute la société, et chacun parla tour à tour avec trop de régularité pour que la gaieté pût y régner. Lovel vit aux regards qu'on jetait sur lui à la dérobée, et à l'air froid qu'on lui témoignait, qu'il était devenu suspect à une partie de la compagnie; et sentant que la manière dont il avait répondu aux questions du capitaine avait dû le placer sous un jour peu favorable, il prit la résolution héroïque de sacrifier le plaisir qu'il avait espéré de goûter en passant la journée à Knockwinnock.

Il affecta donc de se plaindre d'un violent mal de tête occasioné par la chaleur du soleil, auquel il venait de s'exposer pour la première fois depuis son indisposition, et pria sir Arthur de vouloir bien l'excuser s'il se trouvait dans l'impossibilité de tenir son engagement. Le baronnet, plus occupé de ses soupçons que du service qu'il avait reçu, n'insista qu'autant que la politesse l'exigeait.

Lorsqu'il prit congé des dames, il remarqua en miss Wardour plus d'agitation qu'elle n'en avait encore montré. Elle laissa voir par un coup d'œil qu'elle jeta sur le capitaine, et dont Lovel fut le seul qui s'aperçut, quel était le motif de ses alarmes, et dit à Lovel d'un ton ému, qu'elle espérait que ce n'était pas un engagement moins agréable qui les privait du plaisir de sa société. Il répondit qu'il n'en avait contracté aucun, et que ce n'était que le retour du mal dont il avait déjà été attaqué qui l'obligeait à se retirer.

— Le meilleur remède en pareil cas est la prudence, et je... et tous les amis de M. Lovel doivent espérer qu'il y aura recours.

Lovel la salua en rougissant, et miss Wardour, comme si elle eût senti qu'elle en avait trop dit, se détourna, et monta en voiture. Il ne restait à Lovel qu'à faire ses adieux à l'antiquaire, dont Caxon, pendant ce temps, avait arrangé la perruque en désordre et brossé l'habit, que la poussière n'avait pas respecté au milieu des ruines. — Quoi! s'écria Oldbuck, n'allez-vous pas nous quitter à cause de la curiosité indiscrète et de la violence de ce fou d'Hector? C'est un étourdi, un enfant gâté; il était encore entre les bras de sa nourrice, quand il me jeta son hochet à la tête parce que je lui refusais un morceau de sucre. Vous avez trop de bon sens pour faire attention à ce que dit un semblable écervelé. Souvenez-vous de notre ami Horace : *æquam servare mentem* [1]. J'aurai soin de faire une bonne mercuriale à Hector et de le rappeler à l'ordre.

Lovel persistant dans son dessein de retourner à Fair-

---

(1) Conserver son égalité d'ame. — Tr.

port, l'antiquaire prit un ton plus grave.— Jeune homme, lui dit-il, prenez garde de vous abandonner à la fougue du moment; la vie vous a été donnée pour un but utile et louable, et vous devez la conserver pour faire honneur à la littérature de votre patrie, quand vous n'êtes pas appelé à l'exposer pour sa défense ou pour celle de l'opprimé. La guerre d'homme à homme était une pratique inconnue aux anciens peuples civilisés, et c'est de toutes les absurdités introduites par les tribus gothiques, la plus grossière, la plus barbare et la plus impie. Ne pensez plus à cette querelle absurde, et je vous montrerai le traité que je composai sur le duel quand le clerc et le prévôt de la ville, voulant se donner des airs de gentilshommes, se défièrent en combat singulier. J'avais dessein de faire imprimer cet essai que j'ai signé *Pacificator*, mais cela devint inutile parce que le conseil de la ville se chargea d'arranger l'affaire.

— Je vous assure, mon cher monsieur, qu'il ne s'est rien passé entre le capitaine Mac-Intyre et moi qui puisse nécessiter une intervention si respectable.

— Soit; je le désire, parce qu'autrement je vous servirais de second à tous deux.

En parlant ainsi, le vieillard monta dans la chaise de poste, près de laquelle miss Mac-Intyre retenait son frère, comme le maître d'un chien hargneux le tient en laisse pour empêcher qu'il n'attaque personne. Mais Hector parvint à déjouer cette manœuvre prudente. Comme il était à cheval, il resta derrière les voitures jusqu'à un coude que faisait la route pour conduire à Knockwinnock, et se détournant alors il prit au grand galop le chemin qui conduisait à Fairport.

Il ne lui fallut que quelques minutes pour rejoindre Lovel, qui, prévoyant peut-être les projets du capitaine, ne marchait qu'au petit pas. Le bruit des pieds d'un cheval qui galopait à toute bride lui annonça bientôt l'arrivée de Mac-Intyre. Ce jeune militaire, naturellement fougueux, et échauffé par la rapidité de sa course, s'arrêta brusquement à côté de Lovel, et touchant légèrement son chapeau de la main, lui demanda avec hauteur : — Quelle était votre intention, monsieur, en me disant que votre adresse était à mon service?

— Uniquement, monsieur, de vous faire savoir que je me nomme Lovel, et que je loge en ce moment à Fairport, comme vous pouvez le voir par cette carte.

— Et ce sont là tous les renseignemens que vous avez à me donner?

— Je ne vois pas quel droit vous avez de m'en demander d'autres.

— Vous trouvant dans la compagnie de ma sœur, monsieur, j'ai droit de savoir qui est admis dans sa société.

— Je prendrai la liberté de vous contester ce droit. Vous me trouvez dans une société qui s'est contentée des informations que j'ai cru convenable de donner sur mes affaires, et un homme qui n'est pour moi qu'un étranger ne peut m'en demander davantage.

— M. Lovel, si vous avez servi, comme vous le dites...

— *Si!* monsieur, si j'ai servi, comme je le dis?

— Oui, monsieur, telle est mon expression. Si vous avez servi, comme vous le dites, vous devez savoir que vous me devez satisfaction d'une manière ou d'une autre.

— Si telle est votre opinion, capitaine, je vous la donnerai très-volontiers de la manière que l'entendent les gens d'honneur.

— Fort bien, monsieur, dit Hector; et tournant bride, il se hâta d'aller rejoindre sa société.

Son absence avait déjà jeté l'alarme. Sa sœur avait fait arrêter la voiture, et regardait par la portière pour tâcher de l'apercevoir.

— Hé bien! qu'avez-vous donc? lui demanda l'antiquaire. Pourquoi galoper ainsi de çà et de là, comme s'il s'agissait d'une gageure? Que ne restez-vous près de la voiture?

— J'avais oublié un gant, monsieur, répondit Hector.

— Oublié! Je croirais plutôt que vous êtes allé le jeter. Mais j'aurai les yeux sur vous, tête sans cervelle, et vous reviendrez ce soir avec moi à Monkbarns. A ces mots, il ordonna au postillon de partir.

CHAPITRE XX.

> « A l'honneur aujourd'hui si vous n'êtes fidèle,
> « Gardez-vous désormais de soupirer pour elle ;
> « Des armes renoncez à l'honorable état ;
> « Perdez en un instant jusqu'au nom de soldat :
> « Tel le triste laurier, frappé par le tonnerre,
> « Voit son noble feuillage épars sur la poussière. »
> *La Querelle.*

Le lendemain matin, de bonne heure, un militaire se présenta chez M. Lovel, qui était déjà levé, et qui le reçut sur-le-champ. C'était un ami de Mac-Intyre, un officier chargé de recruter à Fairport : Lovel et lui se connaissaient légèrement.

— Je présume, monsieur, lui dit le capitaine Lesley, que vous devinez le motif d'une visite qui m'oblige à vous déranger de si grand matin?

— Un message du capitaine Mac-Intyre, sans doute?

— Précisément. Il se dit offensé du refus que vous avez fait hier de répondre à certaines questions qu'il croyait avoir le droit de faire à un homme admis dans la société de sa famille.

— Oserai-je vous demander si vous, M. Lesley, vous seriez disposé à répondre à un interrogatoire fait avec si peu de cérémonie et d'un ton de hauteur?

— Peut-être que non. Et c'est pourquoi, connaissant le caractère ardent de mon ami Mac-Intyre en de telles occasions, je désire infiniment jouer le rôle de pacificateur. D'après les manières distinguées de M. Lovel, chacun doit souhaiter ardemment de le voir dissiper les doutes calomnieux qui s'attachent à celui dont la situation dans le monde n'est pas suffisamment connue. S'il veut, par voie de conciliation, me mettre en état d'apprendre au capitaine Mac-Intyre son véritable nom ; car nous sommes portés à croire que celui de Lovel en est un emprunté.....

— Pardon, monsieur, mais je ne puis admettre cette supposition.

— Ou du moins, continua Lesley, que ce n'est pas celui sous lequel M. Lovel a toujours été connu. Si M. Lovel veut avoir la bonté d'expliquer cette circonstance, ce qu'il doit faire, à mon avis, par égard pour lui-même, je garantis que cette affaire désagréable s'arrangera à l'amiable.

— C'est-à-dire, M. Lesley, que si je me soumets à répondre à des questions que personne n'a le droit de me faire, et auxquelles on me somme de répondre sous peine d'être exposé à tout le courroux du capitaine Mac-Intyre, le capitaine aura la bonté de se trouver satisfait ? Je n'ai qu'un mot à vous dire à ce sujet, M. Lesley. Je n'ai nul doute que mon secret, si j'en avais un, ne pût être confié sans aucun risque à votre honneur ; mais je ne me sens disposé à satisfaire la curiosité de personne. Le capitaine m'a trouvé dans une société qui devait suffire pour ne laisser dans l'esprit de qui que ce soit, et surtout dans le sien, aucun doute sur mon caractère. A mon avis, il n'a aucun droit de demander quels sont le rang, l'état et la naissance d'un étranger qui, sans chercher à avoir aucune liaison avec lui, se trouve par hasard à dîner avec son oncle, ou qui se promène dans la compagnie de sa sœur.

— En ce cas, M. Lovel, le capitaine Mac-Intyre demande que vous renonciez à toutes visites à Monkbarns et à toute liaison avec sa sœur, votre présence dans sa famille lui étant désagréable.

— Bien certainement, M. Lesley, j'irai voir M. Oldbuck toutes les fois que je le trouverai bon, sans m'inquiéter des menaces de son neveu ni de ce qu'il en pourra penser. Quant à miss Mac-Intyre, quelque légère que soit ma connaissance avec elle, je la respecte trop pour souffrir que son nom se trouve mêlé dans cette querelle.

— Telle étant votre réponse, le capitaine Mac-Intyre requiert M. Lovel, s'il ne veut passer pour un homme d'une réputation douteuse, de lui accorder un rendez-vous, ce soir à sept heures, à l'aubépine qu'on trouve dans la petite vallée, près des ruines de Sainte-Ruth.

— Je ne manquerai pas de m'y trouver. Il n'y a qu'une difficulté : il faut que je me fasse accompagner par un ami ; et, ne connaissant personne à Fairport, je ne sais où en trouver un dans un si court délai. Quoi qu'il en soit, vous pouvez assurer le capitaine que je me trouverai au rendez-vous.

Lesley avait pris son chapeau, et était déjà à la porte de l'appartement, quand, frappé de l'embarras où Lovel disait être, il revint tout à coup sur ses pas. — M. Lovel, lui dit-il, il y a dans tout ceci quelque chose de si singulier, que je ne puis me dispenser de vous faire encore quelques observations. Vous devez sentir vous-même les inconvéniens qui résultent en ce moment de l'incognito que vous prétendez garder, et dont je suis convaincu qu'il n'existe aucune raison qui puisse vous faire rougir. Ce mystère augmente pourtant la difficulté que vous éprouverez à trouver un ami dans une crise aussi délicate. Vous me permettrez même d'ajouter que bien des gens regarderont Mac-Intyre comme une espèce de Don Quichotte, et le blâmeront d'avoir une affaire d'honneur avec un homme dont le nom et le rang sont enveloppés d'obscurité.

— Je vous comprends, M. Lesley; votre observation est sévère, mais je ne m'en offense point, parce que je sens qu'une bonne intention vous l'a dictée; toutefois, permettez-moi de vous répondre qu'on a droit, selon moi, à tous les privilèges d'un homme d'honneur, d'un homme bien né, quand on n'a pas mérité le plus léger reproche pendant tout le temps qu'on a été connu dans une société. Quant au second qu'il me faut, j'ose espérer que je trouverai quelqu'un qui voudra bien m'en servir; et, s'il n'a pas autant d'expérience que je pourrais le désirer, je suis convaincu que je n'ai rien à appréhender de cette circonstance, puisque c'est vous qui accompagnerez mon adversaire.

— J'ose m'en flatter, M. Lovel; mais je dois désirer, pour moi-même, de partager le fardeau de cette responsabilité avec un homme entendu dans ce genre d'affaires. Permettez-moi de vous dire que le brick du lieutenant Taffril est en rade, et qu'il loge lui-même chez le vieux Caxon où vous le trouverez. Je crois que vous le connaissez à peu près autant que nous nous connaissons; et, comme je n'aurais fait aucune difficulté de vous servir de second, si vous me l'aviez demandé, et que je n'eusse pas dû en servir à votre antagoniste, je suis persuadé qu'il ne refusera pas de vous accompagner.

— Hé bien donc, M. Lesley, à ce soir à sept heures, dans la vallée de Sainte-Ruth. Je présume que nos armes seront des pistolets?

— Si cela vous convient. Mac-Intyre a choisi l'heure où il lui sera le plus facile de s'échapper de Monkbarns. Il est venu chez moi ce matin à cinq heures, afin de pouvoir être de retour avant que son oncle fût levé. Je vous salue, M. Lovel. Et Lesley se retira.

Lovel était aussi brave que qui que ce soit; mais personne ne peut voir sans quelque inquiétude approcher le moment d'une telle crise. Dans quelques heures, il pouvait être dans un autre monde, où il aurait à rendre compte d'une action que sa religion lui représentait comme criminelle, ou se voir obligé à errer comme Caïn dans celui-ci, la main teinte du sang de son frère. Et un seul mot pouvait lui éviter cette fâcheuse alternative; mais l'orgueil lui représentait que prononcer ce mot à présent, ce serait donner lieu à des soupçons encore plus humilians que tous ceux que son silence avait pu faire concevoir. — Chacun alors, pensait-il, et miss Wardour elle-même, le regarderait comme un lâche, qui aurait accordé à la peur d'un duel ce qu'il avait refusé aux représentations calmes et honnêtes de M. Lesley. La manière insolente dont Mac-Intyre s'était conduit envers lui, l'injustice, l'arrogance et l'incivilité qu'il avait montrées en faisant subir un interrogatoire à un homme qui lui était étranger ; enfin l'air de prétention qu'il affichait auprès de miss Wardour, tout ne lui défendait-il pas de répondre à des questions faites d'un ton grossier? Il prit donc la résolution qu'on devait attendre d'un jeune homme, celle de fermer l'oreille aux conseils de la raison, et de suivre ceux de l'orgueil offensé. Ce fut dans ce dessein qu'il se rendit chez le lieutenant Taffril.

Le lieutenant le reçut avec la politesse d'un homme du monde et la franchise d'un marin ; il écouta, non sans surprise, le détail qui précéda la prière que lui fit Lovel de vouloir bien l'accompagner à son rendez-vous avec le capitaine Mac-Intyre. Se levant alors, il fit une ou deux fois le tour de sa chambre.

— C'est une circonstance bien singulière, dit-il, et réellement...

— Je sais, M. Taffril, que je n'ai guère le droit de vous faire une pareille demande ; mais l'urgence est telle que je n'ai pas d'autre alternative.

— Permettez-moi de vous faire un question. Parmi les motifs qui vous déterminent à cacher votre nom, y a-t-il quelque chose qui puisse vous faire rougir ?

—Pas la moindre; et je me flatte qu'avant peu ce mystère cessera d'en être un.

— J'espère qu'il n'a pas pour cause la fausse honte que pourrait vous occasioner une naissance humble ou obscure?

— Non, sur mon honneur.

— Je n'aurais guère d'indulgence pour cette faiblesse; on ne doit pas même m'en supposer; car, s'il s'agit de famille, je puis dire que je suis né sous le mât de mon vaisseau, et je compte incessamment, en dépit du qu'en dira-t-on, épouser une jeune fille d'une naissance obscure, mais aussi aimable que vertueuse, et à laquelle je me suis attaché quand nous demeurions porte à porte, dans un temps où je ne comptais guère sur la bonne fortune qui m'a valu de l'avancement dans le service.

—Je vous assure, M. Taffril, que, quel que fût le rang de mes parents, jamais un faux orgueil ne me le ferait cacher; mais je me trouve en ce moment dans des circonstances qui me défendent d'entrer dans aucun détail sur ma famille.

— C'en est assez, dit l'honnête marin. Donnez-moi la main; je vous aiderai de mon mieux dans cette affaire, quoiqu'elle ne soit pas agréable au fond; mais qu'importe? après notre pays, notre honneur a les premiers droits sur nous. Vous êtes un brave garçon, et j'avoue que je regarde Hector Mac-Intyre, avec sa longue généalogie et son orgueil de famille, comme un insolent. Son père était un soldat, comme je suis un marin, de fortune. Lui-même ne vaut guère mieux, si ce n'est que son oncle l'aide un peu; et qu'on fasse son chemin dans l'armée de terre ou dans la marine, je n'y vois pas grande différence.

— Pas la moindre, certainement.

—Eh bien! nous dînerons ensemble, et nous irons ensuite au rendez-vous. Je me flatte que vous savez manier le pistolet?

— Je ne me pique pas d'y être très-habile.

— J'en suis fâché. On dit que Mac-Intyre manque rarement son coup.

— J'en suis fâché aussi, tant pour lui que pour moi. Au surplus, comme je suis forcé de me défendre, je viserai de mon mieux.

— J'amènerai le chirurgien de mon brick, brave jeune homme. Personne ne s'entend mieux à boucher une boutonnière au pourpoint. Je ferai savoir à Lesley, qui est un brave garçon pour un officier de terre, que je le prends pour donner ses soins, n'importe à qui. Y a-t-il quelque chose que je puisse faire pour vous en cas d'accident?

— Je ne vous donnerai pas beaucoup d'embarras, répondit Lovel; ce papier contient la clef de mon portefeuille. Vous y trouverez mon secret, et une lettre, ajouta-t-il en étouffant un soupir, que je vous prie de vouloir bien remettre vous-même à son adresse.

— J'entends, dit le marin; mais il n'y a pas de quoi rougir. Un sentiment tendre peut mouiller un instant les yeux, quand on prépare le vaisseau pour l'action. Au surplus, comptez sur moi; Taffril se conformera à toutes vos instructions, comme si c'était la dernière prière d'un frère mourant. Mais c'est nous occuper de bagatelles; il faut vous disposer au combat, et vous viendrez dîner avec mon petit chirurgien et moi à quatre heures, *aux Armes de Græme*, de l'autre côté de la rue.

— C'est convenu, dit Lovel.

— Convenu, répéta Taffril; et l'affaire fut arrangée ainsi.

C'était une belle soirée d'été, et l'ombre de l'aubépine solitaire commençait à grandir sur le tapis de verdure de la petite vallée bordée par les bois au milieu desquels sont les ruines de Sainte-Ruth.

Lovel, le lieutenant Taffril et le jeune chirurgien arrivaient en cet endroit dans un dessein qui n'était guère en harmonie avec l'aspect doux et calme de la nature. Les moutons, qui, pendant la grande chaleur du jour, s'étaient retirés dans les creux et les cavernes des rochers, ou entre les racines des vieux arbres, étaient alors répandus sur la montagne; il y avait dans leurs bêlemens répétés ce son mélancolique et monotone qui fait ressortir la solitude d'un paysage plutôt qu'il ne l'anime. Taffril et Lovel causaient d'un air animé en marchant, ayant chargé le domestique du lieutenant de reconduire leurs chevaux à la ville, de crainte d'être découverts. Mac-Intyre et son second n'étaient pas encore arrivés; mais, en approchant du lieu désigné, ils virent assis sur les racines du vieux chêne un homme dont la vieillesse était aussi verte que celle de l'arbre dont les branches lui servaient d'abri : c'était Edie Ochiltrie.

— Cela est assez embarrassant, dit Lovel; comment nous défaire de ce vieux mendiant?

— Père Edie, lui dit Taffril qui le connaissait depuis long-temps, voilà une demi-couronne pour vous; mais il faut que vous alliez sur-le-champ aux *Quatre-Fers*, la petite auberge sur la route : vous la connaissez? Vous demanderez un domestique en livrée jaune et bleue; et, s'il n'y est pas, vous l'attendrez. Vous lui direz que nous y serons avec son maître dans une heure; mais, dans tous les cas, restez-y jusqu'à ce que nous soyons arrivés, car nous pourrons bien avoir encore besoin de vous. Dépêchez-vous; allons, partez, levez l'ancre.

— Je vous remercie de votre aumône, M. Taffril, répondit Edie en mettant la pièce d'argent dans sa poche; mais je vous demande pardon, je ne puis faire votre commission tout de suite.

— Et pourquoi? Qui vous en empêche?

— Il faut que je dise un mot en particulier à M. Lovel.

— A moi! Et qu'avez-vous à me dire? Allons, venez et soyez bref.

Le mendiant le conduisit à quelques pas.

— Devez-vous quelque chose au laird de Monkbarns?

— Moi? non. Mais qu'importe? Pourquoi me faites-vous cette demande?

— Vous saurez que j'étais aujourd'hui chez le sheriff; car, Dieu merci, on me trouve partout comme un esprit en peine; et qui y vis-je arriver à grand train dans une chaise de poste, si ce n'est M. Monkbarns lui-même, tout effarouché? Or ce n'est pas pour rien que Son Honneur prend une chaise de poste deux jours de suite.

— Hé bien! en quoi tout cela me concerne-t-il?

— Un moment de patience, vous allez le savoir : Monkbarns s'enferma avec le sheriff, quoiqu'il y eût bien du monde d'arrivé avant lui; mais vous savez que les pauvres gens sont faits pour attendre, et que les gens d'importance sont toujours civils entre eux.

— Pour l'amour du ciel, mon vieil ami.....

— Que ne m'envoyez-vous tout d'un coup au diable, M. Lovel? cela vaudrait mieux que de parler du ciel avec ce ton d'impatience.

— Mais j'ai une affaire pressante avec le lieutenant Taffril.

— Hé bien! chaque chose en son temps. Je puis me donner un peu de liberté avec le lieutenant Taffril; je lui ai fait autrefois plus d'une toupie et plus d'un cerceau; car je travaillais en bois comme en cuivre.

— Ou vous êtes fou, Edie, ou vous voulez que je le devienne.

—Ni l'un ni l'autre, répondit Ochiltrie en quittant l'accent traînant et prolongé d'un mendiant pour prendre un ton vif et décidé. — Le sheriff a fait venir son clerc; et comme le jeune gars est un peu léger de la langue, j'ai appris de lui qu'il avait rédigé un mandat pour vous faire arrêter. J'ai pensé sur-le-champ qu'il s'agissait d'une dette; car tout le monde sait que le laird de Monkbarns tient sa poche bien fermée. Mais je vois à présent que je puis retenir ma langue, car j'aperçois ce forcené de Mac-Intyre et M. Lesley, et je me doute que Monkbarns avait de bonnes intentions, tandis que celles qui vous amènent ici auraient besoin d'être justifiées.

Les antagonistes s'abordèrent avec cette froide civilité qui convenait à l'occasion.

— Que fait ici ce vieux drôle? dit Mac-Intyre en jetant un regard sur Ochiltrie.

— Je suis un vieux drôle, dit Edie ; mais je suis aussi un vieux soldat, car j'ai servi sous votre père dans le 42ᵉ régiment.

— Servez encore où il vous plaira, reprit Mac-Intyre, mais retirez-vous à l'instant, ou..... Et en même temps il leva sa houssine pour l'intimider, car il n'avait pas l'intention de frapper le vieillard. Mais la menace suffit pour ranimer l'ancien courage d'Ochiltrie. — Prenez garde à vous, s'écria-t-il ; je puis passer quelque chose au fils de votre père, mais, comme je vous l'ai dit, je suis un vieux soldat, et jamais houssine ne me touchera impunément tant que je porterai ce bâton ferré.

— Bien, bien, dit Mac-Intyre, j'ai été trop prompt; j'ai eu tort, je l'avoue. Prenez cette couronne, et retirez-vous. Hé bien! qu'attendez-vous encore?

Le vieillard, se redressant, déploya avec avantage sa haute taille, et en dépit de ses vêtemens, qui cependant ressemblaient davantage à ceux d'un pèlerin qu'à ceux d'un mendiant ordinaire, sa stature, ses manières, son ton et ses gestes l'auraient fait prendre pour un vieil ermite, saint conseiller des jeunes gens qui l'entouraient, plutôt que l'objet de leur charité. Ses discours étaient aussi simples que ses habits; mais il y avait dans ses paroles autant de hardiesse et de franchise que de dignité dans son maintien.

— Que venez-vous faire ici, jeunes gens? dit-il en s'adressant à son auditoire étonné; êtes-vous venus au milieu des plus beaux ouvrages de Dieu pour contrevenir à ses lois? Avez-vous quitté les ouvrages des hommes, les maisons et les villes, qui ne sont que boue et poussière comme ceux qui les ont construites, pour venir, au milieu de ces montagnes paisibles, près de ces eaux tranquilles qui dureront autant que la terre, attaquer réciproquement votre vie, à laquelle la nature a fixé une si courte durée, et dont vous aurez un compte à rendre en la finissant? N'avez-vous ni frères ni sœurs? N'avez-vous pas un père qui vous a élevés, une mère qui vous a portés dans son sein, des amis qui vous aiment comme si vous faisiez partie de leur propre cœur? Est-ce ainsi que vous voulez les priver d'un frère, d'un fils, d'un ami? C'est un mauvais combat que celui où le vainqueur est le plus à plaindre. Songez-y bien, mes enfans, je ne suis qu'un pauvre homme, mais je suis vieux, et mes cheveux gris et mon cœur honnête doivent donner à mes conseils vingt fois le poids que ma pauvreté peut leur ôter. Allez-vous-en, retournez chez vous, comme de bons jeunes gens; les Français peuvent arriver un de ces jours, vous aurez alors une belle occasion pour vous battre, et le mendiant s'en mêlera peut-être lui-même, s'il peut trouver quelque embrasure pour y appuyer son fusil. Il vivra peut-être assez pour vous dire lequel de vous se bat le mieux pour une bonne cause.

Son ton d'indépendance, la manière hardie dont il s'exprimait, son éloquence mâle et sans art, ses yeux animés, firent quelque impression sur ceux qui l'entendaient, surtout sur les deux seconds, dont l'amour-propre n'était pas intéressé à voir cette affaire se terminer d'une manière sanglante, et qui au contraire désiraient sincèrement amener les deux rivaux à se réconcilier.

— Sur mon honneur, M. Lesley, dit Taffril, le vieil Edie parle comme un oracle. Nos deux amis étaient hier fort irrités, et par conséquent de véritables fous. Aujourd'hui ils doivent être de sang-froid, ou du moins nous devons l'être pour eux. Je crois que le mot d'ordre des deux côtés devrait être oubli et pardon. Il faut qu'ils se donnent la main, qu'ils déchargent en l'air ces sottes armes, et que nous allions souper tous ensemble aux *Armes de Græme.*

— C'est entièrement mon avis, répondit Lesley, car malgré la chaleur et l'irritation qui règne de chaque côté, j'avoue qu'il m'est impossible de trouver ici une cause raisonnable de querelle.

— Messieurs, dit Mac-Intyre avec le plus grand sang-froid, tout cela eût été fort bon un peu plus tôt. Quand on en est venu au point où nous en sommes, ne pas porter les choses plus loin, et aller souper gaiement aux *Armes de Græme,* c'est vouloir se lever le lendemain avec une réputation aussi en guenilles que les habits de notre vieil ami, qui vient de faire si inutilement des frais d'éloquence. Je parle pour moi; et je me trouve obligé de vous prier de nous mettre en état de procéder, sans plus de délai, à l'affaire qui nous rassemble.

— Et comme je n'en ai jamais désiré aucun, dit Lovel, je vous prie aussi, messieurs, de régler tous les préliminaires le plus promptement possible.

— Enfans, enfans, s'écria Ochiltrie; et, s'apercevant qu'on ne l'écoutait plus, insensés, devrais-je dire, ajouta-t-il, mais que votre sang retombe sur votre tête! A ces mots il s'éloigna du terrain que les seconds commençaient à mesurer; mais il s'arrêta à peu de distance, continuant à se parler à lui-même d'un air d'indignation, et montrant une inquiétude pénible, mêlée d'un peu de curiosité. Sans faire plus d'attention à sa présence qu'à ses remontrances, MM. Lesley et Taffril firent les arrangemens nécessaires pour le combat, et l'on convint que les deux adversaires tireraient en même temps quand M. Lesley laisserait tomber son mouchoir.

Le fatal signal fut donné, et les deux coups partirent presque au même instant. La balle du capitaine perça l'habit de son antagoniste et lui effleura le côté, mais sans lui tirer de sang. Le coup de Lovel fut mieux ajusté, car on vit Mac-Intyre chanceler et tomber. Il tenta de se relever et s'écria : — Ce n'est rien, ce n'est rien, donnez-nous d'autres pistolets. Mais les forces lui manquèrent, et il ajouta d'une voix plus faible : Je crois cependant que j'en ai assez, et, ce qui est encore pire, que je l'ai mérité. M. Lovel, ou quel que soit votre nom, fuyez, sauvez-vous. Je vous prends tous à témoin, messieurs, que j'ai été l'agresseur. Se soulevant alors sur le coude : Lovel, ajouta-t-il, donnez-moi la main, je vous crois homme d'honneur; pardonnez-moi ma grossièreté comme je vous pardonne ma mort. — Ma pauvre sœur!

Le chirurgien arriva pour jouer son rôle dans cette tragédie ; et Lovel, les yeux égarés et hagards, contemplait le mal dont il avait été la cause presque involontaire. Le mendiant le tira de cette espèce de léthargie en le saisissant par le bras. — Pourquoi restez-vous à contempler votre ouvrage! Ce qui est fait est fait. Songez à vous, si vous voulez éviter une mort honteuse; je vois là-bas les gens qui vous cherchent. Ils viennent trop tard pour vous séparer, mais ils arriveront assez tôt pour vous conduire en prison.

— Il a raison, il a raison, s'écria Taffril. Il ne faut pas vous exposer sur la grande route. Gagnez le bois, et restez-y jusqu'à la nuit. Mon brick sera alors sous voile, et à trois heures du matin, quand la marée nous favorisera, je vous enverrai une chaloupe au Mussel-Craig. Allons, partez, partez, pour l'amour du ciel!

— Oui, partez, partez! répéta le blessé d'une voix entrecoupée par des convulsions.

— Suivez-moi, dit le mendiant; le plan du lieutenant est le meilleur. Je vais vous conduire dans un endroit où vous pourrez rester caché quand on aurait les plus fins limiers pour vous chercher. Et tout en parlant ainsi, il cherchait à l'entraîner,

— Mais partez donc! répéta Taffril. Rester plus longtemps ici est une véritable folie.

— J'ai fait une pire folie en y venant, répondit Lovel en lui serrant la main ; mais adieu. Et il entra dans le bois avec Ochiltrie.

CHAPITRE XXI.

> « Il descendit par des degrés magiques,
> « Dieu sait jusqu'où, peut-être dans l'enfer ;
> « Et si le diable était riche, il est clair
> « Qu'il le vola, car dans son abbaye,
> « Alors si pauvre, et depuis enrichie,
> « Il rapporta force or, qu'il enterra.
> « Moi seul je sais où gît ce trésor-là. »
> *La Merveille d'un royaume.*

Lovel suivait presque machinalement le mendiant, qui le conduisait d'un pas ferme et rapide à travers les buissons et les ronces, évitant les chemins battus, et se retournant souvent pour écouter si nul bruit n'annonçait qu'on les poursuivît. Tantôt ils descendaient dans le lit desséché d'un torrent, tantôt ils suivaient un sentier étroit et dangereux que les troupeaux, qu'on laissait errer dans le bois taillis avec une négligence presque universelle en Ecosse, avaient frayé sur le bord d'un précipice. De temps en temps Lovel pouvait entrevoir le chemin par lequel il avait passé la veille avec sir Arthur, l'antiquaire et le reste de la compagnie. Triste, embarrassé, dévoré de mille inquiétudes, que n'aurait-il pas donné alors pour posséder cette conscience qui ne se reproche rien et qui suffit seule pour indemniser de mille maux ? — Et cependant, se disait-il dans les réflexions qu'il faisait à la hâte et presque involontairement, — même alors, mon innocence et l'estime que m'accordaient tous ceux qui m'entouraient ne m'empêchaient pas de me croire malheureux. Que suis-je maintenant que j'ai les mains teintes du sang de ce jeune homme? Le misérable amour-propre qui m'a fait accepter ce duel ne m'aveugle plus. Il a disparu comme on dit que le malin esprit disparaît aux yeux de ceux qu'il a poussés au crime.

Sa tendresse pour miss Wardour se taisait même devant la voix des remords qui le déchiraient, et il pensait qu'il aurait consenti à subir tous les supplices d'un amour méprisé pour se retrouver tel qu'il était le matin, c'est-à-dire la conscience pure, et n'ayant pas à se reprocher la mort d'un de ses semblables.

Son guide n'interrompit point par sa conversation le cours de ses réflexions pénibles. Ochiltrie marchait devant lui dans le bois, tantôt écartant les branches qui s'opposaient à son passage, tantôt l'exhortant à se presser, tantôt s'adressant à lui-même à demi-voix, suivant la coutume des vieillards isolés et négligés, quelques mots que Lovel n'aurait pu entendre quand même il les aurait écoutés, et qui, s'il les avait entendus, ne lui auraient offert aucun sens, tant ils étaient entrecoupés et sans liaison; — habitude qu'on peut remarquer souvent chez les gens de l'âge et de la profession d'Edie Ochiltrie.

Enfin, à l'instant où Lovel, encore faible par suite de son indisposition, épuisé par les sensations pénibles qui l'agitaient, et fatigué par ses efforts pour suivre son conducteur dans des sentiers dangereux et difficiles, commençait à se trouver de quelques pas en arrière, ils arrivèrent en face d'un rocher escarpé couvert de ronces et de broussailles. Dans ses flancs était une caverne dont l'entrée, aussi étroite que la tannière d'un renard, n'était indiquée que par une crevasse. Cette crevasse elle-même était cachée par les branches d'un vieux chêne, qui, fixé par ses racines entrecroisées à la partie supérieure de l'ouverture, laissait tomber son feuillage sur toute l'étendue du roc. Elle aurait pu échapper à l'attention même d'un homme qui aurait été près de l'entrée, tant l'approche en était peu engageante. Le mendiant y entra pourtant, et Lovel l'y suivit. Dans l'intérieur, la caverne était haute et spacieuse, et elle se divisait en deux branches qui, se croisant à angles droits, représentaient une croix, ce qui prouvait qu'elle avait autrefois servi de demeure à un anachorète. On trouve beaucoup de grottes semblables dans diverses parties de l'Ecosse : je me bornerai à citer celle de Gorton près de Roslin, bien connue des admirateurs des paysages romantiques.

L'entrée de cette caverne n'était éclairée que par un faible crépuscule, et plus loin il y régnait une obscurité profonde. — Peu de gens connaissent cet endroit, dit Ochiltrie, et je crois même qu'il n'y a que deux personnes, sans me compter, qui sachent que cette caverne existe, Jingling Jock et Lang Linker. J'ai même pensé bien des fois que, quand je me trouverai vieux et infirme, et hors d'état de jouir plus long-temps de l'air béni du ciel, je me traînerai ici avec un peu de farine d'avoine (— et voyez, il y a une petite source qui sort de ce coin, été comme hiver); je m'y étendrai tout de mon long pour y attendre ma fin, comme un vieux chien se traîne dans quelque buisson, pour que la vue de son inutile et dégoûtant cadavre ne choque pas les yeux des vivans. Et alors quand les chiens aboieront dans la basse-cour d'une ferme écartée, la ménagère criera : — Paix! coquins, c'est sûrement le vieil Edie qui arrive ; et les pauvres enfans remueront leurs petites jambes pour courir à la porte afin de voir le vieux Manteau-Bleu qui raccommode leurs joujous : mais il n'y aura plus d'Edie.

Il conduisit alors Lovel, qui le suivait sans résistance, dans une des divisions intérieures de la caverne. — Ici, dit-il, un petit escalier tournant conduit dans la vieille église qui est au-dessus. Il y a des gens qui prétendent que cette caverne a été creusée par les moines pour y cacher leurs trésors, et l'on dit aussi qu'ils faisaient entrer par là dans l'abbaye, pendant la nuit, certaines choses qu'ils n'auraient osé y introduire par la grande porte en plein jour. On dit encore qu'un d'entre eux devint saint, ou du moins on voulut le faire croire, et qu'il s'établit en ce lieu, qu'on nomma la grotte de Sainte-Ruth, et qu'il construisit l'escalier pour se rendre à l'église pendant le service divin. Si le laird de Monkbarns connaissait cet endroit, il en aurait bien long à vous dire ainsi que sur tant d'autres choses. Mais cette caverne a-t-elle été creusée pour le service de Dieu ou pour celui des hommes? C'est plus que je ne saurais vous dire. Quoi qu'il en soit, j'y ai vu commettre plus d'un péché de mes jours, et je n'y en ai que trop commis moi-même; oui, ici, sous cette voûte ténébreuse, plus d'une fermière a été surprise que son coq ne l'éveillât pas le matin, quand la pauvre bête était à la broche dans ce coin sombre. Oui, et je voudrais qu'il ne se fût jamais rien passé de pire. Et quand on entendait le tapage que nous faisions, dans les entrailles de la terre; quand Saunders Aikwood, qui était alors garde des forêts, le père de Ringan qui l'est aujourd'hui, allait rôder dans le bois pour veiller au gibier de son maître, quand il voyait sortir de la crevasse qui sert d'entrée à la caverne une lueur rouge qui rejaillissait sur les noisetiers en face, combien d'histoires ne contait-il pas sur les fées et les esprits qui hantaient le bois pendant la nuit, sur les lumières qu'il avait vues, sur les cris qu'il avait entendus, pendant que chacun dormait; et quand il me les racontait, le soir au coin du feu, à moi et à mes camarades, je ne m'avisais pas d'en rire, mais je donnais au vieux fou conte pour conte, histoire pour histoire, quoique je susse mieux que lui ce qui en était. Oui, oui, c'était un fameux temps. Mais au bout du compte, tout cela n'était que vanité et péché, et il est juste que ceux qui ont mené dans leur jeunesse une vie légère et inconsidérée, et qui ont abusé de la charité des autres, se trouvent en avoir besoin quand ils sont vieux.

Tandis qu'Ochiltrie racontait ainsi ses anciens exploits et ses tours de jeunesse, d'un ton où la gaieté et le re-

mords dominaient tour à tour, le malheureux Lovel s'était assis sur un banc taillé dans le roc, et qui avait probablement servi de siège à l'ermite, s'abandonnant à cette lassitude de corps et d'esprit qu'on éprouve ordinairement à la suite d'une grande agitation. Les suites de son indisposition encore récente avaient affaibli ses forces, et contribuaient beaucoup à cet accablement léthargique.
— Si le pauvre garçon s'endort dans ce trou humide, pensa Edie, il ne s'éveillera peut-être plus, ou du moins il gagnera quelque mauvais mal. Il n'en est pas de lui comme de nous autres qui pouvons dormir partout, pourvu que nous ayons le ventre plein. Allons, M. Lovel, allons, prenez courage. Après tout, le capitaine peut en revenir, et quand il en mourrait, vous ne seriez pas le premier à qui pareil malheur serait arrivé. J'ai vu tuer bien des hommes, j'ai aidé moi-même à en tuer plus d'un; cependant il n'y avait point eu de querelle entre nous. Et s'il n'y a pas de mal à tuer des gens avec qui nous ne nous sommes pas querellés, uniquement parce qu'ils portent une cocarde différente de la nôtre, et qu'ils parlent une autre langue, je ne vois pas pourquoi nous ne serions pas excusables de tuer celui qui vient les armes à la main attaquer notre vie. Je ne veux pas dire que ce soit bien fait, à Dieu ne plaise, ni qu'il soit juste de retirer à un homme ce que nous ne pouvons lui rendre, c'est-à-dire la faculté de respirer, mais je soutiens que c'est un péché pardonnable quand on s'en repent. Ne sommes-nous pas tous enfans du péché? Mais si vous voulez en croire un vieux pécheur qui se repent des mauvaises voies qu'il a suivies, il y a dans les deux Testamens des promesses capables de sauver celui qui en est le moins digne, s'il peut seulement avoir la foi.

Ce fut ainsi que le mendiant, employant tour à tour toutes ses connaissances en morale et en théologie pour consoler Lovel, parvint à le forcer de lui accorder quelque attention jusqu'à ce que le crépuscule qui régnait au bord de la caverne eût fait place à la nuit. — A présent, dit Ochiltrie, je vais vous conduire dans un endroit plus commode. Que de fois je m'y suis assis pour entendre les cris du hibou perché sur ces vieux ifs, et pour voir les rayons de la lune s'insinuer à travers les vieux vitraux des ruines! Il n'y a pas de danger que personne y vienne à une pareille heure, et si ces coquins de constables et d'officiers du sheriff ont fait une visite dans les environs, ils en sont partis depuis long-temps. Ah! ah! avec tous leurs mandats d'arrêt et toutes les clefs de leurs prisons, ils ne sont pas plus braves que les autres, et je leur ai joué plus d'un tour dans mon temps, quand ils s'approchaient de moi de trop près. Mais, Dieu soit loué, ils n'ont plus de droits sur moi parce que je ne suis qu'un mendiant et un vieillard; mon manteau bleu est une protection, et puis miss Isabelle Wardour serait un bouclier pour moi, comme vous savez. — Lovel soupira. — Allons, allons, ne vous découragez point, la boule peut encore rouler au but. Il faut donner à une jeune fille le temps de se reconnaître. C'est la fleur du pays, et elle me veut du bien; grace à elle, je passe devant la maison de correction, aussi fier que j'entre à l'église le jour du sabbat. Du diable si personne oserait maintenant arracher un cheveu de la tête du vieil Edie. Je garde le haut de la chaussée quand je vais dans la ville, et je frotte mon épaule contre celle d'un bailli, sans plus de cérémonie que si c'était un ânier.

Tout en parlant ainsi, il s'occupait à écarter quelques pierres qui obstruaient l'entrée de l'escalier pratiqué à l'un des angles de la caverne. Il y monta le premier, et Lovel l'y suivait en silence.

— L'air n'y manque pas, dit le vieillard; les moines y ont pris garde; ils n'aimaient pas que rien leur gênât la respiration, et ils ont eu l'adresse de trouver le moyen de donner ici de l'air et du jour sans que personne pût s'en douter.

Lovel trouva effectivement l'escalier bien aéré. Il était étroit, mais en bon état, et peu élevé. Ils entrèrent ensuite dans une petite galerie pratiquée dans le mur de côté du chœur de l'église, d'où il recevait l'air et la lumière par des ouvertures adroitement cachées parmi les ornemens de l'architecture gothique.

— Ce passage secret, dit le mendiant, faisait autrefois le tour de presque tout le bâtiment, et communiquait à l'endroit que j'ai entendu M. Monkbarns appeler le réfractoire (Edie voulait probablement dire le réfectoire) d'où on allait à l'appartement du prieur. Par ce moyen le prieur pouvait écouter ce que les moines disaient pendant leurs repas, savoir s'ils chantaient de bon cœur leurs psaumes, et quand il avait reconnu que tout était en règle, descendre là-bas dans la grotte et y aller joindre quelque égrillarde, car c'étaient de fiers compères que ces moines, à moins que tout ce qu'on en a dit ne soit des mensonges. Mais nos gens se sont donné bien du mal, il y a déjà long-temps, pour boucher le passage d'un côté, et le démolir d'un autre, de crainte que des fâcheux ne le découvrissent, et n'en profitassent pour descendre dans la caverne, ce qui aurait été une mauvaise affaire pour nous, car il ne s'agissait de rien moins que de notre cou.

Ils arrivèrent alors à un endroit où la galerie s'élargissait en cercle et devenait assez spacieuse pour contenir un banc de pierre. Une niche qu'on y avait pratiquée se projetait jusque dans le chœur ; comme les côtés en étaient garnis d'ornemens percés à jour, on pouvait de là voir toute cette partie de l'édifice, ce qui, dit Edie, avait probablement été imaginé pour donner au prieur le moyen de surveiller la conduite de ses moines, sans pouvoir en être vu lui-même, et s'assurer par ses propres yeux qu'ils s'acquittaient des devoirs de dévotion que son rang l'exemptait de partager avec eux. Cette niche étant semblable à toutes celles qui régnaient en ordre régulier tout autour du chœur, et ne différant aucunement des autres à l'extérieur, il était impossible de voir d'en-bas celui qui se trouvait à ce poste d'observation ; il était d'autant mieux caché qu'un saint Michel de pierre terrassant un dragon, figurait devant la niche. Le passage, se resserrant ensuite, conduisait encore beaucoup plus loin autrefois, mais les vagabonds dont la caverne de Sainte-Ruth était jadis le point de ralliement avaient eu la précaution de le boucher avec de grosses pierres qu'ils avaient prises dans les ruines.

Edie s'assit sur le banc de pierre, et y étendant un pan de son manteau bleu, il fit signe à Lovel de s'y placer à côté de lui. — Nous serons mieux ici qu'en-bas, lui dit-il ; l'air y est plus doux et plus sain, et l'odeur des fleurs et des arbrisseaux qui croissent dans les ruines vaut mieux que l'humidité de la grotte. Ces fleurs semblent plus parfumées dans la nuit, et l'on n'en voit jamais un si grand nombre qu'aux environs des bâtimens ruinés. Or, dites-moi, M. Lovel, quelqu'un de vos savans pourrait-il m'en donner une bonne raison ?

— Je n'en connais aucune, dit Lovel.

— Je pense, reprit le mendiant, qu'il en est comme de ces dons qui paraissent plus agréables à celui qui les reçoit dans l'adversité, ou c'est peut-être une parabole pour nous apprendre à ne pas mépriser ceux qui sont tombés dans les tribulations ou dans les ténèbres du péché, puisque Dieu envoie des parfums pour égayer l'heure la plus sombre du jour, et couvre de fleurs et d'arbrisseaux les édifices en ruine. Et maintenant je voudrais qu'un homme sage pût me dire si le ciel n'est pas charmé du spectacle que nous avons sous les yeux, de ces longues bandes de lumière que la lune dépose sur le pavé de cette vieille église, ou qui, jaillissant soudain à travers ces grands piliers et ces sculptures des fenêtres, y étincellent comme sur les feuilles du sombre lierre quand le vent les agite ; je serais bien surpris si ce spectacle ne charme pas plus le ciel que celui qu'offrait cette enceinte quand elle était illuminée avec des lampes et des cierges, qu'on y brûlait la myrrhe et l'encens dont on parle dans les Ecritures, et qu'on y entendait la voix des hommes et des femmes, le son des orgues, des trompettes, des psaltérions, et de tous les instrumens de musique? Je serais bien surpris si ce n'était pas là toute cette pompe que l'Ecriture appelle abomination. — Je pense, M. Lovel, que si deux pauvres cœurs contrits comme le vôtre et le mien peuvent offrir une humble prière.....

— Paix! s'écria Lovel en pressant vivement le bras du mendiant; je viens d'entendre quelqu'un parler.

— J'ai l'oreille dure, répondit le mendiant à voix basse; mais nous sommes ici bien en sûreté. D'où venait le bruit?

Lovel lui montra la porte du chœur chargée d'une profusion d'ornemens, qui était située à l'un des bouts du bâtiment, du côté de l'ouest; et au-dessus de laquelle était une fenêtre qui donnait un libre passage aux rayons de la lune.

— Ce ne peut être aucun de nos gens, dit Edie en parlant avec précaution; car il n'y en a plus que deux qui connaissent cet endroit, comme je vous le disais, et ils sont bien loin d'ici si leur pèlerinage en cette vie n'est pas terminé. Jamais je ne croirai que les officiers de justice viennent ici à une pareille heure, et je n'ai pas de foi dans les contes d'esprits et de revenans que font les vieilles femmes, quoique ce soit l'heure et le temps propices pour en voir s'il en existe. Mais que ce soient des habitans de ce monde ou de l'autre, les voici: deux hommes avec une lumière.

Et en effet, tandis que le mendiant parlait ainsi, l'ombre de deux hommes, projetée en avant par les rayons de la lune, précéda leur entrée dans le chœur, et la petite lanterne que l'un d'eux portait à la main jetait une lueur pâle devant l'éclat argenté que répandait cet astre, comme l'étoile du soir se fait distinguer à peine au milieu des rayons affaiblis du soleil couchant. L'idée la plus vraisemblable, malgré l'assurance d'Ochiltrie, était que les personnes qui venaient visiter les ruines à une heure si indue étaient des officiers de justice qui cherchaient Lovel; cependant rien dans leur conduite ne semblait justifier ce soupçon. Le mendiant toucha le bras de son compagnon, et lui dit tout bas que ce qu'ils avaient de mieux à faire était de rester sans faire le moindre bruit dans l'endroit où ils se trouvaient, et de suivre des yeux tous les mouvemens de ces deux individus. S'il arrivait quelque chose qui leur fît juger à propos de songer à la retraite, ils pouvaient gagner la caverne par l'escalier secret, et de là se cacher dans le bois, où l'obscurité empêcherait qu'on ne les poursuivît. Ils restèrent donc immobiles, observant avec inquiétude et curiosité les deux étrangers.

Ceux-ci, après avoir causé quelques instans à voix basse près de la porte, s'avancèrent vers le milieu du chœur; et une voix qu'à son accent Lovel reconnut sur-le-champ pour celle de Dousterswivel, prononça assez distinctement les paroles suivantes:

— En férité, mon pon monsieur, pas poufoir troufer plus peau temps, moment plus faforable pour notre grande entreprise. Fous foir pientôt que tout ce que mein herr Oldenbuck afoir dit n'être rien que fadaises. Lui pas plus safoir ce que lui dire qu'un petit enfant, sur mon ame! Lui espérer devenir riche comme un juif pour ses paufres misérables cent lifres, dont moi pas plus me soucier, sur mon honneur, que de cent liards. Mais à fous, mon munificent et respectable patron, je fouloir fous montrer tous les secrets de mon art; oui, même le secret du grand Pymander.

— Suivant toute vraisemblance, dit Edie à voix basse, il faut que cet autre soit sir Arthur Wardour; je ne connais que lui capable de venir ici à une pareille heure avec ce coquin d'Allemand. On croirait que ce charlatan l'a ensorcelé; il lui ferait croire que de la chaux est du fromage. Mais voyons ce qu'ils viennent faire ici.

Cette interruption empêcha Lovel de faire attention à la réponse du baronnet, et il n'en put entendre que les derniers mots, qui furent prononcés avec emphase... une bien grande dépense!

— Une grande dépense! répéta Dousterswivel; sans doute cela être indispensaple. Fous pas poufoir récolter afant d'afoir semé : la dépense être la semence; l'or, l'argenterie, les pijoux, les trésors être la récolte; fort ponne récolte, sur ma parole. Or, sir Arthur, fous afoir semé cette nuit dix guinées, petite semence, une prise de tabac; mais si fous ne pas recueillir une grande récolte, grande en proportion de la petite pincée de semence, car fous safoir que l'une être la conséquence de l'autre, moi fous permettre de ne jamais regarder Herman Dousterswivel comme un honnête homme. Maintenant, mon pon patron, moi fous prier de regarder cette petite assiette d'argent; car moi n'afoir pas de secrets pour fous : fous safoir que la lune traferser tout le zodiaque en vingt-huit jours; le plus petit enfant safoir cela. Hé pien, moi prendre une assiette d'argent quand elle être dans sa quinzième maison, laquelle maison être la *palance*, et grafer sur un des côtés les mots en gothique schebharschemoth schartachan, ce qui signifie l'intelligence de l'intelligence de la lune; ensuite faire ce dessin comme un serpent afec une tête de dindon : fort pien. Puis de l'autre côté grafer une taple lunaire, un carré de neuf multiplié par lui-même, avec quatre-vingt-un nombres de chaque côté et neuf de diamètre. Fous foir que tout cela être pien proprement exécuté : or toutes les fois que la lune changer de quartier, moi poufoir m'en serfir pour troufer des trésors en proportion de mes dépenses de fumigations, comme neuf est le produit de la multiplication.

— Mais, Dousterswivel, dit le crédule baronnet, ceci ne sent-il pas la magie? Je suis, quoique indigne, un véritable fils de l'église épiscopale, et je ne veux avoir aucune relation avec le malin esprit.

—Bah! bah! n'y afoir pas la moindre magie dans cela : tout être fondé sur l'influence planétaire, et sur la sympathie et la force des nombres. Moi fous faire foir par la suite de pien plus pelles choses. Cependant moi ne pas fous dire que le tout s'opérer sans l'aide d'un esprit, à cause de la fumigation, mais si fous afoir pas peur, lui se montrer à fos yeux.

— Je n'ai pas la moindre curiosité de le voir, dit le baronnet, qui, d'après le son de sa voix, semblait avoir un accès de fièvre.

— C'est pien dommage. Moi afoir été pien aise de fous montrer l'esprit gardien du trésor, comme un chien figilant. Moi safoir comment agir afec lui, mais si fous pas fouloir le foir...

— Je ne m'en soucie guère, répondit le baronnet d'un ton d'indifférence. Mais il est temps de songer à notre affaire.

—Pas encore, mon pon patron; il n'est pas encore minuit, et minuit être précisément notre heure planétaire, et alors moi poufoir fous montrer l'esprit. Pour cela, moi tracer un pentagone dans un cercle, ce qui n'être pas difficile; faire ensuite ma fumigation au centre; et nous être là comme dans un château pien fortifié; fous tenir l'épée à la main, moi prononcer les paroles, et alors fous foir la muraille s'oufrir comme la porte d'une cité, et puis... un instant... oui, foir d'apord un cerf poursuifi et terrassé par trois grands chiens noirs, comme aux grandes chasses de notre électeur, et alors un filain petit nègre prendre le cerf, et paf! tout disparaît. Ensuite fous entendre une symphonie de cor retentir dans toutes les ruines. Pon morceau de musique, sur ma parole, aussi pon que ce que fous afoir jamais entendu de Fischer sur le hautpois. Fort pien! Fient ensuite le héraut, comme nous aspeler Ehrenhold, sonnant du cor, suifi du grand Peolphan que nous nommer le grand chasseur du nord, monté sur un coursier, et... mais fous pas fous soucier de foir tout cela.

—Ce n'est pas que... que je craigne; mais... on dit qu'il... qu'il arrive quelquefois... de grands accidens en de telles occasions.

—Des accidens! Pon! non, non. Seulement si le cercle n'être pas pien tracé, ou si celui qui tenir l'épée afoir peur et ne pas la tenir pien ferme horizontalement, le grand chasseur prendre alors son afantage, entrer dans le cercle, et étrangler l'exorciste. Cela s'être fu quelquefois.

—Hé bien, Dousterswivel, sans douter ni de mon courage ni de votre science, dispensons-nous de l'apparition, et procédons à nos opérations.

— De pien pon cœur; cela m'être égal. Mais foici le moment. Tirez fotre épée, tandis que moi allumer ce que vous appeler des copeaux.

En même temps il arrangea un petit bûcher de copeaux qu'il avait apportés, et qu'il avait enduits d'une matière bitumineuse pour donner plus d'ardeur à la flamme, et quand elle fut bien vive, et qu'elle teignit d'une lueur rougeâtre les murs qui l'entouraient, il y jeta une poignée de je ne sais quelle poudre qui produisit une odeur très-forte, et comme il y entrait beaucoup de soufre, elle fit éternuer l'exorciste et son élève, et la vapeur, se répandant dans tout le chœur, monta sous les narines de Lovel et du mendiant, sur lesquels elle produisit le même effet.

— Est-ce un écho? dit le baronnet surpris d'entendre la répétition de ce bruit.—Et se rapprochant de l'adepte: —Ne serait-ce pas, ajouta-t-il, l'esprit dont vous parliez, qui tourne en ridicule notre tentative pour nous emparer du trésor confié à sa garde?

—N... n... non, répondit en bégayant l'Allemand, qui commençait à partager la terreur de son patron; moi me flatter du contraire.

Ici un éternument sonore qu'Ochiltrie ne put retenir se fit encore entendre, ainsi que le bruit d'une toux étouffée, qu'il n'était plus possible de regarder comme un écho. Nos deux chercheurs de trésor restèrent confondus.

—Que le ciel ait pitié de nous! dit le baronnet.

— *Alle guten geistern loben den hernn!* s'écria l'adepte épouvanté. Mon pon sir Arthur, continua-t-il, moi commencer à croire que nous afoir rien de mieux à faire que de nous en aller, et de refenir demain en plein jour.

—Misérable jongleur, s'écria le baronnet, en qui cette proposition éveilla des soupçons qui l'emportèrent sur sa terreur, et poussé au désespoir par la connaissance qu'il avait du fâcheux état de ses affaires; impudent charlatan, c'est un tour que vous avez préparé pour vous dispenser d'exécuter votre promesse, comme cela vous est arrivé si souvent. Mais, de par le ciel, je saurai cette nuit à qui je me suis fié quand j'ai souffert que vous travaillassiez à ma ruine. Faites votre devoir; qu'il vienne des esprits ou des diables, il faut que vous me montriez le trésor, ou que vous confessiez que vous êtes un coquin et un imposteur, ou, sur la foi d'un homme ruiné et désespéré, je vous envoie dans un monde où vous verrez des esprits plus que vous n'en voudriez voir.

L'Allemand, partagé entre la terreur que lui inspiraient les êtres surnaturels dont il se supposait environné, et la crainte pour sa vie, qui semblait à la merci d'un furieux, ne put que lui dire du ton le plus humble : — Mon pon patron, fous n'être pas confenablement prudent; fous defoir considérer que les esprits...

En ce moment Edie, qui commençait à s'amuser de cette scène, fit entendre une sorte de gémissement extraordinaire, et qui n'était que le prolongement du ton lamentable qu'il employait en demandant l'aumône : Dousterswivel se laissa tomber sur ses genoux.

—Mon pon sir Arthur, falloir nous en aller; falloir que moi m'en aller!

— Non, misérable coquin, dit sir Arthur en tirant l'épée qu'il avait apportée pour les cérémonies de l'exorcisme, cette ruse ne vous réussira point. Il y a long-temps que Monkbarns m'a averti d'être en garde contre vous. Je verrai ce trésor avant que vous sortiez d'ici ; ou je vous ferai avouer que vous n'êtes qu'un imposteur, ou je vous passerai cette épée au travers du corps, en dépit de tous les esprits et de tous les revenans du monde.

— Pour l'amour du ciel, mon honoraple patron, un peu de patience. Fous afoir pientôt tout le trésor que moi connaître, fous l'afoir en férité. Mais fous point parler des esprits, autrement fous les mettre en colère.

Ochiltrie se préparait à pousser un second gémissement ; mais il en fut empêché par Lovel, qui commençait à prendre un intérêt sérieux à cette affaire en voyant l'air décidé et presque désespéré de sir Arthur. Dousterswivel, tremblant de la double crainte que lui inspiraient les esprits d'un côté et le baronnet de l'autre, joua fort mal le rôle de sorcier, n'osant prendre le degré d'assurance nécessaire pour tromper sir Arthur, de peur d'exciter le courroux des êtres invisibles qu'il redoutait. Cependant, après avoir roulé des yeux hagards de côté et d'autre, et avoir prononcé quelques mots allemands en faisant des contorsions qui étaient l'effet de la terreur qu'il éprouvait, plus que du désir d'en imposer, il s'avança enfin vers un coin du bâtiment où la terre était couverte d'une grande pierre plate sur laquelle était gravée en bas-relief l'effigie d'un guerrier armé de toutes pièces, et il dit à sir Arthur à demi-voix : — C'est ici, mon digne patron ; que Dieu fouloir nous protéger !

Le baronnet, qui, après avoir imposé silence à ses craintes superstiticuses, semblait s'être armé de toute sa résolution pour mettre à fin cette aventure, aida l'adepte à soulever cette pierre par le moyen d'un levier dont ils s'étaient munis, et leurs forces réunies n'en vinrent à bout qu'avec peine. Aucune lumière surnaturelle ne brilla soudainement pour indiquer le trésor souterrain, et aucun esprit terrestre ou infernal ne se rendit visible. Dousterswivel, en tremblant, donna à la hâte quelques coups de pioche, car ils avaient apporté tous les instrumens né-

cessaires. Puis il retira avec une pelle la terre qu'il venait
de remuer, et sir Arthur entendit un son semblable à celui
qu'eût produit la chute d'un morceau de métal. Dousterswivel ramassa promptement l'objet qui l'avait produit.—
Mon bon patron, s'écria-t-il, sur mon honneur, c'être
tout ce que nous pouföir trouver cette nuit. Et en même
temps il jetait autour de lui un regard inquiet, comme
pour voir si quelque esprit ne paraîtrait pas pour confondre son imposture.

— Voyons, dit sir Arthur : voyons, répéta-t-il d'un ton
plus ferme; je veux me satisfaire; je veux juger par mes
propres yeux. — Prenant des mains de Dousterswivel une
petite boîte ou cassette dont Lovel ne put distinguer la
forme, et l'examinant à la lueur de la lanterne, il fit une
exclamation qui fit penser aux deux témoins de cette
scène qu'elle était pleine d'argent. — J'en conviens, dit
le baronnet, la prise n'est pas mauvaise, et si l'on peut
espérer un succès proportionné en risquant davantage,
hé bien, on le risquera. Ces six cents livres de Goldie-
worth jointes à tant d'autres demandes qu'on me fait, auraient entraîné ma ruine. — Si vous croyez que nous
puissions réussir une seconde fois, au prochain quartier
de la lune, je suppose, en faisant les avances nécessaires,
coûte qui coûte, je les ferai.

— Mon respectaple patron, ce n'est pas à présent le
moment d'en parler : fous fouloir pien m'aider à remettre
la pierre à sa place, et nous en aller pien fite. — Et dès
que la pierre fut replacée, il entraîna sir Arthur, qui lui
avait rendu toute sa confiance, loin d'un endroit que la
conscience troublée de l'Allemand et ses craintes superstitieuses lui représentaient comme rempli d'esprits ven-
geurs qui, cachés derrière chaque pilier, guettaient l'instant de le punir de sa fourberie.

— Qui vit jamais pareille chose ! s'écria Edie quand ils
eurent disparu comme deux ombres. Mais que peut-on
faire pour ce pauvre diable de baronnet sans cervelle? Il

a pourtant prouvé qu'il avait du sang dans les veines : plus que je ne l'aurais pensé. J'ai cru un moment qu'il aurait fait sentir le froid de sa lame à ce vagabond. Sir Arthur n'avait pas tant de courage au Tablier-de-Bessy l'autre soir; mais alors il n'était pas en colère, et cela fait une différence. J'ai connu telles gens qui, dans la colère, auraient tué un homme comme une mouche, et qui ne se seraient pas souciés d'être brisés contre la Corne de la Vache. Mais que peut-on faire pour lui?

— Je présume, dit Lovel, que ce coquin a regagné toute sa confiance par cette fourberie qu'il avait sans doute préparée d'avance.

— Quoi! l'argent? Oui, oui ; fiez-vous à lui pour cela. Celui qui cache une chose sait où la trouver. Il veut en tirer jusqu'à sa dernière guinée, et s'enfuir dans son pays, en vrai transfuge. J'aurais voulu me trouver à portée de lui faire sentir mon bâton ferré; il aurait cru que c'était une bénédiction que lui donnait quelqu'un des vieux abbés enterrés ici. Mais il est prudent de ne pas faire de coup de tête. Ce n'est pas toujours le meilleur sabre qui fait les plus profondes blessures, c'est la manière de s'en servir. Je le trouverai quelque jour.

— Si vous informiez M. Oldbuck de ce qui vient de se passer.

— Je ne sais trop. Monkbarns et sir Arthur se ressemblent sans se ressembler. Quelquefois le baronnet écoute Monkbarns, et d'autres fois il ne s'en soucie pas plus que de moi. Monkbarns lui-même n'est pas plus sage qu'il ne faut sur bien des choses. On lui fait croire qu'un vieux liard est une ancienne médaille romaine, comme il l'appelle, et qu'un fossé creusé il y a quelques années est un vieux camp. Il ne s'agit que de savoir mentir. Je lui ai fait moi-même plus d'un conte, Dieu me pardonne! mais avec tout cela il n'a guère de compassion pour les autres, et il leur jette au nez leurs sottises comme s'il n'en avait aucune à se reprocher. Il vous écoutera toute la journée si vous lui faites des contes sur Wallace [1], l'aveugle Harry et David Lindsay [2]; mais il ne faut lui parler ni d'esprits, ni de fées, ni de revenans, ni de rien de semblable. Il a été une fois sur le point de jeter le vieux Caxon par la fenêtre, parce qu'il soutenait qu'il avait vu un esprit sur le Humlock-Knowe. Or, s'il prenait cette affaire de travers, il ne ferait que graisser les bottes du coquin, et tout irait de mal en pis. C'est ce qui est arrivé deux ou trois fois au sujet de cette entreprise de mines : on aurait dit que sir Arthur prenait plaisir à s'enfoncer davantage dans le bourbier, précisément parce que Monkbarns lui conseillait de s'en tirer.

— Mais quel inconvénient trouveriez-vous à donner un mot d'avis à mis Wardour?

— La pauvre fille? Et comment pourrait-elle empêcher son père d'en faire à sa tête? Et d'ailleurs à quoi cela servirait-il? Il court un bruit dans le pays qu'un créancier de sir Arthur lui demande en ce moment le paiement de six cents livres sterling, et qu'un limier de justice d'Edimbourg lui mord les jarrets jusqu'à l'os pour le faire payer; s'il ne peut en venir à bout, il faut qu'il aille en prison ou qu'il quitte le pays. C'est comme un homme qui se noie; il s'accroche à tout ce qu'il peut trouver, pour tâcher de se tirer de l'eau. Ainsi donc, à quoi bon causer du tourment à la pauvre fille pour ce qu'elle ne peut empêcher? D'ailleurs, pour dire la vérité, je ne me soucie point de faire connaître le secret de cet endroit-ci. Vous voyez vous-même qu'il est commode d'avoir une cachette à soi; et quoique je ne sois plus dans le cas d'en avoir besoin, et que j'espère, avec l'aide de la grace divine, ne plus m'y trouver jamais, on ne sait à quelle tentation on peut être exposé; et..... en un mot, je ne puis supporter l'idée de faire connaître cette retraite à personne. Gardez une chose sept ans, dit un proverbe, et vous trouverez l'occa-

---
(1) Ancien ménestrel écossais. — ED.
(2) Auteur déjà cité plusieurs fois. — ED.

sion de vous en servir. Qui sait si cette caverne ne peut pas encore un jour m'être utile, pour moi ou pour quelque autre?

Ochiltrie appuyait sur ce raisonnement avec une chaleur qui, malgré les lambeaux de morale et de piété dont il le revêtait, annonçait l'intérêt personnel qu'il y prenait, peut-être par suite de ses anciennes habitudes ; et Lovel ne pouvait guère chercher à le réfuter dans un moment où il profitait du secret dont le vieillard paraissait si jaloux.

Cet incident pourtant fut fort utile à notre héros, en écartant de son esprit le souvenir du malheureux événement qui avait terminé son duel, et en rallumant dans son ame l'énergie que ce malheur semblait y avoir éteinte. Il réfléchit qu'une blessure dangereuse n'était pas toujours mortelle ; qu'il était parti avant que le chirurgien eût pu donner son opinion sur l'état où se trouvait le capitaine Mac-Intyre ; qu'en mettant les choses au pire, il lui restait à remplir sur la terre des devoirs qui, s'ils ne pouvaient rétablir la paix dans son cœur et faire taire ses remords, lui fourniraient du moins des motifs pour supporter l'existence, et pour en alléger le poids par de bonnes actions.

Tels étaient les sentimens de Lovel quand arriva le moment où, d'après le calcul d'Edie, qui, par une méthode qu'il s'était faite sans le secours de l'astronomie, connaissait par l'inspection des astres toutes les heures de la nuit sans avoir besoin de montre ou d'horloge, il était temps de quitter leur retraite pour se rendre sur le bord de la mer, où le lieutenant Taffril avait promis d'envoyer sa chaloupe.

Ils se retirèrent par le même passage qui les avait conduits dans l'observatoire secret du prieur ; et quand, sortis de la grotte, ils se trouvèrent dans le bois, les oiseaux, par leurs gazouillemens et même par leurs chants, annonçaient le lever prochain de l'aurore ; de légers nuages couleur d'ambre qu'ils aperçurent du côté de l'orient, dès qu'étant sortis du bois ils purent étendre leur vue à l'horizon, confirmèrent ces présages. Le matin est, dit-on, l'ami des muses : l'impression qu'il produit sur le corps et sur l'imagination des hommes est probablement ce qui lui a valu cette réputation. Ceux même qui, comme Lovel, ont passé une nuit dans la fatigue et l'inquiétude, sentent que l'air frais du matin rend la force et la vivacité à leur corps et à leur esprit. Ce fut donc avec un nouveau courage et une nouvelle ardeur que Lovel suivit les pas du mendiant qui lui servait de guide, et il traversa les dunes couvertes de rosée qui séparaient le rivage du bois de Sainte-Ruth, ainsi qu'on appelait la partie de la forêt qui environnait les ruines.

Le premier rayon du soleil, lorsque son disque d'or sortit de l'Océan, tomba sur le brick qui était en rade. La chaloupe était déjà près du rivage à l'endroit indiqué, et Taffril enveloppé de son manteau était assis sur la poupe. Dès qu'il vit Lovel s'approcher il sauta à terre, et lui serrant la main, il l'engagea à prendre courage. — La blessure de Mac-Intyre, lui dit-il, était dangereuse, mais laissait quelque espoir de guérison. Il avait eu l'attention de faire porter secrètement à bord de son brick le bagage de Lovel; et il se flattait, ajouta-t-il, que si M. Lovel voulait rester sur son navire, la pénitence d'une courte croisière serait la seule suite désagréable qu'aurait son duel. Quant à lui, il était maître de son temps et de ses mouvemens, sauf l'obligation indispensable de rester à son poste.

— Nous parlerons à bord de ce que nous aurons à faire, lui répondit Lovel. Se tournant alors vers Édie, il s'efforça de lui mettre dans la main quelques billets de banque.

— Je crois, dit le mendiant en retirant sa main et en faisant un pas en arrière, que tout le monde est devenu fou, ou qu'on a juré de ruiner mon métier, de même qu'on dit que trop d'eau ruine le meunier. Depuis deux ou trois semaines on m'a offert plus d'argent que je n'en avais vu dans toute ma vie. Gardez cela, mon bon jeune homme, vous pourrez en avoir besoin, croyez-moi ; et moi je n'en ai que faire. Mon vêtement n'est pas d'une grande dépense, et l'on me donne tous les ans un manteau bleu et autant de groats¹ d'argent que le roi compte d'années : que Dieu le conserve ! Vous et moi, capitaine Taffril, nous servons le même maître, comme vous le savez ; vous voyez donc que je suis un vieux bâtiment qui a tous ses agrès. Quant à ma vie, je n'ai que la peine de la demander en faisant ma tournée ; et au besoin un jeûne de vingt-quatre heures ne m'effraie pas, car je me fais une règle de ne jamais rien payer pour ma nourriture ; de sorte que je n'ai besoin d'argent que pour acheter du tabac, et quelquefois un petit verre d'eau-de-vie quand le temps est trop froid, quoique je ne sois pas ivrogne. Ainsi remettez vos billets dans votre poche, et donnez-moi un shilling blanc de lys.

Sur les articles qu'Edie regardait comme intimement liés avec l'honneur de sa profession vagabonde, il était d'airain et de diamant. Toute l'éloquence et toutes les prières du monde seraient venues se briser contre la fermeté de sa résolution. Lovel fut donc obligé de lui céder, et lui fit ses adieux en lui secouant affectueusement la main et en l'assurant qu'il n'oublierait jamais le service important qu'il lui avait rendu. Ensuite le tirant un instant à part, il lui recommanda le secret sur l'aventure dont ils venaient d'être témoins.

— Soyez tranquille, répondit Ochiltrie, jamais je n'ai parlé de ce qui s'est passé dans cette caverne, quoique j'y aie vu bien des choses.

La chaloupe s'éloigna alors du rivage avec toute la vitesse que pouvaient lui communiquer six bons rameurs. Le vieillard resta quelque temps à la regarder ; et Lovel le vit encore agiter en l'air son bonnet bleu comme pour lui faire ses adieux, et se retirer ensuite le long des sables pour reprendre le cours de sa vie vagabonde.

(1) Valant 16 sous environ. — Ed.

CHAPITRE XXII.

> « Courbé sur son creuset, Raymond, qui se croit sage,
> « Dans l'aspect du danger puise un nouveau courage
> « Il a vu tous ses biens se fondre en son fourneau ;
> « Deux fois son espérance est allée à vau-l'eau :
> « Mais un troisième effort réussissant peut-être,
> « Sous ses heureuses mains il verra l'or renaître. »
> *Ancienne comédie.*

Environ une semaine après les aventures rapportées dans le chapitre précédent, M. Oldbuck, descendant un matin pour déjeuner, trouva que sa gent femelle n'était pas à son poste ; ses rôties n'étaient pas faites, et la coupe d'argent qui recevait ordinairement ses libations de mum[1] n'était pas préparée.

— Cet écervelé, que le ciel confonde ! se dit-il à lui-même, — maintenant qu'il commence à être hors de danger, je ne puis supporter plus long-temps une pareille vie. Tout est en déroute chez moi. Ce sont des saturnales perpétuelles dans ma maison, autrefois si paisible et si bien ordonnée. J'appelle ma sœur, point de réponse. Je crie, je m'égosille, j'invoque toutes mes femelles par plus de noms que les Romains n'en donnaient à leurs divinités ; enfin Jenny, dont j'entends la voix aigre depuis une demi-heure dans les régions subterranées de la cuisine, a la bonté de me répondre, mais sans se donner la peine de monter l'escalier, de sorte qu'il faut continuer la conversation aux dépens de mes poumons. Et il commença de nouveau à crier : — Jenny ! Jenny ! où est miss Oldbuck ?

— Dans la chambre du capitaine.

— Hum ! je m'en doutais. Et où est ma nièce ?

---

[1] Bière faite avec du froment. — Ed.

— Elle prépare le thé du capitaine.

— Fort bien! c'est encore ce que je supposais. Et où est Caxon?

— Il est allé chercher à Fairport le fusil et le chien d'arrêt du capitaine.

— Et qui diable arrangera ma perruque? Sera-ce vous, sotte que vous êtes? Quand vous saviez que miss Wardour et sir Arthur doivent venir ici ce matin, de bonne heure, comment est-il possible que vous ayez laissé partir Caxon pour s'occuper de telles niaiseries?

— Moi! est-ce que je pouvais l'en empêcher? est-ce que Votre Honneur voudrait que je contrariasse le capitaine, un homme qui va peut-être mourir?

— Mourir! hein? comment? est-ce qu'il est plus mal?

— Plus mal? non pas que je sache.

— En ce cas il est donc mieux. Et qu'est-ce que j'ai besoin ici d'un chien et d'un fusil, si ce n'est pour que l'animal gâte tous mes meubles, pille mon garde-manger, tourmente mon chat, et que l'arme à feu, que les anciens, heureusement pour eux, ne connaissaient point, brise le crâne de quelqu'un? Il me semble qu'il a été assez bien servi par le pistolet pour pouvoir se passer de poudre et de plomb d'ici à quelque temps.

En ce moment, miss Oldbuck entra dans l'appartement au rez-de-chaussée, à la porte duquel notre antiquaire avait cet entretien avec Jenny, qui lui répondait du fond de sa cuisine. — Mais, mon frère, lui dit-elle, vous vous rendrez la voix aussi enrouée que celle d'un corbeau, si vous criez ainsi. Doit-on faire un pareil bruit dans une maison où il y a un malade?

— Sur ma parole, le malade finira par s'emparer de toute la maison. Je me suis passé de déjeuner, il paraît qu'il faudra me passer de perruque; et je présume qu'il m'est défendu de dire que j'ai faim ou froid, de peur de troubler le repos du pauvre malade qui est à l'autre bout de la maison, et qui se trouve assez bien pour envoyer chercher son chien et son fusil, quoiqu'il sache fort bien que je déteste tout cet attirail, depuis que notre frère aîné, le pauvre Williewald, a délogé de ce monde pour avoir gagné de l'humidité aux pieds en chassant dans les marais de Kittlefitting. Mais qu'importe, on s'attend sans doute que j'aiderai le capitaine Hector à sortir de sa litière, pour qu'il puisse se donner le plaisir de tirer sur les pigeons ou les dindons de ma basse-cour, car je crois que d'ici à quelque temps il ne sera redoutable que pour les animaux domestiques, et que les *feræ naturæ* n'auront rien à craindre de lui.

Miss Mac-Intyre entra en ce moment, et se sentant en retard pour préparer le déjeuner de son oncle, elle voulut réparer le temps perdu, en redoublant de vitesse, mais elle n'y gagna rien.

— Prenez donc garde à ce que vous faites, étourdie. Cela est trop près du feu. — Vous allez casser la bouteille. — Voulez-vous réduire en charbon ma rôtie pour en faire une offrande à Junon, ou n'importe le nom de ce chien femelle qui vient d'entrer avec vous, et que votre sage frère, dans son premier moment de raison, a ordonné d'amener ici, attention dont je le remercie. Au surplus, c'est une compagnie très-sortable, elle aidera les autres femelles de ma maison à l'amuser et à tenir conversation avec lui.

— Mon cher oncle, ne vous mettez pas en colère contre cette pauvre épagneule. Elle était enchaînée dans le logement de mon frère à Fairport; elle a rompu sa chaîne deux fois, et elle est accourue jusqu'ici. Vous n'auriez pas voulu qu'on chassât cette fidèle créature. Elle pousse des cris plaintifs, comme si elle savait que son maître est malade, et elle veut à peine quitter la porte de sa chambre.

— Mais on disait que Caxon était allé chercher à Fairport son chien et son fusil.

— Mon Dieu non, mon oncle; seulement, comme Caxon allait à la ville chercher quelques drogues dont on avait besoin pour panser la blessure d'Hector, mon frère lui a dit de profiter de ce voyage pour lui rapporter son fusil.

— Puisqu'il fallait que Caxon allât à Fairport, la sottise n'est pas aussi grande que j'aurais pu le croire, tant de femelles s'en étant mêlées. Panser sa blessure ! et qui pansera ma perruque ? Je suppose que Jenny, ajouta le vieux garçon en se regardant dans une glace, se chargera de lui donner une tournure décente. Maintenant songeons à déjeuner avec l'appétit qui nous reste. Je puis dire à Hector ce que sir Isaac Newton dit à son chien Diamant, quand cet animal (je déteste les chiens), ayant renversé une bougie sur une table couverte de papiers, le feu y prit, et consuma des calculs qui avaient coûté au philosophe vingt ans de travail : — Diamant, Diamant, tu ne sais guère quel malheur tu viens de causer !

— Je vous assure, mon oncle, qu'Hector a le plus grand regret de son étourderie, et il convient que M. Lovel s'est conduit très-honorablement.

— Cela lui sera fort utile, quand il l'a forcé à quitter le pays par crainte des suites de cette belle affaire. Je vous dis, Marie, que l'entendement d'Hector et, à plus forte raison, celui de toute la gent femelle, n'est pas en état de comprendre l'étendue de la perte que cette mauvaise tête vient de causer non-seulement à ses contemporains, mais à toute la postérité. Un poëme sur un sujet si heureux ! *Aureum quidem opus* [1], avec des notes pour faciliter l'intelligence de tout ce qui est clair, de tout ce qui est obscur, et de ce qui n'est ni clair ni obscur, mais qu'on n'entrevoit qu'à travers un sombre crépuscule dans la région des antiquités calédoniennes. J'aurais forcé les panégyristes des Celtes à prendre garde à eux. Fingal, comme ils se donnent la liberté de nommer Fin-Mac-Coul, aurait disparu devant mes savantes recherches, enveloppé

---

(1) Réellement un ouvrage d'or. — Tr.

dans son nuage, comme l'esprit de Loda. Un vieillard à cheveux gris peut-il espérer de retrouver jamais une pareille occasion? Et l'avoir perdue par l'extravagance d'un cerveau brûlé! Mais je me soumets à la volonté du ciel : il faut bien qu'elle s'accomplisse.

L'antiquaire continua à grommeler ainsi, suivant l'expression de sa sœur, pendant tout le déjeuner, et, malgré le sucre, le miel et toutes les confitures qu'on sert à ce repas en Ecosse, il le rendit bien amer à celles qui le partageaient avec lui. Mais elles connaissaient le caractère de l'homme. — Monkbarns aboie, disait confidentiellement miss Oldbuck à miss Rebecca Blattergowl, mais il ne mord pas.

Son esprit avait été violemment agité tant que son neveu avait été en danger. Maintenant qu'Hector entrait en convalescence, il pouvait se soulager en se plaignant des embarras qu'il avait éprouvés, et de l'interruption qu'avaient subie ses travaux favoris. Sa sœur et sa nièce l'écoutant en silence, il déchargeait ainsi sa bile en sarcasmes contre les femmes, les chiens et les fusils, objets qu'il appelait instrumens de bruit, de discorde, de tumulte, et qu'il avait en horreur.

Cette scène fut interrompue par le bruit d'une voiture. Oldbuck, secouant sur-le-champ sa mauvaise humeur, descendit à la hâte un escalier et en remonta un autre, car ces deux opérations étaient nécessaires pour aller recevoir miss Wardour et son père à la porte de sa maison.

On se salua de part et d'autre avec cordialité; et sir Arthur, qui avait envoyé tous les jours demander des nouvelles de la santé du capitaine Mac-Intyre, commença par s'informer comment il se portait.

— Mieux qu'il ne mérite, répondit Oldbuck, mieux qu'il ne mérite après nous avoir causé tant d'embarras par une sotte querelle, et pour avoir enfreint les lois divines et humaines.

— Votre neveu a été un peu imprudent, dit sir Arthur; mais nous lui avons de l'obligation; il nous a fait connaître que ce M. Lovel est un jeune homme suspect.

— Suspect! pas plus qu'il ne l'est lui-même. Il a refusé de répondre aux impertinentes questions d'Hector; voilà tout. Il y a peut-être mis un peu d'opiniâtreté; mais Lovel sait mieux choisir ses confidens. Oui, miss Wardour, vous avez beau me regarder, c'est la vérité; c'est dans mon sein qu'il a déposé la cause secrète de son séjour à Fairport; et, pour l'aider dans l'entreprise à laquelle il s'était dévoué, je n'aurais pas laissé pierre sur pierre.

En entendant le vieil antiquaire faire cette déclaration magnanime, miss Wardour changea de couleur plusieurs fois, et en crut à peine ses oreilles. De tous les confidens qu'on aurait pu choisir dans une affaire d'amour, et Isabelle devait naturellement supposer que telle était la confidence dont il s'agissait, Oldbuck, après Edie Ochiltrie, paraissait le plus extraordinaire et le moins convenable, et elle ne pouvait qu'être surprise et mécontente de la réunion de circonstances qui avait livré un secret d'une nature si délicate à deux personnes si peu propres à en recevoir la confidence. Elle avait maintenant à craindre la manière dont Oldbuck entamerait cette affaire avec son père; car elle ne doutait pas que ce ne fût son intention, et elle savait que l'antiquaire, quoique lui-même plein de préjugés, n'avait pas beaucoup de compassion pour ceux des autres. Ce fut donc avec beaucoup d'inquiétude qu'elle entendit son père demander à M. Oldbuck un entretien particulier, et qu'elle les vit se lever pour passer dans le cabinet de l'antiquaire. Elle tremblait qu'une explosion désagréable ne suivît l'explication qui allait avoir lieu. Elle resta avec miss Oldbuck et miss Mac-Intyre, et fit tous ses efforts pour continuer la conversation avec elles; mais elle était dans une situation non moins pénible que celle de Macbeth quand il est forcé d'étouffer la voix de sa conscience pour prêter l'oreille et répondre aux observations sur l'orage de la nuit précédente, tandis que toutes les facultés de son ame sont absorbées dans l'attente de l'alarme de meurtre qu'il sait que doivent donner incessamment ceux qui sont entrés dans la chambre à coucher de Duncan. La conversation des deux antiquaires roula pourtant sur un sujet bien différent de celui qui fixait les pensées de miss Wardour.

—M. Oldbuck, dit sir Arthur lorsque, après toutes les cérémonies convenables, ils se furent assis dans le *sanctum sanctorum* de l'antiquaire, vous qui connaissez si bien les affaires de ma famille, vous serez peut-être surpris de la question que je vais vous faire.

—S'il s'agit d'argent, sir Arthur, j'en suis vraiment fâché, mais.....

—Il s'agit d'argent, M. Oldbuck.

—Hé bien! véritablement, sir Arthur, dans le moment actuel, et vu la baisse des fonds publics, je ne puis.....

— Vous ne m'entendez pas, M. Oldbuck. Ce que je veux vous demander, c'est votre avis sur la manière de placer avantageusement une somme d'argent considérable.

— Diable! s'écria l'antiquaire ; et sentant que cette exclamation involontaire n'était pas ce qu'il voulait dire de plus poli, il s'empressa de réparer cette inattention en témoignant à son ami combien il était charmé qu'il eût de l'argent à placer dans le moment où chacun se plaignait de la rareté de cette denrée. — Quant à l'emploi à en faire, ajouta-t-il, comme je vous le disais, les fonds publics sont en baisse, et l'on pourrait aussi trouver à acheter quelques portions de terre à assez bon marché. Mais ne feriez-vous pas mieux de commencer par vous débarrasser de vos charges? J'ai ici..... et en parlant ainsi il prit dans un tiroir de son bureau un petit registre rouge que sir Arthur ne connaissait que trop bien, et dont la vue, pour cette raison, lui était insupportable ; — j'ai ici, continua-t-il, une obligation de trois reconnaissances qui, en y ajoutant les intérêts, montent ensemble à la somme de... faisons-en le calcul.

— D'environ mille livres sterling, reprit sur-le-champ sir Arthur : vous me l'avez dit il y a quelques jours.

— Mais, depuis ce temps, il est échu un autre terme d'intérêts, et je trouve que le total s'élève à onze cent treize livres sept shillings cinq pence trois quarts. Vérifiez vous-même les calculs.

— Cela est inutile, je suis convaincu qu'ils sont justes, répondit le baronnet en repoussant le registre du même air qu'un homme qui a trop dîné refuse l'assiette bien remplie qu'on le presse encore d'accepter; parfaitement justes, et sous trois jours au plus tard je vous en ferai le paiement, si vous consentez à le recevoir en lingots.

— En lingots! Il s'agit donc de plomb? Diable! Avez-vous enfin trouvé la bonne veine? Mais que voulez-vous que je fasse d'une masse de plomb valant onze cents et tant de livres? Les anciens abbés de Trotcosey auraient pu en couvrir leur église et leur monastère, mais moi...

— En vous proposant des lingots, je n'entends parler que de métaux précieux d'or et d'argent.

— En vérité! Et de quel Eldorado ce trésor a-t-il été importé?

— Il ne vient pas de bien loin. Mais à présent que j'y pense, je vous rendrai témoin de tout, à une petite condition.

— Et quelle est cette condition?

— De m'avancer une centaine de livres sterling pour m'aider dans cette entreprise.

Oldbuck, qui avait déjà palpé en idée la somme qui lui était due, en principal et intérêts, somme qu'il regardait depuis long-temps comme à peu près perdue, fut interdit à cette proposition, et ne put que répéter d'un ton de surprise et de consternation : — Avancer une centaine de livres!

— Oui, mon cher monsieur, et avec les meilleures sûretés possibles d'en être remboursé dans deux ou trois jours.

Il y eut un moment de silence, soit que la mâchoire inférieure d'Oldbuck n'eût pas encore assez bien repris sa position pour le mettre en état de proférer une négation, soit que l'étonnement lui fermât la bouche.

— Je ne vous proposerais pas de me rendre un tel service, continua sir Arthur, si je n'avais des preuves certaines de la réalité des espérances dont je vous entretiens ; et je vous assure, M. Oldbuck, qu'en vous donnant tous les renseignemens possibles sur ce sujet, mon dessein est de vous prouver en même temps ma confiance, et la reconnaissance que m'ont inspirée les services que vous m'avez rendus.

L'antiquaire lui fit ses remerciemens, mais eut grand soin de ne pas se compromettre par une promesse inconsidérée.

— M. Dousterswivel, dit sir Arthur, ayant découvert... Oldbuck l'interrompit les yeux étincelans d'indignation.

— Sir Arthur, s'écria-t-il, je vous ai si souvent averti de vous méfier de ce fripon, de ce charlatan, que je suis surpris que vous prononciez son nom devant moi.

— Mais écoutez, écoutez-moi, quel mal peut-il vous en arriver? Je vous dis que Dousterswivel m'a persuadé d'assister à une expérience qu'il a faite dans les ruines de Sainte-Ruth. Et que croyez-vous que nous y ayons trouvé.

— Quelque autre source dont le fourbe connaissait d'avance la situation.

— Point du tout. Des pièces d'or et d'argent ; et les voici.

A ces mots, sir Arthur tira de sa poche une grande corne de bélier garnie d'un couvercle en cuivre, et dans laquelle se trouvaient des pièces d'argent de toute espèce en assez grande quantité, et quelques pièces d'or.

Les yeux de l'antiquaire brillèrent d'un nouveau feu quand il les vit étalées sur la table.

— Sur ma parole, voici une collection de pièces de monnaie d'Ecosse, d'Angleterre et des pays étrangers ; j'y aperçois quelques *nummi rari, rariores, etiam rarissimi* [1].
— Voici la pièce à bonnet de Jacques V, la licorne de Jacques II, le teston d'or de la reine Marie, avec sa tête et celle du dauphin. Et tout cela s'est trouvé dans les ruines de Sainte-Ruth?

— Très-assurément; je l'ai vu de mes propres yeux.

— Fort bien, mais il faut que vous me disiez quand, où, comment...

— Quand! c'était à minuit, à l'époque de la dernière pleine lune. Où? je vous l'ai déjà dit, dans les ruines du prieuré de Sainte-Ruth. Comment? par le moyen d'une expérience de Dousterswivel, qui n'était accompagné que de moi.

— En vérité! Mais quels moyens avez-vous employés pour faire cette découverte?

— Une simple fumigation, accompagnée de l'influence de l'heure planétaire.

— Une simple fumigation! double fascination. L'heure planétaire! l'heure triplement patibulaire. Sir Arthur, *sapiens dominabitur astris* [2]. Ce misérable a fait de vous une oie sur terre, une oie sous terre, et il aurait fait de vous une oie en plein air, quand on vous a juché au haut de Halket-Head, s'il avait été là. A coup sûr, en ce dernier cas, la métamorphose serait venue fort *à propos*.

— Fort bien, M. Oldbuck; je vous remercie de l'opinion que vous avez de mon discernement; mais j'espère que vous ne refuserez pas de croire que j'ai vu ce que je vous déclare avoir vu...

— Non certainement, sir Arthur, dans ce sens du moins que je suis convaincu que sir Arthur Wardour ne dira jamais qu'il a vu une chose sans croire l'avoir vue.

— Hé bien donc! aussi vrai qu'il existe un firmament

---

(1) Pièces rares, très-rares, des plus rares. — Tr.
(2) Le sage assujettira les astres à son pouvoir. — Tr.

sur nos têtes, j'ai vu déterrer ces pièces de monnaie à minuit, dans le chœur de l'église de Sainte-Ruth. Et quant à Dousterswivel, quoique ce soit à sa science que cette découverte est due, cependant, pour vous dire la vérité, je crois qu'il n'aurait pas eu la fermeté nécessaire pour mettre l'aventure à fin si je n'eusse été avec lui.

— Vraiment? dit Oldbuck du ton d'un homme qui, avant de faire des commentaires sur une histoire, désire en entendre la fin.

— Rien de plus vrai. Je vous assure que j'étais sur mes gardes. Nous entendîmes, c'est une chose certaine, des bruits fort extraordinaires sortir des ruines.

— Oui-da? Quelque compère qui y était sans doute caché.

— Point du tout. Les sons avaient un caractère effrayant et surnaturel. Le premier ressemblait à un éternument violent, le second à un gémissement profond. J'ai entendu l'un et l'autre, et Dousterswivel m'assure qu'il a vu l'esprit Peolphan, le grand chasseur du nord, dont vous trouverez mention dans Nicolas Remigius et dans Pierre Tyracus, M. Oldbuck; cet esprit contrefaisait l'action de priser et d'éternuer.

— C'est un amusement assez singulier pour un si grand personnage, et cependant il était adapté à la circonstance; car, examinez la corne dans laquelle cet argent était contenu. Telles sont les premières tabatières dont on s'est servi en Ecosse, et je suis bien trompé si elle n'a pas servi à cet usage. Mais enfin, en dépit de la terreur inspirée par l'esprit éternuant, vous persistâtes dans votre entreprise.

— Il est assez probable qu'un homme moins ferme et moins sensé y aurait renoncé. Mais je craignais d'être dupe d'une imposture; je sentais que je devais à ma famille de faire preuve de courage en toute circonstance; c'est pourquoi je forçai Dousterswivel, par mes menaces, à continuer l'opération commencée. Or maintenant vous avez une preuve palpable de son savoir et de son honnêteté dans les pièces d'or et d'argent que vous voyez, et parmi lesquelles je vous prie de choisir celles qui pourront vous être agréables pour les joindre à votre collection.

— Puisque vous avez tant de bonté, sir Arthur, j'en choisirai volontiers quelques-unes, mais à condition que j'en porterai la valeur en avoir dans votre compte, d'après l'estimation que nous en trouverons dans Pinkerton.

— Non pas, s'il vous plaît, s'écria sir Arthur; je désire que vous les acceptiez comme une marque d'amitié. Mais, dans tous les cas, jamais je ne consentirais à en passer par l'estimation de votre ami Pinkerton, qui a attaqué les autorités anciennes et authentiques, sur lesquelles, comme sur des colonnes couvertes de mousse, repose le crédit des antiquités écossaises.

— Oui, oui, vous voulez parler, je suppose, de Mair et de Boëce. Leurs écrits ne sont qu'un tissu d'impostures et de faussetés; et, malgré tout ce que vous venez de dire, je tiens votre ami Dousterswivel pour être aussi apocryphe qu'aucun de ces prétendus rois.

— Je ne veux pas réveiller d'anciennes disputes, M. Oldbuck; mais parce que je crois à l'histoire ancienne de mon pays, vous supposez donc que je n'ai pas des yeux pour voir, des oreilles pour entendre ce qui se passe autour de moi?

— Pardonnez-moi, sir Arthur, mais je regarde toute cette affectation de terreur du digne personnage, votre coadjuteur, comme faisant partie du rôle qu'il voulait jouer. Et quant à ces pièces d'or et d'argent, elles sont si mélangées, elles appartiennent à tant d'époques et à tant de pays, que je ne puis les considérer comme un véritable trésor, mais plutôt comme les bourses qui étaient sur la table de l'homme de loi d'Hudibras,

> Comme ces œufs qu'on place dans les nids
> Pour engager la jeune poule à pondre,
> Pour les cliens cet argent était mis [1].

(1) *Hudibras.*

C'est le charlatanisme de toutes les professions : puis-je vous demander ce que vous a coûté cette trouvaille?

— Dix guinées, ou à peu près.

— Et vous avez gagné ce qui intrinsèquement en vaut vingt, et peut-être le double pour des fous comme nous. Il vous a accordé un profit, je dois en convenir; mais c'était pour vous amorcer. Et quelle somme vous propose-t-il d'aventurer maintenant?

— Cent cinquante livres. Je lui ai donné le tiers de la somme, et j'ai espéré que vous m'avanceriez le surplus.

— Je serais tenté de croire que ce ne peut être le coup de grace; la somme n'est pas assez importante. Semblable aux joueurs de profession qui veulent rançonner à leur aise un novice, il nous laissera probablement gagner encore cette partie. Sir Arthur, j'espère que vous croyez que je désire vous être utile?

— Sans aucun doute, M. Oldbuck; et je crois que la confiance que je vous témoigne en cette occasion en est une preuve.

— Hé bien! donc, permettez-moi de parler à Dousterswivel. Si cette somme peut s'avancer d'une manière qui vous soit utile et avantageuse, je le ferai pour obliger un ancien ami; mais si, comme je le crois, je puis vous procurer le trésor sans faire aucune avance, je présume que vous n'y trouverez pas d'inconvénient.

— Non certainement; je n'ai nulle objection à y faire.

— Hé bien! où est Dousterswivel?

— Pour vous dire la vérité, il est dans ma voiture, à votre porte; mais connaissant vos préventions contre lui.....

— Dieu merci! je n'ai de prévention contre personne, sir Arthur; ce sont les systèmes et non les hommes qui encourent ma réprobation.

Il sonna. — Jenny, faites mes complimens à M. Dousterswivel qui est dans la voiture à la porte, et dites-lui que sir Arthur et moi nous désirons lui parler.

Jenny s'acquitta de sa commission.

Il n'entrait nullement dans le plan de Dousterswivel de mettre M. Oldbuck dans la confidence du prétendu mystère. Il avait compté que sir Arthur obtiendrait la somme dont il avait besoin sans entrer dans aucun détail sur sa destination, et il n'attendait dans le carrosse que pour se mettre sur-le-champ en possession des cent livres, car il sentait que sa carrière touchait à sa fin. Mais, mandé en présence de sir Arthur et de M. Oldbuck, il s'y rendit sans balancer, comptant sur son impudence, dont nos lecteurs peuvent avoir remarqué que la nature l'avait assez libéralement pourvu.

CHAPITRE XXIII.

« Ce docteur, ce compère à barbe noire et sale,
« Pour soutirer votre or vous jouera plus d'un tour ;
« Mais vous n'en obtiendrez que fumée en retour. »
L'Alchimiste.

— Comment être fotre santé, mon pon M. Oldenbuck? dit Dousterswivel en entrant. Et comment aller ce prafe capitaine M. Mac-Intyre? Pien, sans doute? Ah ! c'est pien maufaise affaire quand les jeunes gens s'enfoyer des palles de plomb dans le corps l'un de l'autre.

— Toutes les affaires où il s'agit de plomb sont dangereuses, M. Dousterswivel, répondit l'antiquaire. Mais j'ai appris avec plaisir, de mon ami sir Arthur, que vous avez pris un métier plus profitable, et que vous découvrez maintenant de l'or.

— Ah ! M. Oldenbuck, mon pon et honoraple patron n'afoir pas dû dire un mot de ce petite l'affaire ; car malgré toute ma confiance en la prudence et la discrétion du pon M. Oldenbuck et sa grande amitié pour sir

Arthur, cependant, juste ciel! c'être un grand et important secret!

— Plus important que l'argent que nous en retirerons, je crois, dit l'antiquaire.

— Cela dépendre du degré de fotre foi et de fotre patience pour la grande expérience. Sir Arthur me donner cent cinquante lifres, fous pien foir que foilà un de fos filains pillets de panque de Fairport de cinquante lifres: si fous faire de même et me donner aussi cent cinquante lifres en mauvais papier, moi fous procurer de pon or et de pon argent, pas poufoir dire compien.

— Et je crois que personne ne pourrait le dire plus que vous. Mais que diriez-vous, M. Dousterswivel, si, sans faire éternuer de nouveau les esprits à force de fumigations, nous nous rendions tous ensemble dans les ruines, et ayant pour nous la clarté du jour et de bonnes consciences, n'employant d'autres conjurations que des pioches et des pelles de bonne qualité, nous faisions des tranchées profondes d'un bout à l'autre du chœur de l'église de Sainte-Ruth? Il me semble que par ce moyen nous pourrions, sans nous mettre en frais, découvrir le trésor s'il en existe un. Les ruines appartiennent à sir Arthur; ainsi il n'y a pas de mystère. Croyez-vous que nous puissions réussir en procédant de cette manière?

— Bah! fous pas troufer seulement un dé de cuivre; mais sir Arthur être bien le maître. Moi lui afoir démontré la possipilité, la grande possipilité de se procurer de grandes sommes d'argent pour ses pesoins; moi afoir fait defant lui la grande expérience. Si lui pas fouloir croire, ce n'être rien pour Herman Dousterswivel, lui seul perdre tout l'or et tout l'argent.

Sir Arthur Wardour jeta un regard timide sur Oldbuck, qui, malgré la différence fréquente de leurs opinions, et surtout quand il était présent, exerçait sur lui une influence peu ordinaire. Dans la réalité, le baronnet éprouvait ce dont il ne serait pas convenu volontiers: son génie reculait devant celui de l'antiquaire. Il respectait en lui un homme intelligent, adroit et pénétrant, redoutait ses sarcasmes, et avait quelque confiance en ses opinions qu'en général il jugeait saines ; il le regardait donc en ce moment comme s'il eût attendu sa permission pour se livrer à sa crédulité. Dousterswivel vit qu'il risquait de perdre sa dupe s'il ne faisait quelque impression favorable sur celui qui en était le conseiller.

— C'être fanité, mon pon M. Oldenbuck, dit-il, que de fous parler d'esprits et d'apparitions ; mais quand fous afoir regardé cette corne curieuse, fous qui connaître les curiosités de tous les pays, defoir alors fous rappeler la grande corne d'Oldenbourg qui se foir encore dans le muséum de Copenhague, et qui afoir été donnée au duc d'Oldenbourg par un esprit femelle hapitant les forêts. Moi n'être pas en état de fous tromper quand même fouloir le faire ; fous connaître trop pien toutes les curiosités : voici la corne pleine de pièces d'argent. Fous prendre garde que c'être une corne ; si ç'afoir été une poîte, une cassette, moi dire rien.

— C'est une corne ; cela ajoute sans doute beaucoup de poids à votre raisonnement, dit Oldbuck. C'est un instrument dont la nature a fait tous les frais, et qui, par conséquent, a dû servir à tous les peuples dans leur enfance, quoique les cornes métaphoriques aient dû s'y trouver plus fréquemment, à mesure que la civilisation a fait des progrès. Quant à celle-ci, continua-t-il en la frottant sur sa manche, c'est un reste curieux et vénérable d'antiquité, et je ne doute pas qu'elle ne soit destinée à devenir une corne d'abondance ; mais est-ce pour l'adepte ou pour son patron ? c'est ce dont il doit m'être permis de douter.

— Ah ! mon pon M. Oldenbuck, fous être toujours pien dur à croire ! mais moi fous assurer que les moines autrefois entendent fort pien le *magisterium*.

— Parlons un peu moins du *magisterium*, M. Dousterswivel, et pensons un peu plus au magistrat. Savez-vous bien que le métier que vous faites est défendu par les lois d'Ecosse, et que sir Arthur et moi nous sommes tous deux juges de paix?

— Mon pon ciel! Et à quoi pon me parler ainsi quand moi fous faire tout le pien qui être en mon poufoir?

— C'est qu'il est bon que vous sachiez que lorsque la législature de ce pays abolit les lois cruelles qui existaient autrefois contre la sorcellerie, elle n'espéra pas déraciner tout à coup les opinions superstitieuses sur lesquelles était fondée cette chimère ; et pour empêcher les fripons et les intrigans d'en profiter, une loi, rendue dans la neuvième année du règne de George II, ordonna, article 5, que quiconque prétendra, par le moyen des sciences occultes, découvrir les biens perdus, volés ou cachés, sera traité comme fripon et imposteur, et subira la peine du pilori et l'emprisonnement.

— C'est là fraiment la loi? demanda Dousterswivel avec quelque agitation.

— Je vais vous la montrer, répondit l'antiquaire.

— En ce cas, mes pons messieurs, moi fous faire mes adieux, voilà tout. Moi pas aimer fotre pilori, parce que le trop grand air n'être pas pon pour ma santé, et pas aimer dafantage fotre prison, parce que trop peu d'air m'être aussi contraire.

— Si tel est votre goût, M. Dousterswivel, je vous engage à rester où vous êtes ; car je ne puis vous laisser sortir qu'en compagnie d'un constable. D'ailleurs j'espère que vous allez nous suivre sur-le-champ aux ruines de Sainte-Ruth, et nous montrer l'endroit où vous vous proposez de trouver un trésor.

— Mon pon ciel, M. Oldenbuck, comme fous traiter un ancien ami! Moi fous dire aussi clairement que moi poufoir parler, que si fous aller à présent, fous pas troufer de trésor, pas une paufre pièce de six sous.

— J'en ferai pourtant l'épreuve, et vous serez traité suivant le succès que j'obtiendrai... Toujours avec la permission de sir Arthur.

Le baronnet, pendant cet entretien, avait l'air fort embarrassé; et, pour me servir d'une phrase vulgaire, mais expressive, portait la crête basse. L'incrédulité opiniâtre d'Oldbuck lui faisait soupçonner l'imposture de Dousterswivel, et il voyait que l'adepte maintenait son terrain avec moins de résolution qu'il ne l'aurait pensé; cependant il ne voulut pas encore l'abandonner tout-à-fait.

— M. Oldbuck, dit-il, vous ne traitez pas M. Dousterswivel très-équitablement; il a entrepris de faire cette découverte par les moyens que son art lui fournit, et l'influence qu'ils lui donnent sur les intelligences qui président à l'heure planétaire fixée pour l'expérience; et maintenant vous exigez de lui, sous peine de châtiment, qu'il procède à son opération, sans lui laisser la faculté d'employer les mesures préliminaires qu'il regarde comme indispensables pour obtenir du succès.

— Ce n'est pas tout-à-fait ce que j'ai dit. Je ne lui demande que d'assister à notre recherche, et de ne pas nous quitter d'ici là. Je crains qu'il n'ait des intelligences avec les intelligences dont vous parlez, et que ce qui peut être maintenant caché dans les ruines de Sainte-Ruth, n'en disparaisse avant que nous ne le trouvions.

— Hé pien, messieurs, dit Dousterswivel d'un ton d'humeur, moi être prêt à fous suivre, pas faire la moindre objection; mais moi fous préfenir d'afance que fous pas troufer de quoi fous indemniser de la peine d'afoir fait fingt pas hors de chez fous.

— C'est ce que nous verrons, répliqua l'antiquaire.

Avant de monter en voiture, sir Arthur fit dire à sa fille qu'elle l'attendît à Monkbarns jusqu'à ce qu'il fût de retour d'une promenade qu'il allait faire avec M. Oldbuck. Miss Wardour ne sut trop comment concilier cet ordre avec la conversation qu'elle supposait avoir eu lieu entre son père et l'antiquaire, et elle fut obligée de rester dans une triste incertitude.

Le voyage des chercheurs de trésor ne brilla point par la gaieté. Dousterswivel, déçu dans ses espérances, et craignant le châtiment dont il avait été menacé, gardait un sombre silence; sir Arthur, dont les songes dorés se dissipaient peu à peu, n'avait pour triste perspective que des embarras pécuniaires toujours croissans; et Oldbuck, réfléchissant qu'en intervenant d'une manière si positive dans les affaires de son voisin il avait donné droit à celui-ci d'attendre de lui quelques secours efficaces, calculait jusqu'à quel point il se verrait obligé de dénouer les cordons de sa bourse. Chacun d'eux ayant ainsi un objet particulier de méditation, à peine se prononça-t-il un seul mot avant qu'on fût arrivé aux *Quatre Fers à cheval*, petite auberge dont nous avons déjà parlé. Là on se procura quelques ouvriers et les outils nécessaires pour creuser la terre; et tandis qu'on faisait tous ces préparatifs, ils virent paraître le vieux mendiant Edie Ochiltrie.

— Que le ciel bénisse Votre Honneur et vous accorde une longue vie! dit-il à Oldbuck. J'ai été bien charmé d'apprendre que le jeune capitaine Mac-Intyre sera bientôt sur ses jambes. N'oubliez pas le vieux mendiant.

— Ah! ah! c'est toi, mon vieux? dit l'antiquaire. Pourquoi n'es-tu pas venu à Monkbarns depuis que la mer, l'air et les rochers t'ont fait courir tant de dangers? Tiens, voilà pour t'acheter du tabac.

Il fouilla dans la poche de son habit pour y prendre sa bourse, et en tira en même temps la précieuse corne.

— Et voilà quelque chose pour l'y mettre, dit Ochiltrie. C'est une de mes anciennes connaissances; je reconnaîtrais cette corne entre mille; et cela n'est pas étonnant, elle m'a servi assez long-temps. Je l'ai échangée contre cette tabatière d'étain avec le vieux George Glen, quand il lui prit fantaisie d'aller travailler dans les mines de Glen-Withershin.

— Oui-da? dit Oldbuck. Ainsi donc c'est avec un ouvrier mineur que vous avez fait cet échange? Mais je présume que vous ne l'avez jamais vue si bien remplie; — et levant le couvercle, il lui fit voir ce qu'elle contenait.

— Oh! vous pouvez en faire serment, Monkbarns! Tant qu'elle m'a appartenu, elle n'a jamais contenu que pour six sous de tabac. Je suppose que vous allez en faire un antique, comme vous l'avez fait de tant d'autres choses. Je voudrais que quelqu'un pût faire un antique de moi; mais bien des gens trouvent une grande valeur à de vieux morceaux de cuivre, de fer ou de corne, et ne font aucune attention à un vieux vagabond, leur contemporain et leur concitoyen.

— Vous pouvez maintenant deviner, sir Arthur, dit l'antiquaire, à qui vous êtes redevable de cette trouvaille. Suivre les voyages modernes de cette corne jusque dans les mains d'un ouvrier mineur de Glen-Withershin, c'est l'amener bien près d'un de nos amis. J'espère que nous serons aussi heureux dans notre recherche de ce matin sans qu'il nous en coûte rien.

— Et où vont donc Vos Honneurs avec ces pelles et ces pioches? demanda le mendiant. Ah! c'est quelque tour de votre façon, Monkbarns. Vous allez faire sortir de son tombeau quelque ancien moine avant que la trompette de l'archange l'appelle. Mais je vais vous suivre, je veux voir ce que vous allez faire.

Ils arrivèrent bientôt aux ruines du prieuré, et étant entrés dans le chœur, ils restèrent un instant à réfléchir par où ils commenceraient leurs opérations.

— Hé bien, M. Dousterswivel, dit l'antiquaire, donnez-nous donc votre avis. Croyez-vous que nous réussirons mieux en creusant de l'est à l'ouest, ou de l'ouest à l'est? Votre fiole triangulaire, pleine de rosée de mai, ou votre baguette divinatoire de bois de coudrier, ne pourraient-elles nous être de quelque utilité? Ou bien nous apprendrez-vous quelques-uns des grands mots de votre art, qui, s'ils ne sont bons à rien dans l'occasion présente, pourront être utiles à ceux d'entre nous qui n'ont pas le bonheur d'être garçons, et leur servir à en imposer à leurs enfans?

— M. Oldenbuck, dit l'adepte, moi fous afoir déjà dit que fous pas poufoir faire ici de ponne pesogne. Mais moi safoir le moyen de fous remercier de toutes fos civilités ; moi le safoir fort pien.

— Si Vos Honneurs pensent à creuser la terre, dit Edie, et que vous vouliez suivre l'avis d'un pauvre homme, je vous conseillerais de commencer par fouiller sous cette grosse pierre au milieu de laquelle vous voyez l'image d'un homme couché sur le dos.

— J'ai moi-même quelques raisons pour approuver ce plan, dit le baronnet.

— Et je n'y vois nul inconvénient, ajouta Oldbuck. Il n'était pas très-extraordinaire autrefois de cacher des trésors dans les tombeaux. Bartholin et d'autres auteurs en citent maint exemple.

La grosse pierre, la même sous laquelle la corne avait été trouvée par l'adepte et par sir Arthur, fut soulevée une seconde fois, et la pioche entra ensuite dans la terre avec une grande facilité.

— C'est de la terre fraîchement remuée, dit Ochiltrie; elle cède bien aisément. Je m'y connais. J'ai travaillé tout un été avec le vieux bedeau Will Winnett, et j'ai creusé plus d'une fosse dans mon temps ; mais je le plantai là aux approches de l'hiver, parce que c'était un métier trop froid ; et puis vint la fête de Noël, et les morts pleuvaient comme la grêle, car vous savez que les fêtes de Noël peuplent les cimetières. Si bien donc que n'ayant jamais eu de goût pour un travail trop rude, je pris mon congé et laissai le vieux Winnett creuser tout seul ses dernières demeures.

Les ouvriers étaient alors assez avancés dans leurs travaux pour découvrir que les côtés de la tombe qu'ils déblayaient étaient formés par quatre murs construits en pierres de taille, laissant au milieu un espace destiné probablement à recevoir un cercueil.

— Cela vaut la peine de continuer notre besogne, dit l'antiquaire à sir Arthur, ne fût-ce que par curiosité. Je voudrais bien savoir quel est le personnage pour le sépulcre duquel on a pris des peines si peu communes.

— Les armoiries gravées sur la pierre, dit sir Arthur en soupirant, sont les mêmes que celles qu'on voit sur la tour de Baltard, qu'on suppose avoir été construite par Malcolm l'usurpateur. Personne ne sait où il a été enterré, et il y a dans notre famille une ancienne prophétie qui ne nous promet rien de bon quand son tombeau sera découvert.

— Je la connais, dit le mendiant, je l'ai entendu citer bien des fois quand je n'étais encore qu'un enfant; la voici :

« Quand de Malcolm-Baltard la tombe on trouvera,
« De Knockwinnock alors perte et gain adviendra. »

Oldbuck, les lunettes sur le nez, était déjà agenouillé sur la pierre, et suivait de l'œil et du doigt les traces à demi effacées des armoiries de l'ancien guerrier. — Bien certainement, dit-il, ce sont les armoiries de Knockwinnock, écartelées avec celles de Wardour.

— Richard Wardour, surnommé Main-Sanglante, dit sir Arthur, épousa Sybille Knockwinnock, héritière de la famille saxonne de ce nom, en l'an de grace 1150 ; et ce fut par suite de cette alliance que le château et le domaine de Knockwinnock entrèrent dans la maison Wardour.

— C'est la vérité, sir Arthur, et voici la marque d'illégitimité, la bande qui traverse diagonalement les deux écussons. Qu'avions-nous donc fait de nos yeux, pour ne pas avoir aperçu plus tôt un monument si curieux?

—Ou plutôt, dit Ochiltrie, qu'avait-on fait de la pierre, pour qu'elle n'ait pas frappé nos yeux jusqu'à ce jour? Il y a soixante ans que je connais cette église, et je n'y ai jamais remarqué cette pierre. Ce n'est pourtant pas un atome qu'on peut ne pas apercevoir dans sa soupe.

Tous mirent alors leur mémoire à contribution pour se rappeler l'état dans lequel ils avaient vu précédemment les ruines dans cette partie du chœur; et tous se trouvèrent d'accord qu'il y avait existé un monceau considérable de décombres qui avaient dû être déblayées et transportées au dehors pour rendre ce monument visible. Sir Arthur aurait pu se souvenir d'avoir vu cette pierre la première fois qu'il était venu en ce lieu avec Dousterswivel; mais il avait éprouvé alors une trop vive agitation pour pouvoir y faire attention.

Tandis que les principaux personnages s'occupaient de ces souvenirs et de cette discussion, les ouvriers continuaient leur besogne. Ils avaient déjà creusé jusqu'à la profondeur de cinq pieds, et comme l'opération de jeter la terre en dehors devenait de plus en plus difficile, ils commencèrent enfin à se fatiguer de cet ouvrage.

—Nous sommes arrivés au tuf, dit l'un d'eux; du diable si l'on trouve ici un cercueil ou autre chose. Il faut que quelqu'un se soit levé plus matin que nous. Et à ces mots il sortit du monument.

— Voyons, voyons, dit Ochiltrie en y descendant; il faut que j'y mette aussi la main, moi qui suis un ancien fossoyeur. Vous cherchez fort bien, mais vous ne savez pas trouver.

En même temps il enfonça avec force dans ce qu'on appelait le tuf son bâton armé d'un fer pointu, et rencontrant de la résistance il s'écria, comme un écolier écossais qui trouve quelque chose : — Ni moitié ni quart, tout est à moi, je ne partage avec personne.

Tous les spectateurs, depuis le baronnet à la figure allongée, jusqu'à l'adepte à sombre physionomie, accoururent au bord de la fosse et y seraient descendus si elle avait pu les contenir. Les ouvriers, qui avaient perdu courage en voyant l'inutilité de leurs travaux, reprirent leurs outils et les employèrent avec une nouvelle ardeur. Bientôt leurs pioches tombèrent sur du bois, et après avoir enlevé la terre qui le couvrait, on aperçut une caisse, mais beaucoup plus petite qu'un cercueil. Il fallut employer tous les bras pour la tirer de la profondeur où elle était enterrée; sa pesanteur fit juger favorablement du contenu, et l'on ne se trompait pas dans cette conjecture.

La caisse ayant été retirée de la fosse, on en força le couvercle avec une pioche, et l'on y trouva d'abord un morceau de grosse toile qui servait d'enveloppe, ensuite une couche d'étoupes, et enfin une assez grande quantité de lingots d'argent. Une exclamation générale suivit une découverte si surprenante et si inattendue. Le baronnet leva les mains et les yeux vers le ciel dans cette extase silencieuse d'un homme délivré d'une angoisse d'esprit inexprimable. Oldbuck, pouvant à peine en croire ses yeux, soulevait les lingots les uns après les autres. Il n'y avait ni timbre ni inscription, excepté sur un seul où l'on voyait quelques mots qui semblaient espagnols. Il ne pouvait douter que ce ne fût un vrai trésor et qu'il n'eût une grande valeur; cependant son caractère soupçonneux le porta à visiter la caisse jusqu'au fond. Il s'attendait à trouver dans les lits inférieurs des lingots d'une valeur beaucoup moindre, mais il n'y vit aucune différence; tout était de bon aloi, et il fut obligé de convenir que sir Arthur était en possession d'une valeur d'environ mille livres sterling.

Sir Arthur, après avoir promis aux ouvriers de les récompenser généreusement de leurs peines, songeait aux moyens de transporter ce don du ciel en son château de Knockwinnock, quand l'adepte, revenant de sa surprise, qui n'avait pas été moindre que celle des autres spectateurs, le tira par la manche de son habit, et lui offrit ses humbles félicitations. Se tournant alors vers l'antiquaire :

— Hé pien, mon pon M. Oldenbuck, lui dit-il d'un air de triomphe, moi fous afoir pien dit que moi safoir le moyen de fous remercier de toutes fos cifilités. Fous me rendre justice à présent.

— Quoi! M. Dousterswivel, prétendriez-vous avoir contribué à notre succès? Vous oubliez que vous nous avez refusé les secours de votre science. Vous n'avez pas les armes dont vous auriez dû vous servir pour livrer la bataille que vous prétendez avoir gagnée. Vous n'avez employé ni charmes, ni amulettes, ni talismans, ni miroirs magiques, ni figures géomantiques. Où sont vos périaptes et vos abracadabras? Où est votre verveine,

« Vos crapauds, vos corbeaux, vos dragons, vos panthères,
« Vos astres, votre ciel, et toutes vos chimères?
« Votre Heautarit, Azoch, Zernit, Chibrit, Laton;
« Vos instrumens enfin dont tous les noms baroques
« Fatigueraient vraiment le plus hardi poumon [1]?

Ah! divin Ben Johnson, longue paix à tes mânes pour avoir été le fléau des charlatans de ton siècle! Qui aurait cru que nous les verrions renaître dans le nôtre?

On verra dans le chapitre suivant comment l'adepte répondit à l'antiquaire.

(1) Citation de *l'Alchimiste*, comédie de Ben Johnson. — Tr.

CHAPITRE XXIV.

« Vous verrez le trésor du roi des mendians.
« Revenez en ces lieux avant qu'un jour se passe ;
« Mais si vous y manquez, n'attendez point de grace. »
Le Buisson du Mendiant

Dousterswivel, résolu de se maintenir sur le terrain avantageux où la découverte du trésor venait de le placer, répliqua d'un ton sérieux et emphatique aux attaques de l'antiquaire.

— M. Oldenbuck, tout cela poufoir être pien spirituel, et fort pon dans une comédie, mais moi n'afoir rien à dire, rien absolument, à des gens qui ne fouloir pas en croire leurs propres yeux. C'être la férité que moi n'afoir aucun des instrumens de mon art, mais ce que moi afoir fait aujourd'hui n'en être que plus merfélieux. Mon honoraple, mon pon et généreux patron, continua-t-il en s'adressant à sir Arthur, moi fous prier de mettre la main dans fotre poche, et de foir ce que fous y trouver.

Sir Arthur fit ce qu'il lui demandait, et trouva dans une de ses poches la petite assiette d'argent dont l'adepte s'était servi lors de leur première séance dans les ruines.

— C'est la vérité, dit-il en regardant M. Oldbuck d'un air grave ; voici l'assiette constellée dont M. Dousterswivel s'est servi pour notre première découverte.

— Fi donc ! fi ! mon cher ami, s'écria l'antiquaire ; vous avez trop de raison pour croire à l'influence d'un morceau d'argent chargé de figures bizarres. Faites-le bien battre avec un marteau pour qu'il n'en reste aucune trace. Je vous dis que si Dousterswivel avait su où trouver ce trésor, il ne vous aurait pas appelé pour vous en faire part.

— S'il plaît à Votre Honneur, dit Ochiltrie qui en toute

occasion se permettait de placer son mot, je vous dirai que je pense que puisque M. Dunkerswivel a eu tant de mérite à faire cette découverte, le moins que vous puissiez faire pour lui est de lui abandonner pour ses peines tout ce qui reste à découvrir. S'il a su où trouver un tel trésor, il n'aura pas de difficulté à en trouver un autre.

Le front de Dousterswivel se rembrunit quand il entendit proposer de lui accorder pour salaire ce qu'il pourrait trouver à l'avenir. Mais le mendiant, le tirant à part, lui dit à l'oreille deux ou trois mots que l'adepte parut écouter avec grande attention.

Cependant sir Arthur, dont le cœur était échauffé par la bonne fortune, lui dit tout haut : — N'écoutez pas notre ami Monkbarns, M. Dousterswivel, et venez demain matin au château. C'est vous qui m'avez donné l'idée de fouiller dans ces ruines, et je vous prouverai que j'en suis reconnaissant. Le billet de banque de Fairport de cinquante livres, ce vilain billet, comme vous l'appelez, est à votre service. Allons, mes amis, il faut rattacher le couvercle de cette caisse.

Mais dans la confusion qui avait accompagné et suivi cette découverte, le couvercle était probablement tombé sous les décombres, la terre et les pierres qu'on avait retirées de la fosse; en un mot on ne put le retrouver.

— Qu'importe? dit le baronnet, liez seulement la toile par-dessus et portez-la dans ma voiture. Monkbarns, il faut que je retourne avec vous pour aller chercher miss Wardour.

— Et je m'invite à dîner ensuite à Knockwinnock, sir Arthur. Je veux boire un verre de vin avec vous en réjouissance du succès de notre entreprise. D'ailleurs il est bon d'écrire un mot sur cette affaire à l'Echiquier[1], afin

---

(1) Il y a en Ecosse une cour d'échiquier comme en Angleterre, avec des attributions analogues. Cette cour est composée de quatre juges dont le président a le titre de lord chef baron, et les trois autres celui de baron ordinaire. La cour de l'échiquier juge toutes les causes de finances. Ce nom d'*exchequer*, échiquier, vient, dit-on, du drap à carreaux qui couvre la table du tribunal. — Ed.

de prévenir toute intervention de la part de la couronne. Au surplus il serait facile d'obtenir des lettres d'octroi. Mais nous traiterons cette affaire à fond.

— En attendant, dit sir Arthur, je recommande particulièrement le silence à tous ceux qui sont ici.

Tous l'assurèrent, en le saluant, de leur parfaite discrétion.

— Quant à cela, dit Oldbuck, recommander le secret quand une douzaine de personnes sont dans la confidence, c'est uniquement vouloir mettre un masque à la vérité. Soyez sûr que l'histoire va circuler sous vingt faces différentes. Mais soyez tranquille, nous ferons connaître la véritable version aux barons de l'Echiquier, et c'est tout ce qui est nécessaire.

— Je serais d'avis d'envoyer un exprès dès ce soir, dit le baronnet.

— Je puis indiquer à Votre Honneur une voie sûre, dit le mendiant : le jeune David Mailsetter et le bidet du boucher.

— Nous parlerons de cette affaire chemin faisant, répondit l'antiquaire à sir Arthur.

— Mes enfans, dit le baronnet aux ouvriers, suivez-moi aux *Quatre Fers à cheval*, afin que je prenne vos noms. Dousterswivel, je ne vous engage pas à nous suivre à Monkbarns, vos opinions et celles de mon brave ami ne sont pas assez d'accord ; mais ne manquez pas de venir me voir demain matin.

Dousterswivel bégaya une réponse dont on ne put entendre que les mots defoir..... mon honoraple patron..... afoir l'honneur..... Et après que le baronnet et son ami eurent quitté les ruines, suivis des ouvriers qui jouissaient de l'espoir non-seulement de la récompense qui leur avait été promise, mais d'une addition raisonnable de whiskey¹, il resta debout, les bras croisés, sur le bord de la fosse qu'on venait d'ouvrir.

(1) Liqueur spiritueuse, faite avec l'orge fermentée. — Tr.

— Qui l'afoir jamais cru! s'écria-t-il sans y penser. Par ma foi, moi afoir entendu parler de pareilles choses; mais sapperment! pas croire que moi en foir jamais. Et si moi afoir creusé deux ou trois pieds plus afant, moi troufer tout cet argent, mon pon ciel! plus que moi jamais espérer tirer de cet impécile de paronnet!

Ici il interrompit son soliloque; car ayant levé les yeux, il rencontra ceux d'Edie Ochiltrie, qui n'avait pas suivi le reste de la compagnie, et qui, appuyé sur son bâton ferré suivant son usage, était debout de l'autre côté de la fosse. Les traits du vieillard, naturellement expressifs et annonçant une sorte d'astuce et de malignité, semblaient dire si clairement à l'adepte, je te connais, que celui-ci, quoique charlatan de profession, sentit son assurance s'évanouir. Il comprit pourtant la nécessité d'un éclaircissement; et ralliant toutes ses forces, il voulut sonder le mendiant sur ce qui venait de se passer.

— Mon pon M. Edie Ochiltrie.....

— Edie Ochiltrie, le mendiant du roi, le Manteau-Bleu, mais non pas monsieur.

— Hé pien, pon Edie, que vous penser de tout ceci?

— Je pensais que Votre Honneur avait été bien bon, pour ne pas dire bien simple, de donner à deux riches qui ont de l'argent, des terres et des châteaux sans fin, un trésor si précieux, de l'argent trois fois éprouvé par le feu, comme dit l'Ecriture, et qui aurait suffi pour vous rendre heureux toute votre vie, vous et deux ou trois autres braves gens.

— Sur ma ponne foi, honnête Edie, c'être la férité. Seulement moi pas safoir, ou pour mieux dire, pas être sûr où troufer ce trésor.

— Quoi? n'est-ce point par votre conseil que Monkbarns et sir Arthur sont venus ici?

— Ah! sans doute; mais c'être tout autre chose. Moi pas croire qu'eux troufer ce trésor, quoique, d'après le tintamarre que les esprits afoir fait l'autre nuit, moi pien croire que poufoir y afoir ici de l'argent caché. Ah! mon pon ciel! c'être à présent que l'esprit poufoir pousser des gémissemens quand lui plus troufer son trésor, justement comme un pourgmestre hollandais comptant ses ducats après un grand dîner à la *Stadt-Haus*¹.

— Et vous croyez réellement tout cela, M. Dousterdiable², vous qui êtes un si habile homme? Allons donc!

— Mon pon ami, moi pas y croire plus que fous ou que personne au monde, afant que moi afoir entendu ce qui s'être passé l'autre nuit, et afoir fu cette grande caisse pleine de pon et pur argent du Mexique. Comment ne pas croire après tout cela?

— Et que donneriez-vous à celui qui vous aiderait à trouver une autre caisse semblable?

— Que moi donner? Mon pon ciel! un grand quart.

— Si je connaissais le secret, je voudrais avoir moitié; car, voyez-vous, quoique je ne sois qu'un pauvre mendiant couvert de guenilles, et que je ne puisse vendre cet argent moi-même de peur d'être arrêté, je trouverais bien des gens qui se chargeraient de le faire pour moi, et plus facilement que vous ne le pensez.

— Quoi moi donc afoir dit, mon pon ami? Moi afoir foulu dire que fous afoir trois grands quarts pour fotre moitié, et moi un paufre petit quart pour la mienne.

— Non, M. Dousterdiable; non. Nous devons partager en frères, par égales portions, ce que nous trouverons. Maintenant regardez cette planche que j'ai jetée à l'écart pendant que Monkbarns était occupé à manier cet argent. Il a de bons yeux, Monkbarns, et je ne me souciais pas qu'il vît ce qui y est écrit; mais vous le lirez sans doute mieux que moi, car je ne suis pas savant en lecture, c'est-à-dire je n'ai pas beaucoup de pratique.

Tout en faisant cette modeste déclaration d'ignorance,

---

(1) L'hôtel-de-ville. — Tr.
(2) *Dousterdevil* : le mendiant estropie malicieusement le nom de l'adepte, dont nous traduisons la terminaison. — Tr.

Ochiltrie prit derrière un pilier la planche qui servait de couvercle à la caisse. Après l'avoir détachée, on n'y avait plus fait attention, et il paraît que le mendiant avait profité du moment où chacun était dans le premier étonnement de la découverte pour la cacher en cet endroit. On y voyait quelque chose d'écrit; mais comme l'inscription était en partie couverte de terre, le mendiant cracha sur son mouchoir bleu, et frotta la planche pour faire mieux paraître l'écriture, qui était en lettres gothiques ordinaires.

— Hé bien, voyez-vous ce que c'est? demanda Edie à Dousterswivel.

L'adepte appela les lettres l'une après l'autre, comme un enfant qui commence à lire : S, T, A, R, C, H, *Starch*[1].

— Quoi! *starch!* c'être ce que les blanchisseuses mettre aux cravates et aux collets de chemise.

— *Starch!* répéta le mendiant. Eh! non, non; vous pouvez être un grand sorcier, mais vous n'êtes pas un grand clerc. C'est *search*[2], vous dis-je. La seconde lettre est un E bien formé, et non un T.

— Ah! moi le foir à présent! Oui, c'être *search*, et puis N° I. Mon pon ciel! y afoir donc un N° II, et cet afis être pien clair : *search*, cherchez. Sur ma foi, mon pon ami, quelque ponne chose rester encore pour nous.

— Cela est possible; mais nous ne pouvons le chercher à présent, car nous n'avons pas d'outils pour creuser la terre : les ouvriers les ont emportés, et il est probable qu'on en renverra quelques-uns pour combler la fosse, afin que rien ne paraisse. Mais si vous voulez venir vous asseoir un moment avec moi dans le bois, je vous prouverai que vous avez trouvé le seul homme du pays qui puisse vous apprendre quelque chose de Malcolm-Baltard et de son trésor caché; avant tout, il faut effacer cette inscription pour qu'elle ne rende personne aussi savant que nous.

(1) Empois.
(2) Cherchez.

Et prenant son couteau, il racla la planche de manière à en effacer toute trace d'écriture, et la frotta ensuite avec de la terre humide pour qu'il ne restât aucun vestige de cette opération.

Dousterswivel le regardait en silence d'un air d'étonnement. Le vieillard mettait dans tout ce qu'il faisait un air d'intelligence et de vivacité qui annonçait qu'il trouverait difficilement son maître en finesse; et comme les coquins eux-mêmes sont jaloux de la prééminence, notre adepte était honteux de ne jouer qu'un rôle secondaire, et d'avoir à partager ce qu'il espérait gagner avec un si vil associé. Mais la soif du gain était assez forte en lui pour l'emporter sur son orgueil offensé, et quoiqu'il fût plus habitué à jouer le rôle d'imposteur que celui de dupe, il ajoutait pourtant foi lui-même, jusqu'à un certain point, aux superstitions grossières par le moyen desquelles il en imposait aux autres. Néanmoins, accoutumé à se mettre au premier rang en semblable occasion, il se sentait humilié de se voir dans la situation d'un vautour qu'un corbeau guiderait vers une proie.

— Il faut pourtant que j'entende son histoire jusqu'au bout, pensa-t-il, et ce sera bien le diable si je n'en tire pas un meilleur profit que ce mendiant ne se l'imagine.

Descendant du haut degré de professeur des sciences occultes pour devenir un humble élève, l'adepte suivit donc Ochiltrie en silence sous le chêne du prieur, à peu de distance des ruines, comme nos lecteurs peuvent se le rappeler; s'y étant assis tous deux sur le gazon, le mendiant prit la parole en ces termes :

— Il y a bien long-temps, M. Dustandnivel, que je n'ai entendu parler de cette affaire, car c'est un sujet qui ne plaît guère aux lairds de Knockwinnock. Il ne plaisait ni au père de sir Arthur ni à son grand-père, car je me souviens de l'un et de l'autre, et sir Arthur lui-même encore aujourd'hui ne s'en soucie guère. Mais qu'importe : quoique ce fût pain défendu dans le salon, on n'en mangeait pas moins dans la cuisine, comme c'est l'ordinaire dans les grandes maisons ; de sorte que j'ai tout appris des anciens domestiques de la famille ; et au jour d'aujourd'hui où l'on ne s'assemble plus l'hiver autour du feu pour jaser des affaires du temps passé, comme c'était l'usage autrefois, je doute que dans tout le pays il y ait une seule personne qui puisse vous raconter cette histoire, si ce n'est moi ; oui, à l'exception du laird, car il doit avoir dans sa bibliothèque, à ce qu'on m'a assuré, un gros livre en parchemin où elle est écrite.

— C'est pel et pien, mon pon ami ; mais fous pas avancer fite dans fotre histoire.

— Un moment, vous allez voir. Je vous parle d'un temps bien ancien, où tout était sens dessus dessous dans le pays, où chacun était pour soi et Dieu pour tous, où personne ne manquait de ce qu'il était assez fort pour prendre, et où personne ne conservait que ce qu'il avait les moyens de défendre. En un mot, dans toute la contrée, à l'est, ici aux environs, les plus forts faisaient la loi, et je crois qu'il en était de même dans tout le reste de l'Ecosse.

Si bien donc que dans ce temps-là sir Richard Wardour arriva dans le pays, et c'était le premier de ce nom qui y fût jamais venu. Il y en a eu plus d'un depuis ce temps, et la plupart d'entre eux, comme celui qu'on surnommait l'*Enfer en armes*, dorment là-bas sous ces ruines. C'était une race fière et intraitable, mais brave à toute épreuve, est toujours prête à soutenir les intérêts du pays. Que Dieu fasse paix à leurs ames ! j'espère qu'on peut faire ce souhait sans être papiste. On les appelait Normands, parce qu'ils étaient venus du côté du sud. Ainsi donc sir Richard, surnommé Main-Sanglante, s'associa avec le laird de Knockwinnock de ce temps, car alors il y avait des Knockvinnocks seigneurs de la baronnie de ce nom, et voulut épouser sa fille unique qui devait hériter de son château et de ses domaines. Sybille Knockwinnock, car c'est le nom que lui ont donné ceux qui m'ont conté cette histoire, ne se souciait pas de ce mariage, parce qu'elle avait vu d'un peu trop près un de ses cousins que son père n'aimait pas. Si bien qu'il arriva, quatre mois après son mariage avec sir Richard, car bon gré mal gré il fallut bien l'épouser, qu'elle lui fit présent d'un beau garçon. Ce fut alors un tapage comme on n'en avait jamais vu : il fallait la brûler, il fallait le massacrer. Il ne s'agissait de rien moins que cela; et cependant de manière ou d'autre tout finit par s'apaiser. On envoya l'enfant dans les montagnes, où il fut élevé, et il devint un beau grand garçon comme tant d'autres qui sont arrivés dans ce monde sans permission légale. Sir Richard Main-Sanglante eut ensuite un fils légitime, et tout fut tranquille jusqu'à sa mort; mais Malcolm Baltard (sir Arthur soutient qu'on doit le nommer Malcolm-le-Bâtard, quoique le premier nom lui ait été donné de tout temps); Malcolm, dis-je, le fils de l'amour, arriva amenant sur ses talons une troupe nombreuse de montagnards à longues jambes, toujours disposés à mal faire. Il prétendit que ce château et les terres lui appartenaient du chef de sa mère, comme son fils aîné, et en chassa les Wardours. Tout cela ne se passa pas à l'amiable, et il y eut du sang répandu, car la noblesse du pays prit parti d'un côté ou de l'autre; mais Malcolm eut l'avantage, se maintint dans le château de Knockwinnock, le fortifia, et fit construire la tour qu'on appelle encore aujourd'hui la *Tour de Baltard*.

—Mon pon ami, mon pon fieil ami, dit Dousterswivel, fotre histoire est aussi longue que celle d'un paron à seize quartiers de mon pays. Moi être pien charmé si fous passer un peu plus fite à l'or et à l'argent.

—J'y vais venir. Ce Malcolm était protégé par un oncle, un frère de son père, qui était prieur de Sainte-Ruth, et ils amassèrent des trésors immenses pour assurer à leur famille la possession des domaines de Knockwinnock. On dit que dans ce temps les moines connaissaient l'art de la multiplication des métaux. Quoi qu'il en soit, ils avaient, comme je vous l'ai dit, de grandes richesses. Mais il arriva que le jeune Wardour, le fils légitime de Main-Sanglante, défia Malcolm à le combattre en champ clos, c'est-à-dire sur un terrain entouré de pieux et de palissades, où il fallait se battre comme des coqs, bon jeu bon argent. Tant il y a que Baltard fut battu et se trouva à la merci de son frère. Mais celui-ci ne voulut pas lui ôter la vie, par respect pour le sang de Knockwinnock, qui coulait également dans leurs veines; et il exigea seulement que Malcolm se fît moine dans le prieuré de Sainte-Ruth, où il mourut bientôt de dépit et de chagrin. Personne ne sut jamais où son oncle le prieur le fit enterrer, ni ce qu'il fit de son or et de son argent, car il fit valoir les droits de la sainte Eglise et ne voulut jamais en rendre compte à personne : mais il y a une prophétie bien connue dans le pays, qui dit que lorsqu'on trouvera le tombeau de Malcolm Baltard, la seigneurie de Knockwinnock sera perdue et regagnée.

—Ah! mon fieil ami, mon pon M. Edie, cela n'être pas infraisemplaple si sir Arthur se querelle afec ses meilleurs amis pour plaire à M. Oldenpuck. Et ainsi fous penser que tout cet argent appartenir autrefois au pon M. Pastard?

—Je le pense en vérité, M. Troussediable.

—Et fous croire qu'y en afoir encore dafantage?

—Oui, par ma foi, comment cela serait-il autrement? Souvenez-vous de ce que nous avons lu, *search*, n° 1. C'est comme qui dirait : cherchez, et vous trouverez le n° 2. D'ailleurs il n'y avait que de l'argent dans cette caisse, et l'on assure que Baltard avait beaucoup d'or.

—Hé pien, mon pon ami, dit l'adepte en se levant avec vivacité, pourquoi ne pas nous mettre sur-le-champ à notre petite pesogne?

—Pour deux bonnes raisons, répondit le mendiant restant assis tranquillement. D'abord parce que, comme je vous l'ai déjà dit, nous n'avons pas d'outils pour travailler, car on n'a laissé ici ni pelle ni pioche; et ensuite parce qu'il va venir ici une foule de fainéans pour voir cette fosse ; que peut-être le laird enverra des ouvriers pour la combler, et que dans tous les cas nous courrions risque d'être surpris. Mais si vous voulez venir me rejoindre ici à minuit avec une lanterne sourde, j'apporterai des outils, et nous ferons notre ouvrage à nous deux, sans craindre que personne vienne nous déranger.

— Soit ! soit ! mais pourtant, mon pon ami, dit Dousterswivel à qui les espérances splendides qu'Ochiltrie lui offrait ne faisaient pas tout-à-fait oublier son aventure nocturne dans le même lieu, c'être une entreprise un peu téméraire que de trafailler à oufrir le tompeau du pon M. Pastard à une telle heure de la nuit. Moi poufoir fous assurer qu'y afoir ici des esprits, moi en être positifement certain.

— Si vous avez peur des esprits, répondit le mendiant très-froidement, je ferai l'affaire tout seul, et je vous apporterai votre part à l'endroit que vous m'indiquerez.

— Non ! non ! non ! mon pon fieil ami M. Edie, c'être trop de peine pour fous ; moi pas fouloir. Moi fenir, c'être beaucoup mieux. Car c'être moi, mon pon ami, moi Herman Dousterswivel, qui afoir découfert la tompe du pon M. Pastard, en cherchant un endroit pour cacher quelques fieilles pièces de monnaie pour chouer un tour à mon pon ami sir Arthur, par pure plaisanterie. C'être moi qui afoir emporté tous les décompres, et mis au jour le fieux monument. Être donc propaple que le pon M. Pastard m'afoir choisi pour héritier, et moi defoir, par politesse, fenir moi-même recueillir son héritage.

— Ainsi donc nous nous retrouverons à minuit sous cet arbre. Je vais veiller ici quelque temps pour empêcher que personne ne touche à la fosse : je n'aurai besoin que de dire que le laird l'a défendu. Alors j'irai souper chez le fermier Ringan, je lui demanderai à coucher dans sa grange, et j'en sortirai quand il fera nuit, sans que personne s'en doute.

— Pien dit, mon pon M. Edie : et moi me rendre prafement ici à l'heure convenue, quand tous les esprits du monde doivent gémir à se fendre le cœur, et éternuer à se détraquer le cerveau.

Les deux associés se serrèrent la main, et se séparèrent après s'être donné ce gage muet d'être exacts à leur rendez-vous.

CHAPITRE XXV.

    « Va secouer les sacs de ces moines avares,
    « Délivre de prison ces anges [1] malheureux.
    « On voudrait vainement m'éloigner de ces lieux.
    « Au nom de tous les saints : quand c'est l'or qui m'appelle,
    « Certes, je braverai cloche, livre et chandelle [2]. »
                      SHAKSPEARE. *Le roi Jean.*

La nuit fut orageuse, et le vent et la pluie se succédaient alternativement.—Hé mon Dieu ! dit le vieux mendiant en s'approchant du vieux chêne dont les branches touffues le mettaient à couvert de la pluie, et dont le large tronc lui offrait un abri contre le vent, comme la nature humaine est étrange et inexplicable ! Ne faut-il pas que ce Troussediable soit bien affamé d'argent pour venir pendant une pareille nuit dans un lieu si triste et si solitaire ? Et moi donc, ne suis-je pas encore plus fou que lui de m'amuser à l'attendre ici ?

Après avoir fait ces sages réflexions, il s'enveloppa dans son manteau bleu, et fixa les yeux sur la lune, qui paraissait de temps en temps entre les nuages que le vent chassait devant lui. La lumière pâle et mélancolique que l'astre envoyait à travers les ombres des nuages, tombant

---

(1) *Anges*, pièce de monnaie du temps, appelée en France ingelot ou angelot.
                                              —ÉD.

(2) *Bell, book, and candle.* Allusion aux anciennes cérémonies d'excommunication contre ceux qui avaient offensé l'Église. Maudire quelqu'un avec la cloche, le livre et la chandelle (le cierge), est resté en Angleterre une phrase proverbiale.
                                              —ÉD.

à plein sur les arches cintrées et les fenêtres en ogive du vieil édifice, en rendait un instant visibles les vieilles ruines qui bientôt ne formaient plus qu'une masse noire et confuse. Le petit lac avait aussi sa part de ces éclairs passagers de lumière, qui en faisaient voir les eaux écumeuses tourmentées par l'ouragan ; et quand un nuage voilait le disque de la lune on ne distinguait plus que la voix sourde des vagues expirant sur le sable du rivage. L'étroit vallon retentissait du craquement des arbres ; et lorsque la fureur des vents se calmait un peu, ce bruit n'était plus qu'un léger murmure semblable aux soupirs d'un criminel épuisé par les souffrances de la torture. Cette réunion de circonstances aurait procuré à la superstition cette jouissance de terreur mystérieuse qu'elle aime et redoute; mais l'esprit d'Ochiltrie était inaccessible à de pareilles idées, et son imagination se reporta sur les scènes de sa jeunesse.

— Plus d'une fois, se dit-il à lui-même, j'ai monté la garde aux avant-postes en Allemagne et en Amérique par de plus mauvaises nuits que celle-ci, et quand je savais qu'il pouvait y avoir à peu de distance dans le bois une douzaine de tirailleurs. Mais j'ai toujours été actif et ferme à mon poste, et personne ne peut se vanter d'y avoir jamais trouvé Edie endormi.

Tout en parlant ainsi, il appuya, comme par instinct, son fidèle bâton ferré contre son épaule, dans la posture d'une sentinelle en faction, et entendant quelqu'un avancer vers lui, il s'écria d'un ton mieux assorti à ses réminiscences militaires qu'à sa situation actuelle : — Halte ! qui va là ?

— Diable ! pon Edie, répondit Dousterswivel, pourquoi parler aussi haut que si vous être un factionnaire ?

— Parce que je m'imaginais être une sentinelle en faction. Quelle nuit épouvantable ! Avez-vous apporté une lanterne et un grand sac pour l'argent ?

— Oui, oui, mon pon ami. Voici ce que fous appeler

une pesace ; un côté être pour fous, et l'autre pour moi. Quand elle être pleine, moi la mettre sur mon chefal pour fous épargner la peine de la porter.

— Vous avez donc amené un cheval?

— Oui, mon fieil ami, et moi l'afoir lié ici près à un arpre.

— Je n'ai qu'un mot à dire à cela. Votre cheval ne portera pas mon argent.

— Non ; de quoi fous afoir peur?

— Seulement de perdre de vue le cheval, le cavalier et l'argent.

— Diaple ! fous traiter un gentilhomme comme si lui être un grand coquin.

— A quoi bon se quereller? Voulez-vous que notre marché tienne? Si vous ne vous en souciez pas, je retournerai sur la bonne paille d'avoine du fermier Ringan, que je n'ai pas quittée sans regret, et je reporterai la pelle et la pioche où je les ai prises.

Dousterwivel délibéra un instant. En laissant partir Edie, il pourrait s'attribuer la totalité du trésor qu'il espérait trouver. Mais il réfléchit qu'en ce cas il n'aurait pas d'outils pour creuser la terre, et que quand il en aurait il ne pourrait peut-être lui seul l'ouvrir à une profondeur suffisante. Ce qui le détournait surtout de prendre ce parti, c'était le souvenir de la terreur qu'il avait éprouvée en ce lieu la nuit qu'il y était venu avec sir Arthur, et il ne se souciait nullement de troubler lui seul le repos de la tombe de Malcolm Baltard. Il chercha donc à reprendre son ton de cajolerie ordinaire, quoiqu'il fût intérieurement courroucé ; il pria son pon ami M. Edie de lui montrer le chemin, et l'assura qu'il était disposé à faire tout ce qui lui serait agréable.

— Hé bien, marchons donc, dit Ochiltrie ; mais prenez garde à vos pieds parmi ces grandes herbes et au milieu de toutes ces pierres. Je ne sais si nous pourrons garder la chandelle allumée par le vent qu'il fait. Heureusement la lune éclaire de temps en temps.

Tout en parlant ainsi Ochiltrie, que l'adepte suivait pas à pas, s'avançait vers les ruines. Tout à coup il s'arrêta, et se tournant vers son compagnon : — M. Troussediable, lui dit-il, vous qui êtes un savant et qui connaissez toutes les merveilles de la nature, me direz-vous une chose? Croyez-vous aux esprits et aux revenans, oui ou non?

— Ah! pon M. Edie, n'être pas le temps et le lieu pour faire une telle question.

— Si vraiment, car je dois vous dire franchement qu'on prétend que l'esprit de Baltard s'est souvent montré ici. Or il serait désagréable de le voir paraître pendant une pareille nuit. D'ailleurs il ne serait peut-être pas plus content qu'il ne faut de la visite que nous allons rendre à sa tombe.

— *Alle guter geister*, marmota l'adepte entre ses dents, et le tremblement de sa voix fit perdre le reste de la conjuration. Fous afoir grand tort de parler ainsi, M. Edie; après ce que moi afoir fu et entendu en cette place, moi croire féritaplement.....

— Quant à moi, dit Ochiltrie en entrant dans le chœur, et avec un geste de bravade, je ne me donnerai pas la peine de faire craquer mon pouce pour l'empêcher de paraître en ce moment. Après tout, ce n'est qu'un esprit sans corps, et nous avons un corps et un esprit.

— Paix, pour l'amour du ciel! s'écria Dousterswivel: quel pesoin de parler ainsi de quelqu'un ou de personne?

— Hé bien, dit le mendiant en ouvrant la lanterne, nous voici arrivés, et, esprit ou non esprit, je creuserai un peu plus avant dans ce tombeau. — Il descendit dans la fosse d'où l'on avait tiré la veille la précieuse caisse, et se mit à travailler avec la pioche. Mais au bout de quelques instans, se trouvant fatigué, ou feignant de l'être :

— Mes vieux bras ne sont plus accoutumés au travail, dit-il à son compagnon, il faut que je me repose. Prenez ma place à votre tour, jetez d'abord la terre hors de la fosse, et continuez ensuite à creuser. Je vous relèverai de garde.

Ochiltrie sortit de la fosse, et Dousterswivel y étant entré se mit à l'ouvrage avec toute l'ardeur que la cupidité et le désir de quitter ce lieu le plus promptement possible pouvaient inspirer à une ame intéressée, soupçonneuse et timide.

Le mendiant, fort à l'aise sur le bord du tombeau, se bornait à exhorter son associé à travailler avec courage :
— Sur ma foi, dit-il, peu de gens ont jamais travaillé pour de si bons gages. Quand nous ne trouverions qu'une caisse dix fois moins grande que celle n° 1, elle vaudrait plus du double, puisqu'elle sera pleine d'or au lieu d'argent. Vous travaillez vraiment comme si vous n'aviez fait toute votre vie que manier la pelle et la pioche. Vous seriez en état de gagner une demi-couronne par jour. Prenez garde à cette pierre! — Et feignant d'aider l'adepte à faire sortir du trou une grosse pierre, il la lui fit retomber sur les jambes.

Pendant ce temps, Dousterswivel travaillait sans relâche à défoncer un sol mêlé d'argile et de pierres, et jurait au fond du cœur; mais, si une syllabe de blasphème échappait à ses lèvres, Edie changeait de batterie.

— Ne jurez pas! gardez-vous-en bien! Savons-nous qui peut nous écouter? Eh mon Dieu! que vois-je là-bas? Rien, rien. Ce n'est qu'une branche de lierre qui tombe sur ce mur; mais, quand la lune y donnait, on aurait cru que c'était le bras d'un mort tenant un cierge. J'ai pensé un moment que c'était Baltard lui-même. Allons, bien, courage, déblayez la terre que vous avez détachée, jetez-la hors du trou. Vous seriez un aussi bon fossoyeur que Will Winnett, et ce n'est pas peu dire. Hé bien! voilà le bon moment; pourquoi vous arrêtez-vous?

— Pourquoi? répliqua l'adepte d'un ton de colère et de mécontentement; — parce que moi afoir troufé le roc sur lequel ces maudites ruines afoir été construites.

— Vous perdez courage au moment de réussir. C'est sans doute la pierre qui couvre le trésor. Prenez la pioche, et frappez fort. Quelques bons coups suffiront pour la briser. Plus fort! A la bonne heure! il y va avec la force de Wallace.

Dousterswivel, excité par l'espoir qu'Edie faisait luire à ses yeux, frappa quelques coups de toutes ses forces, en levant ses bras jusqu'à la hauteur des épaules, et réussit à briser, non la pierre, qui était véritablement le roc vif, mais l'outil dont il se servait.

— Là! s'écria Edie, voilà la pioche de Ringan brisée. N'est-ce pas une honte qu'on vende à Fairport d'aussi mauvais outils? Mais n'importe, continuez; essayez avec la pelle.

L'adepte, sans lui répondre, sortit de la fosse, qui pouvait alors avoir au moins six pieds de profondeur, et s'adressant à son associé d'une voix tremblante de colère : — M. Edie, s'écria-t-il, moi fous apprendre à fouloir rire à mes dépens; moi fous faire connaître Herman Dousterswivel.

— Je vous connais bien, M. Dousterdiable; je vous connais depuis long-temps. Mais il ne s'agit pas ici de rire; je n'ai pas moins d'envie que vous de trouver notre trésor. Notre besace devrait déjà être remplie. J'espère qu'elle sera assez grande pour le contenir.

— Miséraple mendiant, si fous lâcher encore un quolipet, moi fous fendre le crâne avec cette pelle.

— Et où seraient mes mains et mon bâton ferré pendant ce temps? Allez, allez, M. Troussediable, je n'ai pas vécu si long-temps dans le monde pour m'en laisser renvoyer de cette manière. Pourquoi vous emporter ainsi contre vos amis! Allons, je vais travailler à mon tour, et je parie que je trouve un trésor dans une minute. A ces mots, il descendit dans la fosse. — Donnez-moi la pelle, dit-il à l'adepte.

— Moi fous jurer, M. Edie, s'écria Douterswivel, dont les soupçons étaient alors pleinement éveillés, que si fous afoir foulu prendre fotre difertissement à mes dépens, moi prendre pientôt le mien aux fôtres, en fous prisant les os.

— Ecoutez-le, s'écria Ochiltrie; il sait la manière dont il faut s'y prendre pour forcer les gens à trouver des trésors. Je serais tenté de croire qu'il a reçu lui-même quelque leçon à ce sujet.

A ces mots, qui contenaient une allusion directe à ce qui s'était passé entre sir Arthur et lui lors de la découverte de la corne, l'adepte perdit le peu de patience qui lui restait; et, ramassant le manche de la pioche brisée, il allait en décharger un grand coup sur la tête du mendiant, si celui-ci ne se fût écrié d'une voix ferme et imposante : — Fi! fi! croyez-vous que le ciel et la terre souffrent que vous assassiniez un vieillard sans défense? Regardez derrière vous.

Dousterswivel se retourna, et, à sa grande consternation, vit sur ses talons une grande figure noire. Cette apparition ne lui donna le temps ni de se mettre en défense ni de proférer un exorcisme, car son ennemi inconnu, venant sur-le-champ aux voies de fait, lui fit pleuvoir sur les épaules une grêle de coups si bien appliqués, qu'il en fut renversé et resta quelques minutes sans connaissance.

Quand il revint à lui, il était seul dans le chœur, étendu sur la terre humide tirée de la tombe de Malcolm Baltard. Il se releva avec une sensation confuse de douleur physique, de colère et de terreur, et ce ne fut qu'au bout de quelques instants que ses idées devinrent assez nettes pour qu'il se rappelât le motif qui l'avait amené en ce lieu, et ce qui lui était arrivé. En y réfléchissant, il ne douta nullement que l'appât que lui avait présenté Ochiltrie, pour l'attirer en ce lieu solitaire, les sarcasmes qui l'avaient excité à une querelle, le secours que le mendiant avait reçu si à propos, et les coups dont ses épaules conservaient encore la sensation, ne fussent les diverses parties d'un complot tramé contre Herman Douterswivel. Il ne put s'imaginer qu'il ne devait qu'à la malice d'Edie la fatigue, la terreur et les coups qu'il avait supportés tour à tour, et il en conclut que le mendiant n'avait fait que jouer le rôle qui lui avait été assigné par quelque personnage plus important. Ses soupçons flottaient entre Oldbuck et sir Arthur. Le premier n'avait jamais cherché à lui déguiser son mépris et son aversion; mais il avait fait au second un tort irréparable; et, quoiqu'il crût bien que le baronnet n'en connaissait pas toute l'étendue, il était présumable qu'il avait assez entrevu la vérité pour former des projets de vengeance. Ochiltrie d'ailleurs avait fait allusion à une circonstance dont l'adepte devait croire que sir Arthur et lui avaient seuls connaissance; il fallait donc qu'il l'eût apprise du baronnet. D'une autre part, sir Arthur n'avait pris sa défense que bien faiblement quand Oldbuck l'avait si vertement attaqué. Enfin la manière dont il supposait que le baronnet avait voulu se venger s'accordait assez avec ce qu'il avait vu pratiquer dans des pays qu'il connaissait mieux que le nord de l'Angleterre. Pour lui, comme pour la plupart des méchans, soupçonner une injure et faire serment de s'en venger ce n'était qu'une seule opération de l'esprit. Aussi ne fut-il pas long-temps à jurer la ruine de son bienfaiteur; et malheureusement il n'avait que trop de moyens pour l'accélérer.

Mais, quoique des projets de vengeance roulassent déjà dans son imagination, ce n'était pas l'instant de s'y livrer : l'heure, le lieu, la crainte que ses ennemis ne fussent près de lui ou dans le voisinage, ne permirent alors à l'adepte que de songer au soin de sa conservation. Dans le premier moment de saisissement, il avait laissé tomber sa lanterne, et la chandelle s'était éteinte. Le vent, qui naguère soufflait si violemment dans les ruines, avait cédé à une grosse pluie; la lune avait tout-à-fait disparu; et quoique Dousterswivel connût assez bien le local, et sût qu'il devait sortir du chœur par une porte située du côté de l'orient, cependant la confusion de ses idées était telle qu'il se passa quelque temps avant qu'il pût juger de quel côté il devait la chercher. Dans cet embarras, ses craintes superstitieuses, grace à l'obscurité et à sa mauvaise conscience, se représentèrent à son imagination troublée; mais il chercha vaillamment à les écarter.

— Fadaises! sottises, se dit-il à lui-même, le pras qui m'afoir frappé être trop lourd pour appartenir à un esprit. Diaple! un paronnet écossais à crâne épais, que moi afoir mené par le nez pendant cinq ans, afoir joué un pareil tour à Herman Dousterswivel!

Comme il était venu à cette conclusion, un nouvel incident le replongea tout à coup dans le doute et l'incertitude. Au milieu du murmure mourant des vents et du bruit que faisaient de grosses gouttes de pluie en tombant sur les pierres et sur les feuilles des arbres, il entendit, à ce qu'il paraissait, à peu de distance de lui, une musique vocale dont les sons étaient si lugubres et si solennels, qu'on aurait cru que les esprits de tous les moines qui avaient autrefois habité ce prieuré étaient rassemblés pour déplorer la solitude et la désolation dont leur sainte demeure était alors le théâtre. Ce nouveau phénomène sembla faire prendre racine à Dousterswivel, qui marchait à tâtons le long des murs du chœur. Toutes les facultés de son ame semblaient en ce moment concentrées dans le sens de l'ouïe, et il reconnut un des chants lugubres que l'Église romaine consacre au culte des morts. Quels étaient ces chantres inconnus et invisibles? Pourquoi leurs voix se faisaient-elles entendre dans cette solitude? C'étaient des questions que son imagination effrayée, et livrée à toutes les chimères superstitieuses des

Allemands sur les fées, les sorciers, les loups-garoux, les esprits blancs, gris, noirs et de toutes les couleurs, osait à peine se faire, et ne pouvait résoudre.

Un autre de ses sens ne tarda pas à être également occupé. A l'une des extrémités du chœur était un escalier conduisant sous des voûtes souterraines, et fermé par une grille en fer : tout à coup il vit une lueur rougeâtre sortir à travers les barreaux, et se réfléchir sur les marches de l'escalier. Dousterswivel hésita un instant; puis, prenant subitement une résolution désespérée, il s'avança vers l'endroit d'où partait la lumière.

Prononçant tous les exorcismes que sa mémoire put lui fournir, et s'armant par là d'un nouveau courage, il s'approcha de la grille, d'où il pouvait voir sans être vu tout ce qui se passait dans le souterrain. Tandis qu'il s'y rendait d'un pas timide et incertain, les chants cessèrent, et un profond silence y succéda. Quand il arriva à la grille, un spectacle auquel il ne s'attendait guère s'offrit à ses yeux sous la voûte. Une fosse ouverte, quatre torches, d'environ six pieds de hauteur, placées à chaque coin ; une bière découverte, dans laquelle était déposé un cadavre les bras croisés, et soutenue sur des tréteaux à côté de la fosse; un prêtre portant une chasuble et tenant en main le livre de l'office divin ; un autre ecclésiastique couvert d'un surplis et portant un bénitier et un goupillon; deux enfans en aube agitant des encensoirs; un homme d'une taille jadis avantageuse et imposante, mais à présent courbé par l'âge et les infirmités, debout près du cercueil, en vêtemens de deuil; tels étaient les principaux personnages du groupe. A quelque distance, et le long des murs du souterrain, étaient rangées plusieurs personnes des deux sexes, toutes en deuil, immobiles, et tenant en main un cierge de cire noire. Le prêtre lut alors d'une voix haute et sonore les prières solennelles que le rituel de l'Eglise catholique a consacrées pour rendre la poussière à la poussière.

Cependant Dousterswivel ne savait s'il rêvait ou s'il était éveillé, s'il voyait des hommes rendre les devoirs funèbres à un homme, ou si des esprits se jouaient de son imagination, en lui offrant la représentation des cérémonies religieuses autrefois célébrées si souvent dans ces lieux, mais qui le sont rarement aujourd'hui dans les pays protestans, et plus rarement encore en Écosse. Il hésitait s'il attendrait la fin de la cérémonie, ou s'il se retirerait pour continuer à chercher dans les ténèbres la porte de sortie du chœur, quand un changement dans sa position le fit apercevoir par un des assistans. Celui-ci alla faire part de sa découverte au personnage principal, qui était séparé des autres, et qui se trouvait le plus près du cercueil; ayant reçu ses ordres, il se détacha avec un de ses voisins, et tous deux, marchant sans bruit, pour ne pas troubler le service divin, ouvrirent la grille qui les séparait de notre adepte; chacun d'eux le saisit par un bras avec une force qui aurait rendu toute résistance inutile, si sa terreur lui eût permis d'y songer. Ils le firent asseoir sur les carreaux du chœur, et restèrent à ses côtés comme pour veiller sur lui. Convaincu alors qu'il était entre les mains d'hommes semblables à lui, Dousterswivel ouvrait la bouche pour faire quelques questions; mais l'un de ses gardiens lui montra du doigt le souterrain où l'on entendait la voix du prêtre qui lisait l'office des morts, tandis que l'autre, se plaçant un doigt sur la bouche, semblait lui ordonner le silence, injonction à laquelle l'adepte jugea prudent d'obéir. Ils le retinrent ainsi jusqu'à ce qu'un *alleluia*, qui retentit sous les voûtes solitaires de Sainte-Ruth, eut terminé la singulière cérémonie dont le hasard l'avait rendu témoin.

Lorsque tout fut rentré dans le silence et l'obscurité, la voix d'un de ses deux gardiens se fit entendre, et dit d'un ton familier : — Eh mon Dieu! est-ce bien vous, M. Dousterswivel? Pourquoi ne nous avez-vous pas dit que vous désiriez assister à la cérémonie? Milord ne pouvait trouver bon qu'on semblât venir l'espionner de la sorte.

— Au nom de toutes les puissances du ciel et de la terre, dit l'adepte, moi fous conjurer de me dire qui fous être?

— Qui je suis? Qui voulez-vous que je sois, sinon Ringan Aikvood, fermier à Knockwinnock? Et que faites-vous ici à une pareille heure de la nuit, si vous n'y êtes pas venu pour voir l'enterrement?

— Moi fous déclarer, mon pon Ringan Aikwood, que moi afoir été cette nuit volé, assassiné, et mis en crainte pour ma vie.

— Volé! qui oserait voler dans un tel lieu? Assassiné! vous parlez encore assez bien pour un homme assassiné. Mis en crainte pour votre vie! et qui a pu vous mettre en crainte, M. Dousterswivel?

— Qui? mon pon M. Aikwood; ce fieux chien de mé-créant à manteau pleu, Edie Ochiltrie.

— C'est ce que je ne croirai jamais. Je connais Edie, comme mon père l'a connu avant moi, c'est-à-dire pour un homme franc, loyal et tranquille. D'ailleurs il est en ce moment à dormir paisiblement dans ma grange, et il n'en a pas bougé depuis dix heures du soir. Ainsi, quoi que vous ayez fait ou qu'on ait pu vous faire, je réponds qu'Edie en est innocent.

— Et moi fous répondre, M. Ringan Aikwood, que fotre innocent ami Edie Ochiltrie m'afoir folé cette nuit cinquante lifres, et que lui n'être pas plus en ce moment dans fotre grange que moi dans le royaume des cieux.

— Hé bien! M. Dousterswivel, à présent que le service funèbre est terminé, si vous voulez venir à la maison on vous y fera un lit, et l'on verra si Edie est dans la grange. Il est certain que tandis que nous apportions le corps on a vu rôder deux garnemens dans les ruines; et le prêtre, qui n'aime pas que des hérétiques assistent aux cérémonies de notre église, a mis à leur poursuite quelques-uns de nos gens, de sorte que nous en aurons des nouvelles.

Tout en parlant ainsi, le fermier se débarrassait de son manteau de deuil; son fils, qui était le personnage muet, en fit autant, et ils se mirent en marche pour le toit hospitalier sous lequel Dousterswivel devait trouver le repos dont il avait grand besoin.

— Moi m'adresser demain aux magistrats, disait l'adepte; moi faire mettre demain la loi à exécution contre tous les coupables.

Tandis qu'il formait ainsi des projets de vengeance, il sortait des ruines appuyé sur Ringan et sur son fils, car son état de faiblesse lui rendait ce secours fort nécessaire.

Quand ils furent sur la hauteur qui domine la petite prairie dans laquelle le prieuré avait été construit, Dousterswivel aperçut les torches et les cierges qui lui avaient causé tant d'alarmes sortir des ruines d'un autre côté, et leur lumière se réfléchir sur les eaux du lac. Il suivit quelque temps des yeux cette procession qui s'avançait en ordre irrégulier; mais elle disparut tout à coup, toutes les lumières s'étant éteintes en même temps.

— En pareilles occasions, dit le fermier, nous avons coutume d'éteindre les torches et les cierges au puits de la Sainte-Croix.

Il ne resta donc plus aucune trace de cette cérémonie lugubre, si ce n'est le bruit des chevaux que montaient ceux qui en avaient été les acteurs, bruit qui, diminuant à mesure qu'ils s'éloignaient, cessa bientôt de se faire entendre.

CHAPITRE XXVI.

> « Vogue, barque rapide,
> « Sur les flots mugissans ;
> « Qu'un bon ange te guide
> « En dépit des autans ;
> « Dans sa barque légère,
> « Gagne-pain du pêcheur,
> « Qu'il brave l'onde amère,
> « Qu'il trouve le bonheur !
> « Vogue, barque rapide,
> « Qu'un bon ange te guide. »
> *Vieille ballade.*

Il faut maintenant que nous introduisions nos lecteurs dans l'intérieur de la cabane de pêcheur dont nous avons parlé dans le neuvième chapitre de cette histoire édifiante. Nous voudrions pouvoir dire qu'elle était passablement meublée, et qu'on y trouvait de l'ordre et une apparence de propreté ; mais au contraire, nous sommes forcés d'avouer qu'on n'y voyait que confusion, désordre, et beaucoup d'objets très-dégoûtans ; cependant il régnait dans la famille de Saunders Mucklebackit un air d'aisance et de satisfaction qui semblait prouver la vérité de ce sale proverbe : Un pourceau ne s'engraisse pas d'eau claire. Un grand feu, quoiqu'on fût en été, brillait dans le foyer, et servait à éclairer la chambre, comme à l'échauffer et à préparer les alimens. La pêche avait été heureuse ; et, depuis le débarquement de la cargaison, la famille, avec son imprévoyance habituelle, n'avait cessé de faire frire et bouillir la portion destinée à la consommation domestique. Des assiettes de bois, placées sur la table, étaient remplies d'arêtes, de restes de poisson et de pain d'orge, et figuraient à côté de pots de bière à demi vides.

La vigoureuse Maggie, à la taille athlétique, toujours affairée, courant çà et là au milieu d'une demi-douzaine d'enfans des deux sexes et de différens âges, et criant quand elle en rencontrait un sur son chemin : — Dérangez-vous donc, petite peste! formait un contraste parfait avec l'air passif et presque stupide de la mère de son mari, femme arrivée à peu près au dernier terme de la caducité : assise dans son fauteuil ordinaire au coin du feu, dont elle semblait rechercher la chaleur quoiqu'elle parût à peine la sentir, sa quenouille attachée à sa bavette, et son fuseau à la main, elle filait nonchalamment suivant l'ancien usage des Ecossaises, tantôt murmurant quelques mots qu'elle semblait s'adresser à elle-même, tantôt souriant d'un air idiot à ses petits-enfans qui la tiraient par son tablier de toile bleue à carreaux. Les plus jeunes enfans, rampant aux pieds de la vieille, suivaient des yeux les tours du fuseau, et tentaient même quelquefois de l'arrêter dans sa course irrégulière. Aujourd'hui le rouet a été tellement perfectionné en Ecosse, que la princesse des contes de fées pourrait parcourir tout ce royaume sans risquer d'y être blessée par l'instrument dont l'atteinte lui devait être si fatale. Quelque tard qu'il fût, car il était plus de minuit, toute la famille était encore sur pied; et bien loin qu'on songeât à se retirer, Maggie s'occupait à faire griller des gâteaux de farine d'avoine; et la fille aînée, la syrène à demi nue dont il a déjà été question, préparait une pyramide de harengs de Findhord, c'est-à-dire séchés à la fumée de bois vert, pour compléter le repas savoureux du soir, ou pour mieux dire du matin.

Telle était la situation de la famille quand on frappa doucement à la porte, et l'on entendit en même temps une voix de femme demander : — Est-on encore levé? — Oui, oui, répondit-on, entrez, entrez. La porte s'ouvrit, et l'on vit paraître Jenny Rintherout, la servante de l'antiquaire.

— Hé ! sir ¹ ! s'écria la maîtresse de la maison : est-ce bien vous, Jenny? C'est une grande rareté que de vous voir.

— Hé ! mon Dieu, la blessure du capitaine Hector nous a donné tant d'occupation que depuis quinze jours mes pieds n'ont pas passé le seuil de la porte. Mais il va mieux à présent, et le vieux Caxon couche dans sa chambre afin d'être prêt à lui donner tout ce dont il pourrait avoir besoin. Quand j'ai vu les maîtres couchés, je n'ai fait que mettre un snood à ma tête, j'ai laissé la porte fermée au loquet, de crainte que quelqu'un ne voulût entrer ou sortir pendant mon absence, et je suis accourue ici pour voir ce qu'il y a de nouveau chez vous.

— Oui, oui, répondit la mère Mucklebackit, je vois que vous avez mis tous vos beaux ajustemens, et je sais pour qui. Mais Steenie n'est pas ici ce soir, et puis vous n'êtes pas faite pour Steenie ; ce n'est pas une fille aussi peu forte que vous qui êtes en état de maintenir un homme.

— C'est Steenie qui n'est pas fait pour moi, répondit Jenny en secouant la tête avec un air qui n'eût pas mal été à une plus grande dame ; il me faut un homme qui soit en état de maintenir sa femme.

— Bien, mon enfant, ce sont là de vos idées de ville et de l'intérieur des terres. Mais, sur ma foi, la femme du pêcheur connaît mieux son affaire. Elle est maîtresse du mari, du logis et de la bourse ; entendez-vous cela, ma fille ?

— Vous n'êtes que de pauvres souffre-douleurs, répondit la nymphe de terre à la nymphe de mer. Dès que la quille de sa barque a touché le sable, le fainéant de pêcheur ne fait plus rien de ses deux bras, et il faut que la femme retrousse ses jupons et se mette dans l'eau jusqu'au-dessus des genoux pour aller chercher le poisson. Pendant ce temps le mari ôte ses habits mouillés pour en reprendre

(1) Eh, messieurs ! exclamation qui répond à notre — Oh dame ! — Éd.

de secs, prend sa pipe et sa pinte d'eau-de-vie, s'assied au coin du feu comme une vieille femme, et n'ayez pas peur qu'il fasse rien avant de remettre sa barque à flot. Quant à la femme, il faut qu'elle mette son panier sur son dos, qu'elle coure à la ville avec son poisson, et qu'elle se dispute et se chamaille avec tous ceux qui voudront en acheter. Voilà pourtant la vie que mène une femme de pêcheur, pauvre esclave qu'elle est!

— Esclave, dites-vous, Jenny? Appelez-vous esclave celle qui est le chef du logis? quand avez-vous entendu ou vu Saunders dire un mot, ou se mêler en rien de ce qui concerne la maison? Il ne s'inquiète que de manger, de boire et de se divertir, ni plus ni moins qu'un des enfans. Il a trop de bon sens pour dire que rien soit à lui chez nous, depuis la poutre du toit jusqu'à l'assiette de bois qui est sur le dressoir. Il sait qui le nourrit et qui l'habille, et qui fait tout au logis quand sa barque est dans le frith, le pauvre homme! Non, non, Jenny; qui vend la marchandise tient la bourse, et qui tient la bourse est maître à la maison. Montrez-moi un de vos fermiers qui laisse sa femme conduire son bétail au marché et en toucher le prix. Non, non.

— Hé bien! hé bien! Maggie, chaque pays a ses usages. Mais par quel hasard Steenie n'est-il pas ici, puisque les barques sont rentrées? Où est donc votre homme?

— J'ai fait coucher Saunders, parce qu'il était fatigué, et Steenie est allé je ne sais où avec le vieux besacier Edie Ochiltrie; ils ne tarderont sûrement pas à rentrer; asseyez-vous.

— Je ne puis rester long-temps, Maggie, dit Jenny en s'asseyant; mais il faut que je vous conte les nouvelles: avez-vous entendu parler d'une caisse pleine d'or que sir Arthur a trouvée à Sainte-Ruth! C'est à présent qu'il va lever la tête plus haut que jamais.

— Tout le pays en a entendu parler; mais Ochiltrie prétend qu'on en dit dix fois plus qu'il n'y en a, et il était présent quand on a tiré la caisse de terre. Il se passera du temps avant qu'un pauvre homme qui en aurait besoin fasse une telle trouvaille.

—C'est bien sûr; et vous savez que la comtesse de Glenallan est morte, et qu'on l'enterre cette nuit à Sainte-Ruth à la lueur des torches; et tous les papistes des environs, ainsi que Ringan Aikwood qui en est un, doivent s'y trouver, et l'on dit que ce sera la plus belle chose qu'on ait jamais vue.

— S'il ne s'y trouve que des papistes, dit la naïade, le cortège ne sera pas nombreux, car la vieille prostituée [1], comme le bon M. Blattergowl l'appelle, n'a que peu d'adorateurs qui boivent de sa coupe d'enchantement dans ce coin de nos terres choisies.—Mais pourquoi enterrent-ils cette vieille comtesse (c'était une rude femme) à une pareille heure de la nuit? Je suis sûre que ma mère pourrait nous le dire.

Ici elle éleva la voix, et s'écria deux ou trois fois : — Ma mère! ma mère! Mais la sibylle, soit par surdité, soit par suite de l'apathie à laquelle est sujette l'extrême vieillesse, continua à faire jouer son fuseau, sans répondre à cette apostrophe.

—Parlez à votre grand'mère, Jenny, dit Maggie; quant à moi, j'aimerais mieux héler la barque à un demi-mille de distance et avec le vent du nord-ouest contre moi.

—Grand'mère, dit la petite syrène d'une voix aigre à laquelle la vieille femme était plus habituée, ma mère demande pourquoi on enterre toujours les Glenallan à la lumière des torches dans les ruines de Sainte-Ruth.

La vieille s'arrêta comme elle allait tourner son fuseau, leva une main tremblante et desséchée, tourna vers le reste de la compagnie une face ridée, terreuse, et qu'on aurait pu prendre pour celle d'un cadavre, sans le mouvement encore assez vif de deux yeux d'un bleu pâle; et

---

[1] *Harlot.* On pense bien que Maggie se sert d'un terme moins élégant que *prostituée* pour désigner Rome, d'après le digne ministre Blattergowl. — ED.

semblant saisir volontiers l'occasion de se mettre encore en rapport avec les vivans, elle répondit : — Pourquoi la famille Glenallan enterre ses morts à la lueur des torches? Est-ce que quelque Glenallan est mort?

— Nous serions tous morts et enterrés sans que vous en sussiez rien, dit Maggie; — et montant sa voix à un ton capable de frapper l'oreille de sa belle-mère : — C'est la vieille comtesse, cria-t-elle.

Alors la vieille Elspeth, d'une voix qui annonçait une émotion qu'éprouve rarement la caducité, et qu'on n'aurait pas attendue de son apathie et de son indifférence ordinaires, — Est-elle donc enfin appelée, dit-elle, à rendre son dernier compte, après sa longue carrière d'orgueil et de pouvoir? Que Dieu lui pardonne !

—Mais ma mère vous demandait, reprit la jeune syrène, pourquoi ils enterrent toujours leurs morts à la lueur des torches dans la famille Glenallan.

— C'est ce qu'ils ont toujours fait, répondit Elspeth, depuis le temps du grand comte qui fut tué à la fameuse bataille du Harlaw, après laquelle on dit qu'on entendit le coronach [1], depuis l'embouchure du Tay jusqu'au Buck de Cabrach [2], en un seul jour; et partout c'étaient des lamentations pour ceux qui avaient péri en combattant contre Donald des Iles. Or, la mère du grand comte vivait encore; c'était une race dure et austère que les femmes de la maison de Glenallan; elle ne voulut pas qu'il y eût de coronach pour son fils, et elle le fit enterrer silencieusement à minuit, sans que personne bût dans la coupe funéraire ou poussât les cris d'usage. Elle dit qu'il avait tué assez de montagnards le jour de sa mort pour que le coronach de leurs veuves et de leurs enfans servît pour eux et pour lui; elle le vit mettre dans le tombeau, d'un œil sec, sans laisser échapper un soupir ni un gémisse-

---

(1) Chant de mort. — Tr.
(2) Dans le comté d'Aberdeen. — Ed.

ment. Or, la famille s'est fait gloire de cette conduite et l'a toujours imitée ensuite, surtout dans ces derniers temps, parce qu'étant papiste, elle remplit les cérémonies de sa religion avec plus de liberté pendant la nuit qu'en plein jour. Au moins, de mon temps, la loi ne permettait pas ces sortes de pratiques, et les habitans de Fairport s'y seraient opposés. Peut-être n'est-il pas besoin de tant de mystère à présent ; le monde est renversé : je sais à peine si je suis assise ou debout, morte ou vivante.

Et jetant un coup d'œil sur tous ceux qui étaient assemblés autour du feu, comme si elle eût cherché à sortir de ses doutes et de son incertitude, elle remit machinalement son fuseau en mouvement.

— Je ne sais où j'en suis, dit Jenny Rintherout à Maggie, quand j'entends votre mère parler ainsi ; c'est comme la voix des morts qui s'adresse aux vivans.

— Vous ne vous trompez pas de beaucoup ; elle ne s'inquiète de rien de ce qui se passe aujourd'hui ; mais mettez-la sur ses vieilles histoires, et elle parle comme un livre ; elle en sait plus long que bien des gens sur la famille de Glenallan, car son mari, le père de Saunders, a été bien long-temps le pêcheur de cette famille. Vous savez que les papistes se font un devoir de manger du poisson, et ce n'est pas le pire de leur religion ; car j'étais toujours sûre de vendre mon plus beau poisson, et à bon prix, pour la table de la comtesse (que Dieu ait pitié de son ame!) et surtout les vendredis. Mais voyez comme les mains et les lèvres de notre mère vont leur train. Tout en filant, elle se parle à elle-même ; elle jasera maintenant toute la nuit, si l'on veut, quoiqu'elle passe des semaines sans dire un seul mot, si ce n'est aux enfans.

— Je vous dis, mistress Mucklebackit, que c'est une femme dont la présence m'impose. Etes-vous bien sûre d'elle ? On dit qu'elle ne va jamais à l'église et qu'elle ne parle point au ministre : on sait qu'elle a été papiste autrefois ; mais depuis la mort de son mari, personne ne sait ce qu'elle est. — Ne croiriez-vous pas qu'elle est un peu sorcière?

— Sorcière! quelle simplicité! Pas plus que les autres vieilles femmes, si ce n'est Alison Breck, car, pour elle, je n'en jurerais point. Je l'ai vue revenir avec son panier rempli de crabes, quand les autres.....

— Paix! Maggie, paix! Votre mère va encore parler.

— Quelqu'un ne vient-il pas de dire, reprit la vieille Elspeth, que Joscelinde lady Glenallan est morte et enterrée; l'ai-je rêvé, ou bien est-ce une révélation qui m'a été faite?

— Oui, ma mère, cria Maggie : elle est morte.

— Ce n'est pas un grand malheur; elle a fait bien du mal pendant sa vie, et jusqu'à son propre fils. Est-il encore vivant?

— Oui sans doute, mais le sera-t-il encore long-temps, c'est une autre question. Ne vous souvenez-vous pas qu'il est venu vous demander, le printemps dernier, et qu'il vous a laissé de l'argent?

— Cela se peut bien, Maggie, je ne m'en souviens pas. C'était un beau garçon dans sa jeunesse, comme son père avant lui. Ah! si son père avait vécu, il aurait été plus heureux; mais il était mort, et la mère avait tout pouvoir sur son fils. Elle lui fit croire ce qu'il n'aurait jamais dû croire, et lui fit faire ce qu'il n'aurait jamais dû faire, ce dont il s'est repenti toute sa vie, et ce dont il se repentira toujours, quand il vivrait aussi long-temps que la vieille Elspeth.

— Quoi donc, grand'mère? quoi donc, ma mère? quoi donc, Elspeth? s'écrièrent en même temps trois ou quatre enfans, leur mère et Jenny Rintherout.

— Ne me le demandez pas, mais priez Dieu qu'il ne vous abandonne pas à l'orgueil et à l'opiniâtreté de votre cœur; cela peut se trouver dans une cabane comme dans un château; j'en puis rendre témoignage. Oh! cette nuit terrible et effrayante! jamais le souvenir n'en sortira de ma vieille tête. Et la voir étendue sur le sable, et l'eau de la mer qui dégouttait de ses longs cheveux! — La vengeance du ciel poursuivra tous ceux qui s'en sont mêlés.

— Est-ce que mon fils est en mer par le vent qu'il fait?

— Non, ma mère, non. Il n'y a pas de barque qui puisse tenir à un pareil temps; il est couché.

— Steenie n'est donc pas en mer?

— Non, grand'mère, dit l'aînée des filles; Steenie est sorti avec le vieux mendiant, Edie Ochiltrie; ils sont peut-être allés voir l'enterrement.

— Cela ne se peut pas, dit la mère, nous ne l'avons appris qu'après leur départ, quand John Rand est venu nous dire que Ringan Aikwood avait reçu ordre de s'y trouver. Vous savez que les papistes n'aiment pas à donner trop de publicité à leurs cérémonies. Ils doivent apporter le corps cette nuit, en grande procession, du château de Glenallan aux ruines de Sainte-Ruth, à dix milles de distance. Il y a dix jours que la comtesse est sur un lit de parade dans une grande chambre toute tendue en noir, et éclairée par des cierges.

— Que le ciel lui fasse miséricorde! dit Elspeth, qui semblait toujours occupée de la mort de la comtesse; elle avait le cœur bien dur, mais elle est allée rendre compte à celui dont la miséricorde est infinie, et puisse-t-elle en trouver près de lui! — Elle retomba alors dans le silence, et ne parla plus du reste de la soirée.

— Je ne conçois pas ce que ce vieux mendiant et Steenie peuvent faire dehors par une pareille nuit, dit mistress Mucklebackit; et Jenny Rintherout ne montra pas moins de surprise.

— Qu'un de vous autres monte sur le rocher, dit la mère en s'adressant aux enfans, et qu'il crie bien fort afin qu'ils se dépêchent, s'ils sont à portée de l'entendre : nos gâteaux de farine d'avoine seront brûlés.

L'aîné des garçons partit, mais il revint en courant au bout de quelques minutes, en s'écriant : Ma mère!

grand'mère! il y a un esprit blanc qui court après deux esprits noirs dans la vallée.

Cette singulière annonce fut presque immédiatement suivie du bruit des pas de quelques personnes qui arrivaient; et Steenie Mucklebackit, suivi d'Ochiltrie, tous deux hors d'haleine, entrèrent précipitamment dans la cabane. Le premier soin de Steenie, en arrivant, fut de fermer la porte, et de chercher une grosse barre de bois qui servait de verrou.

—Vous avez donc oublié, lui dit sa mère, que nous l'avons brûlée dans le grand hiver, il y a trois ans? Des gens comme nous ont-ils besoin de fermer leur porte?

— Personne ne nous poursuit, dit le mendiant; nous sommes comme les méchans, qui fuient sans avoir personne à leurs trousses.

—Nous avons été poursuivis, dit Steenie, par un esprit ou par quelque chose qui ne vaut pas mieux.

—Je vous dis que c'était un homme à cheval, dit Ochiltrie; j'en suis sûr, et il nous aurait attrapés si sa monture ne se fût enfoncé les pieds à chaque pas dans le terrain humide et marécageux : j'ai couru aussi vite que si j'eusse été à Preston-Pans [1].

—Vous êtes deux fous, dit Maggie; c'est sûrement quelqu'un qui revenait de l'enterrement de la comtesse.

— Est-ce qu'on a enterré cette nuit la vieille comtesse à Sainte-Ruth? dit Ochiltrie. Voilà donc la cause du bruit et des lumières qui nous ont effrayés; j'aurais voulu le savoir, j'y serais resté, et je n'aurais pas laissé là notre homme. Vous avez frappé un peu fort, Steenie; je ne sais pas s'il s'en relèvera.

— N'ayez pas peur, il a de bonnes épaules, et je n'ai fait qu'en prendre la mesure avec mon bâton. Avez-vous oublié que si je ne l'eusse prévenu il n'y allait pas de main morte contre vous?

---

[1] Voyez Waverley. La fuite des Anglais était devenue proverbiale depuis cette bataille. — Ed.

— Hé bien! hé bien! si je puis me tirer sain et sauf de cette bagarre, ce sera la dernière fois que je tenterai la Providence. Je ne crois pourtant pas qu'il y ait grand mal à jouer un tour semblable à ce voleur vagabond qui ne vit qu'en trompant les honnêtes gens.

— Et qu'allons-nous faire de ceci? dit Steenie en tirant de sa poche un porte-feuille.

— Que le ciel nous protège, Steenie! s'écria Edie d'un ton alarmé. Par quel hasard avez-vous ce porte-feuille? Savez-vous bien qu'il n'en faut qu'une seule feuille pour nous faire pendre tous deux?

— Je suppose qu'il était tombé de sa poche pendant que je secouais son habit; je l'ai senti à mes pieds en me baissant pour remettre notre homme sur ses jambes; je l'ai mis dans ma poche, de peur qu'il ne se perdît dans l'obscurité, et pour le lui rendre ensuite; mais tout à coup nous avons entendu comme un bruit de chevaux, vous avez crié : Partons! partons! et je n'y ai plus pensé.

— Il faut le lui remettre de manière ou d'autre. Je crois que le mieux sera d'en charger Ringan Aikwood; il faudra que vous alliez le voir à la pointe du jour; je ne voudrais pas pour cent livres que ce porte-feuille se trouvât entre nos mains.

Steenie promit de ne pas y manquer.

— Il me paraît que vous avez bien employé la nuit, M. Steenie? dit Jenny Rintherout, mécontente de n'avoir pas attiré plus tôt l'attention du jeune pêcheur, et voulant enfin la fixer sur elle; vous l'avez fort bien employée en courant les champs avec des vagabonds, et en vous faisant poursuivre par des esprits, quand vous auriez dû être dans votre lit comme votre honnête homme de père.

Le jeune pêcheur riposta avec toute la raillerie rustique de son état, et l'on commença une attaque générale contre les gâteaux de farine d'avoine et les harengs fumés, renforcés d'un pot ou deux de *two-penny* [1], et d'une bouteille

(1) Petite bière. — Ed.

de gin. Le repas terminé, le mendiant alla se jeter sur une botte de paille dans une espèce de hutte attenante; les enfans avaient déjà gagné leurs lits l'un après l'autre, et l'on avait déposé la grand'mère sur son matelas de laine. Steenie, malgré la fatigue qu'il avait éprouvée, voulut escorter Jenny Rintherout jusqu'à Monkbarns, et l'histoire ne dit point à quelle heure il rentra. La maîtresse de la maison, après avoir mis le couvre-feu sur les charbons et rétabli une espèce d'ordre dans la chambre, se retira la dernière.

CHAPITRE XXVII.

« Et plus d'un grand seigneur
« Donnerait de ses biens la moitié de bon cœur
« Pour apprendre à savoir mendier en grand style. »
Le buisson du mendiant.

Le vieux Edie se leva avec l'alouette, et son premier soin fut de demander des nouvelles de Steenie et du portefeuille. Le jeune pêcheur avait été obligé de partir avec son père avant le jour pour profiter de la marée; mais il avait promis qu'aussitôt son retour il porterait à Ringan Aikwood le portefeuille, qu'il avait soigneusement enveloppé dans un vieux morceau de toile à voile, pour le charger de le remettre au propriétaire, c'est-à-dire à Dousterswivel.

La maîtresse de la maison avait préparé le repas du matin de sa famille, et ayant chargé sur ses épaules un panier rempli de poisson, elle s'avançait à grands pas sur le chemin de Fairport. Les enfans jouaient ensemble devant la porte, le jour étant beau et serein. La vieille Elspeth, assise suivant son usage dans son fauteuil d'osier, au coin du feu, avait repris son éternel fuseau sans être dérangée de son occupation par les cris des enfans ni par ceux de la mère qui avaient précédé la dispersion de la famille. Edie venait d'arranger sa besace, et s'apprêtait à reprendre sa vie vagabonde; mais il voulut d'abord faire ses adieux à la vieille grand'mère.

— Je vous souhaite le bonjour, grand'mère, accompagné de plusieurs autres ! Je reviendrai vers le commencement de la moisson, et j'espère vous retrouver en bonne santé.

— Priez plutôt pour me trouver bien tranquille dans mon tombeau, répondit Elspeth d'une voix creuse et sépulcrale, mais sans que ses traits offrissent la moindre agitation.

— Vous êtes vieille, Elspeth, et je ne suis guère moins vieux; mais nous devons attendre la volonté de celui qui ne nous oubliera point quand le temps en sera venu.

— Et qui n'oubliera point non plus nos actions : l'ame est responsable de ce que fait le corps.

— C'est la vérité, et une vérité que je puis prendre pour leçon, moi qui ai mené une vie vagabonde et déréglée; mais vous avez toujours été une femme sage; et quoique nous soyons tous fragiles, votre fardeau ne peut être bien lourd.

— Il n'est peut-être pas si lourd qu'il aurait pu l'être ; mais c'est encore plus qu'il n'en faudrait pour couler à fond le plus beau brick qui ait jamais mis à la voile de Fairport. Mais à propos, quelqu'un ne disait-il pas hier, — au moins j'ai cela dans l'esprit; — les vieilles gens ont l'esprit si faible ! — il me semble pourtant qu'on disait que Joscelinde, comtesse de Glenallan, avait quitté cette vie ?

— C'est bien la vérité, Elspeth; elle a été enterrée la nuit dernière à Sainte-Ruth, à la lueur des torches, et comme un fou je me suis laissé effrayer par le bruit de la cavalcade.

— C'est l'usage dans la famille, depuis que le grand comte a été tué à Harlaw. C'est sans doute par orgueil, pour montrer qu'ils ne doivent ni mourir ni être enterrés comme le reste des hommes. La femme ne pousse pas des cris de douleur à la mort de son mari, ni la sœur à celle de son frère. Mais est-il bien sûr qu'elle soit allée rendre son grand compte?

— Aussi sûr qu'il l'est que nous devrons rendre un jour le nôtre.

— Hé bien, n'importe ce qui en arrivera, je déchargerai ma conscience.

Elspeth prononça ces mots avec une vivacité qui ne lui était pas ordinaire, et elle accompagna ces paroles d'un geste de la main, comme si elle eût voulu jeter quelque chose loin d'elle. Elle se leva, redressa sa grande taille, désormais courbée par l'âge et les infirmités qui marchent à sa suite, et elle parut au mendiant telle qu'une momie à laquelle un esprit aurait rendu une existence momentanée. Ses yeux erraient de côté et d'autre comme si sa mémoire eût oublié et se fût rappelé tour à tour pourquoi elle avait enfoncé dans une grande poche sa main sèche et ridée, et quel était l'objet qu'elle y cherchait. Enfin elle en tira une petite boîte, et, l'ayant ouverte, elle y prit une bague ornée d'une petite tresse de cheveux de deux couleurs, noirs et châtains clairs, entourés de riches brillans.

— Brave homme, dit-elle alors à Ochiltrie, si vous désirez obtenir merci du ciel, il faut que vous alliez pour moi au château de Glenallan, et que vous demandiez à parler au comte.

— Au comte de Glenallan, Elspeth! Oh! il ne veut voir aucun des nobles du pays! quelle apparence qu'il consente à recevoir un vieux mendiant comme moi?

— Faites ce que je vous dis, et dites-lui qu'Elspeth de Craigburnsfoot (il me reconnaîtra mieux par ce nom) a besoin de le voir avant qu'elle arrive à la fin de son pèlerinage, et qu'elle lui envoie cette bague pour lui indiquer l'affaire dont elle veut lui parler.

Ochiltrie regarda quelques instans la bague d'un air d'admiration, et la replaça dans la boîte, qu'il mit dans sa poche après l'avoir enveloppée dans un vieux mouchoir en guenilles.

— Hé bien, ma bonne femme, dit-il, je ferai votre commission, ou ce ne sera pas ma faute; mais à coup sûr jamais pareil présent n'a été envoyé à un comte de la part de la veuve d'un pêcheur, par les mains d'un vieux mendiant à besace.

Après avoir fait cette observation, Edie prit son bâton ferré, enfonça sur sa tête son chapeau à larges bords, et partit pour remplir sa mission. La vieille Elspeth resta quelque temps debout et immobile, les yeux fixés sur la porte par où son ambassadeur venait de partir. L'espèce d'émotion que cette conversation avait éveillée dans ses traits se dissipa bientôt; elle retomba sur son fauteuil, reprit sa quenouille et son fuseau, et se remit au travail avec son air habituel d'apathie.

Cependant Ochiltrie continuait sa route; il avait dix milles à faire pour arriver au château de Glenallan, et ce ne fut qu'au bout de quatre heures qu'il en fut proche. Avec la double dose de curiosité que lui donnaient sa vie oisive et son caractère ardent, il se mit l'esprit à la torture, pendant tout le chemin, pour deviner quel pouvait être le but du message mystérieux dont il était chargé, et quel rapport le riche, le fier, le puissant comte de Glenallan pouvait avoir avec les fautes et le repentir d'une vieille femme dont le rang dans le monde n'était guère au-dessus de celui qu'y occupait son messager. Il chercha à se rappeler tout ce qu'il avait jamais entendu dire de la famille Glenallan, et les plus grands efforts de mémoire ne le mirent pas en état de former une conjecture à ce sujet.

Il savait que les grands biens de cette ancienne et puissante famille étaient descendus à la comtesse qui venait de décéder, et qui avait hérité à un degré remarquable de ce caractère fier, sévère et indomptable qui avait toujours distingué la maison de Glenallan depuis qu'elle figurait dans les annales de l'Ecosse. Comme tous ses ancêtres, elle faisait profession de la foi catholique romaine. Elle avait épousé un gentilhomme anglais de la même religion, et dont les biens étaient considérables ; mais elle le perdit au bout de deux ans, et eut ainsi l'administration de la fortune immense de ses deux fils. L'aîné, lord Geraldin, qui devait succéder au titre de comte de Glenallan et à toute la fortune de sa mère, dépendait entièrement d'elle tant qu'elle existerait. Le second prit le nom et les armoiries de son père, et entra en possession des biens de celui-ci à sa majorité, conformément à une des clauses du contrat de mariage de ses parens. Après cette époque, il fit principalement sa résidence en Angleterre, ne faisant à sa mère et à son frère que des visites aussi courtes que peu fréquentes ; et même, après avoir embrassé la religion réformée, il finit par s'en dispenser tout-à-fait.

Mais avant d'avoir fait cette insulte mortelle à la fière comtesse de Glenallan, le séjour de son château offrait peu d'attraits à un jeune homme vif et dissipé comme Edouard Geraldin Neville, quoique cette sombre retraite parût convenir au caractère mélancolique de son frère aîné, qui ne se plaisait que dans la solitude. Celui-ci, dans le printemps de sa vie, avait donné les plus belles espérances : ceux qui l'avaient connu pendant ses voyages sur le continent avaient vu en lui un jeune homme accompli, fait pour réussir dans tout ce qu'il voudrait entreprendre. Mais l'aurore la plus brillante n'est pas toujours suivie d'un beau jour. Lord Geraldin revint en Ecosse, et après avoir passé un an avec sa mère au château de Glenallan, il en prit le caractère sombre, sérieux et mélancolique. Exclu des fonctions publiques à cause de sa religion, et son goût ne le portant pas à se créer d'autres occupations, il passait sa vie dans la retraite la plus absolue. Sa société ordinaire se composait de quelques ecclésiastiques de sa communion qui venaient de temps en temps au château, et deux ou trois fois par an on y recevait avec grand appareil une ou deux familles qui professaient aussi la religion catholique ; quant aux voisins hérétiques, jamais ils n'y étaient admis ; les catholiques même, après avoir été reçus avec pompe et magnificence, s'en retournaient aussi surpris de l'air fier de la comtesse, que du profond accablement dans lequel son fils était sans cesse plongé. La mort de sa mère venait de le mettre en possession de son titre et de sa fortune, et bien des gens s'imaginaient déjà que l'indépendance ferait renaître en lui la gaieté. Mais ceux qui connaissaient un peu l'intérieur de la maison prétendaient que la constitution du comte était minée par ses austérités religieuses, et que, suivant toute probabilité, il ne tarderait pas suivre sa mère au tombeau. Cet événement semblait d'autant plus probable que son frère était mort d'une maladie de langueur qui, dans les dernières années de sa vie, avait affecté son corps et son esprit. Les généalogistes consultaient déjà leurs archives pour chercher quel était l'héritier d'une famille prête à s'éteindre ; et les hommes de loi parlaient, en se frottant les mains, de l'occupation que leur donneraient les divers prétendans à la succession de Glenallan.

Lorsque Edie aperçut la façade du château de Glenallan, ancien édifice dont la partie la plus moderne avait été construite d'après les plans du célèbre Inigo Jones [1], il commença à réfléchir sur les moyens qu'il emploierait pour obtenir accès auprès du comte et s'acquitter de son message. Après une mûre délibération, il résolut de lui envoyer la bague par un de ses domestiques. En conséquence il entra dans une boutique, et s'y procura les moyens d'envelopper la boîte dans une feuille de papier

---

(1) Il vivait sous Jacques Ier ; il est mort en 1652. — É_D_.

qu'il cacheta, et il écrivit lui-même l'adresse : *Poure son oneur le compte de Glenlan*. Mais ayant assez d'expérience pour savoir que les paquets déposés à la porte des grands par des gens de son espèce n'arrivent pas toujours à leur adresse, il se décida, en vieux soldat, à faire une reconnaissance avant de procéder à l'attaque.

En s'approchant de la porte, le nombre des pauvres rangés devant la loge du portier, dont les uns étaient des indigens fixés dans les environs, les autres des mendians ambulans comme lui-même, lui fit reconnaître qu'il allait s'y faire une distribution générale d'aumônes.

— Un service rendu ne reste jamais sans récompense, pensa Ochiltrie. Il est possible que je reçoive une bonne aumône ici, que j'aurais manquée si je ne m'étais pas chargé de la commission de la vieille Elspeth.

En conséquence il prit place dans les rangs de ce régiment déguenillé, s'approchant de l'avant-garde autant qu'il le put, distinction qu'il croyait due à son âge non moins qu'à son manteau bleu et à sa plaque d'étain; mais il apprit bientôt que c'était d'après d'autres principes que le droit de préséance s'y réglait.

— Etes-vous donc à triple ration, l'ami, pour vous pousser en avant si hardiment? lui dit un de ses confrères ; je n'en crois rien, car on n'accorde pas cette plaque aux catholiques.

— Non, non, je ne suis pas romain, répondit Edie.

— Hé bien, rangez-vous donc là-bas parmi les doubles ou les simples rations, c'est-à-dire avec les épiscopaux ou les presbytériens. C'est une honte de voir un hérétique avec une longue barbe blanche qui ferait honneur à un ermite.

Repoussé ainsi par les mendians catholiques, ou du moins par ceux qui en prenaient le titre, Ochiltrie alla se ranger parmi les pauvres de la communion de l'église anglicane, auxquels le noble donateur accordait une double charité. Mais jamais pauvre non-conformiste ne fut plus mal reçu dans un synode d'épiscopaux, même du temps où leurs divisions étaient portées au plus haut degré de fureur, sous le règne de la bonne reine Anne.

—Voyez-le donc avec sa plaque, disait-on : à chaque anniversaire de la naissance du roi, il va entendre le sermon d'un prédicateur presbytérien, et il voudrait se faire passer pour un membre de l'église épiscopale ! non, non ; qu'il s'en aille ! qu'il s'en aille !

Rejeté ainsi avec mépris par Rome et par l'épiscopat, Edie trouva enfin à se réfugier dans le groupe peu nombreux de mendians presbytériens à qui leur conscience n'avait pas permis de déguiser leurs opinions religieuses pour obtenir un double ou triple droit à la charité du maître du château, ou qui savaient qu'ils ne pouvaient recourir à cette ruse sans être certains de la voir découverte.

On observa les mêmes gradations dans le mode de distribution des charités, qui consistaient en pain, en viande et en argent. L'aumônier, ecclésiastique à l'air grave et sévère, présidait à celle qui se faisait aux catholiques. En leur délivrant leur triple portion, il faisait une ou deux questions à chacun d'eux, et recommandait à leurs prières feu Joscelinde, comtesse de Glenallan, mère de leur bienfaiteur. Le portier, tenant en main une grande canne à pomme d'argent, et en grand deuil, comme tout le reste de la maison, avait l'inspection des épiscopaux, et les presbytériens étaient abandonnés aux soins d'un vieux domestique.

Comme celui-ci discutait quelque point contesté avec le portier, son nom, qui fut prononcé par hasard, frappa Ochiltrie. Il le regarda avec plus d'attention, et ses traits éveillèrent en lui un souvenir des anciens temps. Les autres pauvres étaient en marche pour se retirer, et le vieux domestique, voyant Edie rester immobile à la même place, s'écria, avec l'accent fortement prononcé du comté d'Aberdeen : —Que veut donc ce vieux fou ?

Pourquoi ne s'en va-t-il pas, puisqu'il a reçu son argent et sa ration de viande?

— Francis Macraw, dit Ochiltrie, ne vous souvenez-vous plus de Fontenoi? avez-vous oublié, *en avant !* et *bataillon carré ?*

— Ho! ho! s'écria Macraw, le reconnaissant à son tour, personne ne peut me parler ainsi que mon ancien serre-file Edie Ochiltrie. Je suis fâché de vous voir dans un état si misérable, mon vieux camarade.

— Pas si misérable que vous pouvez le croire, répondit Edie ; mais je ne voudrais pas m'en aller sans avoir causé un moment avec vous, car je ne sais quand je reviendrai ici, attendu que les protestans n'y sont pas des mieux reçus; et c'est pourquoi je n'y suis jamais venu jusqu'à ce jour.

— Hé bien, hé bien, reprit Macraw, venez avec moi, et je vous donnerai quelque chose de meilleur que cet os de bœuf.

Et ayant dit quelques mots à l'oreille du portier, probablement pour s'assurer de sa connivence, il attendit que l'aumônier fût rentré d'un pas lent et solennel, et introduisit son ancien compagnon d'armes dans la cour du château, dont la porte était décorée des différens emblèmes de l'orgueil et du néant de l'homme. On voyait au centre du fronton les armoiries de la famille Glenallan, entourées de celles de toutes les maisons illustres auxquelles elle était alliée, le tout bizarrement entremêlé de faux, d'horloges de sable, et d'ossemens, emblèmes de cette mort qui place tous les hommes sous le même niveau. L'ayant fait passer le plus promptement possible dans une grande cour pavée, Macraw l'introduisit par une porte latérale dans une pièce située près de l'antichambre, et qui lui était exclusivement destinée, attendu qu'il était chargé du service personnel du comte de Glenallan. Se procurer des viandes froides, d'excellente ale, et même un verre de bonne eau-de-vie, ne fut pas une chose difficile pour un personnage de cette importance, à qui le sentiment de sa dignité n'avait pas fait oublier cette prudence écossaise qui lui recommandait de vivre en bonne intelligence avec le sommelier. Notre député mendiant fit un excellent repas avec son ancien camarade, lui rappela de vieilles histoires, et ce ne fut que lorsque les sujets de conversation lui manquèrent, qu'il se souvint de son ambassade.

— Il avait une pétition à présenter au comte, lui dit-il; car il ne jugea pas à propos de lui parler de la bague, ne sachant pas, comme il le dit ensuite, jusqu'à quel point les mœurs d'un simple soldat pouvaient avoir été corrompues par son service dans une grande maison.

— Le comte ne reçoit pas de pétition, répondit Macraw; mais je puis la remettre à l'aumônier.

— Mais la pétition a rapport à un secret dont milord sera peut-être charmé d'être seul instruit.

— Et c'est précisément pourquoi l'aumônier voudra la voir le premier.

— Mais j'ai fait tout ce chemin pour la présenter, Francis; et il faut absolument que vous me donniez un coup de main.

— Hé bien, je le ferai, mon vieux camarade; et que l'aumônier se fâche si bon lui semble. Qu'en résultera-t-il? qu'on me renverra : je pensais justement à demander mon congé pour aller finir mes jours tranquillement à Inverrary.

Ayant pris ainsi la résolution magnanime de servir son ami, puisqu'il ne pouvait en résulter aucun inconvénient pour lui-même, Macraw sortit de l'appartement, emportant le paquet que lui remit Ochiltrie. Il se passa quelque temps avant qu'il revînt, et à son retour son air annonçait la surprise et l'agitation.

— Je ne suis pas bien sûr, dit-il, que vous soyez Edie

Ochiltrie, de la compagnie de Carrick, du 42ᵉ régiment. Je serais tenté de croire que c'est le diable que je vois en vous sous ses traits.

— Et pourquoi me parlez-vous de cette manière? lui demanda le mendiant fort étonné à son tour.

— Parce que je n'ai jamais vu personne dans l'état de surprise et de détresse où vous venez de mettre milord. Il veut vous voir ; je n'ai pas eu la peine de lui demander une audience pour vous. Pendant quelques minutes, il était comme un homme hors de lui, et j'ai cru qu'il perdrait connaissance. Enfin, quand il est revenu à lui, il m'a demandé qui avait apporté ce paquet ; et que croyez-vous que je lui aie répondu ?

— Un vieux soldat : c'est ce qu'on peut dire de mieux à la porte d'un grand seigneur ; à celle d'un fermier, il vaudrait mieux dire un vieux chaudronnier, parce que la bonne femme peut avoir quelque vaisselle à raccommoder.

— Mais je n'ai rien dit de tout cela, parce que milord ne se soucie pas plus de l'un que de l'autre : ce n'est pas de ce bois qu'il se chauffe. Je lui ai répondu que ce paquet m'avait été remis par un vieillard à longue barbe blanche, et que ce pouvait être un frère capucin, attendu qu'il était vêtu à peu près en pèlerin. Enfin milord sonnera quand il aura repris assez de forces pour vous voir en face.

— Je voudrais être débarrassé de cette affaire, et me trouver hors du château, pensa le mendiant en remuant les épaules de droite à gauche sous son manteau. Bien des gens pensent que le comte n'est pas tout-à-fait dans son bon sens ; et qui sait s'il ne se mettra pas en colère contre moi, s'il vient à s'imaginer que je veux me faire passer pour ce que je ne suis point ?

Mais la retraite était impossible. Le son d'une sonnette se fit entendre, et Macraw dit à demi-voix, comme si la présence de son maître lui en eût déjà imposé : — C'est la sonnette de milord. Suivez-moi, Edie, prudemment et sans bruit.

Edie suivit son guide, qui semblait marcher avec autant de précaution que s'il eût eu peur d'être entendu. Ils traversèrent un long passage, et montèrent un escalier dérobé qui les conduisit dans les appartemens du comte. Ils étaient vastes et nombreux, et meublés avec la magnificence et la splendeur convenables au rang et à l'ancienneté de la famille Glenallan. Mais tout l'ameublement annonçait le goût d'une époque déjà bien éloignée, et l'on aurait pu se croire dans le château d'un baron écossais avant la réunion des deux couronnes. Soit par orgueil de famille, soit pour montrer son mépris du temps dans lequel elle vivait, la comtesse qui venait de mourir n'avait jamais voulu qu'on remplaçât aucun de ces meubles antiques par de plus modernes. Ce qui en faisait le plus bel ornement était une collection précieuse de tableaux des meilleurs maîtres ; mais le goût de la famille semblait avoir présidé à leur choix. A l'exception de quelques portraits par Van-Dick et d'autres peintres célèbres, on n'y voyait guère, au lieu de paysages et de tableaux d'histoire, que des traits tirés de la Vie des Saints et la représentation des souffrances des martyrs par le Dominiquin, Vélasquez et Murillo ; de tels sujets, souvent bizarres et quelquefois repoussans, donnaient encore un air plus sombre aux appartemens qu'ils ornaient. Le vieux mendiant lui-même ne put s'empêcher de remarquer cette circonstance, et il allait ouvrir la bouche pour en parler à son guide, quand celui-ci fit un geste pour lui recommander le silence.

Ouvrant une porte à l'une des extrémités de la galerie, Macraw introduisit Ochiltrie dans une petite antichambre tendue en noir. Ils trouvèrent l'aumônier, l'oreille tournée vers une porte en face de celle par où ils venaient d'entrer, et dans l'attitude d'un homme qui écoute avec attention, mais qui craint d'être découvert.

Le vieux domestique et l'ecclésiastique tressaillirent tous deux en s'apercevant, mais l'aumônier reprit le premier sa présence d'esprit, et, s'avançant vers Macraw, lui demanda à voix basse, mais d'un ton d'autorité, comment il avait osé entrer dans l'antichambre du comte sans frapper à la porte. — Qui est cet étranger ? ajouta-t-il ; que vient-il faire ici ? Retirez-vous sur-le-champ, et allez m'attendre dans la galerie.

— Il m'est impossible de satisfaire Votre Révérence en ce moment, répondit Macraw en élevant la voix de manière à se faire entendre dans la chambre suivante, convaincu que le moine n'oserait insister si le comte pouvait les entendre ; milord vient de sonner pour me demander.

En ce moment, on entendit la sonnette une seconde fois, et au bruit qu'elle fit on put deviner que le cordon avait été tiré avec un mouvement d'impatience. L'aumônier, jugeant qu'il était inutile après cela de chercher à se faire obéir, sortit de l'antichambre en levant le doigt vers Macraw avec un air de menace.

— Ne vous en avais-je pas prévenu ? dit le domestique au mendiant ; et en même temps il ouvrit la porte près de laquelle ils avaient trouvé l'aumônier.

CHAPITRE XXVIII.

« Cet anneau revêtu d'une force magique
« Retrace à mon esprit des scènes de terreur,
« D'amour, de désespoir, de plaisir et d'horreur. »
Le fatal mariage.

Toutes les anciennes étiquettes du deuil étaient exactement observées au château de Glenallan, malgré la prétendue dureté de cœur avec laquelle, selon le bruit populaire, les membres de cette famille refusaient à leurs parens, après leur mort, le tribut ordinaire de leurs larmes et de leurs gémissemens. On avait remarqué que lorsque la comtesse avait reçu la lettre fatale qui lui annonçait la mort de son second fils, de son fils favori, comme on l'avait cru long-temps, sa main, en la tenant, n'avait pas tremblé, et son œil n'avait pas montré plus d'émotion que s'il se fût agi d'une lettre traitant d'affaires ordinaires. Le ciel seul peut savoir si l'effort qu'elle dut faire sur elle-même pour sacrifier à son orgueil tout signe extérieur de son chagrin maternel, ne contribua pas à accélérer sa mort. Du moins on supposa généralement que l'attaque d'apoplexie qui termina son existence si peu de temps après, était une vengeance de la nature outragée par la résistance aux sentimens qu'elle inspire. Mais quoique lady Glenallan se fût abstenue de laisser paraître sur elle-même les signes ordinaires de la douleur, elle avait fait déployer le sombre appareil du deuil dans presque tous ses appartemens, et surtout dans ceux qu'elle et son fils occupaient.

Le comte de Glenallan était donc assis dans un appartement tendu en drap noir qui tombait en sombres plis le long de ses murs élevés. Un grand paravent, couvert aussi d'une étoffe noire, et placé en face de la croisée, interceptait une partie du jour qui parvenait à se frayer un passage à travers les vitres, sur lesquelles un artiste du quatorzième siècle avait peint un sujet tiré des lamentations du prophète Jérémie. La table devant laquelle le comte était assis était éclairée par deux lampes d'argent ciselé qui répandaient cette clarté douteuse et triste qui résulte du mélange d'une lumière artificielle avec celle que donne le jour. On voyait sur la même table un crucifix d'argent, avec deux livres couverts en parchemin, et fermant par des agrafes. Le seul ornement de cette chambre était un grand et superbe tableau de l'Espagnolet, représentant le martyre de saint Etienne.

Le maître de ce lugubre appartement était un homme

encore de moyen âge, mais tellement usé par les souffrances de l'esprit et du corps, si maigre, si débile, qu'il paraissait n'être plus qu'une ombre. Il se leva à la hâte pour s'avancer vers celui qui arrivait, et cet effort sembla presque au-dessus de ses forces. Quand ils se rencontrèrent au milieu de la chambre, le contraste qu'ils présentaient était frappant. Le visage vermeil, la démarche assurée, la taille droite du vieux mendiant, indiquaient la patience et le contentement au terme dernier de la vie humaine et dans le rang le plus bas de la société; tandis que les yeux enfoncés, les joues pâles et les jambes chancelantes du noble lord, prouvaient que ni le rang, ni la fortune, ni même les avantages de la force de l'âge, ne peuvent donner ce qui procure la paix à l'esprit et la vigueur au corps.

Le comte ordonna à Macraw de se retirer dans la galerie, et de ne laisser entrer personne dans l'antichambre avant qu'il eût sonné. Il attendit ensuite d'un air d'impatience jusqu'à ce qu'il eût entendu fermer successivement la porte de l'appartement où il était, puis celle qui conduisait de l'antichambre dans la galerie. Certain alors que personne ne pouvait l'entendre, lord Glenallan s'approcha d'Ochiltrie, qu'il prit sans doute pour un membre de quelque ordre religieux déguisé, et lui dit avec précipitation, mais en balbutiant : —Au nom de tout ce que notre religion a de plus sacré, dites-moi, mon révérend père, ce que je dois attendre d'une visite annoncée par l'envoi d'un objet lié à de si horribles souvenirs?

Le vieillard, interdit par un accueil si différent de celui qu'il comptait recevoir d'un seigneur fier et orgueilleux, ne savait ni que lui répondre ni comment s'y prendre pour le détromper.

—Dites-moi, continua le comte avec une agitation toujours croissante, dites-moi si vous venez m'annoncer que tout ce qui a été fait jusqu'à présent est insuffisant pour expier cet horrible crime, m'imposer de nouvelles pénitences, plus sévères, plus efficaces ! je n'en refuserai aucune, mon père. J'aime mieux que mon corps souffre ici-bas pour expier mon crime, que d'exposer mon ame à des châtimens éternels dans l'autre monde.

Edie eut assez de présence d'esprit pour s'apercevoir que s'il ne se hâtait d'interrompre lord Glenallan dans les illusions de son repentir, il courait le risque de devenir le confident de secrets dont, par égard pour sa propre sûreté, il ne se souciait pas d'être instruit. Il s'empressa donc de s'écrier d'une voix tremblante : —Votre Seigneurie se trompe, je ne suis pas de votre communion. Je ne suis, sauf respect, que le pauvre Edie Ochiltrie, mendiant du roi et de Votre Honneur.

Il accompagna cette explication d'un salut respectueux à sa manière, c'est-à-dire en s'inclinant profondément, après quoi, se relevant avec tout l'avantage que lui donnait sa grande taille, il s'appuya sur son bâton ; et rejetant en arrière ses longs cheveux blancs, il fixa ses yeux sur le comte comme s'il eût attendu sa réponse.

— Vous n'êtes donc pas, dit lord Glenallan après un moment de silence occasioné par la surprise, vous n'êtes donc pas un prêtre catholique ?

— A Dieu ne plaise ! s'écria Edie à qui son trouble fit oublier à qui il parlait ; je ne suis qu'un mendiant du roi et de Votre Honneur, comme je vous l'ai déjà dit.

Le comte se détourna, et fit deux ou trois fois le tour de la chambre, comme pour se remettre des effets de sa méprise. Se rapprochant ensuite du mendiant, il lui demanda, d'un ton sévère et imposant, comment il avait osé se présenter devant lui, et par quel hasard il avait eu en sa possession la bague qu'il avait jugé à propos de lui envoyer.

Edie ne manquait pas d'une certaine hardiesse ; il se trouva moins embarrassé par cet interrogatoire, qu'il ne l'avait été par le ton de confidence qui avait commencé l'entretien, et il répondit avec assurance : —Elle m'a été remise par une personne que Votre Seigneurie doit connaître mieux que moi.

—Que je dois connaître mieux que vous! dit lord Glenallan; que voulez-vous dire? Expliquez-vous sur-le-champ, ou je vous ferai repentir de vous être introduit ainsi au milieu d'une famille plongée dans l'affliction.

— C'est la vieille Elspeth Mucklebackit qui m'a chargé de vous la remettre, milord, et de vous dire...

—Vous radotez, vieillard; ce nom m'est inconnu; mais cette terrible bague me rappelle...

— Je me souviens, milord, qu'elle m'a dit que vous la reconnaîtriez mieux si je la nommais Elspeth de Craigburnsfoot, nom qu'elle portait quand elle demeurait sur vos terres, c'est-à-dire sur celles de votre honorable mère : Dieu fasse paix à ses mânes!

— Oui, dit le comte en fronçant le sourcil tandis que son visage prenait une teinte encore plus cadavéreuse; il est bien vrai que ce nom est écrit dans la page la plus tragique d'une déplorable histoire. Mais que me veut-elle? elle vit donc encore?

—Oui, milord; elle désire voir Votre Seigneurie avant de mourir. Elle veut vous communiquer quelque chose qui lui pèse sur la conscience, et elle dit qu'elle ne peut mourir en paix sans vous avoir vu.

—Sans m'avoir vu! Que signifie cela? L'âge et les infirmités troublent sa raison. J'ai été la voir dans sa chaumière il y a environ un an, parce qu'on m'avait dit qu'elle était dans la détresse, et elle n'a reconnu ni mes traits ni ma voix.

— Si Votre Honneur me le permettait, dit le mendiant à qui la longueur de la conférence déliait la langue et rendait sa hardiesse naturelle, je vous dirais, sauf le jugement supérieur de Votre Seigneurie, que la vieille Elspeth ressemble à un de ces anciens châteaux ruinés qu'on voit sur nos montagnes. Il y a dans son esprit des parties qui tombent en ruine, mais il y en a d'autres qui n'en paraissent que plus fortes et plus solides, parce qu'elles s'élèvent au milieu des décombres; c'est une femme étonnante et incompréhensible.

— Elle a toujours été, dit le comte, répondant sans y songer aux observations du mendiant; — elle a toujours été différente des autres femmes. Par son caractère et sa tournure d'esprit, personne peut-être ne ressemblait mieux à celle qui n'est plus. Elle désire donc me voir?

— Avant de mourir, répondit Edie, elle souhaite vivement avoir ce plaisir.

— Ce ne sera un plaisir ni pour elle ni pour moi, dit le comte d'un air sombre; néanmoins elle sera satisfaite. Je crois me rappeler qu'elle demeure sur le bord de la mer, au sud de Fairport.

— Entre Monkbarns et le château de Knockwinnock, mais plus près de Monkbarns. Votre Honneur connaît sans doute le laird de Monkbarns et sir Arthur?

Lord Glenallan ne répondit à cette question qu'en fixant les yeux sur Edie comme s'il ne l'eût pas comprise. Le mendiant vit que l'esprit du comte était ailleurs, et n'osa pas répéter une interrogation qui avait si peu de rapport au sujet dont il s'agissait.

— Êtes-vous catholique, vieillard? demanda le comte.

— Non, milord, répondit Ochiltrie sans hésiter; car le souvenir de la distribution inégale de charités à la porte du château lui inspira de la fermeté : — grace au ciel, je suis bon protestant.

— Celui à qui sa conscience permet de se donner le titre de *bon* a véritablement droit de remercier le ciel, quelle que soit sa croyance religieuse. Mais où trouver cet être privilégié?

— Ce n'est pas moi, Votre Honneur; du moins je ne suis pas coupable du péché de présomption.

— Qu'étiez-vous dans votre jeunesse?

— Soldat, milord; et j'ai rudement travaillé pour m'avancer. J'aurais dû être fait sergent, mais......

— Soldat! Ainsi vous avez pillé, volé, incendié, tué?

— Je ne dirai pas que j'aie mieux valu que les autres : la guerre est un rude métier; il ne paraît doux qu'à ceux qui ne le connaissent point.

— Et maintenant vous êtes vieux et misérable, obtenant d'une charité précaire la nourriture que, dans votre jeunesse, vous arrachiez au pauvre paysan!

— Je suis un mendiant, milord, c'est la vérité; mais je ne suis pas tout-à-fait si misérable que vous le pensez. Quant à mes péchés, le ciel m'a accordé la grace de m'en repentir. Celui qui a bien voulu s'en charger est plus en état que moi d'en supporter le poids. Pour ma nourriture, personne ne refuse à un vieillard un morceau de pain et un coup à boire. Je vis comme je peux, et je suis prêt à mourir quand il le faudra.

— Et ainsi donc, ne trouvant dans le passé que peu de souvenirs agréables ou honorables, l'avenir se présentant à vous encore moins favorablement dans cette vie, vous traînez sans regrets le reste de votre existence. Allez, retirez-vous; et, malgré votre âge, votre pauvreté, vos souffrances, ne portez jamais envie au seigneur d'un château comme celui-ci, ni quand il veille ni quand il repose. Voici quelque chose pour vous.

Le comte mit dans la main du vieillard cinq ou six guinées. Edie aurait peut-être, comme dans d'autres occasions, fait valoir le scrupule qu'il avait d'accepter un don si considérable, mais le ton du comte était trop absolu, son air trop sévère, pour qu'il osât se permettre une observation.

Lord Glenallan sonna, et Macraw parut à l'instant.

— Conduisez ce vieillard jusqu'à la porte du château, et veillez à ce que personne ne lui fasse de questions. — Et vous, retirez-vous, et oubliez le chemin qui conduit chez moi.

— Cela serait difficile, dit Edie en regardant l'argent qu'il tenait encore dans sa main; Votre Honneur m'a donné de trop bonnes raisons pour m'en souvenir.

Lord Glenallan jeta sur lui un coup d'œil qui semblait dire qu'il le trouvait bien audacieux d'oser lui répliquer; il lui réitéra, par un geste de la main, l'ordre de se retirer, et le vieux mendiant obéit sur-le-champ.

CHAPITRE XXIX.

« On le voyait présider à leurs jeux ;
« Arbitre-né de toutes leurs querelles,
« Si quelquefois il s'en glissait entre eux. »
CRABBE. *Le Village.*

CONFORMÉMENT aux ordres de son maître, Francis Macraw conduisit son ancien compagnon d'armes jusqu'à la porte du château sans lui permettre d'avoir aucune conversation ni communication avec les domestiques du comte. Il l'accompagna même un peu plus loin, car, réfléchissant judicieusement que la restriction ne pouvait s'étendre jusqu'à lui qui était chargé du message, il fit tout ce qu'il put pour tirer d'Ochiltrie les détails de son entretien secret et confidentiel avec lord Glenallan; mais Edie, dans le cours de sa vie, avait subi plus d'un interrogatoire, et il sut éluder toutes les questions de son ci-devant camarade. — Les secrets des grands seigneurs, se dit-il à lui-même, sont comme les animaux sauvages qu'on tient enfermés dans des loges bien grillées; tant qu'ils sont sous les verroux, tout va bien ; mais ouvrez-leur la porte, ils se retournent contre vous et vous déchirent. Je me souviens de ce qu'il en a coûté à Dugald Gunn pour avoir lâché la bride à sa langue sur la femme du major et le capitaine Bandilier.

Francis vit donc toutes ses attaques échouer contre la discrétion du vieillard, et, semblable à un joueur d'échecs peu habile, à chaque faux mouvement il s'exposait lui-même aux coups de son adversaire.

— Ainsi, dit Francis, vous soutenez que vous n'aviez à parler à milord que de vos propres affaires?

— Sans doute, et de quelques babioles que j'avais rapportées des pays étrangers. Je savais que vous autres papistes vous attachez un grand prix aux reliques qui viennent de bien loin.

— C'est vrai; mais il faut que milord soit devenu tout-à-fait fou, si les brimborions que vous avez pu lui apporter ont été en état de le mettre ainsi tout hors de lui.

— Vous avez peut-être raison au fond; mais il est possible que dans sa jeunesse il ait eu de grandes contrariétés, et rien ne dérange davantage l'esprit d'un homme.

— C'est la vérité, Edie, et vous pouvez bien le dire. Mais, puisque vous ne devez plus revenir au château, et que, quand vous y reviendriez, vous ne m'y trouveriez plus, je vous dirai que milord a eu le cœur tellement brisé et déchiré dans sa jeunesse, que c'est un miracle qu'il ait pu y résister si long-temps.

— Oui-dà? Et je suppose qu'il s'agissait d'une femme.

— Tout juste, vous l'avez deviné: une de ses cousines, miss Eveline Neville, comme on l'appelait. On a parlé de cette affaire dans le pays, mais tout bas, attendu qu'il était question de grands seigneurs. Il y a maintenant plus de vingt ans; oui, il y en a vingt-trois.

— J'étais alors en Amérique, et je ne pouvais pas entendre les propos du pays.

— Il n'y a pas eu grands propos, comme je vous le disais; on a eu soin d'étouffer bien vite la rumeur. Il aimait miss Eveline et il voulait l'épouser; mais sa mère éventa la mine, et alors le diable s'en mêla. La pauvre jeune fille se jeta du haut du Craigburnsfoot dans la mer, et ce fut la fin de l'histoire.

— La fin pour elle, mais non pour le comte, à ce qu'il me semble.

— Oh! elle n'aura de fin pour lui qu'avec sa vie.

— Mais pourquoi la vieille comtesse s'opposa-t-elle à ce mariage?

— Pourquoi? Elle n'en savait peut-être rien elle-même; mais qu'elle eût tort ou raison, il n'en fallait pas moins faire ses volontés. Cependant on savait bien que la jeune miss avait un certain penchant pour les hérésies du pays, et qu'elle était plus proche parente de lord Geraldin qu'il ne le fallait pour pouvoir l'épouser d'après les règles de notre Eglise. Enfin elle fut poussée à cet acte de désespoir, et depuis lors le comte n'a plus porté sa tête avec l'assurance d'un homme.

— Hé bien! dit Ochiltrie, il est étonnant que je n'aie jamais entendu parler de tout cela.

— Il ne l'est pas moins que vous en entendiez parler aujourd'hui, et du diable si aucun des domestiques aurait osé en ouvrir la bouche tant que la vieille comtesse a vécu. C'était une maîtresse-femme, Edie, et il aurait fallu un fier homme pour pouvoir jouter contre elle. Mais elle est dans son tombeau, et, par conséquent, nous pouvons donner un peu de liberté à nos langues quand nous trouvons un ami. Mais adieu, Edie; il faut que je rentre pour l'office du soir. Si vous allez à Inverrary dans environ six mois, ne manquez pas de demander Francis Macraw.

L'invitation fut acceptée avec autant d'empressement qu'elle était faite avec cordialité, et les deux amis s'étant séparés avec tous les témoignages d'une affection mutuelle, le domestique reprit la route du château de son maître, et le mendiant continua à marcher du côté de Fairport.

C'était une belle soirée d'été, et le monde entier, c'est-à-dire le cercle restreint qui formait pour Edie le monde entier, lui était ouvert pour y choisir son logement pour la nuit. Quand il fut sorti des domaines moins hospitaliers de Glenallan, il avait le choix entre tant de gîtes qu'il en devenait difficile. A un mille de là, il y avait le cabaret d'Ailie Sim; mais c'était un samedi soir, il y trouverait une foule de jeunes gens ne songeant qu'à se divertir, et il n'y aurait pas moyen d'avoir une conversation raisonnable. Il connaissait plusieurs fermiers et fermières dans les environs; mais l'un était sourd et ne pourrait pas l'entendre; l'autre n'avait plus de dents, et ce serait lui qui ne l'entendrait pas; celui-ci était d'un caractère bourru, celui-là avait un chien hargneux. Il était sûr d'être bien reçu à Monkbarns et à Knockwinnock, mais c'était un peu loin pour s'y rendre ce soir.

—Je ne sais comment cela se fait, dit le vieillard, mais je suis plus difficile ce soir pour mon logement que je ne me souviens de l'avoir été de ma vie. Je crois que, pour avoir vu un si beau château, et reconnu qu'on peut être heureux sans cela, j'en suis devenu orgueilleux de mon sort. Que Dieu m'en préserve! car l'orgueil précède la perdition. Dans tous les cas, la plus mauvaise grange dans laquelle mendiant ait jamais couché me semblerait plus agréable que le château de Glenallan, malgré tous ses tableaux, toutes ses tentures de velours noir et les pièces d'argent qu'on y reçoit. Il faut pourtant me déterminer. Hé bien! allons chez Ailie Sim.

Comme il descendait la colline au bas de laquelle était situé le petit hameau où il se rendait, le soleil avait, en se couchant, mis fin aux travaux des habitans, et les jeunes gens, profitant d'une superbe soirée, jouaient à la boule sur une prairie, entourés d'un cercle nombreux de vieillards, de femmes et d'enfans. Le rire et les exclamations des joueurs formaient un chœur bruyant qui frappa de loin les oreilles d'Ochiltrie, et qui lui rappela le temps où il avait lui-même disputé et souvent remporté le prix dans les jeux qui demandent de la force et de l'agilité. De tels souvenirs manquent rarement d'exciter un soupir, même quand le soir de la vie est égayé par une perspective plus brillante que celle qui s'offrait à notre pauvre mendiant. A cette époque, pensa-t-il assez naturellement, je n'aurais pas plus pensé à un vieux pèlerin qui serait descendu de la colline de Kinblythemont, que ces jeunes gaillards ne songent aujourd'hui au vieil Edie Ochiltrie.

Des pensées d'une nature moins triste succédèrent à cette réflexion, quand il vit qu'on attachait à son arrivée plus d'importance que sa modestie ne l'avait présumé. Un coup douteux avait fait naître une querelle entre les joueurs; et, comme le commis de l'accise s'était déclaré pour un parti, et le maître d'école pour l'autre, on pouvait dire que les grandes puissances se mêlaient de l'affaire. Le meunier et le serrurier soutenaient aussi chacun un parti opposé, et l'on apportait dans la dispute une chaleur qui donnait à craindre qu'elle ne se terminât pas à l'amiable. Mais la première personne qui aperçut le mendiant s'écria : —Ah ! voici le vieil Edie; personne ne connaît mieux les règles de tous les jeux, il faut qu'il décide du coup.

—Oui, oui, cria-t-on des deux côtés; plus de querelles : nous nous en rapportons au jugement d'Edie.

Edie fut donc accueilli à son arrivée par une acclamation universelle d'allégresse, et on l'installa comme arbitre. Avec toute la modestie d'un ministre à qui l'on offre une mitre d'évêque, ou d'un membre de la chambre des communes qu'on appelle à remplir le fauteuil de président, le vieillard chercha à se soustraire à la responsabilité dont on voulait le charger. Mais, pour prix de son humilité, il eut la satisfaction d'entendre déclarer d'une voix unanime que, dans tout le pays, il n'existait personne qui fût plus en état de remplir en cette occasion l'office d'arbitre en dernier ressort.

Ayant reçu de tels encouragemens, il commença gravement l'exercice de ses fonctions, et s'étant fait expliquer l'affaire, il entendit ensuite, comme avocat des parties, d'un côté le serrurier et le commis de l'accise, et de l'autre le meunier et le maître d'école, après leur avoir recommandé de s'abstenir de toute expression injurieuse, et de n'avoir recours qu'à la justice et à la vérité. Il est pourtant vrai qu'avant le commencement des plaidoyers, Edie avait déjà intérieurement prononcé sa sentence, imitant en cela la conduite de plus d'un juge qui, quoique bien décidé à ne pas changer d'opinion, n'en écoute pas moins, par égard pour les formes, les plaidoyers des conseils des deux parties. Lorsqu'on eut établi et répété plusieurs fois les raisons pour et contre, notre ancien, bien avisé, tout bien considéré, rendit un jugement fort sage et fort modéré en déclarant que le coup contesté était nul, et ne pouvait profiter à personne. Cette décision judicieuse rétablit la paix parmi les joueurs; on reprit les boules; on poussa de nouveaux cris de joie, et quelques-uns ôtaient déjà leurs habits et leurs cravates pour les donner à garder à leurs mères, à leurs sœurs ou à leurs maîtresses. Mais la gaieté générale fut soudain interrompue.

Dans les derniers rangs du groupe nombreux rassemblé autour des joueurs, on commença à entendre un bruit d'une nature bien différente, ces espèces de soupirs étouffés et d'exclamations avec lesquels on reçoit la première nouvelle d'une calamité. Quelques femmes s'écrièrent à demi-voix : — Hé quoi! mourir si jeune et si subitement! On comprit sur-le-champ que quelque malheur était arrivé dans les environs, et chacun interrogeait à ce sujet son voisin, qui n'en savait pas davantage. Les cris de joie cessèrent. Enfin la funeste nouvelle circula de rang en rang, et arriva jusqu'à Ochiltrie, qui était au centre du cercle. La barque de Saunders Mucklebackit, le pêcheur dont nous avons si souvent parlé, avait coulé à fond, et l'on disait que les quatre hommes qui la montaient avaient péri, et que Mucklebackit et son fils Steenie étaient de ce nombre.

La renommée, en cette occasion comme en bien d'autres, avait été au-delà de la vérité. Il était vrai que la barque avait échoué; mais un seul homme avait été victime de ce funeste accident, et c'était Steenie Mucklebackit. Quoique la profession de ce jeune homme et le lieu de sa résidence lui donnassent peu de relations avec ces villageois, ils n'en payèrent pas moins ce tribut de sensibilité qu'obtient presque toujours une calamité soudaine et imprévue. Cette nouvelle frappa Ochiltrie en particulier comme un coup de tonnerre. Il se rappela qu'il avait engagé la veille ce jeune homme dans une espièglerie un peu forte; et, quoiqu'il n'eût eu dessein de nuire à l'adepte allemand ni dans sa personne ni dans ses biens, et qu'il n'eût voulu que lui donner une leçon dont il pût se souvenir, il se disait qu'une pareille œuvre n'était pas celle qui aurait dû occuper les derniers momens de la vie d'un homme.

Un malheur ne marche jamais seul. Tandis qu'Ochiltrie, appuyé sur son bâton d'un air pensif, joignait ses regrets à ceux des villageois qui déploraient la mort prématurée de Steenie, et qu'il se reprochait intérieurement de se l'être associé dans son expédition nocturne contre Dousterswivel, un officier de paix lui mit tout à coup la main gauche sur le collet, tandis qu'il lui montrait de l'autre le bâton, signe de l'autorité légale dont il était investi, et lui dit : — Je vous arrête au nom du roi.

Le commis des douanes et le maître d'école réunirent leur rhétorique pour prouver au constable qu'il n'avait pas le droit d'arrêter un mendiant du roi comme vagabond, et que son manteau bleu lui permettait de parcourir le pays en demandant l'aumône; les poings fermés et les yeux menaçans du meunier et du serrurier prêtaient une nouvelle éloquence à ces argumens.

— Mais son manteau bleu, dit le constable, ne lui permet ni le vol ni le meurtre; et je suis porteur d'un mandat d'arrêt décerné contre lui pour ces deux crimes.

— Meurtre ! s'écria Edie : et qui est-ce donc que j'ai assassiné?

— M. Herman Dousterswivel, agent des mines de Glenwithershin.

—Tousterchivel ! bon, bon, il est vivant et se porte bien.

—S'il vit encore, ce n'est pas votre faute; car, s'il faut l'en croire, il l'a échappé belle. Mais c'est à la justice que vous en répondrez.

Les défenseurs du mendiant se turent en entendant l'accusation grave intentée contre lui, mais plus d'une main compatissante lui apporta du pain, de la viande et quelques sous pour se nourrir dans la prison où l'on allait le conduire.

—Grand merci, mes enfans, dit Edie; que le ciel vous bénisse! je me suis tiré de plus d'une passe où je ne méritais pas si bien ma délivrance, et j'échapperai encore comme un oiseau à l'oiseleur. Continuez votre jeu, et ne vous inquiétez pas de moi; la mort du pauvre Steenie me cause plus de chagrin que tout ce qu'on peut me faire.

Le prisonnier se laissa emmener sans opposer aucune résistance. Il avait préalablement rempli ses poches et sa besace des aumônes abondantes que chacun s'empressait de lui faire, et jamais frère quêteur n'était rentré plus chargé dans son couvent. Il n'eut pourtant pas la peine de porter bien long-temps ce fardeau, car le constable prit une charrette attelée d'un bon cheval pour le conduire devant le magistrat.

La mort du malheureux Steenie et l'arrestation d'Edie interrompirent les jeux du village, dont les habitans attristés se mirent à réfléchir sur les vicissitudes de la fortune, qui, presque au même instant, venait de placer un de leurs camarades dans le tombeau, et de mettre l'arbitre de leurs différends en quelque danger d'être pendu. Le caractère de Dousterswivel étant généralement connu, ce qui veut dire qu'il était généralement détesté, on se flatta que l'accusation portée par lui était calomnieuse; mais tous convinrent que si Edie Ochiltrie devait subir un châtiment en cette occasion, c'était bien dommage qu'il ne l'eût pas mieux mérité en tuant tout de bon l'entrepreneur des mines.

CHAPITRE XXX.

« Quel est-il ? Oh ! vraiment, il n'a pas son égal !
« C'est un homme pour qui se battre est un régal.
« Si la terre lui manque, il se battra sur l'onde.
« Il a dernièrement, audace sans seconde,
« Défié la baleine, éléphant des poissons,
« L'appelant Bethemoth, avec ses autres noms !
« A l'espadon un jour il a livré bataille,
« En s'escrimant, monsieur, et d'estoc et de taille.
« Mais le poisson a su vaincre son ennemi,
« Il en porte du moins quelques marques sur lui. »
Ancienne comédie.

— Et c'est donc ce matin qu'on doit enterrer ce pauvre garçon, ce jeune pêcheur, Steenie Mucklebackit ? Je présume qu'on s'attend à nous voir assister à ses funérailles, dit notre vieux ami l'antiquaire en quittant sa robe de chambre de soie à grands ramages, pour prendre un habit noir taillé à l'ancienne mode, au lieu du vêtement couleur de tabac qu'il portait ordinairement.

— Hélas ! répondit le fidèle Caxon en brossant l'habit de son patron, son corps a été tellement brisé contre les rochers, qu'on est obligé de presser l'enterrement. La mer est un élément dangereux, comme je le dis à ma fille, pauvre créature ! quand je veux lui rendre un peu de courage; la mer, Jenny, lui dis-je, est un métier aussi incertain...

— Que celui d'un vieux perruquier que la taxe sur la poudre, et la mode de se faire tondre, ont privé de ses pratiques. Caxon, vos sujets de consolation sont aussi mal choisis qu'ils sont étrangers à ce dont il s'agit. *Quid mihi cum feminâ ?* Qu'ai-je de commun avec votre race de femelles ? J'en ai bien assez des miennes. Je vous demande encore une fois si ces pauvres gens s'attendent à me voir aux funérailles de leur fils.

— Sans doute, sans doute, ils s'y attendent; je puis bien en répondre. Vous savez que dans ce pays tout propriétaire est assez civil pour suivre le corps jusque hors de ses domaines; mais vous n'aurez besoin que de sortir dans la rue; ce n'est qu'un convoi de Kelso, un pas et demi au-delà du seuil de la porte.

— Un convoi de Kelso! Et pourquoi un convoi de Kelso plutôt qu'un autre?

— Comment le saurais-je? c'est un proverbe.

— Vous n'êtes qu'un faiseur de perruques, Caxon. Si j'avais fait cette question à Ochiltrie, il aurait eu une légende toute prête à me raconter.

— Votre Honneur m'a dit bien des fois, répondit Caxon d'un ton plus animé que de coutume, que je n'ai affaire qu'à l'extérieur de sa tête.

— C'est la vérité, Caxon, et l'on ne doit pas faire un reproche au couvreur en paille de ce qu'il n'est pas tapissier décorateur.

Il prit alors son agenda, et écrivit : Convoi de Kelso, un pas et demi au-delà du seuil de la porte; autorité, Caxon. Savoir l'origine de ce proverbe; écrire à ce sujet au docteur Graysteel.

— Quant à cet usage où est le seigneur de suivre le corps du paysan, continua Oldbuck après avoir fait cette note, je l'approuve véritablement, Caxon. Il descend des anciens temps, il tire son antique origine de ces principes de dépendance et d'assistance mutuelle entre le maître du sol et celui qui le cultive; et je dois ajouter ici que le système féodal, qui, soit dit en passant, a porté à l'excès la courtoisie envers la portion femelle de la race humaine, a mitigé et adouci à cet égard la sévérité des siècles classiques. Personne, Caxon, n'a jamais entendu dire qu'un Spartiate suivît les funérailles d'un ilote. Cependant je crois que je ferais serment que John de Girnell...... Vous en avez entendu parler, Caxon?

— Certainement, certainement. Pour peu qu'on ait été

dans la compagnie de Votre Honneur, on ne peut manquer d'en avoir entendu parler.

—Hé bien! je gagerais qu'il ne mourait pas sur les domaines de l'abbaye un *kolb*, un *kerl*, un paysan, un serf, *ascriptus glebæ* [1], sans que John de Girnell le vît décemment enterrer.

—C'est possible; mais, sauf le bon plaisir de Votre Honneur, on dit que les naissances lui donnaient plus de besogne que les enterremens, ajouta Caxon avec un gros rire.

—Bien, Caxon, fort bien! Comment donc, vous avez l'esprit brillant ce matin!

—D'ailleurs, ajouta Caxon encouragé par l'approbation de son patron, on dit aussi que dans ce temps-là les prêtres catholiques étaient payés pour assister aux enterremens.

—C'est juste, Caxon, juste comme un gant; manière de parler qui, à mon avis, vient de la coutume où l'on était de donner son gant comme le gage d'une bonne foi irrécusable. Juste comme un gant, dis-je donc, Caxon; et nous autres protestans, nous n'en avons que plus de mérite à nous acquitter gratis d'un de ces devoirs qui coûtaient de l'argent sous le règne de cette reine de la superstition, que Spencer, dans sa phrase allégorique, appelle

. . . . La fille de l'aveugle,
Abessa, qui reçut le jour de Corecca [2].

Mais à quoi bon vous parler de tout cela? Mon pauvre Lovel m'a gâté; il m'a appris à parler tout haut quand il reviendrait au même de me parler à moi seul. Où est mon neveu Hector?

—Dans la salle à manger, avec les dames.

—Fort bien! je vais les y joindre.

(1) Un attaché à la glèbe. — Tr.
(2) *Abessa* : C'est encore la *superstitieuse* Rome qui est désignée ici. — Éd.

— Ah çà, mon frère, dit miss Oldbuck dès qu'elle aperçut notre antiquaire, il ne faut pas vous mettre en colère.

— Mon cher oncle! dit miss Mac-Intyre d'un ton suppliant.

— Que veut dire tout ceci? s'écria Oldbuck appréhendant d'apprendre quelque mauvaise nouvelle, et en prévoyant une d'après l'air et le ton de sa sœur et de sa nièce, comme une forteresse prévoit un assaut au premier son de la trompette qui lui annonce une sommation de se rendre : — que signifie cette exhortation à la patience? qu'est-il arrivé?

— Rien de bien important, j'espère, dit Hector, qui, le bras en écharpe, était assis devant la table sur laquelle le déjeuner était placé; mais quel que soit le dommage, il doit être à ma charge, et je dois en être redevable, comme de tout l'embarras que j'ai occasioné, et pour lequel je n'ai guère que des remerciemens à offrir.

— N'y pensez pas, n'y pensez pas; mais que ce soit pour vous une leçon. Apprenez à ne pas vous livrer à la colère, qui n'est autre chose qu'une aliénation d'esprit temporaire : *ira furor brevis est*. Mais quel nouveau malheur est-il donc arrivé?

— Ma chienne a malheureusement renversé.....

— S'il plaît au ciel, ce n'est pas mon urne lacrymatoire de Clochnaben! s'écria l'antiquaire.

— En vérité, mon oncle, dit miss Mac-Intyre, je crains.... c'est ce vase qui était sur le buffet. La pauvre bête ne voulait que prendre le beurre frais qui était sur une assiette.

— Et elle y a réussi, car je ne vois sur la table que du beurre salé; mais c'est une bagatelle : c'est mon urne lacrymatoire que je regrette, la pierre fondamentale de ma théorie, la preuve incontestable sur laquelle je comptais pour convaincre l'ignorance opiniâtre de Mac-Crib que les Romains ont réellement passé dans les défilés de ces montagnes, et qu'ils y ont laissé des traces de leur passage, des armes, et des productions de leurs arts. Qu'est devenue cette urne précieuse? La voilà anéantie, brisée, réduite en fragmens qu'on pourrait prendre pour ceux d'un vil pot à fleurs!

> . . . . Hector, je t'aime,
> Mais tu n'es plus mon officier [1].

— Je crois réellement, mon oncle, que je ne figurerais pas trop bien dans un régiment que vous lèveriez.

— Au moins j'exigerais que vous y parussiez sans avoir à votre suite un train si nombreux d'équipages ; que vous fussiez *expeditus*, *relictis impedimentis* [2]. Vous ne pouvez concevoir combien je suis ennuyé de cette bête : c'est une voleuse avec effraction, je pense, car je l'ai entendu accuser de s'être introduite dans la cuisine après que les portes en avaient été fermées, et d'y avoir mangé une épaule de mouton.

Si nos lecteurs se rappellent la précaution qu'avait prise Jenny Rintherout de laisser les portes ouvertes quand elle était sortie pour se rendre chez Saunders Mucklebackit, ils acquitteront probablement la pauvre Junon de cette aggravation de crime que les jurisconsultes appellent *claustrum fregit* [3], et qui établit une différence entre le *burglary* [4] et le vol particulier.

— Je suis bien fâché, mon oncle, dit Hector, que Junon ait commis tant de désordre ; mais il est très-vrai que Jack Muirhead, le premier homme du monde pour dresser les chiens, n'a jamais pu la discipliner. Je ne connais pas de chien qui ait autant voyagé, et pourtant.....

---

(1) L'antiquaire cite ici une phrase d'Othello, en substituant au nom de Cassio celui d'Hector son neveu. — Éd.

(2) Léger de bagage. — Tr.

(3) *Effraction.* — Tr.

(4) *Burglary* : c'est le terme consacré pour un vol fait *de nuit*, avec *effraction*, et dans une maison *habitée*. — Éd.

—Je serais très-charmé, Hector, qu'elle voyageât hors de mes domaines.

— Hé bien! mon oncle, nous ferons tous deux retraite demain, aujourd'hui même; mais je ne voudrais point partir brouillé avec le frère de ma mère pour un misérable pot cassé.

— Ha! mon frère! mon frère! s'écria miss Mac-Intyre désespérée de l'entendre parler d'une urne antique avec ce ton de légèreté.

— Et que voulez vous que je dise? reprit Hector; c'est de semblables pots de terre qu'on se sert en Egypte pour faire rafraîchir l'eau, le vin, le sorbet : j'en ai rapporté une couple; j'aurais pu en rapporter un cent.

— Quoi! s'écria l'antiquaire, de même forme que l'urne lacrymatoire que votre chienne vient de briser?

— Presque absolument semblables à la jarre de terre qui était sur ce buffet. Je les ai dans mon logement à Fairport; nous nous en sommes servis pendant la traversée pour faire rafraîchir notre vin, et nous nous en sommes fort bien trouvés. Si je croyais que vous en fussiez curieux le moins du monde, je vous les ferais apporter.

— Bien véritablement, mon cher enfant, je serais enchanté de les posséder. Chercher à établir la connexion des peuples par la similitude de leurs usages et des ustensiles dont ils se servent est depuis long-temps mon étude favorite; tout ce qui tend à ce but ne peut que m'être infiniment précieux.

— Hé bien, mon oncle, je vous prierai donc de les accepter, ainsi que quelques autres bagatelles de ce genre. Puis-je espérer que vous m'avez pardonné?

— Ho! mon cher enfant, il n'est pas question de pardon; je ne vous reproche que d'être un étourdi.

— Mais Junon! on n'a aussi que de l'étourderie à lui eprocher. Jack Muirhead m'a assuré qu'elle n'est ni vicieuse ni entêtée.

— Hé bien, j'accorde aussi à Junon un plein pardon

mais à condition que vous l'imiterez en n'étant ni vicieux ni entêté, et qu'elle sera bannie de tous les appartemens que j'occupe dans le château de Monkbarns.

— J'aurais été honteux, mon oncle, de vous offrir par forme d'expiation de mes fautes, ou de celles de Junon, quelque chose qui me paraît digne de vous être présenté; mais à présent que tout est pardonné, permettez-vous à un neveu pour qui vous avez été un père, de vous prier d'accepter une bagatelle qu'on prétend véritablement curieuse, et que ma sotte blessure m'a empêché de vous offrir plus tôt. C'est un présent que m'a fait un savant français à qui j'avais rendu quelques services après l'affaire d'Alexandrie.

En parlant ainsi, le capitaine mit un petit écrin entre les mains de son oncle, qui, l'ayant ouvert sur-le-champ, y trouva une bague antique en or, ornée d'un camée supérieurement travaillé, représentant la tête de Cléopâtre. A cette vue, l'antiquaire se livra sans contrainte à toute son extase, serra vivement la main de son neveu, le remercia cent fois, et montra ce bijou précieux à sa sœur et à sa nièce. Celle-ci eut assez de tact pour montrer une admiration capable de satisfaire son oncle; mais miss Grizzy, quoiqu'elle n'aimât pas moins son neveu, n'eut pas l'adresse de suivre cet exemple.

— C'est un joli joyau, et j'ose dire qu'il a son prix, dit-elle en le pesant dans sa main; mais vous savez, mon frère, que je ne me connais pas en ce genre d'ouvrage.

— C'est tout Fairport qui parle par sa bouche, s'écria Oldbuck; l'esprit de cette ville nous infecte tous. Depuis deux jours que le vent est fixé comme un *remora* au nord-est, je ne cesse d'en sentir la fumée, et la contagion morale s'étend encore plus loin. Croyez-moi, mon cher Hector, si je parcourais la grande rue de Fairport, montrant cette bague inappréciable à tous ceux que je rencontrerais, pas une créature, depuis le prévôt jusqu'au crieur de la ville, ne s'arrêterait pour m'en demander l'histoire ; mais si j'avais sous le bras une balle de toile, je ne ferais pas trois pas sans être accablé de questions sur sa finesse et son prix. On pourrait parodier leur ignorance brute en leur adressant cette strophe de Gray :

> « Tissez la trame et la chaîne,
> « C'est le linceul du bon sens,
> « C'est une armure certaine
> « Pour se défendre des gens
> « Qui ne se mettent pas en peine
> « D'amasser des deniers comptans [1].

Une preuve remarquable du plaisir avec lequel M. Oldbuck avait reçu cette offrande de pacification, c'est que, tandis qu'il déclamait ces vers, Junon, qui avait conçu pour notre antiquaire une sorte de crainte respectueuse, d'après cet instinct admirable avec lequel les chiens reconnaissent leurs amis et leurs ennemis, Junon, disons-nous, qui avait plusieurs fois avancé la tête à la porte de la salle à manger, ne voyant sur la physionomie du laird rien de bien menaçant, s'était enfin hasardée à entrer ; et sa hardiesse croissant par suite de l'impunité, elle mangea une rôtie destinée à Oldbuck, et qu'on avait mise devant le feu sur une assiette pour qu'elle ne se refroidît pas, tandis que celui-ci, portant les yeux tour à tour sur ses auditeurs, répétait avec complaisance :

> « Tissez la trame et la chaîne. »

—Vous vous souvenez du passage des *Fatales Sœurs*, ajouta-t-il, imitation qui, soit dit en passant, est bien loin de valoir l'original..... Hé bien ! qu'est devenue ma rôtie ? Ha ! je vois ce que c'est ! Type de la race femelle, je ne suis pas surpris que ton nom soit devenu pour elle une injure [2]. —A ces mots, il montra le poing à Junon ;

---

(1) C'est la parodie d'une strophe de l'ode de Gray, intitulée les *Fatales Sœurs*, fondée sur la mythologie scandinave. — Ed.

(2) La plus grande des injures qu'on puisse adresser en Angleterre à une femme,

qui se sauva sur-le-champ hors de la salle. — Au surplus, ajouta-t-il, comme Jupiter dans le ciel n'a jamais pu morigéner Junon, et que Jack Muirhead, à ce que dit Hector, n'a pas été plus heureux sur la terre, je présume qu'il faut renoncer à la discipliner. — Le ton radouci de ce reproche fit juger au frère et à la sœur que Junon avait reçu son plein pardon, et toute la famille déjeuna gaiement.

Lorsque le déjeuner fut terminé, Oldbuck proposa à son neveu de l'accompagner aux funérailles de Steenie. Le capitaine objecta qu'il n'avait pas d'habit de deuil.

— Qu'importe ! répliqua l'antiquaire ; votre présence est tout ce qu'il faut ; d'ailleurs je vous assure que vous verrez des choses qui vous amuseront. Non, cette expression est impropre ; qui vous intéresseront, voulais-je dire, d'après les traits de ressemblance que je vous ferai apercevoir entre les coutumes des anciens et celles qui sont encore en usage parmi le peuple dans ce pays.

— Que le ciel ait pitié de moi ! pensa Mac-Intyre ; je ferai inévitablement quelque sottise, et je perdrai tout le crédit que je viens de gagner grace au hasard.

Quelques coups d'œil supplians de sa sœur invitèrent le capitaine à la patience, et il prit en partant la résolution de faire la cour à son oncle en lui accordant toute son attention ; mais nos meilleures résolutions tiennent rarement contre nos habitudes dominantes. Notre antiquaire, pour lui donner toutes les explications convenables, avait commencé une dissertation savante sur les rites funéraires des anciens Scandinaves, quand son neveu l'interrompit pour lui faire remarquer une superbe mouette qui s'était approchée d'eux à une portée de fusil ; il reconnut son tort, pria son oncle de recevoir ses excuses, et Oldbuck continua sa discussion.

— Il est certaines choses que vous devriez savoir, mon

---

c'est de l'appeler chienne, *bitch*. On élude même de prononcer *bitch*. En parlant de la femelle du chien, on dit *a she-dog*. — Éd.

cher Hector, et avec lesquelles il serait même à propos que vous fussiez familier. Dans les circonstances étranges d'une guerre qui embrasse en ce moment tous les coins de l'Europe, qui peut savoir où vous serez appelé à servir? Or, si c'était en Norwège ou en Danemark, par exemple, ou dans toute autre partie de l'ancienne Scanie ou Scandinavie, comme nous l'appelons, combien ne vous serait-il pas utile de connaître sur le bout du doigt l'histoire et les antiquités de cette ancienne contrée, cette *officina gentium*, cette mère de l'Europe moderne, la pépinière de ces héros

« Fermes dans les dangers, si grands dans les combats,
« Et qui par un sourire accueillaient le trépas. »

Comme vous vous sentiriez animé, par exemple, si, après une marche fatigante, vous vous trouviez dans le voisinage d'un monument runique, ou que vous vinssiez à découvrir que votre tente est à côté de la tombe d'un héros!

—Je crois, mon oncle, que j'aimerais mieux apprendre qu'elle est à peu de distance d'une basse-cour bien garnie de volaille.

— Hélas! est-il possible que vous parliez ainsi? Il n'est pas étonnant qu'on ne voie plus des journées de Crécy et d'Azincourt, quand le respect pour l'ancienne valeur est éteint dans le cœur du soldat anglais.

— Nullement, mon oncle, vous vous trompez, ce n'est pas cela; mais je pense qu'Édouard, Henry, et tous les héros, pensaient à leur dîner avant de songer à examiner un vieux tombeau : du reste, je vous assure que nous ne sommes nullement insensibles à la renommée de nos pères. Je passais quelquefois des soirées entières à entendre le vieux Rory Mac-Alpin nous chanter des vers d'Ossian sur les batailles entre Fingal et Lamon Mor, sur Magnus et l'esprit de Muiratach.

— Et croyez-vous réellement, pauvre dupe que vous êtes, dit l'antiquaire en fronçant le sourcil, que les fadaises publiées par Mac-Pherson soient réellement antiques?

— Si je le crois? comment ne le croirais-je pas, quand j'ai entendu réciter ces vers depuis mon enfance?

— Mais non pas ceux que vous trouvez dans l'Ossian anglais de Mac-Pherson, dit l'antiquaire le front chargé de courroux : j'espère que vous n'êtes pas assez absurde pour le prétendre?

Hector soutint la tempête avec courage ; en véritable Celte, il regardait l'honneur de son pays et de sa langue nationale comme attaché à l'authenticité de ces poëmes populaires, et il se serait battu cent fois, aurait perdu la vie et tous ses biens, plutôt que d'en abandonner une seule ligne. Il soutint donc intrépidement que Rory Mac-Alpin était en état de réciter le livre tout entier d'un bout à l'autre ; et ce ne fut qu'après avoir subi un nouvel interrogatoire qu'il modifia son assertion générale, en disant que Rory Mac-Alpin récitait ces vers tant que le whiskey ne lui manquait pas et qu'il restait quelqu'un pour l'écouter.

— Sans doute, sans doute, dit l'antiquaire, et cela ne durait pas long-temps.

— Nous avions nos devoirs à remplir, répliqua le capitaine ; et nous ne pouvions passer toute la nuit à l'écouter.

— Et vous rappelez-vous à présent, dit Oldbuck en serrant les dents, et en parlant sans les ouvrir, ce qui lui arrivait toutes les fois qu'on le contredisait ; — vous rappelez-vous quelques-uns de ces vers que vous trouviez si beaux, si parfaits? Vous êtes sans doute un excellent juge en pareille matière !

— Je n'ai pas de prétentions à la science, mon oncle ; mais avez-vous raison de vous mettre en colère contre moi parce que je préfère les anciens héros de mon pays aux Harold, aux Harfager et aux Haco que vous avez pris sous votre protection?

— Mais, monsieur, ces Goths puissans et invincibles sont vos ancêtres. Les Celtes à jambes nues qu'ils subjuguèrent, et qu'ils laissèrent subsister comme une nation barbare dans les crevasses de leurs rochers, n'étaient que leurs serfs, leurs *mancipia*.

Hector devint rouge de colère à son tour. — Je crois comprendre, monsieur, ce que vous voulez dire par les termes de serfs et de *mancipia*, et de telles expressions ne doivent pas s'appliquer aux montagnards d'Ecosse. Le frère de ma mère est le seul homme dans la bouche duquel je puisse les entendre sans le forcer à s'en repentir; et je vous prie d'observer que je ne trouve ni hospitalière, ni généreuse, ni décente, la manière dont vous vous conduisez avec un homme qui est votre hôte et votre parent. Mes ancêtres, M. Oldbuck.....

— Etaient des chefs nobles et vaillans, Hector, je n'en doute nullement, et je ne m'attendais guère à vous offenser si grièvement en traitant un point d'antiquité si reculé, sujet sur lequel je suis toujours moi-même calme et de sang-froid. Mais vous êtes vif et bouillant comme si vous aviez en vous non-seulement l'ame d'Hector, mais encore celle d'Achille, et celle d'Agamemnon par-dessus le marché.

— Je suis fâché d'avoir montré tant de vivacité, surtout en vous parlant, mon oncle. Je n'ai pas oublié vos bontés, votre générosité; mais mes ancêtres.....

— N'en parlons plus, mon cher enfant; je n'ai pas eu dessein d'en insulter un seul.

— J'en suis charmé, monsieur, car la maison de MacIntyre.....

— Que la paix du ciel soit avec elle, avec tous ceux qui ont jamais porté ce nom! Mais pour en revenir à notre sujet, vous souvenez-vous de quelqu'un de ces poëmes qui vous amusaient tant?

— Vraiment! pensa le capitaine, il est bien dur qu'il parle avec tant de plaisir de tout ce qui est antique, et

24.

qu'il ne veuille pas entendre parler de ma famille.—Oui, mon oncle, reprit-il après un moment de réflexion, je m'en rappelle quelques vers; mais vous ne comprenez pas le gaëlique.

— Et je me passerai même volontiers de l'entendre; mais ne pouvez-vous m'en donner une idée dans notre langue?

— Je serai pauvre traducteur, répondit Hector. — Et il se mit à répéter à demi-voix l'original, bien garni d'*aghes*, d'*aughs*, d'*oudghs*, et d'autres terminaisons gutturales, après quoi il toussa quelques instans comme si la traduction lui fût restée dans le gosier et n'en voulût pas sortir. Enfin ayant averti son auditeur que le poëme était un dialogue entre le poète Oisin ou Ossian, et Patrice, le saint patron de l'Irlande, et qu'il était difficile, sinon impossible, de rendre la simplicité exquise des deux ou trois premiers vers, il dit que tel en était à peu près le sens littéral :

« Patrice, chanteur de psaumes,
« Puisque vous ne voulez pas écouter une de mes histoires,
« Quoique vous ne l'ayez jamais entendue,
« Je suis fâché de vous dire
« Que vous ne valez guère mieux qu'un âne. »

— Bien! très-bien! s'écria l'antiquaire; mais continuez; cela est réellement admirable. J'ose dire que le poète avait raison. Et que répond le saint?

— Le saint répond comme il le doit. Mais j'aurais voulu que vous entendissiez Mac-Alpin. Il chantait le rôle d'Ossian en basse-taille, et celui du saint en *tenor*.

— C'était comme les sons alternatifs du gros et des petits bourdons de la cornemuse dudit Mac-Alpin [1].

---

(1) La cornemuse écossaise a trois bourdons et un seul chalumeau percé de huit trous, sept devant et un derrière; la note la plus basse est un *sol*. On fait, à partir du *la*, les notes *si, ut, re, mi, fa, sol, la*, toutes naturelles; en sorte que cette gamme est comme notre gamme de *sol majeur*, dont le *fa* serait naturel au lieu d'être dièze. Le gros bourdon sonne le *sol*, un *sol* à l'octave au-dessous de celui qui

— Voyons, continuez.

— Hé bien donc, Patrice répond à Ossian :

« Sur ma parole, fils de Fingal,
« Tandis que je chante des psaumes,
« Le bruit que font vos contes de vieilles femmes
« Me trouble dans mes exercices de dévotion. »

— Excellent! de mieux en mieux! j'espère que saint Patrice chantait mieux que le clerc de Blattergowl, sans quoi l'on serait embarrassé pour choisir entre le saint et le poète. Mais ce que j'admire, c'est la politesse avec laquelle se traitent ces deux illustres personnages. C'est bien dommage qu'il n'y ait pas un mot de tout cela dans la traduction de Mac-Pherson.

— Si vous en êtes sûr, dit gravement le capitaine, il faut qu'il ait pris des libertés inexcusables avec son original.

— C'est, je crois, ce dont on finira par être convaincu. Ensuite?

— Voici la réponse d'Ossian.

« Osez-vous comparer vos psaumes,
« Fils de. . . . . »

— Fils de quoi? s'écria l'antiquaire.

— Je crois, répondit Mac-Intyre comme à regret, que le terme employé dans l'original signifie la même chose que la femelle d'un chien en anglais.

« . . . .
« Osez-vous comparer vos psaumes,
« Fils d'une. . . . . . .
« Aux contes des Féniens aux bras nus. . . . .

est la note intérieure du chalumeau : le second bourdon sonne la tierce du gros, c'est-à-dire un *si*, et le petit un *sol* à l'octave au-dessus du gros. Cet accord incomplet forme une basse monotone et continue opposée aux airs qui se jouent sur le chalumeau; le *sol* est le ton principal de cet instrument borné auquel l'antiquaire compare malicieusement la monotonie de la ballade de son neveu. — ED.

— Êtes-vous bien sûr, Hector, que vous traduisez fidèlement ces trois derniers mots?

— Très-sûr, monsieur, répondit Hector avec un peu d'humeur.

— C'est que j'aurais cru qu'on aurait dû parler de la nudité d'une autre partie du corps.

Hector continua sa traduction, sans daigner répondre à ce sarcasme.

> « Je ne me ferai pas grand scrupule
> « D'arracher votre tête chauve de dessus vos épaules. . . .

— Que vois-je là-bas? s'écria-t-il en s'interrompant lui-même.

— Un membre du troupeau de Protée, répondit l'antiquaire, un *phoca*, c'est-à-dire un veau marin [1].

A ces mots Mac-Intyre, avec la vivacité d'un jeune chasseur, oublia sur-le-champ Ossian, saint Patrice, son oncle et sa blessure, et s'écriant, — Je l'aurai! je l'aurai! il arracha brusquement la canne des mains de son oncle, au risque de le faire tomber, et courut à toutes jambes pour se placer entre la mer et l'animal, vers laquelle celui-ci, ayant pris l'alarme, faisait rapidement sa retraite.

Sancho, quand son maître interrompit un récit qu'il lui faisait pour aller charger un troupeau de moutons, ne fut pas plus confondu de surprise que ne le fut Oldbuck en voyant cette escapade soudaine de son neveu.

— Il a le diable au corps! s'écria-t-il. Aller troubler une bête qui ne pensait pas à lui! Hector! ajouta-t-il en élevant la voix, mon neveu! fou que vous êtes! laissez là le *phoca!* laissez-le tranquille, vous dis-je; ces animaux mordent comme des enragés. Allons, l'y voilà! bien! le *phoca* a le dessus; j'en suis bien aise; oui, j'en suis enchanté au fond

---

(1) Le *calocephalus vitulinus*, ou *phoca vitulina*. Cet animal a environ trois pieds de long. Par son museau et sa forme il a quelque analogie avec un petit boule-dogue. Il aime particulièrement la musique et le son de la voix humaine. Il y a aussi en Ecosse le *phoca-barbata*. — Ed.

du cœur, répéta-t-il quoiqu'il fût réellement alarmé pour la sûreté de son neveu.

Dans le fait le veau marin, voyant sa retraite coupée par notre militaire au pied léger, lui fit face courageusement, et ayant reçu un grand coup de bâton qui ne produisit aucun effet, il se rida le front, comme le font ces animaux quand ils sont en colère, saisit la canne avec une de ses pattes de devant, et ne pensa ensuite qu'à gagner la mer, qui était à quelques pas, sans faire d'autre mal au capitaine que de le renverser en passant.

Hector, un peu décontenancé par l'issue de cet exploit, se releva à temps pour recevoir les félicitations ironiques de son oncle sur un combat singulier digne d'être célébré par Ossian lui-même, — Puisque, dit l'antiquaire, votre ennemi a pris la fuite, quoique non avec des ailes d'aigle, et vous a abandonné le champ de bataille. Sur ma foi, il s'est éloigné avec l'air majestueux d'un triomphateur, et il a emporté ma canne en guise de *spolia opima*.

Tout ce que Mac-Intyre put dire pour se justifier fut qu'un montagnard écossais ne pouvait jamais voir un daim, un veau marin ou un saumon, sans éprouver une envie irrésistible de s'en emparer, et qu'il avait oublié qu'il portait un de ses bras en écharpe. Il trouva dans cette chute un prétexte pour retourner à Monkbarns, et échappa ainsi au désagrément d'entendre les railleries de son oncle et ses lamentations sur la perte de sa canne.

— Je l'ai coupée, dit celui-ci, dans les bois classiques d'Hawthornden [1], dans un temps où je ne croyais pas vivre et mourir garçon. Je ne l'aurais pas donnée pour tous les veaux marins de l'Océan. O Hector, Hector! le héros dont tu portes le nom était né pour être le soutien de Troie; mais tu es né pour être la ruine de Monkbarns.

---

(1) Près de Roslin. Voyez les *Vues pittoresques de l'Ecosse.* — ED.

CHAPITRE XXXI.

« . . . .
« Ne parlez pas ainsi. — La rosée au printemps
« Est l'image des pleurs que verse la jeunesse.
« Mais lorsque le chagrin de la froide vieillesse
« Fait encore pleurer les yeux déjà flétris.....
« Rien des larmes alors n'égale l'amertume!
« Tel un torrent d'hiver, dont les flots engourdis
« S'éveillant tout à coup, couvrent de leur écume
« Les rochers desséchés, et vont dans leur fureur
« Détruire pour jamais l'espoir du laboureur. »
Ancienne pièce de théâtre.

M. OLDBUCK, resté seul, doubla le pas, car ces différentes discussions et la rencontre qui les avait terminées l'avaient mis en retard, et il arriva bientôt en face des sept à huit chaumières qui s'élevaient à Mussel-Craig. Indépendamment de l'air de misère et de malpropreté qui y régnait comme d'habitude, tout annonçait le deuil et la désolation. Les barques étaient tirées sur le sable, et quoique la journée fût belle et la saison favorable, on n'entendait pas le chant ordinaire des pêcheurs quand ils mettent à la voile. Partout régnait le silence, on ne voyait pas les enfans jouer autour de leur mère assise à la porte en raccommodant les filets. Quelques pêcheurs couverts d'habits noirs déjà vieux, mais conservés avec grand soin, d'autres portant leurs vêtemens ordinaires, mais dont la physionomie n'exprimait pas moins de douleur, étaient rassemblés autour de la cabane de Mucklebackit, et attendaient que le corps en sortît. Lorsqu'ils virent arriver le laird de Monkbarns, ils se rangèrent pour lui faire place, et ôtèrent leurs bonnets en le saluant avec un respect mélancolique, politesse qu'il leur rendit de la même manière.

L'intérieur de la cabane offrait une scène que notre

Wilkie [1] seul pourrait peindre avec ce naturel exquis qui caractérise ses ouvrages enchanteurs.

Le corps du jeune pêcheur était déposé dans un cercueil placé sur le lit que l'infortuné avait occupé pendant sa vie. A peu de distance était le père, dont le front sévère et couvert de cheveux grisonnans avait bravé bien des nuits orageuses et bien des jours semblables à ces nuits. Il semblait rêver à la perte qu'il venait de faire, avec ce sentiment profond de chagrin, particulier aux caractères durs et grossiers, et qui se change presque en haine contre tout ce qui reste dans le monde quand l'objet chéri n'y est plus. Il avait fait des efforts désespérés pour sauver son fils, et ce n'était qu'en employant la force qu'on avait pu l'empêcher d'en faire de nouveaux dans un moment où il n'aurait pu que périr lui-même sans la moindre possibilité de le sauver. Toutes ces idées semblaient fermenter dans son esprit. Il jetait un regard oblique sur le cercueil, comme sur un objet dont la vue lui était insupportable, et dont pourtant il ne pouvait détourner les yeux. Il répondait en peu de paroles, d'un ton brusque et presque dur, aux diverses questions qui lui étaient faites. Personne, dans sa famille, n'avait osé lui adresser un mot de tendresse et de consolation. Sa femme, cette véritable virago, toute maîtresse absolue qu'elle prétendait être, avec raison, dans les occasions ordinaires, était réduite au silence et à la soumission par la consternation que lui causait la perte qu'elle venait de faire, et se trouvait obligée de cacher à son mari les accès de sa propre douleur. Comme il avait refusé toute nourriture depuis ce funeste événement, n'osant lui parler elle-même, elle avait eu recours dans la matinée à un

---

(1) *Notre* Wilkie est un compatriote de sir Walter Scott, et, dit-on, un de ses amis. Ce peintre n'est guère moins connu en France qu'en Angleterre, quoique nous ne le connaissions que par les gravures (si parfaites d'ailleurs) de *Raimback* et les copies de *Jazet : la Lettre de recommandation, le Doigt coupé, le Jour du paiement des rentes ou fermages, les Politiques de village*, etc., sont des sujets populaires et des trésors d'amateurs. — Ed.

artifice inspiré par l'affection, et elle avait employé le plus jeune de ses enfans, le favori de Saunders, pour lui présenter quelques alimens. Le premier mouvement du père avait été de repousser l'enfant avec une violence qui l'avait effrayé, son second de l'attirer à lui et de le serrer tendrement dans ses bras. — Vous serez un brave garçon si vous vivez, Patie, lui dit-il, mais vous ne serez jamais, vous ne pouvez jamais être ce qu'il était pour moi. Depuis l'âge de dix ans, il montait avec moi la barque; et d'ici à Buchan-Ness personne ne tirait mieux un filet. On dit qu'il faut se résigner; j'essaierai.

Et depuis ce moment le pêcheur gardait le silence, à moins qu'il ne fût forcé de répondre à quelque question. Telle était la situation du père inconsolable.

Dans un autre coin de la chaumière était assise la mère, la tête couverte de son tablier; mais la nature de sa douleur était assez indiquée par la manière dont elle se tordait les mains et par l'agitation convulsive de son sein, que le tablier ne pouvait cacher. Deux voisines officieuses, lui parlant à l'oreille, épuisaient les lieux communs sur la nécessité de se résigner à un malheur irréparable, et semblaient s'efforcer d'étourdir un chagrin qu'elles ne pouvaient consoler.

L'affliction des enfans était mêlée de quelque surprise à la vue des préparatifs qui se faisaient devant eux, et surtout de l'abondance du pain de froment et du vin que le plus pauvre paysan, le plus misérable pêcheur, ne manque pas, en pareille occasion, d'offrir à ceux qui viennent rendre les derniers devoirs à l'être dont on regrette la perte. Le chagrin que leur causait la mort de leur frère se perdait presque dans l'admiration que leur inspirait la splendeur de ses funérailles.

Mais la figure la plus remarquable au milieu de ce groupe affligé était celle de l'aïeule. Assise dans son fauteuil, avec son air habituel d'apathie et d'indifférence pour ce qui se passait, elle imitait machinalement, de temps en temps, le mouvement d'une personne qui file, et paraissait ensuite étonnée de ne trouver ni sa quenouille ni son fuseau. Ses yeux semblaient demander pourquoi on lui avait ôté les instrumens de son travail ordinaire, pourquoi on lui avait mis une robe noire, et pourquoi elle voyait tant de monde dans la cabane. Parfois, d'un air hagard, levant les yeux vers le lit sur lequel était placé le cercueil, elle paraissait tout à coup, et pour la première fois, douée de la faculté de sentir son infortune : une expression de surprise, d'embarras et de chagrin se peignait tour à tour sur ses traits impassibles ; mais elle ne versait pas une larme, et ne disait pas un mot qui pût faire juger jusqu'à quel point elle comprenait la scène extraordinaire dont elle était témoin. Elle était dans cette assemblée de deuil comme un point intermédiaire entre la famille affligée et le cadavre de celui dont on pleurait la perte ; un être en qui la lumière de l'existence était déjà obscurcie par l'ombre de la mort.

Quand Oldbuck entra dans cette maison de douleur, il fut accueilli de chacun par une inclination de tête, mais en silence ; et, suivant la coutume d'Ecosse, on offrit à toute la compagnie du pain de froment, du vin et de l'eau-de-vie. Tandis qu'on présentait ces rafraîchissemens, Elspeth surprit toute la compagnie en faisant signe à celui qui les portait de s'approcher d'elle ; puis prenant un verre elle se leva, et dit d'une voix creuse et tremblante, et avec le sourire de l'idiotisme sur ses traits flétris : — A votre santé, messieurs, et puissions-nous avoir souvent une fête semblable !

Ces sinistres paroles excitèrent un frémissement universel, et tous les verres furent remis sur la table sans que personne eût la force de vider le sien, ce qui ne surprendra pas ceux qui savent combien la superstition a encore de force en Ecosse sur l'esprit du peuple en pareilles occasions. Mais à peine la vieille femme eut-elle porté le verre à ses lèvres qu'elle s'écria : — Ah ! que veut dire ceci? c'est du vin! Par quel hasard y a-t-il du vin dans la maison de mon fils? — Remettant alors le verre sur la table : J'en devine la cause, ajouta-t-elle en fixant les yeux sur le cercueil; — et, se laissant retomber sur son siège, elle se couvrit les yeux et le front de sa main pâle et desséchée.

En ce moment le ministre de la paroisse arriva. M. Blattergowl, quoique bavard impitoyable toutes les fois qu'il était question de dîmes ou de quelque droit ecclésiastique dans l'Assemblée Générale, dont, malheureusement pour ses auditeurs, il était cette année Modérateur, n'en était pas moins un digne homme, remplissant ses devoirs envers Dieu et envers ses semblables. Nul ministre presbytérien n'était plus exact à visiter les malades et les affligés, à instruire les jeunes gens, à éclairer les ignorans, et à rappeler dans le bon chemin la brebis qui s'égarait. Aussi notre ami l'antiquaire, malgré l'impatience que lui causaient quelquefois sa prolixité et les préjugés de son esprit ou de sa profession; — malgré un certain mépris habituel qu'il éprouvait pour son intelligence, surtout en matière d'arts et de goût, sujet de discussion que le ministre aimait pourtant de préférence, dans l'espoir de s'ouvrir le chemin à une chaire de rhétorique ou de belles-lettres; — malgré les préventions excitées par toutes ces circonstances, M. Oldbuck, disons-nous, avait beaucoup d'estime et de respect pour M. Blattergowl. Il était assez rare, il est vrai, que pour céder, soit à une sorte de respect humain, soit aux instances de ce qu'il appelait ses femelles, il se décidât à aller l'entendre prêcher; mais en revanche il se serait reproché de s'absenter de Monkbarns quand M. Blattergowl y venait dîner, et il y était invité tous les dimanches, manière de lui témoigner sa considération que M. Oldbuck avait adoptée comme devant être la plus agréable au ministre et comme la plus conforme à ses propres habitudes.

Pour terminer une digression dont le seul but est de

faire mieux connaître le digne ministre à nos lecteurs, M. Blattergowl ne fut pas plus tôt entré dans la cabane, qu'après avoir reçu les salutations silencieuses et mélancoliques de toute la compagnie, il alla se placer près du malheureux père, et tâcha de lui glisser quelques mots de condoléance ou de consolation ; mais Saunders n'était pas encore en état de les entendre. Il inclina pourtant la tête d'un air sombre, et lui prit la main comme pour le remercier de ses bonnes intentions ; mais il n'avait ni le pouvoir ni la volonté de lui répondre autrement.

Le ministre passa ensuite près de la mère, traversant la chambre d'un pas lent, mesuré et silencieux, comme s'il eût craint que le plancher, semblable à une glace mal formée, n'eût cédé sous ses pieds, ou que le bruit de ses pas n'eût été doué d'une force magique qui aurait précipité dans un abîme la cabane et tous ceux qui s'y trouvaient. On ne put juger de ce qu'il disait à la pauvre femme que par les réponses qu'elle lui faisait, réponses que rendaient souvent inintelligibles les sanglots qu'elle ne pouvait retenir et le tablier dont elle continuait à se couvrir le visage. — Oui, monsieur, oui... vous êtes bien bon..... Sans doute, sans doute..... c'est notre devoir de nous soumettre à la volonté du ciel ; mais mon pauvre Steenie ! l'enfant dont mon cœur était si fier ! qui était si beau et si bien fait ! le soutien de sa famille ! notre consolation à tous ! lui que tout le monde voyait avec plaisir ! O mon fils ! mon fils ! pourquoi es-tu dans le cercueil, et pourquoi faut-il que je vive pour te pleurer !

On ne pouvait résister à cet élan si naturel d'affection et de chagrin. Oldbuck eut plusieurs fois recours à sa tabatière pour cacher les larmes qui lui venaient aux yeux en dépit de son caractère caustique et même un peu bourru. Les femmes pleuraient à chaudes larmes ; et les hommes mettaient leurs chapeaux devant leurs yeux en se parlant à voix basse.

Cependant le ministre voulut aussi adresser quelques

mots de consolation spirituelle à la vieille aïeule. D'abord elle écouta ou parut écouter avec son apathie ordinaire ce qu'il disait; mais enfin M. Blattergowl, dans le feu du zèle qui l'animait, ayant élevé la voix davantage et se trouvant près de son oreille, elle comprit le sens des paroles qu'il lui adressait. Sa physionomie s'anima tout à coup de cette expression qui annonçait ses lueurs d'intelligence; elle se redressa, secoua la tête d'une manière qui annonçait sinon le mépris, du moins l'impatience, et fit de la main un geste qui indiquait d'une manière claire et précise le peu de cas qu'elle faisait de ses pieuses exhortations. Le ministre se retira; et levant doucement sa main, qu'il laissa retomber aussitôt, il sembla par ce geste témoigner la surprise, le chagrin et la compassion que lui inspirait l'état déplorable de cette femme. Ce sentiment fut partagé par tous les assistans, et un léger murmure annonça l'impression que cette scène avait faite sur tous les esprits.

Cependant la compagnie se trouva complète par l'arrivée de deux personnes qu'on attendait de Fairport. On fit encore un échange de salutations silencieuses, et le vin et l'eau-de-vie circulèrent de nouveau. Elspeth prit une seconde fois un verre à la main, le vida, et s'écria avec une sorte de rire sardonique : — Ha! ha! j'ai bu du vin deux fois dans un jour! Quand est-ce que j'en ai fait autant? Je m'en souviens, ce fut lors de la...

Elle n'acheva pas sa phrase; le verre lui échappa des mains; elle retomba sur son fauteuil, et ses traits reprirent peu à peu leur caractère d'impassibilité.

Lorsque la surprise générale se fut calmée, M. Oldbuck, dont le cœur saignait en voyant ce qu'il regardait comme la dernière lutte de l'intelligence contre l'engourdissement de l'âge et les traits cruels du chagrin, fit observer au ministre qu'il était temps de procéder aux funérailles. Le père était hors d'état de donner aucun ordre; mais le plus proche parent fit un signe au menuisier, qui en pareilles occasions remplit aussi les fonctions de maître des cérémonies, et le bruit du marteau annonça la séparation finale des restes du jeune pêcheur d'avec les vivans, séparation qui produit toujours quelque effet, même sur les êtres les plus indifférens, les plus durs et les plus égoïstes.

Animés par un esprit de contradiction qu'on nous pardonnera peut-être de regarder comme une petitesse d'esprit, les pères de l'Eglise d'Ecosse ne voulurent pas que, même dans une occasion si solennelle, on adressât au ciel aucune prière, de peur qu'on ne crût qu'ils imitaient les rites des Eglises romaine ou anglicane. Doués d'un esprit plus libéral et plus éclairé, la plupart des ministres écossais aujourd'hui saisissent cette occasion pour offrir au ciel une prière, et pour adresser aux vivans une exhortation qui doit leur faire d'autant plus d'impression qu'ils sont encore en présence des restes d'un de leurs semblables qu'ils ont vu naguère tels qu'ils sont encore eux-mêmes, et qu'ils voient maintenant tel qu'ils doivent être bientôt à leur tour ; mais cet usage louable n'était pas encore adopté dans le temps dont nous parlons, ou du moins M. Blattergowl ne jugea pas à propos de s'y conformer, et la cérémonie se termina sans aucun exercice de religion [1].

Le cercueil, couvert du drap funéraire, était déjà porté par les plus proches parens. On n'attendait plus que le père, qui, suivant l'usage, devait en soutenir la tête. Deux ou trois de ses parens privilégiés l'appelaient, mais il ne leur répondait qu'en leur faisant signe de la tête et de la main qu'il ne pouvait se résoudre à un tel effort. Regardant cet acte comme un devoir pour le vivant, et comme une marque de respect pour le défunt, ils insistèrent avec plus de zèle que de jugement, et ils l'auraient forcé à se conformer à la coutume, si Oldbuck n'eût dé-

---

[1] Ce regret involontaire du culte catholique échappe plus d'une fois aux plus rigides presbytériens : nous l'avons déjà signalé dans *Waverley*. — Ed.

claré qu'en qualité de maître et de seigneur du défunt il entendait porter lui-même la tête du cercueil. Le chagrin remplissait le cœur de tous les parens; toutefois il s'y trouva encore place pour un mouvement de satisfaction et d'orgueil en recevant du laird une telle marque de distinction, et la vieille Alison Breck, qui était présente, jura que le laird de Monkbarns ne manquerait jamais d'huîtres tant que durerait la saison (on savait que notre antiquaire les aimait), quand elle devrait les aller pêcher elle-même par le plus mauvais vent qui eût jamais soufflé. Et tel est le caractère du peuple en Ecosse, qu'on sut meilleur gré à M. Oldbuck de cet acte de condescendance, que de tout l'argent qu'il distribuait chaque année en charités dans la paroisse.

Le cortège funèbre se mit en marche, suivant à pas lents deux bedeaux armés de leurs bâtons couverts d'un drap noir, malheureux vieillards qui semblaient chanceler sur le tombeau vers lequel ils conduisaient un de leurs semblables, et portant, suivant l'usage en Ecosse, des habits noirs usés et des chapeaux ornés d'un crêpe jaunissant de vétusté.

L'antiquaire se serait fortement déclaré contre cette dépense inutile, s'il eût été consulté; mais en donnant un pareil avis, il aurait perdu plus de popularité qu'il n'en avait gagné en consentant à représenter le père dans la cérémonie funèbre. Il ne l'ignorait pas, et il avait été assez sage pour s'abstenir de donner des conseils qui auraient été mal reçus. Dans le fait les paysans écossais sont encore livrés à cette manie de déployer une sorte de pompe dans ces sortes de cérémonies, qui distinguait tellement autrefois les grands de ce royaume, que le parlement fut obligé de faire une loi somptuaire pour en restreindre le luxe. On a vu des gens placés dans les derniers rangs de la société se refuser non-seulement tous les agrémens de la vie, mais même les choses les plus nécessaires, pour économiser une somme qui mît leur famille en état de les faire enterrer en chrétiens, comme ils le disaient; et il était impossible de déterminer leurs fidèles exécuteurs testamentaires, quoiqu'ils connussent eux-mêmes le besoin, à faire servir à l'usage des vivans une somme inutilement dépensée pour l'enterrement du mort.

On se rendit au cimetière, situé à un demi-mille de distance, avec la gravité solennelle usitée en pareil cas. Le corps fut rendu à la terre d'où il était sorti, et quand les fossoyeurs eurent rempli la fosse et l'eurent recouverte de gazon, M. Oldbuck, ôtant son chapeau, salua l'assemblée qui avait assisté en silence à cette cérémonie lugubre, ce qui fut le signal de sa dispersion.

Le ministre offrit à notre antiquaire de l'accompagner jusque chez lui; mais M. Oldbuck avait été tellement frappé de la conduite de Saunders Mucklebackit et de sa mère, que la compassion, et peut-être aussi cette curiosité qui nous fait désirer de voir même les choses qui doivent nous faire peine, le déterminèrent à s'en retourner solitairement le long du rivage de la mer, afin de faire encore une visite à la cabane du pêcheur.

CHAPITRE XXXII.

« Quel est ce crime affreux que couvre le mystère;
« Que ne peut effacer la pénitence austère;
« Dont le pénible aveu ne saurait s'obtenir ?
« Voyez ! elle m'entend et me voit sans frémir :
« Le calme est sur son front; ses lèvres détestées
« Du moindre tremblement ne sont pas agitées. »

WALPOLE. *La Mère mystérieuse.*

Le cercueil venait de sortir de la cabane : ceux qui devaient composer le cortège l'avaient suivi, chacun prenant la place que lui assignaient son rang ou son degré de parenté avec le défunt; quelques-uns d'entre eux conduisaient ses jeunes frères, qui voyaient avec surprise une cérémonie qu'ils comprenaient à peine. Les commères s'étaient retirées à leur tour. Par considération pour la triste situation du mari et de la femme, elles avaient emmené toutes les filles, afin de laisser aux malheureux parens le temps de s'ouvrir leur cœur et de soulager leurs regrets en s'entretenant de ce qui les causait ; mais leurs bonnes intentions ne produisirent pas l'effet qu'elles en attendaient. A peine la dernière était-elle sortie de la cabane, dont elle avait fermé la porte bien doucement, que le père, s'étant assuré par un coup d'œil rapide qu'il ne restait aucun étranger, joignit les mains et les leva au-dessus de sa tête en poussant des cris de désespoir qu'il avait retenus jusqu'alors ; ne pouvant supporter le poids de son affliction, il se jeta sur le lit d'où l'on venait d'enlever le cercueil, et se livra sans réserve à toute sa douleur. Ce fut en vain que la malheureuse mère, épouvantée de la violence du chagrin de son mari, chagrin qui devient encore plus dangereux quand il attaque un homme de mœurs rudes et d'une constitution robuste, retint ses sanglots et ses gémissemens, et, le tirant par les pans de son habit, le conjura de se lever et de se souvenir que, quoiqu'il eût perdu son fils aîné, il lui restait une femme et d'autres enfans qu'il devait consoler et soutenir. Cet appel à son cœur venait trop tôt, et ne produisit aucun effet. Il resta étendu sur le lit, montrant, par la violence de ses sanglots, par une agitation qui ébranlait le lit et la cloison contre laquelle il était appuyé, par le mouvement convulsif de ses membres, et par l'espèce de rage avec laquelle ses mains serraient les couvertures, combien est profonde et terrible la douleur d'un père qui a le malheur de survivre à son fils.

—Ah ! quelle journée ! quelle journée ! s'écria la pauvre mère dont les larmes s'étaient taries par suite de la terreur que lui inspirait l'état où elle voyait son mari ; — quelle journée ! et personne ici pour aider une pauvre femme éplorée! Ah! ma mère, si vous pouviez seulement lui dire un mot, l'engager à se consoler!

A son grand étonnement, et sa frayeur en redoubla même, la mère de son mari l'entendit et la comprit. Elle se leva, traversa la chambre d'un pas plus ferme qu'à l'ordinaire, et se tenant debout près du lit sur lequel son fils s'était jeté, lui dit : — Levez-vous, mon fils, et ne pleurez pas celui qui est à l'abri de la tentation et du péché. Pleurez sur ceux qui restent dans cette vallée de larmes et de ténèbres. Moi qui ne pleure, qui ne puis pleurer sur personne, j'ai plus besoin que vous pleuriez sur moi.

La voix de sa mère, qui depuis bien des années ne s'était pas fait entendre pour prendre part aux affaires intérieures de la famille, ou pour donner un avis ou une consolation, produisit son effet sur Saunders : il se leva, s'assit à côté du lit, et le silence d'un abattement profond succéda à l'égarement du désespoir. Elspeth retourna à son fauteuil; Maggie prit machinalement une vieille Bible, et elle parut s'occuper à lire, quoique ses yeux fussent noyés dans les larmes.

Telle était la situation de cette famille quand on entendit frapper à la porte.

— Hé! mon dieu, dit la pauvre mère, qui peut venir ainsi en ce moment? Il faut qu'il n'ait pas entendu parler de notre malheur.

On frappa une seconde fois. Elle se leva, et alla ouvrir la porte en disant, d'un ton de reproche : — Qui est-ce qui vient troubler une famille dans la douleur?

Un grand homme en habit noir parut devant elle, et elle reconnut lord Glenallan.

— Est-ce ici, ou dans une des cabanes voisines, demanda-t-il, que je trouverai une vieille femme nommée Elspeth, qui a demeuré long-temps à Craigburnsfoot, près de Glenallan?

— C'est ma mère, milord; mais elle ne peut voir per-

25.

sonne à présent. Hélas! nous avons éprouvé un grand malheur, un affreux chagrin.

— A Dieu ne plaise, ma bonne femme, que je trouble votre affliction sans un motif puissant; mais mes jours sont comptés, votre mère est arrivée à un âge bien avancé, et si je ne la vois pas aujourd'hui, il est possible que nous ne nous rencontrions plus dans ce monde.

— Et quelle affaire avez-vous avec une vieille femme accablée par l'âge et le chagrin? Ni seigneur ni paysan n'entrera dans ma maison le jour que mon fils en est sorti dans un cercueil.

En parlant ainsi, elle se livrait à l'irritabilité naturelle à son caractère et à sa profession, et qui commençait à se mêler à son chagrin, maintenant que la première angoisse en était passée. Elle n'avait fait qu'entr'ouvrir la porte, et elle s'y tenait de manière à ne pas permettre à lord Glenallan de passer, quand elle entendit la voix de son mari qui criait : — Maggie! pourquoi empêchez-vous d'entrer? Laissez entrer. Je ne donnerais pas à présent le bout d'un vieux câble pour empêcher quelqu'un d'entrer dans cette maison ou d'en sortir.

Maggie obéit à son mari, et laissa entrer lord Glenallan. Les traces visibles qu'avait laissées le chagrin sur son corps amaigri et sur son visage décharné, formaient un contraste frappant avec celles qu'on remarquait sur les traits grossiers et hâlés du pêcheur et sur la physionomie masculine de sa femme. Le comte s'approcha de la vieille, qui, suivant sa coutume, était assise au coin du feu, et lui demanda, d'une voix aussi intelligible qu'il le put : — Etes-vous Elspeth de Craigburnsfoot?

— Qui est-ce qui me demande la demeure de cette méchante femme?

— Le comte de Glenallan.

— Comte! comte de Glenallan!

— Celui qui se nommait William lord Geraldin, et qui,

par la mort de sa mère, est devenu comte de Glenallan.

— Ouvrez le volet, dit Elspeth à sa belle-fille d'un ton ferme et avec vivacité; ouvrez le volet bien vite pour que je puisse voir si c'est bien là lord Geraldin, le fils de ma maîtresse, celui que j'ai tenu dans mes bras une heure après sa naissance, et qui doit me maudire pour ne l'avoir pas étouffé avant qu'une autre heure se fût écoulée.

Le volet avait été fermé, suivant l'usage, pour qu'une demi-obscurité donnât encore un air plus sombre et plus imposant à la solennité des funérailles. Maggie l'entr'ouvrit comme sa mère le désirait, et un rayon de vive lumière, tel que Rembrand l'eût introduit, traversant l'atmosphère obscurcie et enfumée de la cabane, vint éclairer les traits du malheureux lord et ceux de la vieille sybille, qui, debout devant le comte dont elle avait saisi la main, fixait sur lui ses yeux, et, faisant mouvoir son index à peu de distance de son visage, semblait vouloir en suivre les traits et comparer ce qu'elle voyait avec ce que sa mémoire lui rappelait. Lorsqu'elle eut fini son examen : — Quel changement! dit-elle avec un profond soupir; quel triste changement! Et à qui en est la faute? C'est ce qui est écrit là où le souvenir doit en rester. C'est ce qui est écrit avec une plume de fer sur des tablettes d'airain là où tout ce que fait la chair est écrit. Et que veut lord Geraldin, ajouta-t-elle après un moment de silence, à une pauvre vieille créature comme moi, qu'on doit compter parmi les morts, et qui n'appartient aux vivans que parce que la terre ne la couvre pas encore?

— Mais, au nom du ciel! dit lord Glenallan, c'est à vous de me dire pourquoi vous m'avez fait prier d'une manière si pressante de venir vous voir, en appuyant même votre demande sur un gage auquel vous saviez que je ne pouvais rien refuser.

Et en parlant ainsi, il tira de sa bourse la bague qu'Edie Ochiltrie lui avait remise, et la lui montra.

Cette vue produisit à l'instant un effet bien étrange sur

Elspeth. Le tremblement de la crainte se joignit à celui de la vieillesse, et elle se mit à fouiller dans ses poches avec l'agitation empressée d'une personne qui commence à craindre d'avoir perdu quelque chose de grande importance. Enfin paraissant s'être convaincue que ses craintes n'étaient pas sans fondement, elle se tourna vers le comte :

— Par quel hasard avez-vous cette bague ? Comment vous l'êtes-vous procurée ? Je croyais l'avoir gardée avec tant de soin ! Que va dire la comtesse ?

— N'avez-vous donc pas appris que ma mère est morte ?

— Morte ! Ne me trompez-vous pas ? A-t-elle enfin laissé ses terres, son château, ses seigneuries ?

— Tout. Toutes les vanités auxquelles les mortels doivent renoncer tôt ou tard.

— Je me rappelle à présent que je l'avais déjà entendu dire ; mais il y a eu tant d'affliction dans notre famille depuis ce temps, et ma mémoire est devenue si mauvaise.... Mais vous êtes bien sûr que votre mère, que la comtesse est partie pour aller rejoindre ses pères ?

Le comte l'assura de nouveau que son ancienne maîtresse n'existait plus.

— Hé bien, dit Elspeth, ce secret ne me pèsera pas plus long-temps. Pendant sa vie, qui aurait osé parler de ce qu'elle ne voulait pas qu'on sût ? Mais la voilà partie, et j'avouerai tout.

Se tournant alors vers son fils et sa belle-fille, elle leur ordonna d'un ton mystérieux de sortir de la maison, et de l'y laisser seule avec lord Geraldin, car elle continuait à le nommer ainsi ; mais Maggie, dont les premières angoisses étaient passées, n'était nullement disposée à une obéissance passive envers sa belle-mère, titre qui dispose rarement une bru à la soumission, dans les classes inférieures de la société ; elle était d'autant plus surprise de lui voir prendre un ton d'autorité, qu'Elspeth semblait y avoir renoncé depuis plusieurs années.

— C'est une chose bien étrange, dit-elle en murmurant

à demi-voix, car le rang du comte lui en imposait; bien étrange, en vérité, que d'ordonner à une mère de sortir de sa maison quand elle a encore les yeux mouillés de pleurs après avoir vu emporter le corps de son fils aîné.

Le pêcheur ajouta d'un ton plus ferme et plus décidé :
— Ce n'est point aujourd'hui qu'il faut choisir pour conter vos vieilles histoires, ma mère. Milord, si c'est un lord, peut revenir un autre jour, ou il peut vous dire tout ce que bon lui semblera; il n'y a personne ici qui se soucie de vous écouter, ni vous ni lui; mais ni pour lord ni pour paysan, ni pour riche ni pour pauvre, je ne sortirai de ma maison le jour où...

Un nouvel accès de douleur l'empêcha de finir sa phrase; mais comme il s'était levé quand lord Glenallan était entré, et qu'il était resté debout depuis ce temps, il s'assit de nouveau auprès du lit, d'un air sombre, dans l'attitude d'un homme résolu à tenir parole.

Mais la vieille Elspeth, à qui ce moment de crise semblait avoir rendu la supériorité d'esprit qu'elle possédait autrefois, se leva de son fauteuil, et s'avançant vers lui, lui dit d'un ton solennel : — Mon fils, si vous ne voulez pas entendre l'aveu des crimes de votre mère et être témoin de sa honte, si vous voulez en être béni, si vous craignez sa malédiction, si vous respectez celle qui vous a porté dans son sein, qui vous a nourri de son lait, je vous ordonne de me laisser dire à lord Geraldin ce que ses oreilles seules doivent entendre. Obéissez à votre mère, afin que lorsque vous couvrirez sa tête de poussière (et plût au ciel que le jour en fût arrivé!) vous puissiez vous rappeler cet instant sans vous reprocher d'avoir désobéi au dernier ordre qu'elle vous donnera jamais.

Ces mots, prononcés d'un ton grave et solennel, firent renaître dans le cœur du pêcheur l'habitude et l'instinct de l'obéissance à laquelle sa mère l'avait accoutumé, et dont il ne s'était jamais écarté tant qu'elle avait conservé l'entier usage de sa raison. Un souvenir douloureux contribua aussi à le déterminer à céder aux volontés de sa mère : jetant un coup d'œil sur le lit d'où l'on venait d'emporter le corps de son fils : — Il ne m'a jamais désobéi, se dit-il à demi-voix ; jamais il n'a examiné si j'avais tort ou raison, pourquoi ma mère me trouverait-elle moins docile? — Prenant alors par le bras sa femme, qui ne paraissait pas encore trop disposée à cet acte de soumission, il l'entraîna hors de la cabane, et en ferma la porte au loquet.

Dès que les malheureux époux furent sortis, lord Glenallan, pour empêcher la vieille femme de retomber dans un état léthargique, la pressa de nouveau de lui apprendre pourquoi elle avait désiré le voir.

— Vous le saurez assez tôt, répondit-elle ; je me souviens de tout bien clairement, et je crois qu'il n'y a pas de danger que je l'oublie. Ma chaumière de Craigburnsfoot est devant mes yeux comme si je l'avais quittée hier ; la prairie que traverse le ruisseau pour aller se jeter dans la mer ; les deux petites barques, avec leurs voiles déployées, dans la baie qu'il forme ; le rocher au bout du parc de Glenallan, et qui domine sur la mer... Ah! oui, je puis oublier que j'ai eu un mari et que je l'ai perdu ; qu'il ne me reste qu'un fils des quatre que j'ai portés ; que des malheurs successifs ont dissipé une fortune mal acquise ; que ce matin j'ai vu sortir d'ici le corps de l'aîné de mes petits-enfans ; mais jamais je n'oublierai les jours que j'ai passés à Craigburnsfoot.

— Vous étiez la favorite de ma mère, dit le comte désirant la ramener au point dont elle s'écartait.

— Oui, je l'étais ; vous n'avez pas besoin de me le rappeler. Elle m'a élevée au-dessus de mon état ; elle m'a donné plus de connaissances qu'à mes pareilles ; mais, de même que l'ancien tentateur, en me donnant la connaissance du bien, elle y a ajouté celle du mal.

— Pour l'amour du ciel, Elspeth! dit le comte interdit, expliquez mieux, si vous le pouvez, ce que vous me donnez à entendre. Je sais que vous avez été mise dans la confidence d'un épouvantable secret, d'un secret qui ferait crouler ces murailles si elles l'entendaient; mais, de grace, expliquez-vous.

— Je vais le faire, dit-elle, je vais le faire; un moment de patience. Elle garda quelques instans le silence, mais ce n'était plus la torpeur de l'imbécillité ou de l'apathie : elle allait soulager son cœur d'un poids qui l'accablait depuis bien long-temps; elle allait parler de choses dont le souvenir occupait sans doute quelquefois toutes ses facultés quand elle semblait morte à tout ce qui l'entourait. Et nous pouvons ajouter, comme un fait remarquable, qu'une sorte d'énergie mentale agissait si puissamment sur ses forces physiques et sur les nerfs de tous ses organes, que malgré sa surdité elle entendit aussi distinctement qu'elle l'aurait jamais fait à toute autre époque de sa vie chaque mot que prononça lord Glenallan pendant cette mémorable conférence, quoique les paroles du comte fussent souvent interrompues par l'horreur et le désespoir. Elle s'exprima elle-même clairement, distinctement, posément, comme si elle eût voulu être certaine de se faire bien entendre, sans se livrer à ce verbiage et à ces digressions si naturelles aux femmes de son âge et de sa condition. En un mot son langage annonçait une éducation au-dessus de son rang, un esprit ferme et résolu, et un de ces caractères dont on peut attendre de grands vices et de grandes vertus. C'est dans le chapitre suivant qu'on lira sa révélation [1].

(1) C'est sans doute ici le lieu de faire remarquer au lecteur que c'est surtout dans cette partie du roman que l'auteur a développé d'une manière admirable le système exposé dans sa préface. Ce ne sera pas une faible gloire pour le poète Wordworth, d'être pour quelque chose dans les deux chapitres qui précèdent. — Ed.

CHAPITRE XXXIII.

« Le remords nous poursuit, limier infatigable.
« Souvent dans la jeunesse on est sourd à sa voix ;
« Mais quand l'âge et le temps nous ont mis aux abois,
« Nous ne pouvons alors le fuir ni le combattre :
« Sous ses traits acérés nous nous sentons abattre ;
« Il sait se faire entendre, et vient nous avertir
« Que le courroux du ciel s'apprête à nous punir. »
Ancienne comédie.

— Je n'ai pas besoin de vous apprendre, dit Elspeth au comte de Glenallan, que j'étais la femme de confiance, la favorite de Joscelinde, comtesse de Glenallan, à qui Dieu fasse paix ! et vous devez vous rappeler que je conservai ses bonnes graces bien des années. J'y répondais par le plus sincère attachement ; mais je tombai en disgrace pour un léger acte de désobéissance qui fut rapporté à votre mère par une personne qui croyait que j'étais chargée d'épier ses actions et les vôtres, et elle ne se trompait pas.

— Femme ! s'écria le comte d'une voix émue et tremblante, ne me parlez pas d'elle ; ne prononcez pas son nom devant moi !

— Il le faut, répliqua-t-elle avec calme et fermeté ; comment me comprendriez-vous ?

Le comte s'appuya sur une chaise de bois, enfonça son chapeau sur ses sourcils, serra les mains et les dents comme un homme qui s'arme de tout son courage pour subir une opération douloureuse, et lui fit signe de continuer.

— Je vous disais donc que ma disgrace avait été principalement l'ouvrage de miss Eveline Neville, fille d'un cousin germain, d'un intime ami de feu votre père, et qu'on élevait au château de Glenallan. Il y avait du mystère dans son histoire ; mais qui aurait jamais osé demander à la comtesse ce qu'elle ne voulait pas dire? Tout le monde l'aimait au château, tout le monde, excepté deux personnes, votre mère et moi; nous la haïssions toutes deux.

— Juste ciel! Et pour quelle raison? Jamais on n'avait vu dans ce misérable monde une créature si douce, si aimable, si digne d'inspirer l'affection.

— Cela peut être; votre mère haïssait tout ce qui tenait à la famille de votre père, excepté lui. Elle avait eu des querelles avec ses parens peu de temps après son mariage; mais ces détails sont étrangers à ce que j'ai à vous dire. Sa haine contre Eveline Neville redoubla quand elle s'aperçut qu'il existait entre vous et cette malheureuse jeune fille un commencement d'affection. Vous pouvez vous rappeler que votre mère se borna d'abord à lui montrer de la froideur; mais la tempête éclata bientôt, et ce fut avec une telle violence, que miss Neville fut obligée de se réfugier au château de Knockwinnock, près de l'épouse de sir Arthur, qui vivait encore à cette époque.

— Vous me déchirez le cœur en me rappelant tous ces détails, Elspeth : mais continuez, et puisse le ciel accepter mes souffrances en expiation de mon crime involontaire!

— Il y avait quelques mois qu'elle était absente : — un soir j'attendais dans ma cabane le retour de mon mari, qui était en mer à pêcher, et je versais ces larmes amères que ma fierté m'arrachait toutes les fois que je songeais à ma disgrace; — je n'avais pas fermé le verrou, je vis soudain entrer votre mère. Je crus voir un spectre, car, même dans le temps que j'avais ses bonnes graces, c'était un honneur qu'elle ne m'avait jamais fait, et elle était aussi pâle, aussi effrayante que si elle fût sortie du tombeau. Elle s'assit, et secoua les gouttes d'eau qui tombaient de ses cheveux et de ses vêtemens; car il faisait du brouillard, et elle avait traversé les bosquets du parc, dont tous les arbres étaient chargés de rosée. J'entre dans ces détails uniquement pour vous montrer comme le souvenir de cette soirée est bien gravé dans mon esprit, et j'ai de bonnes raisons pour ne pas l'oublier. Je fus surprise de la voir, mais je n'osais parler, comme si j'eusse vu un fantôme. Oui, milord, la terreur me rendit muette, moi qui avais vu sans émotion plus d'une scène effrayante. Après un moment de silence : —Elspeth Cheyne, me dit-elle, car elle me donnait toujours mon nom de fille, êtes-vous la fille de ce Reginald Cheyne qui sacrifia sa vie sur le champ de bataille de Sherifmuir pour sauver celle de son maître, de lord Glenallan?—Oui, lui répondis-je avec presque autant de fierté qu'elle-même, aussi sûrement que vous êtes la fille de ce comte de Glenallan dont mon père racheta les jours par sa mort.

Ici Elspeth s'arrêta un instant.

—Hé bien! hé bien! pour l'amour du ciel, continuez, parlez, je vous l'ordonne.

—Ah! Je me soucierais fort peu des ordres qu'on peut me donner sur la terre, si je n'avais entendu une voix qui me parle pendant mon sommeil, pendant mes veilles, et qui me force à faire ce récit pénible. Hé bien! milord, la comtesse me dit : Mon fils aime Eveline Neville, ils sont d'accord, ils se sont promis de s'épouser ; s'ils ont un fils, je perds tous mes droits; au lieu d'être comtesse, je ne suis plus qu'une misérable douairière. Moi qui ai apporté à mon époux des terres, des vassaux, un sang illustre, une ancienne renommée, je ne possède plus rien dès l'instant que mon fils a un héritier! Ce n'est pourtant qu'une considération secondaire. Si mon fils se choisissait une épouse partout ailleurs que dans cette odieuse famille des Neville, je prendrais patience ; mais les voir, eux et leurs descendans, jouir du rang et des honneurs de mes ancêtres, c'est sentir s'enfoncer dans mon cœur un poignard à deux tranchans. Cette fille, d'ailleurs.... je la déteste! —Et j'en fais autant, lui répondis-je, — car toutes ses paroles avaient retenti dans mon cœur et l'avaient embrasé.

—Misérable! s'écria le comte en dépit de la résolution qu'il avait prise de garder le silence, quel motif de haine pouviez-vous avoir contre tant d'innocence et de douceur?

— Je haïssais ce que ma maîtresse haïssait. N'était-ce pas l'usage de tous les vassaux de la maison de Glenallan? Vous saurez, milord, que, quoique je me sois mésalliée, jamais un de vos ancêtres ne se mit en campagne sans qu'un des aïeux de la faible créature qui vous parle portât son bouclier; mais j'avais aussi des causes personnelles de haine contre miss Eveline Neville. J'étais allée la chercher en Angleterre, et pendant tout le voyage elle n'avait fait que tourner en dérision mon costume et mon accent écossais, ainsi que ses compagnes le faisaient sans doute dans sa pension, comme on appelle, je crois, ces sortes de maisons.

Quelque étrange que cela puisse paraître, Elspeth parlait de l'affront prétendu que lui avait fait, plus de vingt ans auparavant, une jeune fille sortant de pension, et qui ne songeait nullement à l'insulter, avec une chaleur et une rancune qu'une offense mortelle n'aurait pu faire naître dans un esprit sain après un si long espace de temps.

— Oui, répéta-t-elle, elle m'avait tournée en ridicule; mais que ceux qui méprisent le *tartan* de l'Ecossais apprennent à redouter le poignard qu'il porte.

Après un instant de silence, elle reprit la parole.

— J'avouerai pourtant que je la haïssais plus qu'elle ne le méritait. — Elspeth Cheyne, continua la comtesse, cet enfant désobéissant déshonorera son sang en le mêlant au sang anglais. Autrefois j'aurais jeté l'un dans les cachots de Glenallan, et enfermé l'autre dans ma tour de Strathbonnel; mais le temps où de tels actes m'auraient été permis n'existe plus, et l'autorité dont les nobles du pays devraient être armés est remise entre les mains de juges plébéiens et d'obscurs hommes de loi. Ecoutez-moi donc, Elspeth Cheyne, si vous êtes fille de votre père comme je la suis du mien, et je vous indiquerai un moyen pour prévenir leur mariage. Elle vient souvent se promener sur le rocher au pied duquel est votre cabane, pour avoir le plaisir de voir mon fils voguer sur la mer dans son esquif (Vous vous souvenez, milord, que c'était alors un de vos plaisirs?) qu'elle disparaisse dans cet élément.—Pourquoi me regarder avec cet air d'étonnement et d'incrédulité, milord? Ce que je vous dis est aussi vrai qu'il l'est que je dois avant peu me trouver en face du seul être que j'aie jamais craint, et plût à Dieu que je l'eusse craint davantage! Cependant il me répugnait de charger ma conscience de sa mort. — Votre mère ajouta : D'après la religion de notre sainte Eglise, ils sont trop proches parens pour pouvoir se marier; mais je m'attends qu'ils deviendront hérétiques aussi-bien que désobéissans. — A ces mots le malin esprit, qui est toujours prêt à suggérer un mauvais conseil à ceux dont le cœur est disposé à le recevoir, m'inspira de lui dire : Mais ne peut-on pas leur faire croire qu'ils sont assez proches parens pour qu'aucune religion ne permette leur mariage?

Ici le comte l'interrompit en poussant un cri si perçant qu'on aurait pu l'entendre à cinquante pas de la chaumière : — Ah! s'écria-t-il, Eveline Neville n'était donc pas.....

—La fille de votre père? non. Que ce soit pour vous un tourment ou une consolation, il faut que vous sachiez la vérité : elle n'était pas plus votre sœur que moi-même.

—Femme, ne me trompez pas; ne me faites pas maudire la mémoire d'une mère à qui j'ai rendu les derniers devoirs si récemment, en cherchant à me persuader qu'elle a trempé dans le complot le plus cruel, le plus infernal!

—Avant de maudire la mémoire d'une mère qui n'existe plus, lord Geraldin, voyez si vous ne trouverez pas parmi les membres de la famille de Glenallan quelqu'un encore vivant dont les fautes ont amené cette terrible catastrophe.

—Voulez-vous dire mon frère? il est mort aussi.

— Non, lord Geraldin, c'est de vous que je parle; si

vous n'aviez pas manqué à la soumission qu'un fils doit à sa mère, en épousant secrètement miss Neville tandis qu'elle était à Knockwinnock, notre complot vous aurait séparés au moins pour un temps; mais vos chagrins n'auraient pas été doublement aigris par le remords. C'est vous qui avez empoisonné les armes dont nous nous servions; elles ont pénétré plus profondément dans votre cœur, parce que vous vous êtes jeté au-devant de nos coups. Si vous aviez proclamé et reconnu votre mariage, nous n'aurions ni pu ni voulu recourir au stratagème que nous avions employé pour le prévenir.

— Juste ciel! s'écria le malheureux comte, comme si une nouvelle lumière eût paru tout à coup à ses yeux frappés d'aveuglement; oui, je comprends à présent les efforts indirects que fit plusieurs fois ma mère pour calmer mon désespoir en paraissant admettre la possibilité de douter d'un fait dont elle m'avait garanti la certitude.

— Elle ne pouvait vous parler plus clairement sans avouer sa fraude, et elle se serait plutôt laissé traîner par des chevaux indomptés; j'en ferais autant pour l'amour d'elle si elle vivait encore. Toute la race des Glenallans, hommes et femmes, a toujours eu une ame ferme et inébranlable, et il en était de même de tous ceux qui autrefois poussaient leur cri de ralliement : *Clachnaben!* Ils se tenaient toujours côte à côte; pas un vassal n'aurait quitté son chef par un motif d'intérêt; tous lui obéissaient sans examiner s'il avait tort ou raison : les temps sont bien changés, à ce qu'on assure.

Le comte était trop occupé des réflexions déchirantes que faisait naître dans son esprit ce qu'il venait d'apprendre, pour faire attention à l'enthousiasme d'une fidélité sauvage dans laquelle celle qui avait causé tous ses malheurs semblait, même aux portes du tombeau, trouver encore une source de plaisir et de consolation.

— Dieu tout-puissant! s'écria-t-il, je suis donc innocent du crime le plus horrible dont un homme puisse être souillé, de ce crime qui, quoique involontaire, m'a causé depuis plus de vingt ans des remords perpétuels qui ont détruit la paix de mon cœur et ma santé, en creusant mon tombeau avant le terme fixé par la nature! Reçois mes humbles remerciemens, ajouta-t-il avec ferveur en levant les yeux vers le ciel; si je vis si misérable, du moins je ne mourrai pas souillé d'un crime qui révolte la nature. Et toi, si tu as quelque chose de plus à m'apprendre, continue, tandis qu'il te reste assez de force pour parler et que j'ai encore celle de t'entendre.

— Oui, répondit Elspeth, l'heure où vous n'entendrez plus, où je ne parlerai plus, n'est pas bien éloignée; la mort a déjà imprimé son sceau sur votre front, et je sens mon cœur se refroidir chaque jour davantage sous sa main glacée. Ne m'interrompez donc plus par vos exclamations, vos gémissemens et vos reproches, écoutez jusqu'au bout ce que j'ai à vous dire; ensuite, si vous êtes un comte de Glenallan comme j'ai entendu dire dans ma jeunesse qu'il en a existé autrefois, ordonnez à vos vassaux de ramasser des bruyères, des épines, des branches de houx; qu'ils en construisent un bûcher aussi haut que le toit de votre château; faites-y brûler la vieille sorcière Elspeth, et périsse avec elle tout ce qui peut vous rappeler qu'une telle créature a rampé sur la surface de la terre.

— Continuez, dit le comte, continuez, je ne vous interromprai plus.

Il prononça ces mots d'une voix à demi suffoquée, mais résolu de se contenir, de peur de perdre cette occasion d'obtenir la preuve de ce qu'il venait d'entendre; mais Elspeth était épuisée par le long récit qu'elle venait de faire, et la manière dont elle raconta le reste de son histoire, sans la rendre tout-à-fait inintelligible, n'avait plus l'ordre, la concision et la clarté qui y avaient régné jusqu'alors. Enfin lorsqu'elle eut inutilement essayé à plusieurs reprises de continuer son récit, lord Glenallan se vit obligé de chercher à aider sa mémoire en lui faisant quelques questions, et il commença par lui demander quelles preuves elle pouvait donner de la vérité d'une histoire si différente de ce qu'elle lui avait dit autrefois.

— Les preuves de la naissance de miss Neville, lui répondit-elle, étaient en la possession de la comtesse, et il y avait des raisons pour les tenir secrètes pendant un certain temps; elles étaient et elles sont peut-être encore, si elle ne les a pas détruites, dans le tiroir, à main gauche, d'un secrétaire en ébène de son cabinet de toilette. Elle voulait les cacher jusqu'à ce que vous retournassiez en pays étranger, et elle avait dessein, avant votre retour, de marier miss Neville ou de la renvoyer dans son pays.

— Mais ne m'avez-vous pas montré des lettres de mon père qui me parurent annoncer clairement, à moins que mes sens ne m'aient abusé dans ce moment horrible, que mon père était aussi le père de..... de la malheureuse......

— Sans doute, et les lettres étant appuyées de mon témoignage, comment vous ou elle auriez-vous pu douter d'un tel fait? Mais nous ne vous donnâmes pas l'explication de ces lettres; nous nous gardâmes bien de vous dire que votre père avait des raisons de famille, que je ne connais pas, pour vouloir que miss Neville passât pendant quelque temps pour sa fille.

— Mais quand vous apprîtes que nous étions mariés, pourquoi persistâtes-vous dans cet abominable artifice?

— Ce ne fut qu'après que lady Glenallan vous eut conté cette fausse histoire qu'elle soupçonna que vous étiez déjà mariés; vous ne lui en fîtes pas même alors l'aveu de manière à l'en convaincre: mais vous vous rappelez, vous ne pouvez avoir oublié ce qui se passa dans cette terrible soirée.

— Oui, et vous jurâtes sur l'Evangile la vérité d'un fait dont vous attestez aujourd'hui la fausseté.

— Sans doute, et j'aurais prêté un serment encore plus saint, s'il en avait existé. Je ne songeais à sauver ni mon corps ni mon ame, quand il s'agissait de servir la maison Glenallan.

—Misérable! appelez-vous cet horrible parjure, qui eut des suites encore plus horribles, un service rendu à la maison de vos bienfaiteurs?

—Sans doute; je servais comme elle voulait être servie celle qui était alors le chef de cette maison. Elle aura à répondre devant Dieu de l'ordre qu'elle m'a donné, comme j'aurai à répondre de la manière dont je l'ai exécuté; elle est allée rendre son compte; je ne tarderai pas à la suivre : vous ai-je dit tout ce que vous vouliez savoir?

— Non : il faut encore que vous me parliez de la mort de cet ange que votre parjure poussa au désespoir, et qui mourut persuadée qu'elle était souillée d'un crime épouvantable. Dites-moi la vérité : cet horrible événement n'eut-il pas d'autre cause que celle qu'on y attribua dans le temps? Ne fut-ce pas un nouvel acte de cruauté atroce dont d'autres se rendirent coupables?

— Je vous entends. Non; ce qu'on dit alors était vrai. Notre faux témoignage en fut la cause, mais ce fut elle-même qui, dans son désespoir, accéléra la fin de ses jours. Lorsqu'on vous fit ce mensonge qui eut des suites si terribles, lorsque vous eûtes quitté la comtesse en désespéré pour monter à cheval et vous enfuir du château avec la rapidité de l'éclair, la comtesse n'avait pas encore découvert votre mariage secret; elle ignorait que l'union qu'elle voulait empêcher avait déjà eu lieu depuis près de neuf mois. Vous partîtes comme si le feu du ciel eût été prêt à tomber sur le château, et miss Neville, presque privée de raison, fut mise sous bonne garde. Mais la gardienne s'endormit, et la prisonnière veilla. La fenêtre était ouverte; le parc était devant elle, le rocher était au bout du parc, la mer baignait le pied du rocher..... Oh! quand oublierai-je cette nuit affreuse?

— Et elle périt ainsi dans les eaux, comme on me l'a dit?

— Non : j'étais sur le bord de la mer ; la marée descendait, et elle venait, comme vous le savez, presque jusqu'à ma cabane, ce qui était très-commode pour le métier de mon mari..... Qu'est-ce que je voulais vous dire?—Je vis dans l'obscurité quelque chose de blanc s'élancer du haut du rocher, et le bruit que ce corps fit en tombant dans l'eau m'apprit que c'était une créature humaine. J'étais hardie, vigoureuse, et habituée à la mer ; je m'y précipitai ; je la retirai de l'eau, et je la chargeai sur mes épaules ; j'en aurais porté deux semblables. Je la déposai sur mon lit dans ma cabane, et quelques voisines vinrent à mon aide. Mais les premiers mots qu'elle prononça, quand elle recouvra la parole, me décidèrent à les renvoyer, et je fis avertir la comtesse. Elle m'envoya sa servante espagnole Theresa : s'il existait sur la terre un démon sous la figure humaine, c'était cette femme. Elle et moi nous devions veiller sur la malheureuse jeune dame, nulle autre personne ne devait en approcher. J'ignore quels ordres pouvait avoir reçus Theresa, elle ne me le dit point, mais le ciel se chargea de la conclusion de l'affaire. La pauvre jeune dame fut saisie des douleurs prématurées de l'enfantement, elle donna le jour à un enfant mâle, et mourut entre mes bras, entre les bras de sa mortelle ennemie. Oui, vous pouvez pleurer, mais pourquoi pleurerais-je aujourd'hui, puisque je ne pleurai point alors? c'était pourtant un spectacle digne de compassion. Je laissai Theresa près de la morte et du nouveau-né, j'allai prendre les ordres de la comtesse. Quoique la nuit fût bien avancée, je parvins à la voir ; et elle fit venir votre frère.......

— Mon frère!

— Oui, lord Geraldin, votre frère, que quelques personnes disaient qu'elle désirait avoir pour héritier. Dans tous les cas, c'était lui qui avait des droits apparens à sa succession si vous mouriez sans enfans.

— Et est-il possible de croire que mon frère, par cupidité, et pour s'assurer mon héritage, se soit prêté à un stratagème si honteux et si cruel?

— Il paraît que votre mère le crut, répondit Elspeth avec un sourire diabolique; mais ce complot ne fut pas mon ouvrage; j'ignore ce qui se passa entre eux, car je n'assistai pas à leur conférence. Ils restèrent long-temps enfermés dans le salon boisé en chêne noir, et quand votre frère passa dans la chambre où j'attendais, il me sembla, et je l'ai souvent pensé depuis, qu'il avait tout le feu de l'enfer dans les yeux et sur les traits de son visage; mais sa mère en sentait aussi les brûlantes fureurs. Elle accourut à moi comme une femme hors d'elle-même, et les premiers mots qu'elle me dit furent ceux-ci :—Elspeth Cheyne, avez-vous jamais arraché de sa tige un bouton nouvellement éclos? Je répondis, comme vous pouvez le croire, que cela m'était arrivé plus d'une fois. Hé bien! me dit-elle, vous savez donc ce que doit devenir le bâtard hérétique que cette nuit a vu naître pour déshonorer la noble maison de mon père. Tenez, — et elle me remit en même temps une longue épingle d'or qui attachait ses cheveux,—l'or seul doit répandre le sang de Glenallan. Cet enfant est déjà comme s'il était mort, et puisque Theresa et vous, vous êtes seules instruites de son existence, qu'il disparaisse à jamais : vous m'en répondrez. — On l'aurait prise pour une furie tandis qu'elle parlait ainsi. Elle me mit l'épingle dans la main, et se retira. La voici : cette épingle et la bague de miss Neville sont tout ce qui me reste des bijoux et de l'argent mal acquis que me valut cette affaire, et j'ai bien gardé le secret, mais ce n'était ni pour l'argent ni pour les bijoux.

Sa main décharnée présenta alors au comte une longue épingle d'or, d'où son imagination crut voir dégoutter encore le sang de son enfant.

—Misérable! avez-vous eu le courage?.....

—Je ne puis dire si je l'aurais eu ou non. Je retournai si vite dans ma cabane, que je ne sentais pas la terre sous mes pieds. Mais je n'y trouvai plus Theresa ; je n'y trouvai plus l'enfant ; tout ce qui avait vie en était parti ; il n'y restait qu'un corps inanimé.

— Et n'avez-vous jamais su quel fut le destin de mon enfant ?

— Jamais ; je ne pus que le deviner : je connaissais les intentions de votre mère, et je savais que Theresa était un démon incarné. Jamais on ne la revit en Ecosse, et j'ai entendu dire qu'elle était retournée dans son pays. Un voile épais couvrit tout ce qui s'était passé, et ceux qui en avaient su quelque chose n'y virent qu'une séduction et un suicide ; vous-même......

— Je sais, je sais tout.

— Sans doute, vous savez à présent tout ce que je pourrais vous dire. Et maintenant, héritier de Glenallan, pouvez-vous me pardonner ?

— Implorez le pardon de Dieu, mais n'attendez pas celui d'un homme, dit le comte en se détournant.

— Et comment demanderai-je à un être pur et sans souillure ce qui m'est refusé par un pécheur comme moi ? Si j'ai péché, n'ai-je pas souffert ? Ai-je eu un seul jour tranquille, une seule heure de repos, depuis que sa longue chevelure trempée par l'eau de la mer a reposé sur mon oreiller à Craigburnsfoot ? Ma maison n'a-t-elle pas été brûlée avec un de mes enfans au berceau ? Mes deux barques n'ont-elles pas été englouties avec mon mari et deux de mes fils, quand les autres rentraient heureusement dans le port ? Tout ce qui m'était cher n'a-t-il pas porté la peine de mon péché ? Le feu, les vents, la mer, n'ont-ils pas eu leur part de la proie ? Et plût à Dieu, ajouta-t-elle en levant un instant les yeux vers le ciel et en les baissant aussitôt, plût à Dieu que la terre eût aussi pris la part qui lui est due de celle qui attend la mort depuis si longtemps !

Lord Glenallan avait gagné la porte de la cabane ; mais sa générosité naturelle ne lui permit pas d'abandonner

cette malheureuse femme au désespoir de la réprobation.
— Elspeth, lui dit-il, puisse Dieu vous pardonner comme je vous pardonne! Implorez la miséricorde de celui qui peut seul vous la faire, et puissent vos prières être entendues comme si c'étaient les miennes. Je vous enverrai un ecclésiastique.

— Non, non! s'écria-t-elle avec force; point de prêtre! point de prêtre. — Mais la porte de la chaumière s'ouvrit en ce moment, et l'arrivée d'un tiers ne lui permit pas d'en dire davantage.

CHAPITRE XXXIV.

« Cette main que la mort a rendue insensible
« Retient pourtant encor ce fil indestructible
« Qui du cœur paternel fait mouvoir les ressorts.
« Tel le membre que l'art a séparé du corps
« Avec le corps conserve un rapport bien étrange. »
Ancienne comédie.

Nous avons vu à la fin du chapitre XXXI que M. Blattergowl avait offert à notre antiquaire de le reconduire jusqu'à Monkbarns. Il lui avait même promis de le régaler, chemin faisant, d'un extrait du meilleur discours qu'il eût jamais entendu dans la cour des dîmes, et prononcé par le pro-curateur de l'Eglise, dans le cas de la paroisse de Gatherem. M. Oldbuck résista à cette invitation, et reprit solitairement le chemin qui conduisait à la chaumière de Mucklebackit. Lorsqu'il en fut à peu de distance, il vit sur le rivage un homme occupé à réparer une barque tirée sur le sable; et, s'en étant approché, il fut surpris de reconnaître Mucklebackit. — Je suis charmé, Saunders, lui dit-il d'un ton amical, que vous ayez pu prendre sur vous de vous livrer à quelque occupation.

— Et que voulez-vous que je fasse? lui dit le pêcheur d'un ton d'humeur. Parce qu'un de mes enfans s'est noyé, faut-il que je laisse mourir les autres de faim? Vous autres riches, vous pouvez rester chez vous, un mouchoir à la main, quand vous perdez un parent; mais nous, il n'en faut pas moins travailler, quand nos cœurs battraient aussi fort que le marteau sur cette planche.

Sans faire plus d'attention à Oldbuck, il se remit à l'ouvrage ; et l'antiquaire, pour qui le spectacle de la nature humaine sous l'influence des passions qui l'agitent n'était pas indifférent, resta devant lui, appuyé sur sa canne, comme s'il eût examiné les progrès de son travail. Il remarqua plus d'une fois que, par la force de l'habitude, le pêcheur, en faisant jouer la scie et le marteau, était sur le point d'accompagner le bruit de ses outils en sifflant ou en fredonnant suivant son usage; mais un mouvement convulsif dans ses traits annonçait qu'il existait en lui un sentiment plus fort qui supprimait les sons avant qu'ils sortissent de ses lèvres. Enfin, après avoir bouché une voie d'eau, il commença à travailler à une autre; mais il n'avait plus la force de donner à son ouvrage le degré d'attention nécessaire. La planche qu'il s'apprêtait à clouer était d'abord trop longue. Il la scia, et elle se trouva trop courte : il en choisit une autre, elle ne convenait pas mieux ; il la jeta avec un mouvement de colère, et s'écria en essuyant d'une main tremblante ses yeux troublés : — Il y a une malédiction sur moi et sur cette chienne de barque! Ne l'ai-je manœuvrée et radoubée pendant tant d'années que pour qu'elle finît par noyer mon pauvre Steenie? Qu'elle aille au diable! — Et il lança son marteau contre elle avec force, comme s'il eût dépendu d'elle de lui épargner ce malheur. Revenant ensuite à lui : — Pourquoi me mettre en colère contre elle? ajouta-t-il : elle n'a ni sens ni ame ; ce ne sont que de vieilles planches clouées ensemble, et battues par les vents et par les eaux. Je ne vaux guère mieux moi-même, et j'ai aussi supporté le gros temps, non-seulement sur mer, mais sur terre. Il faut qu'elle soit radoubée pour la marée de demain; c'est une chose nécessaire.

Il ramassa ses outils, et il allait se remettre à l'ouvrage, quand Oldbuck, le prenant par le bras, lui dit avec bonté :
— Saunders, vous n'êtes pas en état de travailler aujourd'hui. Je vais envoyer Shavings, le charpentier, visiter votre barque ; il y fera tout ce qui sera nécessaire, et je me charge de le payer. Passez demain la journée avec votre famille ; tâchez de vous consoler de votre malheur ; je vous enverrai de Monkbarns ce qui vous sera nécessaire.

— Je vous remercie, Monkbarns, répondit le pauvre pêcheur ; je n'ai pas la langue dorée, je ne puis vous faire de beaux discours ; ma mère aurait pu me l'apprendre, il y a bien des années : mais je ne vois pas que toute sa science lui ait fait grand bien. Tout ce que je puis vous dire, c'est que je vous remercie. Vous avez toujours été charitable pour vos voisins, quoiqu'il y ait bien des gens qui disent que vous y regardez de près, et que vous avez la main serrée. Dans le temps où l'on cherchait à soulever les pauvres contre les riches, j'ai dit bien des fois que personne n'arracherait un cheveu de la tête de Monkbarns, tant que Steenie et moi nous pourrions remuer un doigt ; et Steenie en disait tout autant. Quand vous avez porté sa tête dans le cercueil, et je vous dois bien des remerciemens pour l'honneur que vous lui avez fait, vous avez vu couvrir de terre un honnête garçon qui vous était attaché, quoiqu'il n'en fît pas grand bruit.

Oldbuck sentit s'évanouir tout l'orgueil de son cynisme affecté, et il n'aurait pas voulu pour bien des choses avoir près de lui en ce moment quelqu'un qui lui citât ses maximes favorites de philosophie stoïcienne. Il sentait de grosses larmes tomber de ses yeux, tout en engageant le malheureux père, dont l'affliction redoublait tandis qu'il rappelait les sentimens généreux de son fils, à ne pas se livrer à une douleur devenue inutile. Enfin, le prenant par le bras, il l'entraîna vers sa cabane, où une autre scène attendait notre antiquaire.

La première personne qu'il aperçut en y entrant fut lord Glenallan. Ils se reconnurent, et montrèrent tous deux beaucoup de surprise en se saluant, M. Oldbuck avec un air de réserve hautaine, et le comte avec une sorte d'embarras.

— Lord Glenallan, je crois? dit l'antiquaire.

— Oui, bien différent de ce qu'il était quand il fit connaissance avec M. Oldbuck.

— Je me retire, milord; je ne m'attendais pas à trouver ici Votre Seigneurie : je ne venais que pour voir cette famille affligée.

— Et vous avez trouvé, monsieur, quelqu'un qui a encore de plus grands droits à votre compassion.

— A ma compassion! Lord Glenallan ne peut avoir besoin de ma compassion; et quand il en aurait besoin, je doute qu'il voulût me la demander.

— Notre ancienne connaissance, M. Oldbuck......

— Elle remonte si loin, milord, elle a duré si peu de temps, et elle se rattache à des circonstances si pénibles, que je crois que nous pouvons nous dispenser de la renouveler. Bonjour, milord.

A ces mots, l'antiquaire se détourna et sortit de la chaumière. Mais lord Glenallan, en dépit de cette froideur glaciale, le suivit sur-le-champ, lui demanda quelques minutes d'entretien, et le pria de lui donner son avis sur un objet important.

— Vous trouverez, milord, bien des gens plus en état que moi de vous donner des avis, et qui se feront un honneur d'être consultés par Votre Seigneurie. Quant à moi, je suis un homme retiré du monde et des affaires; je ne me soucie nullement de fouiller dans le passé pour me rappeler les événemens d'une vie inutile, et vous me pardonnerez, milord, si j'ajoute qu'il me serait surtout bien pénible de revenir sur cette époque où nous agîmes, moi comme un fou, et vous..... Il s'arrêta.

— Comme un scélérat, voulez-vous dire? Je dois vous avoir paru tel.

— Milord, milord, je n'ai nulle envie d'entendre votre confession.

— Mais si je puis vous démontrer, M. Oldbuck, que j'ai été plus malheureux que coupable, plus malheureux qu'il ne serait possible de vous le peindre ; oui! vous avez devant les yeux un homme à qui la tombe seule offre en ce moment l'espoir du repos; vous ne refuserez pas d'écouter celui qui regarde le hasard qui vous a amené près de lui en cet instant critique, comme une manifestation des volontés du ciel.

— Assurément, milord, il ne m'est plus possible de me refuser à la continuation de cet entretien extraordinaire.

— Je vous rappellerai donc que nous nous rencontrâmes bien des fois au château de Knockwinnock, il y a vingt ans et plus, et je présume que vous n'avez pas oublié la jeune dame qui y demeurait alors.

— Non, milord, je n'ai pas oublié l'infortunée miss Eveline Neville.

— Pour qui vous aviez conçu des sentimens...

— Fort différens de ceux que j'avais voués auparavant et que j'ai voués depuis à tout son sexe. Sa douceur, sa sensibilité, le plaisir qu'elle prenait aux études que je lui indiquais, m'inspirèrent plus d'affection qu'il ne convenait à mon âge, quoiqu'il ne fût pas encore très-avancé, et à la gravité de mon caractère. Mais je n'ai pas besoin de vous rappeler toutes les occasions où la gaieté de Votre Seigneurie se divertit aux dépens d'un homme menant une vie studieuse et retirée, gauche et embarrassé pour exprimer des sentimens si nouveaux pour lui, et je ne doute pas que la jeune dame ne trouvât quelque plaisir à me tourner aussi en ridicule; c'est l'usage de toute la race femelle. Je vous parle ainsi, milord, des offres que je fis et du refus que j'essuyai, pour que vous soyez assuré que toutes ces circonstances pénibles sont encore présentes à ma mémoire, et que vous puissiez, en ce qui me concerne, me dire tout ce qu'il vous plaira, sans scrupule et sans une délicatesse inutile.

—Je profiterai de cette permission, mais je dois d'abord vous dire que vous commettez une injustice envers la mémoire de la plus douce, de la meilleure et de la plus malheureuse des femmes, en supposant qu'elle pouvait se faire un jeu de l'attention honorable d'un homme tel que vous. Elle me reprocha bien des fois le ton léger avec lequel je vous plaisantais. Et maintenant, M. Oldbuck, puis-je espérer que vous me pardonnerez des saillies de gaieté qui vous ont offensé? Hélas! depuis ce temps il ne m'en est point échappé une seule qui puisse me mettre dans le cas d'offrir des excuses à qui que ce soit.

—Vous avez un plein pardon, milord. Vous savez que, partageant l'erreur générale, j'ignorais que vous étiez mon rival. Je regardais miss Neville comme dans un pénible état de dépendance qui pouvait lui faire accepter la main d'un homme qu'elle eût épousé sans se dégrader. Mais à quoi bon ces détails? Je voudrais pouvoir croire que les vues que d'autres avaient sur elle étaient aussi honorables que les miennes.

—M. Oldbuck, vous jugez sévèrement.

—Et ce n'est pas sans cause, milord, quand moi seul, de tous les magistrats du comté, moi qui n'avais ni l'honneur, comme quelques-uns d'entre eux, d'être allié à votre famille, ni, comme les autres, la bassesse de la craindre, j'entamai une enquête sur la mort de miss Neville. Je rouvre vos plaies, milord, mais je dois être franc. Je vous déclare que j'avais toutes les raisons possibles de croire qu'elle avait été la victime de quelque trame infernale; qu'elle avait été trompée par un faux mariage, ou qu'on avait pris des mesures pour anéantir toutes les preuves d'une union légale. Et je suis intimement convaincu que cette cruauté de la part de Votre Seigneurie, soit qu'elle fût l'effet de votre propre volonté, soit qu'elle eût pour cause l'influence de votre mère, poussa la malheureuse jeune dame à l'acte de désespoir qui termina sa vie.

— Vous vous trompez en partie, M. Oldbuck, et vos conclusions ne sont pas justes, quoiqu'elles naissent naturellement des circonstances. Croyez-moi, je vous respectais, même dans l'instant où vous m'embarrassiez le plus par l'activité de vos informations sur nos malheurs de famille. Vous prouviez que vous étiez plus digne que moi de miss Neville, par l'énergie que vous mettiez à soutenir sa réputation, même après sa mort. Mais la ferme croyance que tous vos efforts ne pouvaient aboutir qu'à mettre au grand jour une histoire dont les détails n'étaient que trop horribles, me décida à seconder les efforts de ma mère pour détruire toutes les preuves du mariage légal qui avait uni mon sort à celui d'Eveline. A présent asseyons-nous sur ce gazon, car je me sens hors d'état de rester debout plus long-temps, et ayez la bonté d'écouter l'histoire de la découverte extraordinaire que j'ai faite aujourd'hui.

Quand ils furent assis, lord Glenallan raconta brièvement à M. Oldbuck ce que nos lecteurs connaissent déjà, son mariage secret et l'horrible mensonge employé par sa mère pour empêcher l'union qui avait déjà eu lieu. Il lui détailla comment la comtesse, ayant entre les mains toutes les pièces relatives à la naissance de miss Neville, ne lui avait montré que celles qui avaient rapport à une époque à laquelle le père du comte avait consenti, pour des raisons de famille, que cette jeune personne passât pour sa fille naturelle ; et il lui fit voir qu'il était impossible qu'il soupçonnât sa mère d'imposture, quand sa déclaration se trouvait appuyée sur des lettres de son père, et confirmée par le serment d'Elspeth et de Theresa.

— Je quittai la demeure paternelle, ajouta-t-il, comme si j'eusse été poursuivi par les furies. Je ne sais ni où j'allai, ni ce que je devins, et je n'ai plus le moindre souvenir de ce que je fis jusqu'au moment où le hasard me fit découvrir par mon frère. Je ne vous parlerai pas d'une longue maladie que je fis. Ce ne fut que quelque temps après que je me hasardai à demander des nouvelles de celle qui avait partagé mon infortune, et que j'appris que son désespoir avait trouvé un remède terrible à tous les maux de la vie. Je restai plongé dans une sorte de stupeur léthargique, et la première chose qui m'en tira fut l'enquête que vous faisiez sur cette cruelle affaire. Vous ne pouvez guère être surpris que, croyant ce que je croyais, j'aie concouru aux mesures que ma mère et mon frère avaient déjà commencé à prendre pour vous arrêter dans cette procédure. Les informations que je leur donnai sur notre mariage secret les mirent en état de déjouer tous les efforts de votre zèle. L'ecclésiastique qui l'avait célébré, les témoins qui y avaient assisté, étaient des gens qui n'avaient agi que pour plaire à l'héritier de Glenallan ; ils se laissèrent intimider par ses menaces et gagner par ses libéralités, et une somme d'argent considérable les détermina à changer de pays.

— Quant à moi, continua-t-il, je me considérai dès-lors comme rayé du livre des vivans, et comme n'ayant plus rien de commun avec le monde. Ma mère employa tous les moyens possibles pour me réconcilier avec la vie. Elle me dit même des choses qui, comme je le conçois à présent, étaient destinées à me donner des doutes sur la vérité des horribles révélations qu'elle m'avait faites. Mais je regardais ces insinuations indirectes comme des fictions suggérées par l'amour maternel. Je m'abstiendrai de tous reproches ; elle n'existe plus ; et, comme vient de me le dire sa misérable complice, elle ignorait que le dard dont elle me perça fût empoisonné, et qu'il dût pénétrer si profondément dans mon cœur. Mais, M. Oldbuck, si, depuis vingt ans et plus, un être digne de votre pitié a rampé sur la terre, c'est celui qui est devant vous. Mes alimens ne m'ont pas nourri, mon sommeil ne m'a procuré aucun repos, ma piété aucune consolation ; toutes les sources du plaisir se sont taries pour moi. Le peu de relations que j'avais avec les autres hommes m'étaient en horreur, et il me semblait que tout ce qui m'approchait était souillé par la contagion d'un crime qui fait frémir la nature. Il y avait des momens où je songeais à m'exposer aux dangers de la guerre, à voyager dans des pays éloignés et barbares, à me lancer dans les intrigues politiques, ou à me vouer à la réclusion austère des cénobites de notre religion. Tous ces projets se présentèrent alternativement à mon esprit ; mais pour en exécuter quelqu'un il fallait une énergie qui ne m'appartenait plus. Imagination, jugement, santé, tout subissait en moi une décadence successive ; je ne végétais plus que comme l'arbre qu'on a dépouillé de son écorce, et qui voit se flétrir d'abord ses boutons, ensuite ses feuilles, et enfin ses branches. Me refuserez-vous à présent votre compassion et un pardon que j'implore ?

—Non, milord, non, répondit l'antiquaire d'un ton ému ; votre déplorable histoire n'explique que trop naturellement tout ce qu'il y eut d'extraordinaire et de mystérieux dans votre conduite ; elle forcerait aux larmes et à la pitié vos plus cruels ennemis, et croyez, milord, que je n'ai jamais été de ce nombre. Mais permettez-moi de vous demander ce que vous avez dessein de faire à présent, et pourquoi vous avez honoré de votre confiance en cette occasion un homme dont l'opinion est de si peu d'importance.

—M. Oldbuck, répliqua le comte, comme je n'aurais jamais pu prévoir la nature des aveux que j'ai entendus aujourd'hui, je n'ai pas besoin de vous dire que je n'avais pas formé le projet de prendre votre avis ni celui de personne sur ce que je ne pouvais pas même soupçonner. Mais je suis sans amis, étranger aux affaires, et, par suite de la retraite dans laquelle j'ai vécu si long-temps, également étranger aux lois du pays et aux usages de la génération actuelle ; et ce que je viens d'apprendre me jette dans une situation si inattendue que je m'attache au premier appui qui s'offre à moi. Je vous ai toujours entendu citer, M. Oldbuck, comme un homme plein de sagesse et d'intelligence; j'ai vu par moi-même que vous avez un esprit ferme et indépendant ; enfin, il existe une circonstance qui doit nous rapprocher, c'est que nous avons tous deux rendu hommage aux vertus et aux qualités de l'infortunée Eveline. Vous connaissez déjà le commencement de mes infortunes ; je viens de vous apprendre ce que vous ignoriez, et c'est à vous que je m'adresse pour obtenir secours, conseils et compassion.

— Et rien de tout cela ne vous sera refusé, milord, du moins autant que mes faibles moyens me le permettront ; je me trouve honoré de la préférence que vous m'accordez, n'importe que je la doive au hasard ou à votre volonté. Mais c'est une affaire qui exige de mûres réflexions. Puis-je vous demander quel est votre projet en ce moment ?

— De chercher à m'assurer du sort de mon fils, quelles qu'en puissent être les conséquences, et de rétablir l'honneur d'Eveline, que je n'ai consenti à exposer aux soupçons, qu'afin d'éviter la découverte d'une tache encore plus horrible à l'existence de laquelle on avait eu la cruauté de me faire croire.

— Et la mémoire de votre mère?

— Supportera le poids de ses fautes, répondit le comte, si cela devient indispensable. Il vaut mieux qu'elle soit convaincue d'imposture que de nous laisser accuser, Eveline et moi, de crimes bien plus épouvantables.

— Alors, milord, notre premier soin doit être de prendre la déposition de la vieille Elspeth en forme régulière et authentique.

— Je crains que cela ne soit impossible à présent. Elle est épuisée, et entourée d'une famille désolée. Demain peut-être, quand elle sera seule.... Et cependant elle a des idées si imparfaites de ce qui est juste ou injuste, que je doute qu'elle veuille parler en présence de tout autre que moi. Je suis moi-même si fatigué en ce moment...

— Alors, milord, dit l'antiquaire, l'intérêt du moment lui faisant oublier la dépense et le soin de ses aises, choses qui avaient ordinairement sur lui une assez grande influence, — au lieu de retourner, fatigué comme vous l'êtes, au château de Glenallan, ou, ce qui serait encore pire, d'aller chercher un gîte dans une mauvaise auberge de Fairport, ce qui mettrait en mouvement toutes les langues de la ville, veuillez accepter l'hospitalité à Monkbarns pour cette nuit. Demain ces bonnes gens auront repris leurs occupations, car le chagrin ne leur accorde pas l'exemption du travail; nous irons voir la vieille Elspeth quand elle sera seule, et nous recevrons légalement sa déposition.

Lord Glenallan se défendit d'abord sur l'embarras que sa visite pourrait occasioner, et finit par accepter cette proposition. Ils se mirent en marche, et, chemin faisant, le comte écouta avec patience toute l'histoire de John de Girnell, légende dont jamais M. Oldbuck ne faisait grace à quiconque passait le seuil de sa porte.

L'arrivée d'un hôte d'une telle importance, suivi d'un domestique en grand deuil conduisant deux chevaux de selle qui portaient de superbes harnais sur lesquels brillait une couronne de comte, produisit une commotion générale dans la demeure paisible de l'antiquaire. Jenny Rintherout, à peine remise d'une attaque de nerfs qu'elle avait éprouvée en apprenant la mort du pauvre Steenie, se mit à poursuivre dindons et poulets dans la basse-cour, caqueta et cria plus haut qu'eux, et finit par en tuer une demi-douzaine de trop. Miss Griselda fit *in petto* de fort sages réflexions sur le coup de tête de son frère, qui, en amenant chez lui si soudainement un lord papiste, avait nécessité une telle dévastation. Elle se hasarda même à faire donner à M. Blattergowl un avis indirect du carnage qui venait d'avoir lieu dans la basse-cour, ce qui détermina le digne ministre à venir sur-le-champ s'informer si M. Oldbuck était rentré sain et sauf chez lui, et si la cérémonie des obsèques ne l'avait pas trop fatigué. La cloche du dîner était sur le point de sonner quand il arriva, de sorte que l'antiquaire ne crut pas pouvoir se dispenser de l'inviter à rester et à dire le *benedicite*. Miss Mac-Intyre de son côté ne laissait pas d'être curieuse de voir ce puissant seigneur dont tout le monde parlait comme les sujets d'un calife ou d'un sultan de l'Orient parlent de leur maître; mais cette curiosité n'était pas sans mélange d'une sorte de crainte, et elle éprouvait une timidité plus qu'ordinaire à l'instant de se trouver devant un homme sur le caractère grave et austère duquel on faisait courir tant d'histoires. D'une autre part, la vieille femme de charge perdait presque l'esprit en cherchant à exécuter les ordres multipliés et souvent contradictoires de sa maîtresse, relativement à la pâtisserie, aux confitures et aux fruits, à la manière d'arranger le dîner sur la table, à l'attention nécessaire pour ne pas laisser tourner une sauce blanche, et au soin tout particulier qu'elle devait prendre pour ne pas laisser entrer Junon dans la cuisine; car quoique bannie de la salle à manger, Junon n'en continuait pas moins à marauder dans les environs.

Le seul habitant de Monkbarns qui conservât une tranquillité parfaite au milieu de cette agitation universelle, était Hector Mac-Intyre, sur qui la présence d'un comte ne faisait pas plus d'impression que celle d'un roturier. La seule réflexion que lui inspira cette visite fut qu'elle le mettrait probablement à l'abri du mécontentement de son oncle, si celui-ci avait trouvé mauvais qu'il ne l'eût pas accompagné aux obsèques du jeune pêcheur, et qu'elle lui épargnerait quelques railleries sur son malheureux combat singulier avec le *phoca* ou veau marin.

Oldbuck présenta lord Glenallan à toute sa famille, et le comte écouta avec complaisance et civilité le discours apprêté de l'honnête ministre, et les excuses prolongées de miss Griselda, qui regrettait que la brièveté du temps ne lui permît pas de recevoir Sa Seigneurie comme elle l'aurait désiré, excuses que son frère tâcha inutilement d'abréger. Lord Glenallan demanda la permission de se retirer, quelques instans avant le dîner, dans la chambre qui lui était destinée, et M. Oldbuck le conduisit dans la chambre verte, déjà préparée pour le recevoir. Le comte regarda autour de lui avec un air de souvenir pénible.

— Il me semble, M. Oldbuck, dit-il enfin, que je suis déjà venu dans cet appartement.

— Oui, milord, répondit l'antiquaire, vous y êtes venu du château de Knockwinnock, il y a plus de vingt ans ; et puisque nous en sommes sur ce triste sujet, vous vous rappelez peut-être quelle est la personne dont le goût a choisi les vers de Chaucer que vous voyez brodés au bas de la tapisserie.

— Je ne m'en souviens pas, dit le comte, mais je le devine aisément. Son goût et ses connaissances la mettaient au-dessus de moi aussi-bien que ses autres qualités. C'est un mystère des voies de la Providence, M. Oldbuck, qu'une créature douée de tant de graces, de talens et de vertus, ait été retirée du monde d'une manière si prompte et si funeste, par suite du fatal attachement qu'elle avait conçu pour un être aussi indigne d'elle que je l'étais.

M. Oldbuck n'essaya pas de répondre à cette exclamation arrachée par le chagrin qui déchirait le cœur de son hôte. Il pressa la main de lord Glenallan dans une des siennes, et passant l'autre sur les cils épais de ses paupières pour dissiper un nuage qui obscurcissait sa vue, il laissa le comte se livrer en liberté à ses réflexions jusqu'à l'heure du dîner.

CHAPITRE XXXV.

> « Oui, la vie est pour vous le vin délicieux
> « Dont s'abreuve à longs traits un convive joyeux,
> « Qui réchauffe le cœur, enflamme le génie;
> « Mais qu'est-elle pour moi? rien que l'impure lie
> « Qui reste au fond du verre, et que chacun soudain
> « Comme un vil résidu rejette avec dédain. »
> *Ancienne comédie.*

—Voyez donc, M. Blattergowl, à quoi pense mon frère, lui qui est un homme sensé et savant, d'amener ce comte à la maison, sans en dire un mot à personne! — Et puis le malheur arrivé dans la famille Mucklebackit! — Nous ne pourrons avoir une nageoire de poisson; — il est trop tard pour envoyer chercher du bœuf à Fairport; nous n'avons que du mouton fraîchement tué, et cette sotte de Jenny Rintherout semble avoir perdu la tête depuis deux jours, tantôt riant et tantôt pleurant? — Ensuite il faudra donc que ce grand laquais, qui est aussi grave que le comte lui-même, se tienne planté comme un piquet derrière la table! Je ne puis même aller voir comment tout se passe à la cuisine, car il y est à apprêter je ne sais quel ragoût pour son maître, qui ne mange pas comme tout le monde. Et que faire de ce domestique pendant le dîner? En vérité, M. Blattergowl, tout cela confond mon intelligence.

— Il est très-vrai, miss Griselda, répondit le ministre, que Monkbarns a agi inconsidérément. Il aurait dû faire son invitation vingt-quatre heures d'avance, et vous en donner avis. Je dois ajouter cependant que le comte ne pouvait descendre à l'improviste dans aucune maison de cette paroisse où il eût trouvé meilleure chère, car le parfum de la cuisine vient chatouiller agréablement mon odorat. Mais si quelques soins domestiques vous appellent, miss Griselda, ne me traitez pas en étranger. Je m'amuserai avec cet exemplaire des Instituts d'Erskine [1].

Et ouvrant au hasard cet in-folio (qui est pour le code d'Ecosse ce qu'est le commentaire de Coke sur Littleton), il tomba comme par instinct sur le dixième chapitre du livre second, qui traite des dîmes, et il ne tarda pas à s'enfoncer profondément dans une discussion abstraite sur la temporalité des bénéfices.

Le dîner qui causait tant d'inquiétudes à miss Oldbuck fut enfin servi, et lord Glenallan, pour la première fois depuis plus de vingt ans, s'assit à une table étrangère. Il était tenté de croire qu'il était dans le délire d'un rêve, ou dans la situation d'un homme dont le cerveau n'est pas encore bien purifié des fumées de l'ivresse. Délivré ce jour-là de l'image du crime qui avait effrayé son imagination, il éprouvait que le poids de ses chagrins était plus supportable, mais il était encore hors d'état de prendre part à la conversation. Il est vrai qu'elle était d'un genre bien différent de celle à laquelle il était accoutumé. La brusque franchise d'Oldbuck, les ennuyeuses harangues apologétiques de miss Griselda, le pédantisme du ministre, et la vivacité du jeune militaire, qui connaissait mieux les camps que la cour, tout cela était complètement nouveau pour un seigneur qui avait passé dans la retraite et dans la mélancolie un si grand nombre d'années que les mœurs du monde lui semblaient à la fois étranges et déplaisantes. Miss Mac-Intyre, par sa politesse naturelle et sa simplicité sans prétentions, était la seule qui parût appartenir à cette classe de la société à laquelle il avait été habitué pendant sa jeunesse, dans un temps plus heureux.

La conduite de lord Glenallan ne causa pas moins de

---

[1] Jurisconsulte qu'il ne faut pas confondre avec le lord Erskine. — Ed.

surprise à la compagnie. En vain on avait servi un dîner de famille excellent, quoique simple, car M. Blattergowl n'avait pas eu tort de dire qu'il était impossible de surprendre miss Griselda sans provisions dans l'office ; en vain l'antiquaire vanta son vieux vin de Porto, et le compara au falerne d'Horace ; lord Glenallan fut à l'épreuve de toutes ces tentations. Son domestique plaça devant lui un plat de légumes, arrangés avec la plus scrupuleuse propreté, et dont miss Griselda l'avait vu s'occuper dans la cuisine. Le comte en mangea avec sobriété, et un verre d'eau pure et limpide compléta son repas. Son domestique dit à Jenny que telle était la nourriture de son maître depuis bien des années, sans autre exception que les grandes fêtes de l'Eglise, et les jours où l'on recevait au château de Glenallan des hôtes de la première distinction. En ces occasions, il se relâchait un peu de l'austérité de sa diète, et se permettait un ou deux verres de vin. Mais à Monkbarns, un anachorète n'aurait pu faire un repas plus simple et plus frugal.

Notre antiquaire, comme nous l'avons vu, n'était pas dépourvu d'une certaine dose de sensibilité, mais l'habitude qu'il avait de vivre avec des gens devant lesquels il n'avait pas à se gêner, l'avait accoutumé à ne jamais farder ses sentimens, et à dire sans périphrase tout ce qui lui passait par l'esprit. Il attaqua donc, sans le moindre scrupule, son noble convive sur la sévérité de son régime.

— Des pommes de terre, des choux cuits à l'eau et à moitié froids, un verre d'eau à la glace pour les faire passer ! L'antiquité n'offre rien qui justifie une telle diète, milord. Cette maison était autrefois un *hospitium*, un lieu de retraite pour les chrétiens ; mais le régime de Votre Seigneurie est celui d'un pythagoricien, d'un bramine ; il est même encore plus austère si vous refusez cette belle pomme.

— Vous n'ignorez pas que je suis catholique, dit lord

Glenallan désirant éviter cette discussion, et vous savez que notre Eglise...

— Etablit des règles de mortification, mais je ne sache pas qu'elles aient jamais été si rigoureusement mises en pratique. J'en citerai pour preuve John de Girnell, ou le joyeux abbé qui donna son nom à cette pomme.

Et tout en pelant le fruit, l'antiquaire raconta l'anecdote que nos lecteurs ont déjà lue dans le quatrième chapitre de cette histoire, et qui avait fait la célébrité de *l'arbre*. Il poursuivit son récit d'un air malicieux et avec plus de détail qu'il ne fallait, malgré les *fi donc !* de sa sœur, la toux du ministre et la manière expressive dont celui-ci secouait sa large perruque. Ses plaisanteries n'eurent pas de succès ; car, comme on doit bien le présumer, cette anecdote de galanterie claustrale ne fit pas naître un sourire sur les lèvres du comte. Oldbuck entama alors un autre sujet d'entretien, et parla d'Ossian, de Mac-Pherson et de Mac-Crib ; mais ces trois noms étaient également inconnus à lord Glenallan, tant il était peu au courant de la littérature moderne. La conversation courait alors le risque de se ralentir ou de tomber entre les mains du révérend Blattergowl, qui avait déjà prononcé le mot redoutable *dîmes*, quand le hasard mit sur le tapis la révolution de France, événement politique que le comte ne regardait qu'avec l'horreur que lui inspiraient ses préjugés religieux et aristocratiques. Oldbuck ne portait pas si loin la haine des principes révolutionnaires.

— Il se trouvait dans l'assemblée constituante, dit-il, des hommes qui professaient la saine doctrine des Wighs, et qui voulaient établir un gouvernement protecteur de la liberté du peuple. Si une bande de furieux et de scélérats se sont maintenant emparés de l'administration, c'est ce qui est arrivé plus d'une fois dans de grandes révolutions. L'Etat ressemble à un pendule agité qui s'écarte de droite et de gauche avant de reprendre le balancement perpendiculaire et réglé qui lui convient. C'est un orage, un ouragan qui passant sur une contrée, y répand une désolation momentanée, mais qui, entraînant des vapeurs malfaisantes, l'en dédommage ensuite par une plus grande fertilité.

Le comte secoua la tête, mais il n'avait ni la force ni l'envie de soutenir une discussion, et il laissa passer les argumens de l'antiquaire sans chercher à y répondre.

Ce sujet de conversation permit à Hector d'y prendre part. Il parla de ses campagnes et des différentes occasions où il avait vu le feu, avec modestie, mais avec un enthousiasme qui enchanta le comte, qui comme ses ancêtres avait été élevé dans la ferme croyance que le métier des armes était la plus noble occupation de l'homme, et dans l'esprit duquel avoir porté les armes contre la France, c'était s'être sanctifié par une sorte de croisade.

— Que ne donnerais-je pas, dit-il à part à Oldbuck quand ils se levèrent de table afin d'aller rejoindre les dames dans le salon, pour avoir un fils semblable à votre neveu! Il lui manque peut-être ce poli, ce vernis que l'usage du monde et de la bonne société lui donnerait bientôt; mais avec quelle ardeur il s'exprime! comme il aime sa profession! avec quel feu il fait l'éloge des autres! comme il parle modestement de lui-même!

— Hector vous a beaucoup d'obligation, milord; je crois en vérité que personne n'en a jamais dit la moitié autant de bien, si ce n'est peut-être le sergent de sa compagnie quand il veut enjôler quelque montagnard pour en faire une recrue. Cependant c'est un brave garçon, mais je ne le regarde pas comme aussi parfait que vous voulez bien le supposer, et je fais plus de cas de la bonté de son cœur que de la vivacité de son caractère. Je puis vous assurer que son enthousiasme tient à une impétuosité naturelle qui ne le quitte jamais, et qui souvent est fort à charge à ses amis. Je l'ai vu aujourd'hui attaquer en combat singulier un *phoca*, veau marin (un *seal*, mais nos gens du peuple disent *sealgh*, en conservant cette diphthongue gutturale gothique *gh*), avec la même ardeur que s'il eût combattu contre Dumourier. Et morbleu, milord, le *phoca* a été vainqueur, comme Dumourier l'a été plus d'une fois. Il vous parlera avec autant et peut-être avec plus d'enthousiasme des talens de sa chienne Junon pour la chasse, que du plan de campagne le mieux combiné.

— Puisqu'il aime cet exercice, dit le comte, il peut, quand bon lui semblera, s'y livrer sur toute l'étendue de mes domaines.

— Vous voulez donc l'attacher à vous corps et ame, milord? Permettez-lui de tirer sur une pauvre compagnie de perdrix, ou sur une volée de canards sauvages, et il est à vous pour jamais. Je vais l'enchanter en lui apprenant cette nouvelle. Mais, milord, si vous aviez pu voir mon phénix Lovel! le prince, le roi des jeunes gens de ce siècle! Et ne croyez pas pourtant que le sang ne bouillonne dans ses veines. Je vous réponds qu'il a bien rivé le clou à mon neveu; il lui a fait voir un Roland pour un Olivier, comme on le dit en faisant allusion à deux célèbres paladins de la cour de Charlemagne [1].

Après le café, lord Glenallan demanda un entretien particulier à l'antiquaire, qui le conduisit dans son cabinet.

— Il faut, lui dit le comte, que je vous sépare de votre aimable famille, pour vous prier de servir de guide à un infortuné qui réclame vos soins. Vous connaissez le monde, et je m'en suis banni depuis long-temps. Le château de Glenallan est ma prison plutôt que ma demeure; prison volontaire, mais dont je n'ai pas eu le courage de sortir.

— Permettez-moi d'abord de vous demander quelles sont vos vues, quels sont vos désirs dans cette affaire?

— Je désire vivement reconnaître mon mariage, et rétablir ainsi la réputation de la malheureuse Eveline; mais

---

[1] *Un Roland pour un Olivier*: cette phrase, devenue proverbiale en Angleterre, est plus noble que le proverbe équivalent de notre langue: *à bon chat bon rat*.—Éd.

je désirerais qu'il fût possible de faire cet acte de justice sans rendre publique la conduite de ma mère.

— *Suum cuique tribuito*, milord; il faut rendre à chacun ce qui lui est dû. La mémoire de miss Neville n'a souffert que trop long-temps, il faut avant tout songer à la justifier. Au surplus il me semble qu'on peut le faire sans compromettre directement celle de votre mère. On peut se borner à dire qu'elle s'était positivement opposée à ce mariage. Et pardonnez-moi, milord, si j'ajoute que quiconque a connu la comtesse de Glenallan n'aura pas de peine à le croire.

—Mais vous oubliez une circonstance horrible, M. Oldbuck.

— Non pas que je sache.

— Le destin de l'enfant, sa disparition avec une des confidentes de ma mère, et les affreuses conséquences qu'on peut tirer des aveux qu'Elspeth m'a faits ce matin.

—Si vous voulez savoir mon opinion, milord, et que vous me promettiez de ne pas saisir trop vivement l'espérance qu'elle vous présentera, je vous dirai qu'il me semble très-possible que votre fils vive encore. Les enquêtes que je fis dans le temps sur ce déplorable événement m'apprirent que dans la nuit même où il arriva, une femme et un enfant partirent de la cabane de Craigburnsfoot dans une voiture attelée de quatre chevaux, avec votre frère Édouard Geraldin Neville. Ils se dirigeaient vers l'Angleterre, et je découvris les traces de leur passage presque jusqu'aux frontières. Je crus alors que le projet de la famille était d'éloigner de ce pays un enfant dont vous vouliez déclarer la naissance illégitime, de crainte qu'il n'y trouvât des protecteurs capables de faire valoir ses droits, s'ils pouvaient en acquérir la preuve. Mais aujourd'hui, je croirais plutôt que votre frère, trompé comme vous par votre mère, a voulu le faire disparaître, soit par égard pour l'honneur de sa famille, soit peut-être pour le soustraire à la cruauté de la comtesse.

Tandis qu'il parlait, le comte devint pâle; il se laissa tomber dans un fauteuil, et parut sur le point de perdre connaissance. L'antiquaire prit l'alarme, et réfléchit à la hâte sur ce qu'il pourrait faire pour le soulager. Mais quoique son cabinet fût rempli d'une foule de choses inutiles, il ne s'y trouvait rien qui pût servir en cette occasion, ni, pourrait-on dire, dans aucune autre. Il courut donc emprunter à sa sœur un flacon de sels, et ne put s'empêcher de pester chemin faisant contre les incidens qui avaient converti sa maison en hôpital, d'abord pour un duelliste blessé, et ensuite pour un grand seigneur mourant de faiblesse. — Et cependant, pensa-t-il, j'ai toujours eu soin d'écarter de chez moi le militaire et la haute noblesse. Il ne me manque plus qu'une femelle qui vienne faire ses couches dans mon *cœnobitium*, et la métamorphose sera complète.

Lorsqu'il revint, lord Glenallan se trouvait beaucoup mieux. La lumière inattendue que M. Oldbuck avait jetée sur cette partie de son histoire, l'avait frappé si vivement qu'il lui avait été impossible de la supporter.

— Vous pensez donc, M. Oldbuck, car vous êtes en état de penser et je ne le suis pas; vous pensez qu'il est possible, ou, pour mieux dire, qu'il n'est pas impossible que mon fils existe encore?

— Je pense qu'il est impossible que votre frère ait concouru à lui donner une mort violente : on sait qu'il était léger et dissipé, mais il avait des sentimens d'honneur, et il n'a jamais passé pour cruel; il n'est même pas vraisemblable que, s'il avait eu le dessein de faire périr l'enfant, il eût été assez imprudent pour l'emmener dans sa voiture, comme je suis en état de vous prouver qu'il l'a fait.

A ces mots Oldbuck ouvrit un tiroir de l'armoire d'Aldobrand, dont nous avons parlé, et y prit une liasse de papiers attachés avec un ruban noir, et sur laquelle on lisait : Enquête faite par Jonathan Oldbuck, juge de paix, le 18 février 17—; et au-dessous, d'un caractère plus petit : *Eheu Evelina!* De grosses larmes tombaient des yeux du comte, tandis que sa main tremblante cherchait à dénouer le ruban qui entourait ces pièces.

— Vous feriez mieux de ne pas les lire à présent, dit l'antiquaire; agité comme vous l'êtes, et ayant à vous occuper d'une affaire si importante, il ne faut pas épuiser vos forces. Je présume que la succession de votre frère vous appartient maintenant; il vous sera donc aisé d'interroger ses domestiques et les personnes qui faisaient ses affaires, et par là de vous assurer si l'enfant dont nous parlons existe encore.

— J'ose à peine l'espérer : pourquoi mon frère me l'aurait-il caché?

— Demandez plutôt pourquoi il vous aurait informé de l'existence d'un être que vous auriez regardé comme un monument vivant de.....

— C'est la vérité; par compassion pour moi, il devait garder le silence. Si quelque chose avait pu ajouter à l'horreur du songe épouvantable qui a empoisonné toute mon existence, c'eût été de savoir qu'il existait un rejeton de cette union que je regardais comme sacrilège.

— Par conséquent, quoiqu'il soit absurde de conclure, après un espace de plus de vingt ans, que votre fils vit nécessairement encore, parce qu'on ne l'a pas fait périr dans son enfance, je crois qu'il faut vous occuper sur-le-champ de faire des enquêtes à ce sujet.

— C'est à quoi je ne manquerai pas; j'écrirai à l'intendant de mon frère Neville, vieillard d'une fidélité à toute épreuve, qui avait rempli les mêmes fonctions dans la maison de mon père; mais il faut que je vous apprenne, M. Oldbuck, que je ne suis pas héritier de mon frère.

— Vraiment! j'en suis fâché, milord; il possédait de beaux domaines, et les ruines du vieux château de Neville-Burg sont les restes les plus splendides d'architecture anglo-normande qu'on puisse trouver dans tout le nord de l'Angleterre. C'est une propriété digne d'être enviée.

Je vous croyais le plus proche héritier de votre frère.

— Vous ne vous trompiez pas ; mais mon frère avait adopté des vues politiques et des idées religieuses toutes différentes de celles que notre maison avait toujours professées. Depuis long-temps nous étions divisés d'opinions, et ma malheureuse mère ne le trouvait pas toujours suffisamment respectueux. En un mot, il existait entre nous une espèce de querelle de famille, et mon frère, ayant le droit de disposer entièrement de ses biens, profita de cette liberté pour les laisser à un étranger. C'est une circonstance à laquelle je n'attachais pas la moindre importance ; car si les biens du monde avaient quelque pouvoir pour soulager les chagrins, ceux que je possède suffiraient, et au-delà, pour assurer mon bonheur; mais à présent, je crains que les dispositions prises à cet égard par mon frère ne rendent les renseignemens dont j'ai besoin plus difficiles à obtenir ; car d'après le testament de mon père, si j'avais un fils légitime lors du décès de mon frère, et que celui-ci mourût sans postérité, tous ses biens lui étaient substitués. Il est donc probable que son légataire, quel qu'il soit, ne sera pas très-empressé à nous faciliter des recherches dont le résultat pourrait tendre à le déposséder.

— Est-il possible que l'intendant dont vous parlez soit resté à son service?

— Cela me paraît assez vraisemblable ; et comme il est protestant, je ne sais trop jusqu'à quel point je puis me fier à lui.

—Il me semble, milord, qu'un protestant peut mériter autant de confiance qu'un catholique. Je prends un double intérêt à la foi protestante, milord, car, indépendamment de ce que je la professe, un de mes ancêtres, Aldobrand Oldenbuck, a imprimé la célèbre Confession d'Augsbourg, comme je puis le prouver à Votre Seigneurie par un exemplaire de l'édition originale que j'ai dans ma bibliothèque.

— Ce que je viens de vous dire, M. Oldbuck, ne m'a

été inspiré ni par l'intolérance, ni par les préjugés; mais on peut croire que l'intendant protestant favorisera le légataire protestant plutôt que l'héritier catholique, si toutefois mon fils a été élevé dans la religion de ses pères, et surtout s'il est encore vivant.

—Hé bien! milord, il faut prendre les précautions convenables et ne pas risquer de nous compromettre. J'ai un ami qui demeure à York, un savant avec lequel je suis en correspondance depuis long-temps, relativement à la coupe saxonne [1] que l'on conserve dans la cathédrale de cette ville. Nous nous écrivons à ce sujet depuis six ans, et nous ne sommes encore d'accord que sur la première ligne de l'inscription qui y est gravée. Je vais lui écrire sur-le-champ, et je lui demanderai les détails les plus circonstanciés sur le caractère, les dispositions, etc., des légataires de votre frère, et sur tout ce qui peut nous aider dans nos recherches. De votre côté, vous chercherez à réunir les preuves de votre mariage, car j'espère qu'il vous sera possible de vous en procurer.

—Très-certainement, car les témoins qu'on avait éloignés sont encore vivans; l'ecclésiastique qui a célébré notre mariage, et qui avait été mon gouverneur, était passé en France, où nous lui avions obtenu un bénéfice; mais la persécution l'en a chassé, et il est revenu en ce pays, victime de son zèle pour la royauté, la légitimité et la religion.

—Vous conviendrez, milord, que voilà du moins une heureuse conséquence de la révolution française; mais soyez sans inquiétude, j'agirai pour vous avec le même zèle que si je partageais vos opinions politiques et religieuses. Et faites-y bien attention, quand vous voudrez qu'une affaire importante soit convenablement traitée, chargez-en un antiquaire. Et pourquoi? C'est que, comme ils sont habitués à avoir toujours l'esprit tendu pour s'oc-

---

(1) Voyez sur cette coupe la note de l'Introduction d'*Ivanhoe*. — Ed.

cuper de minuties, il est impossible que quelque chose leur échappe dans une affaire importante. L'habitude conduit à la perfection, et le corps qu'on fait manœuvrer le plus souvent à la parade sera celui qui se montrera le mieux un jour de bataille. Et à présent, milord, si cela pouvait vous amuser, je vous lirais quelque chose en attendant l'heure du souper.

—Je vous prie, M. Oldbuck, de ne rien changer pour moi à vos arrangemens de famille; mais pour moi, jamais je ne prends rien dans la soirée.

— Je vous en livre autant, milord, et cependant ce n'était pas l'usage des anciens; mais il est vrai que je dîne tout différemment que Votre Seigneurie, et que par conséquent je suis plus en état de me passer des rafraîchissemens que mes femelles, c'est-à-dire ma sœur et ma nièce, font placer tous les soirs sur les tables, moins par nécessité que pour prouver qu'elles savent conduire une maison. Malgré cela je prends volontiers une côtelette ou un hareng grillé, une douzaine d'huîtres ou une tranche de jambon sortant de notre saloir, une rôtie au vin, ou quelque autre chose de semblable, uniquement pour boucher l'orifice de l'estomac avant de me mettre au lit; et je présume, milord, que vous en faites autant.

—C'est très-littéralement, M. Oldbuck, que je vous dis que je ne soupe jamais; mais j'assisterai avec plaisir à votre souper.

—Hé bien, milord, puisqu'il m'est impossible de plaire à votre palais, je vais tâcher d'intéresser vos oreilles; ce que je vais lire à Votre Seigneurie a rapport à un sujet qui ne lui est pas étranger.

Lord Glenallan eût préféré continuer à s'entretenir du seul objet qui occupât toutes ses pensées; mais la politesse lui arracha un signe de tête de consentement et de résignation.

L'antiquaire ouvrit sur-le-champ un porte-feuille contenant un grand nombre de feuilles volantes, et ayant trouvé ce qu'il y cherchait : —Les détails topographiques que vous allez entendre, milord, dit-il, sont destinés à être une des pièces justificatives d'un Essai sur la Castramétation, dont la lecture a été accueillie avec indulgence dans diverses sociétés d'antiquaires. Le sujet sont les ruines du fort antique de Quickens-Bog, dont Votre Seigneurie connaît sans doute le site, car on les trouve sur votre ferme de Mantanner, dans votre baronnie de Clochnaben.

—Il me semble que ces noms ne me sont pas inconnus, dit le comte.

—Ne lui sont pas inconnus! se dit intérieurement l'antiquaire; et la ferme lui rapporte six cents livres par an! Juste ciel!

Sa politesse l'emporta pourtant sur sa surprise, et sans en rien témoigner il commença sa lecture à haute et intelligible voix, enchanté d'avoir trouvé un auditeur disposé à l'écouter avec intérêt et patience.

« Quickens-Bog semblerait d'abord tirer son nom de la plante *quicken*, nom par lequel nous désignons en Ecosse le *triticum repens* de Linnée, vulgairement le chiendent, et du monosyllabe anglais *bog*, par lequel nous entendons en langage populaire un marais, ou marécage, en latin *palus*. Mais ceux qui adoptent à la hâte, en fait de dérivations étymologiques, les premières venues, seront confondus en apprenant que le chiendent, ou, pour parler scientifiquement, le *triticum repens* de Linnée, ne croît pas dans l'étendue d'un quart de mille autour de ce *castrum* ou château fort, dont les remparts sont uniformément revêtus d'une herbe fort courte, et que pour trouver un *palus* ou marécage, il faut aller à une distance encore plus considérable, le plus voisin étant celui de Gir-the-Mear, qui en est éloigné d'un bon demi-mille. Cette dernière syllabe est donc évidemment une corruption du mot saxon *burgh*, que nous trouvons de tous côtés transformé en *burrow*, *brough*, *bruff*, *buff* et *boff*, dernière métamorphose qui approche de bien près du monosyllabe en question ; car en supposant que le mot originaire ait été *borgh*, ce qui est la véritable orthographe saxonne, un léger changement, semblable à celui que les organes modernes produisent souvent en prononçant les anciens sons, nous donnera d'abord *bogh*, par la simple élision de la consonne R ; alors si vous donnez à la finale *gh* le son de la lettre F, suivant la prononciation anglaise, vous aurez *boff*, et si au contraire vous rendez l'H muet, vous voilà arrivé à *bog*. Il faut décomposer de la même manière le mot *quickens* et remonter à sa véritable origine, avant de pouvoir en expliquer la signification. Rien n'est plus ordinaire que le changement de *qu* en *wh* ; il est familier à l'élève le plus novice qui ait jamais ouvert un volume d'ancienne poésie écossaise. Or par là nous gagnons *whickens-borgh*, ce qui signifiera *à qui est ce château ?* Question que son importance et sa beauté ont pu suggérer plus d'une fois ; ou bien ce pourrait être *whackens-burgh*, du mot saxon *whacken*, frapper, et certainement plus d'un combat sous les murs de cette forteresse peut avoir légitimé cette dérivation, etc., etc., etc.

Nous aurons pour nos lecteurs plus de condescendance qu'Oldbuck n'en eut pour son hôte ; car prévoyant qu'il aurait rarement l'occasion d'obtenir l'attention d'un auditeur du rang de lord Glenallan, il lui fit boire le calice jusqu'à la lie.

CHAPITRE XXXVI.

« Age avancé, verte jeunesse,
« Vivent d'accord bien rarement.
« Tout est soucis pour la vieillesse,
« Tout pour la jeunesse est charmant.
« La vieillesse est l'hiver, nu, tremblant et stérile;
« La jeunesse est l'été, gai, riant et fertile. »
SHAKSPEARE. *OEuvres diverses.*

Le lendemain matin notre antiquaire, qui était un peu paresseux, fut éveillé par Caxon une heure plus tôt qu'à l'ordinaire.

— Eh bien! qu'y a-t-il donc? s'écria-t-il en bâillant, et en étendant le bras pour prendre une grosse montre à répétition qui était sous son oreiller avec un mouchoir des Indes; qu'y a-t-il donc, Caxon? Il ne saurait être encore huit heures.

— Non, monsieur, mais le domestique du comte m'a cherché, car il me prend pour le valet de chambre de Votre Honneur, et c'est bien la vérité que je le suis, ainsi que celui du ministre. Du moins ni lui ni vous n'en avez d'autre, et je donne un coup de main à sir Arthur aussi, quoique ce soit plutôt par suite de ma profession.

— Fort bien, fort bien ! n'importe. Heureux celui qui peut être lui-même son valet de chambre, comme vous l'appelez. Mais pourquoi troubler mon sommeil du matin?

— Oh! monsieur, le grand seigneur est levé depuis la pointe du jour; il a déjà fait partir de Fairport un exprès à cheval pour aller chercher sa voiture; il l'attend à tout moment, et il ne voudrait pas s'en aller sans avoir vu Votre Honneur.

— Hum! ces grands seigneurs disposent de la maison et du temps des autres comme si c'était leur propriété :

c'est bon pour une fois. Et Jenny, a-t-elle retrouvé son bon sens?

— Comme ci, comme ça, monsieur; tout à l'heure, dans la cuisine, elle ne savait que faire du jocolat, et j'ai vu le moment où elle allait le verser dans une jatte et le boire elle-même par distraction; mais, grâce à miss Mac-Intyre, le jocolat a échappé.

— Toutes mes femelles sont donc sur pied? Allons, allons, il faut que je me lève si je veux maintenir l'ordre dans ma maison : donnez-moi ma robe de chambre. Et quelles nouvelles y a-t-il à Fairport?

— Et de quoi voulez-vous qu'on s'y occupe, monsieur? Il n'y est bruit que de la grande nouvelle de ce grand seigneur qui, depuis vingt ans, à ce qu'on m'assure, n'a point passé le seuil de sa porte, et qui est venu faire une visite à Votre Honneur.

— Ah! ah! Eh bien, Caxon, que dit-on à ce sujet?

— Vraiment, il y a plus d'une opinion; ces coquins qu'on appelle démocrates, qui sont contre les rois, les lois et les cheveux poudrés, une bande de *blackguards* [1], disent qu'il est venu proposer à Votre Honneur d'amener à Fairport ses montagnards pour empêcher les assemblées des amis du peuple; et quand je leur dis que Votre Honneur ne se mêle jamais d'aucune affaire où il peut y avoir des coups à recevoir, et peut-être du sang répandu, ils me répondent que cela peut être vrai, mais qu'il y a ici votre neveu qui est connu pour être un homme du roi,

---

(1) Blackguards : *gueux, polissons, vauriens, drôles,* etc. Ce mot veut dire tout cela, et c'est une grosse injure; mais, comme tous les mots qui ont une étymologie locale, il trouve difficilement son équivalent. On appela d'abord du nom de *blackguards* une classe de petits polissons qui se rendaient constamment aux parades et aux revues du parc Saint-James pour cirer les bottes ou les souliers des militaires : par dérision on les désignait comme des *gardes noires,* Blackguards. Ces mots ne signifieraient-ils pas aussi décrotte-soldats? Quoi qu'il en soit, on serait trop heureux de trouver encore à Londres de ces *artistes* si utiles à Paris. — Éd.

qui se battrait dans le sang jusqu'aux jarrets ; enfin que que vous êtes la tête, qu'il est le bras, et que le comte doit fournir les hommes et l'argent.

— Fort bien ! je suis charmé que la guerre ne doive me coûter que des conseils.

— Oh ! personne ne pense que vous songiez ni à vous battre, ni à donner une demi-couronne pour l'un ou pour l'autre des deux partis.

— Et voilà l'opinion des démogrates, comme vous les appelez ? Et que disent les autres gens de Fairport ?

— Pour ne rien vous cacher, ce qu'ils disent ne vaut guère mieux, répondit le candide perruquier. Le capitaine Coquet, capitaine des volontaires, celui qui doit être le nouveau collecteur des taxes, et quelques autres membres du club royal des Bleus, disaient tout à l'heure qu'on ne devrait pas souffrir que des papistes comme ce comte de Glenallan, qui ont tant d'amis parmi les Français, courussent ainsi le pays, et que... mais Votre Honneur va peut-être se fâcher ?

— Nullement, Caxon, nullement ; faites feu contre moi aussi bravement que si vous composiez, vous tout seul, le peloton du capitaine Coquet ; je ne broncherai pas.

— Eh bien ! ils disaient que, comme vous n'aviez pas signé la pétition pour la paix, et que vous en aviez signé une contre la nouvelle taxe ; que comme vous n'aviez pas été d'avis de requérir les volontaires lors de l'émeute pour les farines, et que vous aviez voulu qu'on n'employât que des constables pour rétablir l'ordre, vous n'étiez pas ami du gouvernement, et qu'on devait avoir les yeux ouverts sur les conférences qui ont lieu entre un homme aussi puissant que le comte et un savant comme vous ; quelques uns disaient même qu'on devrait vous loger l'un et l'autre dans le château d'Edimbourg.

— Sur ma parole ! j'ai beaucoup d'obligation à mes

voisins de la bonne opinion qu'ils ont de moi. Ainsi, parce que je ne me suis jamais mêlé de leurs querelles que pour recommander la modération et la tranquillité, les deux partis me désignent comme un homme disposé à commettre quelque acte de haute trahison contre le roi ou contre le peuple. Il est fort heureux que ma vie ne dépende pas de leur opinion : donnez-moi mon habit, Caxon, donnez-moi mon habit. Et avez-vous appris quelque chose de Taffril et de son brick?

Caxon changea de visage. — Non, monsieur, répondit-il, et nous avons eu des vents terribles, et il ne fait pas bon à croiser sur cette côte par un vent d'est. Les rochers s'avancent tellement dans la mer, qu'un vaisseau s'y trouve poussé en moins de temps qu'il ne m'en faudrait pour repasser un rasoir; et puis il n'y a sur la côte ni port ni lieu de refuge : on n'y voit que des rocs et des écueils; et qu'un bâtiment y touche, il est brisé en éclats comme la poudre que je secoue avec ma houppe. C'est ce que je dis toujours à ma fille quand elle commence à s'inquiéter de ne pas recevoir de lettres du lieutenant Taffril, car c'est une excuse pour lui. Vous ne devez pas le blâmer, lui dis-je ; qui sait ce qui peut être arrivé?

—Bien, Caxon, bien; vous êtes aussi propre au métier de consolateur qu'à celui de valet de chambre. Donnez-moi un col blanc; croyez-vous que je descendrai avec un mouchoir autour du cou quand j'ai compagnie?

—Eh mon dieu! le capitaine dit qu'un mouchoir à trois pointes est ce qu'il y a de plus à la mode, et que les cols ne sont bons que pour Votre Honneur, et pour moi, qui sommes de l'ancien monde. Pardon si je parle de moi en même temps que de Votre Honneur, mais c'est ce que dit le capitaine.

—Le capitaine est un fat, et vous êtes un oison, Caxon.

—Tout cela est possible ; bien certainement Votr Honneur doit le savoir.

Avant le déjeuner, lord Glenallan, qui parut moins agité que la veille, discuta avec M. Oldbuck les diverses déclarations que celui-ci avait reçues lors de l'enquête qu'il avait commencée après la mort d'Eveline Neville, et lui fit connaître les moyens qu'il avait de se procurer des preuves de son mariage ; il lui annonça la résolution qu'il avait prise d'aller vérifier sur-le-champ si les pièces relatives à la naissance d'Eveline, et qu'Elspeth lui avait dit avoir été en la possesion de sa mère, existaient encore, ou si elles avaient été supprimées.

— Et cependant, M. Oldbuck, dit-il, je me trouve dans la situation pénible d'un homme qui reçoit une importante nouvelle avant d'être bien éveillé, et qui doute si ce n'est pas la continuation d'un rêve. Cette femme, — cette Elspeth, touche à la caducité ; on peut presque dire qu'elle radote. N'ai-je pas, c'est une question qui m'effraie, n'ai-je pas eu tort d'ajouter foi si facilement à son témoignage, quand tout ce qu'elle me disait était diamétralement opposé à ce qu'elle m'avait si positivement affirmé autrefois ?

L'antiquaire réfléchit un instant, et lui répondit d'un ton ferme : — Non, milord, je ne puis croire que vous ayez aucune raison pour douter de la vérité d'une déclaration qu'elle vous a faite sans autre motif apparent qu'un remords de conscience. Ses aveux ont été volontaires, désintéressés, très clairs, et l'on ne peut y remarquer aucune contradiction. Je crois donc que vous devez vous occuper sans délai de chercher les pièces dont elle vous a parlé, et qu'il faut tâcher d'obtenir sa déposition dans une forme légale. Nous avions formé le projet d'aller la voir ensemble, mais je crois que ce serait un soulagement pour Votre Seigneurie si je me chargeais seul de cette affaire en qualité de magistrat ; d'ailleurs cela aura un air de plus grande impartialité. Je procéderai donc à son interrogatoire dès que je la verrai dans une situation d'esprit qui me permette d'en espérer des réponses satisfaisantes.

— Je ne puis vous exprimer, M. Oldbuck, dit lord Glenallan en joignant les mains et en les levant vers le ciel, combien votre appui et votre coopération dans cette affaire aussi triste que ténébreuse me donnent d'espoir et de confiance. Je ne puis assez me féliciter d'avoir cédé au premier mouvement qui m'a porté à vous forcer, pour ainsi dire, à m'écouter; ce qui m'a été inspiré par la connaissance que j'avais de la fermeté avec laquelle vous aviez déjà, dans cette affaire, rempli autrefois vos devoirs, tant comme magistrat que comme l'ami d'une infortunée. Quelle que soit l'issue de cette affaire, je voudrais espérer qu'une aurore de bonheur commence à luire sur ma maison, quoique je ne puisse espérer de vivre pour en jouir! quoi qu'il puisse arriver, vous aurez droit à l'éternelle reconnaissance de ma famille et à la mienne.

— Milord, répondit gravement l'antiquaire, je dois avoir le plus grand respect pour la famille de Votre Seigneurie, car je sais qu'on doit la compter parmi les plus anciennes d'Ecosse. Elle descend indubitablement d'Aymer de Geraldin, qui siégeait dans le parlement à Perth, sous le règne d'Alexandre II [1], et qui, d'après une tradition moins authentique, mais plausible, remontait, dit-on, jusqu'à Marmor de Clochnaben. Mais, malgré toute ma vénération pour l'antiquité de votre maison, je dois vous déclarer que ce qui me porte encore davantage à vous donner tous les secours qui dépendent de mes faibles moyens, c'est un sentiment de compassion sincère pour vos chagrins, et d'indignation profonde contre les impostures dont vous avez été si long-temps la victime. Milord, le repas du matin doit être prêt maintenant. Permettez-moi de vous montrer le chemin à travers le laby-

---

(1) En 1214. — Ed.

rinthe de mon *cœnobitium*, qui est moins une maison qu'une réunion de cellules bizarrement entassées les unes sur les autres, dont j'ai respecté l'ancienne distribution. J'espère que vous allez vous dédommager de la sévérité du régime que vous avez observé hier.

C'était ce qui n'entrait nullement dans les projets de lord Glenallan. Ayant salué la compagnie avec l'air de politesse grave et mélancolique qui le caractérisait, il prit une tranche de pain grillée, et but un verre d'eau claire que lui présenta son domestique, ce qui était son déjeuner ordinaire. Celui de l'antiquaire et de son neveu fut un peu plus substantiel, et il n'était pas encore fini quand on entendit une voiture s'arrêter à la porte.

— C'est sans doute le carrosse de Votre Seigneurie, dit Oldbuck en s'approchant de la fenêtre. C'est, sur ma parole, un superbe *quadriga*, car, d'après les meilleures scolies, tel est le nom que les Romains donnaient aux chars attelés de quatre chevaux comme celui-ci.

— Et je déclare, dit Hector, en se penchant à la fenêtre, que jamais quatre plus beaux chevaux bais, quatre coursiers mieux assortis, n'ont été attelés à une berline. Quels beaux poitrails! Quels superbes chevaux de bataille on aurait pu en faire! Oserai-je vous demander, milord, si ce sont de vos élèves?

— Je... je le crois, répondit lord Glenallan, mais je vous avoue que j'apporte tant de négligence dans mes affaires domestiques, que pour en être sûr il faut que j'aie recours à Calvert. — Et en même temps il se tourna vers son domestique.

— Ils sortent de votre haras, milord, dit Calvert. Ils ont pour père Mad Tom, et leurs mères sont Jemina et Yarico, vos deux plus belles jumens poulinières.

— Et en avons-nous quelques autres de la même race?

— Deux, milord; l'un qui vient d'avoir quatre ans, et l'autre qui va en avoir cinq; deux bêtes magnifiques.

— Eh bien ! que Dawkins les amène ici demain matin. J'espère que le capitaine Mac-Intyre voudra bien les accepter, s'il les trouve à son goût.

Tandis qu'Hector, l'œil étincelant de plaisir, s'épuisait en remerciemens, Oldbuck, de l'autre côté, tirait le comte par la manche, et cherchait à réprimer une libéralité qui lui semblait de sinistre augure pour son foin et son avoine.

— Milord, milord, fort obligé, très obligé sans doute ; mais Hector est un piéton, il sert dans l'infanterie. D'ailleurs c'est un Highlander, et son costume ne convient pas au service de la cavalerie. Mac-Pherson lui-même n'a jamais représenté ses ancêtres à cheval, quoiqu'il ait eu l'impudence de les placer sur des chars. Et c'est précisément, milord, ce qui roule en ce moment dans la tête d'Hector. Il n'a pas la manie de l'équitation, mais

« *Sunt quos curriculo pulverem olympicum*
« *Collegisse juvat*[1]. »

c'est un char qu'il ambitionne, et il n'a ni argent pour l'acheter, ni adresse pour le conduire s'il en avait un. Je vous assure, milord, que la possession de deux quadrupèdes semblables aurait pour lui des suites encore plus dangereuses que ses deux derniers duels, le premier avec un ennemi humain, et l'autre avec mon ami le phoca.

— Vous avez le droit de me donner des ordres, M. Oldbuck, dit le comte avec un air de politesse ; mais je me flatte que vous ne persisterez pas à me défendre d'offrir à mon jeune ami quelque chose qui puisse lui être agréable.

— Lui être utile, milord, à la bonne heure. Mais point de *curriculum*. Autant vaudrait qu'il songeât à se donner un *quadriga*. Et pendant que j'y pense, qui donc a fait venir de Fairport cette vieille chaise de poste que je vois à ma porte ?

(1) Il en est qui aiment à soulever dans un char la poussière olympique. — HORACE. — TR.

— C'est moi, monsieur, répondit Hector avec un peu d'humeur ; car il n'était pas très charmé d'entendre son oncle mettre obstacle à la générosité du comte, et il trouvait encore plus mauvais qu'il révoquât en doute son talent à conduire une voiture, et surtout qu'il fît des allusions mortifiantes aux malheureux résultats de ses aventures du duel et du veau marin.

— Vous, monsieur! s'écria l'antiquaire ; et quel besoin, s'il vous plaît, avez-vous d'une chaise de poste? Cet équipage splendide, ce *biga*, comme je puis l'appeler, est-il un degré préliminaire pour vous conduire au *quádriga* ou au *curriculum?*

— S'il faut entrer à cet égard dans des détails particuliers, monsieur, je vous dirai que je vais aller à Fairport pour une petite affaire.

— Et puis-je savoir, Hector, quelle est la nature de cette petite affaire? Si elle concernait le régiment, je présume qu'elle pourrait être confiée aux soins de votre digne suppléant, le sergent, qui, depuis son arrivée ici, a eu la bonté de fixer ses dieux pénates à Monkbarns. Il pourrait, dis-je, s'en charger, et vous épargner par là de dépenser un jour de votre paie pour louer deux haridelles décharnées, et cet assemblage de bois pourri, de cuir desséché et de glaces fendues, vrai squelette d'une chaise de poste.

— Ce ne sont pas les affaires du régiment qui m'appellent à Fairport, monsieur ; et puisqu'il faut vous rendre compte du motif qui m'y conduit, je vous dirai que Caxon m'a appris ce matin qu'on doit interroger le vieil Ochiltrie, pour décider ensuite s'il y a lieu d'instruire son procès; j'y vais pour veiller à ce que justice soit rendue à ce pauvre diable ; voilà tout ce dont il s'agit.

— Oui-dà? j'en avais entendu parler, mais je ne pouvais croire que cela fût sérieux. Mais dites-moi, capitaine Hector, vous qui paraissez aussi disposé à être le second de quiconque a une querelle qu'à vous en faire vous-même, par terre, par mer, ou sur les côtes, avec des êtres raisonnables ou des êtres dénués de raison, quel si grand intérêt prenez-vous donc à Edie Ochiltrie?

— Il a servi dans la compagnie de mon père, monsieur. Et d'ailleurs un jour que j'étais sur le point de faire une folie, il a cherché à m'en détourner, et il m'a donné des avis presque aussi bons que ceux que vous-même auriez pu me donner.

— Et avec autant d'utilité, n'est-ce pas? Allons, Hector, convenez-en, vous n'avez pas suivi ses conseils?

— Je les ai méprisés en effet, mon oncle, mais je ne vois pas que ce soit une raison pour que je doive lui en savoir moins bon gré!

— Bravo, Hector, voilà ce que je vous ai jamais entendu dire de plus sensé. — Mais confiez-moi toujours vos projets sans réserve. — Ma foi! je vous accompagnerai dans cette course. — Je suis convaincu que le vieux Ochiltrie n'est pas coupable, et dans l'embarras où il se trouve je crois pouvoir lui être plus utile que vous. D'ailleurs cela vous épargnera une demi-guinée, mon garçon, et c'est un motif de considération que je vous engage à avoir plus souvent devant les yeux.

La politesse de lord Glenallan l'avait engagé à se détourner et à causer avec les dames quand l'altercation entre l'oncle et le neveu lui avait paru trop animée pour l'oreille d'un étranger; mais quand le ton radouci de l'antiquaire lui annonça que la paix allait se faire, il prit de nouveau part à la conversation. On lui dit qui était ce mendiant, et quelle était l'accusation portée contre lui, accusation que M. Oldbuck était tenté de regarder comme injuste et calomnieuse, dit-il, non-seulement à cause du caractère d'Ochiltrie, mais parce que Dousterswivel était son accusateur.

Lord Glenallan demanda si ce mendiant n'avait pas

été soldat autrefois. On lui répondit affirmativement.

— Ne porte-t-il pas, continua le comte, une espèce de manteau bleu? N'est-ce pas un vieillard de haute stature, ayant la barbe et les cheveux blancs, redressant sa taille d'une manière remarquable, et parlant avec un air d'indépendance et même de familiarité qui forme un contraste frappant avec sa profession.?

— Vous venez de donner trait pour trait le signalement d'Ochiltrie, dit Hector.

— C'est donc à lui, continua lord Glenallan, que je dois un tribut de reconnaissance, car c'est lui qui m'a apporté le premier des nouvelles de la plus haute importance. Je crains de ne pouvoir lui être d'aucune utilité dans la circonstance où il se trouve; mais, quand il sera tiré d'affaire, je me promets bien de le mettre à l'abri du besoin, et de la nécessité de mendier.

— Vous trouverez, milord, dit Oldbuck, que ce n'est pas une entreprise facile. Du moins je sais qu'on en a déjà fait l'épreuve et sans succès. Il se regarde comme indépendant, parce qu'il doit son existence à la charité générale de toute la société, mais il se trouverait humilié d'en être redevable à un seul individu. C'est un vrai philosophe qui dédaigne de se soumettre aux règles ordinaires des heures. Il mange quand il a faim, boit quand il a soif, dort quand il a sommeil. Il est si indifférent sur la manière de satisfaire tous ces besoins de la nature, que je crois qu'il n'a jamais fait un mauvais dîner, et qu'il ne s'est jamais trouvé mal couché. Et puis il est jusqu'à un certain point l'oracle du district dans lequel il fait ses courses vagabondes. C'est le généalogiste et le nouvelliste. Il se charge tour à tour des rôles d'arbitre, de médecin et de ministre. Il a trop de devoirs à remplir, et il les remplit avec trop de zèle, pour qu'il soit facile de le décider à renoncer à sa vocation. Mais je serais véritablement fâché que ce pauvre diable fût logé en prison pendant plusieurs semaines : je suis convaincu que cette réclusion lui briserait le cœur.

Ici se termina l'entretien. Lord Glenallan, ayant fait ses adieux aux deux dames, répéta au capitaine qu'il lui enverrait le lendemain les deux chevaux, et l'invita à chasser sur ses domaines aussi souvent qu'il pourrait le trouver agréable. — J'ajouterai, dit-il, que si la société d'un vieillard mélancolique ne vous effraie pas, le château de Glenallan vous sera toujours ouvert. Je garde mon appartement deux jours par semaine, le vendredi et le samedi ; mais vous n'en jouirez que mieux de la compagnie de mon aumônier, M. Gladsmoor, qui est en même temps un homme instruit et un homme du monde.

Hector, transporté de joie à l'idée de pouvoir chasser dans la réserve de Glenallan et dans les bruyères bien gardées de Clochnaben, exprima toute la reconnaissance que lui inspirait tant d'honneur. M. Oldbuck était sensible aux attentions du comte pour son neveu ; miss MacIntyre était heureuse de la joie qu'éprouvait son frère, et miss Griselda jouissait par anticipation du plaisir de voir arriver à Monkbarns des sacs de gibier de toute espèce, dont elle savait que M. Blattergowl était amateur prononcé. Aussi, ce qui arrive toujours quand un homme de haut rang quitte la famille d'un particulier chez lequel il a bien voulu montrer quelque condescendance, dès que le comte eut pris congé, et qu'on eut entendu partir l'équipage attelé des quatre superbes chevaux bais, ce fut à qui en ferait le plus d'éloges. Mais Oldbuck et son neveu coupèrent court au panégyrique en montant dans la vieille chaise de poste ; traînés par deux chevaux dont l'un trottait pendant que l'autre galopait, ils arrivèrent à Fairport d'une manière qui faisait un contraste parfait avec celle dont lord Glenallan se rendit à son château.

CHAPITRE XXXVII.

« Oui, j'aime la justice autant que vous peut-être;
« Mais puisqu'elle est aveugle, elle m'excusera
« Si je reste muet quand il me conviendra.
« Pour avoir parlé trop je sais ce qu'il en coûte.
« Être à jamais muet, c'est ce que je redoute. »
Ancienne comédie.

Grace aux charités qu'il avait reçues, et aux provisions dont on avait rempli sa besace, Edie Ochiltrie passa deux jours en prison sans trop d'impatience, et il regretta d'autant moins sa liberté que le temps fut presque constamment à la pluie.

— Une prison, pensa-t-il, n'est pas un si mauvais gîte qu'on le dit. Vous avez sur la tête un bon toit pour vous abriter de la pluie, et s'il n'y a pas de carreaux de vitres aux croisées, on n'en a que meilleur air, et cela n'en est que plus agréable pendant l'été. On y trouve à qui parler; ma besace est bien remplie, et qu'ai-je besoin de m'inquiéter du reste?

Le courage de notre mendiant philosophe commença pourtant à diminuer quand les rayons du soleil pénétrèrent à travers les barreaux de fer rouillés; et qu'une linotte, dont un malheureux détenu pour dettes avait obtenu la permission d'attacher la cage près de la fenêtre, commença à saluer l'astre du jour par ses chants.

— Vous êtes plus gaie que moi, dit Edie à l'oiseau, car je ne saurais ni siffler ni chanter quand je pense aux collines et aux vallons où je serais à rôder par un si beau temps. Tenez, voilà des mies de pain, puisque vous êtes si joyeuse; et vous avez plus de raison pour chanter que vous ne le croyez, car ce n'est pas votre faute si vous êtes en cage, au lieu que si je m'y trouve, c'est moi qu'il faut **que j'en remercie.**

Le soliloque d'Ochiltrie fut interrompu par un officier de la justice de paix qui venait le prendre pour le conduire devant le magistrat. Il partit donc, entre deux pauvres hères qui avaient moins bonne mine que lui, pour comparaître devant la justice inquisitoriale. Chacun, en le voyant passer entre ses deux gardiens décrépits, s'écriait :

— Est-il possible qu'un vieillard à cheveux blancs, qui a déjà un pied dans la fosse, soit un voleur de grand chemin? — Et les enfans, s'adressant aux deux officiers de police, objets tour à tour de leur crainte et de leur dérision, félicitaient Puggie Orrock et Jock Ormeston d'avoir un prisonnier aussi vieux qu'eux-mêmes.

C'était ainsi, et ce n'était pas pour la première fois, que l'on conduisait Edie devant le vénérable bailli Petit-Jean[1], qui, bien différent de ce que promettait son nom, était un homme grand, bien nourri, et à qui l'on voyait que les dîners de corps n'avaient pas manqué de profiter. C'était un magistrat plein de zèle, et ultrà-loyaliste, dans ce temps d'ultrà-loyalisme, rigoureux et absolu dans l'exercice de ses fonctions, gonflé de son importance, et fier de son autorité ; du reste honnête citoyen et ayant les meilleures intentions.

— Faites-le entrer, s'écria-t-il dès qu'il sut que le prisonnier était arrivé, faites-le entrer! Dans quel temps vivons-nous! les mendians du roi sont les premiers à contrevenir à ses lois. Voici un vieux Manteau-Bleu qui a commis un vol; le premier qu'on m'amènera aura sans doute payé la charité du roi, à qui il doit son vêtement, sa pension, et sa permission de mendier, par quelque acte de haute trahison, ou tout au moins de sédition. Mais faites-le entrer.

Edie le salua, et, se redressant ensuite, se tint devant lui la taille haute, suivant son usage, et la tête un peu

---

(1) En anglais *Little-John*. — Ép.

tournée à droite, comme pour mieux entendre tout ce que le magistrat pourrait avoir à lui dire. Les premières questions qui lui furent faites ne regardant que son nom, son âge et sa profession, il y répondit sans se faire prier et avec exactitude ; mais quand M. Petit-Jean, ayant fait écrire ses réponses par son clerc, lui eut demandé où il avait passé la nuit pendant laquelle Dousterswivel se plaignait d'avoir été battu et volé, il lui répondit par une autre question.

— Pouvez-vous me dire, monsieur le bailli, vous qui connaissez les lois, ce qu'il m'en reviendra de répondre à vos questions ?

— Ce qu'il vous en reviendra ! rien, si ce n'est qu'en me disant la vérité, et en me prouvant votre innocence, vous me mettrez peut-être en état de vous rendre la liberté.

— Mais il me semble, monsieur le bailli, qu'il serait plus juste que ceux qui m'accusent prouvassent que je suis coupable, au lieu d'exiger de moi que je prouve que je suis innocent.

— Je ne siége pas ici pour discuter avec vous des points de droit. Je vous demande, et vous me répondrez si bon vous semble, si vous avez couché chez Ringan Aikwood, la nuit dont je parle ?

— En vérité, monsieur le bailli, je ne me trouve pas obligé de m'en souvenir.

— Ou si, dans le cours de cette nuit, vous avez vu Steenie Mucklebackit. Vous le connaissiez, je pense ?

—Si je connaissais Steenie Mucklebackit ! Oui vraiment: le pauvre diable ! Mais je n'ai rien à dire sur l'époque où je l'ai vu pour la dernière fois.

— Avez-vous été pendant cette nuit aux ruines de Sainte-Ruth ?

— Monsieur le bailli Petit-Jean, si c'est le bon plaisir de Votre Honneur, je vais vous raccourcir une bien longue histoire, et je vous dirai tout simplement que je ne suis pas d'avis de répondre à aucune de ces questions. J'ai vu trop de pays pour permettre à ma langue de me mettre dans l'embarras.

— Ecrivez, dit le magistrat, qu'il refuse de répondre à toute question, parce qu'en disant la vérité il pourrait se mettre dans l'embarras.

— Non pas, non pas! je n'entends pas que cela soit écrit comme faisant partie de ma réponse. Ce que je veux dire, c'est que, d'après mon souvenir et mon expérience, je n'ai jamais vu qu'on tirât aucun profit de répondre à des questions oiseuses.

— Fort bien. Ecrivez que, connaissant par une longue expérience les interrogatoires judiciaires, et s'étant nui à lui-même en répondant aux questions qui lui avaient été faites dans de pareilles occasions, le comparant refuse...

— Eh non, bailli, non! ce n'est pas encore par cette porte que vous me ferez passer.

— Dictez donc votre réponse vous-même, et mon clerc l'écrira dans vos propres termes.

— C'est cela, monsieur le bailli, voilà ce que j'appelle justice impartiale. Je ne vous ferai pas perdre de temps. Ainsi donc, voisin, vous pouvez écrire qu'Edie Ochiltrie, le comparant, maintient la liberté... Non, un moment, je ne dois pas dire cela. Je ne suis pas un des enfans de la liberté! J'ai combattu contre eux lors de la révolte de Dublin. D'ailleurs, j'ai mangé du pain du roi pendant bien des années. Attendez! voyons! oui : écrivez qu'Edie Ochiltrie, le Manteau-Bleu, maintient la prérogative, et prenez garde à bien orthographier ce mot, car il est long; maintient la prérogative des sujets du roi, et qu'il ne répondra à aucune des questions qui lui seront adressées, à moins qu'il ne voie quelque raison pour le faire. Couchez cela par écrit, jeune homme.

— En ce cas, Edie, et puisque vous ne voulez me donner aucun renseignement sur votre conduite, il faut que je vous renvoie en prison pour y rester jusqu'à ce que vous soyez mis en jugement.

— Eh bien, monsieur le bailli, si telle est la volonté de Dieu et des hommes, il faut bien s'y soumettre. Et puis je n'ai pas de grandes objections à faire contre la prison, si ce n'est qu'on n'en peut sortir. Mais si vous y consentiez, monsieur le bailli, je vous donnerais ma parole de me présenter devant le tribunal le jour que vous m'indiquerez.

— La garantie me paraîtrait un peu légère dans une affaire où votre cou peut courir quelque risque; je craindrais que le gage ne fût pas racheté. Si vous pouviez fournir caution suffisante, sans doute...

En ce moment, l'antiquaire et le capitaine Mac-Intyre entrèrent dans l'appartement.

— Bonjour, messieurs, dit le magistrat; vous me trouvez, suivant mon usage, exerçant les devoirs de mon état, occupé des iniquités du peuple, travaillant *pro republicâ*, M. Oldbuck; servant le roi notre maître, capitaine Mac-Intyre. Vous savez sans doute que j'ai aussi pris l'épée?

— C'est sans contredit un des emblèmes de la justice, répondit l'antiquaire; mais j'aurais cru que la balance vous aurait mieux convenu, bailli, d'autant plus que vous en avez dans votre boutique.

— La remarque est bonne, M. Oldbuck, excellente; mais ce n'est pas comme juge, c'est comme soldat que j'ai pris l'épée : je devrais dire le mousquet et la baïonnette. Tenez, les voilà à côté de mon grand fauteuil à bras, car à peine puis-je commencer à faire l'exercice; je me ressens encore de ma dernière attaque de goutte : cependant je parviens à me tenir sur mes jambes, tandis que le sergent m'apprend la manœuvre. Je voudrais savoir s'il s'y prend convenablement, capitaine, car jusqu'à présent nous avons l'air un peu gauche. Et en même temps il alla en boitant vers son fauteuil pour prendre l'arme dont il était si fier, et pour mettre Hector en état de prononcer s'il en connaissait bien le maniement.

— Je suis charmé que nous ayons de si zélés défenseurs, bailli, et je vous garantis qu'Hector se fera un plaisir de vous donner son opinion sur les progrès que vous avez faits dans votre nouvel état ; mais en vérité, mon cher monsieur, l'Hécate des anciens trouve en vous un digne rival, marchand au marché, magistrat dans l'hôtel-de-ville, et militaire sur nos côtes. *Quid non pro patriâ*[1] ? Mais c'est au juge de paix que j'ai affaire ; ainsi laissons le commerce et la guerre.

— Eh bien, M. Oldbuck, en quoi puis-je vous être utile?

— Vous avez là une de mes vieilles connaissances, Edie Ochiltrie, que quelques uns de vos mirmidons ont claquemuré dans une prison d'après une plainte de ce coquin de Dousterswivel, des accusations duquel je ne crois pas un seul mot.

Ici le magistrat prit un air grave. — Il faut que vous sachiez, dit-il, qu'il est accusé de vol et de voies de fait : c'est une affaire fort sérieuse ; il est rare que j'en aie à instruire de cette importance.

— Et c'est pourquoi vous n'êtes pas fâché d'en profiter. Mais véritablement, l'affaire de ce pauvre vieillard vous paraît-elle donc bien grave?

— Infiniment grave, M. Oldbuck ; mais vous êtes vous-même juge de paix, et par conséquent je ne ferai nulle difficulté de vous montrer la plainte de M. Dousterswivel et le commencement de l'information. — A ces mots, il remit une liasse de papiers entre les mains de l'antiquaire, qui, prenant ses lunettes, se retira dans un coin de la chambre pour les lire.

Cependant les officiers de justice reçurent ordre de faire

---

(1) Que ne ferait-on pas pour la patrie ? — Tr.

passer leur prisonnier dans une autre chambre ; mais avant qu'ils l'exécutassent, le capitaine Mac-Intyre trouva moyen de s'approcher d'Ochiltrie, et lui glissa une guinée dans la main.

— Que Dieu récompense Votre Honneur, dit le mendiant ; c'est l'offrande d'un jeune militaire, et elle doit porter bonheur à un vieux soldat. Cette charité passe les bornes ; cependant je l'accepte, car si l'on me cloue dans cette prison, il est assez probable que mes amis m'oublieront. — Hors de la vue, hors du souvenir, — dit le proverbe ; et il serait peu honorable pour moi, qui suis mendiant du roi, et qui en cette qualité ai droit de demander l'aumône de vive voix, d'être obligé de pêcher quelques sous par la fenêtre de la prison, dans un vieux pied de bas suspendu à une ficelle.

Comme il faisait cette observation, on l'emmena hors de la salle.

La déposition de Dousterswivel contenait un récit exagéré des mauvais traitemens qu'il avait reçus et de la perte qu'il avait faite.

— J'aurais voulu lui demander, dit M. Oldbuck, par quel hasard il se trouvait dans les ruines de Sainte-Ruth, dans un lieu si écarté, si solitaire, à une pareille heure, et avec un compagnon comme Ochiltrie. Aucune route ne passe par cet endroit, et j'ai peine à croire qu'une belle passion pour le pittoresque l'y ait conduit pendant une nuit si orageuse. Je suis convaincu qu'il méditait quelque coquinerie, et, suivant toutes les probabilités, il s'est laissé prendre dans ses propres filets : *Nec lex justior ulla* [1].

Le magistrat convint qu'il y avait dans cette circonstance quelque chose de mystérieux, et s'excusa en disant que s'il n'avait pas fait de questions sur ce sujet à Dousterswivel, c'était parce que sa déposition avait été spontanée. Quant

---

(1) Et il n'est pas de loi plus juste. — Tr.

à l'accusation principale, elle était appuyée sur la déclaration faite par les deux Aikwoods, sur l'état dans lequel ils avaient trouvé l'adepte allemand ; cette déclaration établissait le fait important que Edie Ochiltrie avait demandé à passer la nuit dans leur grange ; qu'il s'y était retiré vers dix heures du soir, et qu'à leur retour, vers deux heures du matin, ils ne l'y avaient plus trouvé. Deux employés de l'entrepreneur des funérailles de Fairport qui figuraient à celles de la comtesse de Glenallan avaient aussi déclaré qu'ayant été chargés de poursuivre deux personnes suspectes qu'on avait vues fuir des ruines de Sainte-Ruth à l'instant où le convoi y entrait, et auxquelles on soupçonnait le dessein de voler quelques-uns des ornemens funèbres, ils n'avaient pu les atteindre, à cause de la nature défavorable du terrain ; mais qu'après les avoir perdus de vue plusieurs fois, celui des deux qui les suivait de plus près les avait vus entrer dans la cabane de Saunders Mucklebackit ; qu'étant alors descendu de cheval, il s'en était approché sans bruit, et avait vu par la fenêtre Steenie Mucklebackit montrer au vieux mendiant un porte-feuille qui était sans doute celui de Dousterswivel ; enfin, qu'il ne doutait pas que Steenie Mucklebackit et Edie Ochiltrie ne fussent les deux individus qu'ils avaient vus s'enfuir des ruines. Interrogé pourquoi il n'était pas entré dans la cabane, il avait répondu qu'il n'avait point de mandat à cet effet, et que connaissant Mucklebackit et sa famille pour des gens querelleurs et grossiers, il ne s'était pas soucié de se mêler de leurs affaires sans autorité légale.

— Que dites-vous de cette masse de preuves contre votre protégé ? demanda le magistrat quand il vit que l'antiquaire venait de tourner la dernière feuille.

— S'il s'agissait de toute autre personne, je dirais que l'affaire, *primá facie*, au premier aperçu, ne me paraît pas très bonne ; mais je ne puis me résoudre à condamner qui que ce soit pour une bastonnade appliquée sur le dos de Dousterswivel. Si j'avais été plus jeune d'une heure, si j'avais eu une étincelle de votre ardeur militaire, bailli, il y a long-temps que je me serais chargé moi-même de cette besogne. C'est un *nebulo nebulonum*, un imposteur impudent, un charlatan effronté, un fourbe dont les mensonges me coûtent cent livres sterling, et en coûtent Dieu sait combien à mon voisin sir Arthur. D'ailleurs, bailli, je ne le crois pas ami du gouvernement.

— Vraiment, si je le croyais.... cela changerait considérablement la face de l'affaire.

— Sans contredit; car, en le bâtonnant, le mendiant du roi n'a fait que donner une preuve de gratitude à son souverain; et s'il était vrai qu'il l'eût volé, ce dont j'ai des raisons pour douter, eh bien, il n'aurait fait que piller un Égyptien, et il était légitime de prendre la dépouille des Égyptiens. Mais qui sait si le voyage nocturne de cet intrigant aux ruines de Sainte-Ruth n'avait pas un but politique? Qui sait si toute cette histoire de trésors cachés n'est pas concertée avec nos ennemis de l'autre côté de l'eau, pour déterminer quelque homme puissant à se déclarer en leur faveur, ou pour fournir des fonds à quelque club séditieux?

— C'est précisément ce que je pense, mon cher monsieur. Que je m'estimerais heureux si je pouvais devenir l'humble instrument d'une découverte si importante? Ne pensez-vous pas qu'il serait à propos de faire mettre les volontaires sous les armes?

— Non pas encore, non pas tandis que la goutte les prive d'un membre essentiel de leur corps. Mais voulez-vous me permettre d'interroger Edie Ochiltrie?

— Certainement; mais vous n'en tirerez rien. Il m'a déclaré très positivement qu'il connaissait le danger d'une déclaration juridique de la part d'un accusé, et, pour dire la vérité, c'est ce qui a fait pendre des gens plus honnêtes que lui.

— Mais vous ne trouvez pas d'inconvénient à ce que j'en fasse l'essai?

— Pas le moindre, Monkbarns. Mais j'entends le sergent en bas, et pendant ce temps j'irai prendre ma leçon de manœuvre. Baby, descendez mon fusil et ma baïonnette dans la salle basse; on y fait moins de bruit pour poser les armes à terre. — Et ainsi partit le magistrat martial, suivi de sa servante qui portait ses armes.

— Voilà un excellent écuyer pour un champion goutteux, dit Oldbuck. Hector, allons, mon garçon, allons, suivez-le. Ayez soin de l'occuper pendant une demi-heure ou environ; amusez-le par quelques termes militaires; donnez des éloges à sa tournure guerrière, à sa bonne mine sous les armes.

Le capitaine Mac-Intyre, qui, comme la plupart des hommes de sa profession, avait le plus profond mépris pour ces citoyens-soldats qui avaient pris les armes sans aucun titre régulier pour les porter, se leva fort à contre-cœur, en déclarant qu'il ne saurait que dire à M. Petit-Jean, et qu'il était véritablement par trop ridicule de voir un vieux boutiquier goutteux vouloir se mêler de remplir les fonctions et les devoirs de soldat.

— Cela est possible, Hector, répondit l'antiquaire, qui rarement admettait dans son intégrité une proposition quelconque, cela est très possible dans le cas dont il s'agit, comme dans plusieurs autres; mais en ce moment notre pays ressemble au tribunal pour le recouvrement des petites dettes, où les parties plaident en personne, faute d'argent pour payer les héros de la plume. Dans le dernier cas, on ne regrette pas le manque d'éloquence et de finesse des avocats, et de même j'espère que, dans l'autre, nos cœurs et nos mousquets nous tireront d'affaire, quoiqu'il nous manque quelque chose de votre discipline et de votre tactique.

— Mon Dieu, mon oncle, dit Hector d'un ton d'humeur, je consens de tout mon cœur que tout le monde se batte, pourvu qu'on veuille bien me laisser en paix.

— Sans doute, vous êtes d'une humeur fort pacifique,

L'ANTIQUAIRE. 455

vous dont l'ardeur querelleuse ne peut même laisser un pauvre *phoca* dormir tranquillement sur le rivage.

Mais Hector, que mortifiait toute allusion à son combat contre l'amphibie, voyant la tournure que prenait la conversation, se hâta de descendre pour y échapper avant que l'antiquaire eût achevé sa phrase.

CHAPITRE XXXVIII.

« Eh bien, quand j'aurais fait tout ce dont on m'accuse;
« Ce n'est meurtre ni vol, et voilà mon excuse.
« Si la tombe, s'ouvrant une seconde fois,
« D'un nouvel héritier par mes soins a fait choix,
« Est-ce un vol? Selon moi, c'est pure bienfaisance. »
Ancienne comédie.

L'ANTIQUAIRE, pour profiter de la permission qu'il avait obtenue d'interroger l'accusé, préféra se rendre dans l'appartement où l'on avait fait passer Ochiltrie, plutôt que de donner un air d'apparat à l'interrogatoire en les faisant revenir dans celui qui servait de salle d'audience au magistrat. Il y trouva le vieillard assis près d'une fenêtre qui donnait sur la mer; il avait les yeux tournés de ce côté, et, presque sans qu'il s'en aperçût, de grosses larmes tombaient sur ses joues et le long de sa barbe blanche. Ses traits étaient pourtant calmes, et tout son extérieur annonçait la patience et la résignation. Oldbuck s'était approché de lui sans en être aperçu; et il le tira de sa rêverie en lui disant avec bonté : — Je suis fâché, Edie, de vous voir si affecté de cette affaire.

Le vieillard tressaillit, s'essuya les yeux à la hâte avec sa manche, et tout en tâchant de reprendre son ton habituel d'insouciance et de gaieté, répondit d'une voix plus tremblante que de coutume : — J'aurais dû me douter, M. Monkbarns, que c'était vous, ou quelqu'un d'importance comme vous, qui veniez me troubler; car un grand avantage des prisons et des cours de justice, c'est que vous avez le droit d'y entrer et d'en sortir quand bon vous semble, sans que personne vous en demande jamais le pourquoi.

— Allons, Edie, reprit Oldbuck, j'espère que la cause de vos larmes n'est pas telle qu'on ne puisse bientôt vous la faire oublier.

— Et moi j'espérais, Monkbarns, répondit le mendiant d'un ton de reproche, que vous me connaissiez trop bien pour croire que le moment d'embarras où je me trouve tirerait des larmes de mes vieux yeux, qui ont vu bien d'autres malheurs. Non, non; mais je viens de voir passer cette pauvre jeunesse, la fille de Caxon, qui regardait la mer pour y chercher des motifs d'espérance, et qui n'en a pas trouvé. On n'a pas de nouvelles du brick de Taffril, depuis le dernier coup de vent, et l'on dit sur le quai qu'un bâtiment du roi s'est brisé sur le rocher de Rattray, et y a péri corps et biens. A Dieu ne plaise! Monkbarns, car le pauvre et jeune Lovel, que vous aimez tant, aurait bu à la grande tasse comme les autres.

— Oui vraiment! à Dieu ne plaise! répéta l'antiquaire : j'aimerais mieux que le feu fût à Monkbarns. Mon pauvre jeune ami, mon coadjuteur! Je vais aller à l'instant sur le quai.

— Vous n'y apprendrez rien de plus que ce que je vous ai dit, car des officiers de justice sont fort polis ici, c'est-à-dire aussi polis que les officiers de justice peuvent l'être : ils m'ont dit toutes leurs nouvelles, ils m'ont montré toutes leurs lettres, et il n'en est ni plus ni moins.

— Cela n'est pas vrai, cela ne peut pas l'être, et dans tous les cas je ne le croirai point. Taffril est excellent marin, et Lovel (mon pauvre Lovel!) a toutes les qualités qui rendent un voyage aussi sûr qu'agréable par mer comme par terre. Si je voulais faire un voyage maritime, ce que je ne ferai jamais, Edie, que pour traverser le Ferry, je voudrais qu'il fût mon compagnon, qu'il partageât mes dangers, *fragilemque mecum solvere phaselum* [1], car les élémens ne sauraient en vouloir à un jeune homme tel que lui. Non, Edie, cela est impossible ; c'est un conte, un mensonge de cette fainéante, la Renommée, que je voudrais voir pendue ayant autour du cou sa trompette, dont les sons, semblables aux cris du hibou, ne sont bons qu'à faire perdre l'esprit aux honnêtes gens. Parlons de vos affaires, et dites-moi comment vous vous êtes mis dans cet embarras.

— Me faites-vous cette question comme magistrat, M. Monkbarns, ou n'est-ce que pour votre satisfaction ?

— Uniquement pour ma satisfaction.

— Eh bien donc, remettez votre crayon dans votre porte-feuille, et votre porte-feuille dans votre poche, car je ne vous dirai rien tant que je vous verrai en main de quoi écrire. C'est un épouvantail pour des ignorans comme moi. Diable ! il y avait dans l'autre chambre un clerc qui mettrait en blanc et noir de quoi vous faire pendre, avant que vous sussiez seulement ce que vous voulez dire.

Oldbuck s'étant conformé aux désirs du vieillard, Edie lui conta avec franchise tout ce que nos lecteurs savent déjà. Il lui avoua qu'après avoir vu la scène qui s'était passée entre Dousterwivel et sir Arthur dans les ruines de Sainte-Ruth, il n'avait pu résister à l'envie d'y attirer le fourbe, pour lui administrer une punition comique pour son charlatanisme. Il avait aisément déterminé Steenie Mucklebackit, jeune homme aussi hardi qu'inconsidéré, à le seconder dans ce projet, et celui-ci avait rendu la correction un peu plus sévère que le mendiant ne l'avait désiré. Relativement au porte-feuille, il avait été aussi surpris que fâché d'apprendre que Steenie l'avait ramassé, quoique ce fût sans mauvaise intention, et le jeune pêcheur avait promis devant toute sa famille de le faire rendre le lendemain, ce que sa mort malheureuse l'avait empêché d'exécuter.

(1) S'embarquer avec moi sur un frêle esquif. — Tr.

— Votre récit me paraît probable, dit l'antiquaire après un moment de réflexion ; et ce que je connais des parties m'y fait ajouter foi. Mais relativement au trésor trouvé, je soupçonne que vous en savez plus que ce que vous avez jugé à propos de me dire. Je vous soupçonne d'avoir joué le rôle du *Lar familiaris* de Plaute ; et c'était (pour me mettre à votre portée, Edie) une espèce de brownie [1] gardien des trésors cachés. Je me souviens que nous vous rencontrâmes tout à point, quand nous nous rendions aux ruines ; ce fut vous qui nous engageâtes à ouvrir la tombe de Malcom Baltard, et lorsque les ouvriers commençaient à se rebuter d'un travail qui paraissait inutile, ce fut encore vous qui descendites dans la fosse et qui fîtes la découverte du trésor. Maintenant il faut que vous m'expliquiez tout cela, si vous ne voulez que je vous traite comme Euclio traite Staphyla dans l'*Aulularia* de Plaute.

— Est-ce que je connais quelque chose à votre *Hurleraria*, Monkbarns? Ce que vous me dites ressemble plus à la langue des chiens qu'à celle des hommes.

— Mais vous connaissez quelque chose à la caisse des lingots?

— Quelle apparence ! Croyez-vous qu'un vieux pauvre homme comme moi aurait connu un pareil trésor sans vouloir en retirer quelque profit? Et vous savez que je n'en ai ni rien eu, ni rien demandé. Qu'est-ce que j'ai de commun avec cette affaire ?

— C'est précisément ce que je veux que vous m'expliquiez ; parce que je vous dis très positivement que vous connaissiez l'existence de ce trésor.

— Votre Honneur parle toujours très positivement, et, pour en faire autant, je dois dire que vous avez souvent raison.

---

(1) Les Brownies, lutin domestique d'Ecosse. Le *Trilby* de Charles Nodier est de cette famille, dont il sera fait plus ample mention quand l'auteur lui donnera un rôle plus important. — Ep.

— Vous convenez donc que ma croyance est bien fondée?

Edie fit un signe de tête affirmatif.

— Expliquez-moi donc toute cette affaire d'un bout à l'autre, dit l'antiquaire.

— Si c'était un secret qui m'appartînt, M. Monkbarns, répondit le mendiant, vous n'auriez pas besoin de me le demander deux fois, car j'ai toujours dit en arrière de vous, comme je le dis en votre présence, qu'à cela près des lubies qui vous passent quelquefois par la tête, il n'y a point parmi les gens comme il faut de nos environs un homme aussi prudent et aussi discret que vous. Mais je vous dirai franchement que ce dont vous me parlez est le secret d'un ami, et que, plutôt que d'en dire un seul mot, je me laisserais écarteler, ou scier par le milieu du corps, comme les enfans d'Ammon. Tout ce que je puis vous dire, c'est qu'on n'avait pas de mauvaises intentions, et que bien au contraire on voulait rendre service à des gens qui valent deux mille fois mieux que moi. Mais il me semble qu'il n'y a pas de loi qui fasse un crime de savoir où est l'argent des autres, pourvu qu'on n'y mette pas la main.

Oldbuk fit deux ou trois tours dans la chambre sans parler, cherchant à deviner quels motifs pouvaient avoir donné lieu à une affaire si mystérieuse; mais son imaginative se trouva en défaut. Il se plaça en face du prisonnier.

— Cette histoire, ami Ochiltrie, lui dit-il, est une véritable énigme, et il faudrait un second OEdipe pour l'expliquer. Dans quelque autre moment je vous dirai qui était cet OEdipe, si vous m'y faites penser. Au reste, soit par suite de la prudence, ou par une conséquence des lubies que vous m'attribuez, je suis fortement porté à croire que vous m'avez dit la vérité, d'autant plus que vous n'avez employé aucune de ces protestations auxquelles vous et vos semblables avez recours quand vous voulez tromper quelqu'un.

Ici Edie ne put retenir un sourire.

— Je vous ferai donc mettre en liberté, continua l'antiquaire, si vous voulez répondre à une seule question.

— Si vous voulez me faire connaître cette question, reprit Edie avec la circonspection d'un prudent Ecossais, je vous dirai si je puis y répondre.

— La voici. Dousterswivel savait-il qu'il se trouvait une caisse pleine de lingots d'argent dans le tombeau de Baltard !

— S'il le savait ! Vous n'en auriez jamais eu de nouvelles s'il l'avait su, le fourbe. C'eût été du beurre dans la loge d'un chien.

— C'est ce que je pensais. Eh bien, Edie, si je vous fais sortir de prison, je me flatte que vous serez exact à vous présenter devant le tribunal au jour dit, pour me faire décharger de mon cautionnement, car nous vivons dans un temps où un homme prudent doit y regarder de près avant de répondre pour un autre. A moins que vous ne puissiez trouver un autre coffre-fort, *alteram aulam auri plenam*, un autre *search n°* 1.

— Hélas ! dit le mendiant en secouant la tête, je crains bien que l'oiseau qui avait pondu ces œufs d'or ne se soit envolé pour toujours. — (Car je n'appellerai pas cet oiseau une oie, quoique ce soit là le nom que lui donne l'histoire [1]). — Mais soyez bien tranquille, M. Monkbarns, je paraîtrai au jour dit, et vous ne perdrez pas un sou à cause de moi. Sans doute je serais bien aise d'être en liberté par un si beau temps, et j'aurais l'espoir d'apprendre les premières nouvelles de nos amis.

— Eh bien, Edie, comme je n'entends plus de bruit au-dessous de nous, je présume que le bailli Petit-Jean a congédié son précepteur militaire, et qu'il a fait succéder les travaux de Thémis à ceux de Mars. Je vais le joindre, et m'entretenir avec lui de votre affaire. Mais je ne puis

---

(1) Allusion à un conte où c'est l'oie qui joue le rôle de la poule aux œufs d'or. — ED.

ni ne veux croire les mauvaises nouvelles que vous m'avez apprises.

— Dieu veuille que vous ayez raison! répondit le mendiant tandis qu'Oldbuck sortait de la chambre.

L'antiquaire trouva le magistrat, épuisé des fatigues de l'exercice, cherchant à reprendre haleine, assis dans son grand fauteuil, et fredonnant l'air :

> « Ah! la joyeuse vie
> « Que mènent les soldats! »

Et entre chaque mesure il avalait une cuillerée de mock-turtle [1]. Il voulut en offrir à M. Oldbuck, qui le remercia en lui disant que, n'étant pas militaire, il ne se souciait pas de rien changer à la régularité des heures de ses repas. — Des soldats comme vous, bailli, doivent prendre leur nourriture quand ils en trouvent le temps et l'occasion. Mais à propos on débite de mauvaises nouvelles relativement à Taffril et à son brick.

— Pauvre diable! c'était l'honneur de Fairport. Il se distingua le 1er juin.

— Je suis fâché, bailli, de vous entendre parler de lui au prétérit.

— Je crains bien qu'il n'y ait que trop de raisons pour cela, M. Oldbuck; on dit que l'accident est arrivé sur les rescifs de Haltray, à environ vingt milles du côté du nord, près de la baie de Dirtenalan. J'ai envoyé aux informations, et votre neveu m'a quitté pour en aller chercher, avec autant d'empressement que s'il se fût agi d'aller lire une gazette annonçant une victoire.

En ce moment, Hector entra en s'écriant : — Je crois que c'est un mensonge; il n'y a pas l'ombre d'une preuve; ce n'est qu'un bruit d'enfer.

---

(1) Soupe façon de *tortue*, comme nous avons des filets de chevreuil qui ne sont autre chose que des filets de mouton marinés. Le *mock-turtle* est un bouillon bien poivré, dans lequel nagent des morceaux de tête de veau, etc., au lieu de tortue. Le mot *mock* se traduirait assez bien par le grec *pseudo, fausse tortue.*

Ed.

— Et je vous prie, M. Hector, lui dit son oncle, si le bruit se vérifiait, qui faudrait-il accuser de ce que Lovel était à bord ?

— Certes, reprit Hector, ce serait moins ma faute que mon malheur.

— Comment ! je ne m'en serais pas douté, dit l'oncle.

— Avec tout le désir que vous avez de me trouver toujours en faute, mon oncle, je présume que vous conviendrez qu'il n'y a rien à me reprocher dans cette affaire. J'ai fait de mon mieux pour atteindre Lovel, et si j'y avais réussi, je serais à sa place et lui à la mienne.

— Rien de mieux. Et qui comptez-vous atteindre maintenant, grâce à ce sac de cuir sur lequel je lis : poudre à tirer.

— Je fais mes préparatifs pour aller chasser, le 12, dans les marais de Glenallan.

— Ah ! Hector, ta grande *chasse*, comme les Français l'appellent, serait bien plus convenable

« *Omne quum Proteus pecus egit altos*
« *Visere montes* [1]. »

Puissiez-vous trouver, le 12, un vaillant *phoca* au lieu d'un timide coq de bruyère !

— Au diable soit le veau marin, ou le *phoca*, monsieur, puisqu'il vous plaît de le nommer ainsi. Pour une petite folie qu'on a faite, il est bien dur de se la voir sans cesse jeter à la tête...

— Eh bien ! eh bien ! je suis charmé que le ciel vous fasse la grâce d'en avoir honte. Je déteste toute la race des Nemrods, et je voudrais que comme vous ils trouvassent tous à qui parler : mais il ne faut pas qu'une plaisanterie vous effarouche, mon garçon ; au surplus, tout est dit, quoique je sois sûr que le bailli pourrait nous dire au plus juste quel est le prix actuel des peaux de veaux marins.

(1) Lorsque Protée mena paître son troupeau (*amphibie*) sur le sommet des montagnes. — HORACE. — TR.

—Fort cher, M. Oldbuck, répondit le magistrat. Elles sont en hausse, parce que la pêche n'a pas été heureuse depuis un certain temps.

— C'est ce dont nous pouvons rendre témoignage, dit l'antiquaire, enchanté que cette observation lui fournît une nouvelle occasion de tourmenter son neveu ; mais consolez-vous, Hector, rival d'Alcide, vous pourrez quelque jour

« De la peau d'un phoca vous couvrir les épaules. »

— A présent, bailli, parlons d'affaires. Il faut que vous mettiez en liberté le vieil Édie sous cautionnement, sous un cautionnement modéré, voyez-vous.

— Songez-vous à ce que vous demandez? répondit le magistrat. Il s'agit de vol, et de vol à main armée.

— Pas un mot de cela, bailli. Avez-vous oublié ce que je vous ai donné à entendre? vous ne tarderez pas à en savoir davantage : je vous réponds qu'il y a dans cette affaire quelque chose de mystérieux.

— Mais, M. Oldbuck, s'il s'agit d'une affaire qui concerne l'état, moi qui fais ici toute la besogne, j'ai droit d'être consulté, et jusqu'à ce que je sache...

— Paix! paix! dit l'antiquaire en se mettant un doigt sur la bouche : vous en aurez tout l'honneur ; vous serez chargé de conduire l'affaire quand la poire sera mûre. Mais nous avons à traiter ici avec un vieux drôle obstiné qui ne veut pas confier son secret à deux personnes, et il ne m'a pas encore suffisamment développé le fil des intrigues de Dousterswivel.

— Et si nous appliquions à cet Allemand la loi sur les étrangers [1].

— A vous parler vrai, ce serait bien mon avis.

— Ne m'en dites pas davantage. Je ferai mon rapport. Il sera banni *tanquàm suspect*. — Voilà, je crois, une de vos phrases, Monkbarns?

() *L'alien act*. Loi dont l'effet vient de cesser, mais remplacée par des petites sujétions assez puériles qu'on modifiera sans doute encore. — Éd.

— Phrase classique, bailli. Vous vous perfectionnez tous les jours.

— Les affaires publiques me donnent tant d'occupation depuis quelque temps, que j'ai été obligé de prendre mon premier commis pour associé. J'ai eu deux correspondances différentes avec le sous-secrétaire d'état ; l'une relativement à la taxe proposée sur la graine de chanvre de Riga ; l'autre sur les moyens de supprimer les sociétés politiques. Vous voyez donc bien que vous pouvez me communiquer tout ce que ce vieux coquin a découvert d'un complot contre l'état.

— C'est ce que je ferai dès que j'en connaîtrai tous les détails, car je ne me soucierais pas d'avoir l'embarras d'instruire une pareille affaire. Souvenez-vous pourtant que je ne vous dis pas positivement qu'il s'agisse d'un complot contre l'état ; je vous dis seulement que, par le moyen de ce vieillard, je compte pouvoir découvrir un complot.

— Mais il y a un complot, il s'agit certainement de trahison, ou tout au moins de sédition. Eh bien ! le cautionnerez-vous de quatre cents marcs ?

— Quatre cents marcs, bailli ! un vieux mendiant bleu ! Y pensez-vous ? Songez à l'acte de 1701 qui règle le montant des cautionnemens. Effacez un zéro de la somme. J'accepte un cautionnement de quarante marcs.

— Il n'y a personne dans Fairport, M. Oldbuck, qui ne désire vous obliger. D'ailleurs, je sais que vous êtes un homme prudent, et que vous ne vous exposeriez pas à perdre quarante marcs plus volontiers que quatre cents. Je recevrai donc le cautionnement que vous offrez, *meo periculo*. Que dites-vous encore de cette phrase ? Je l'ai entendue sortir de la bouche d'un savant avocat. Milord, disait-il, je vous garantis cela *meo periculo* [1].

— Et je vous garantirai de même Edie Ochiltrie *meo*

---

(1) A mes risques et périls. — Tr.

periculo. Ainsi, que votre greffier rédige le cautionnement, et je le signerai.

Quand cette formalité eut été remplie, l'antiquaire alla annoncer au vieux mendiant l'heureuse nouvelle de sa mise en liberté, lui dit de venir le rejoindre à Monkbarns, et en reprit lui-même le chemin avec son neveu, satisfaits de la bonne œuvre qu'ils venaient de faire.

CHAPITRE XXXIX.

« Plein de sages dictons et d'utiles proverbes. »
SHAKSPEARE. *Comme il vous plaira.*

— Pour l'amour du ciel, Hector! dit l'antiquaire à son neveu le lendemain après avoir déjeuné, ménagez un peu plus nos nerfs, et ne déchargez pas à chaque instant votre arquebuse.

— Mon oncle, je suis fâché que ce bruit vous ait été incommode; mais c'est un fusil de première qualité, un véritable Joé Manton [1] : il m'a coûté quarante guinées.

— Un fou et son argent ne sont pas long-temps ensemble, mon neveu; au surplus je suis charmé d'apprendre que vous ayez tant de guinées à jeter par les fenêtres.

— Chacun a sa fantaisie, mon oncle; vous avez celle des livres.

— Oui; et, si ma collection vous appartenait, le prix en passerait bientôt entre les mains de l'armurier et du maquignon :

« . . . . . *Coemptos undique nobiles*
» *Libros.* . . . .
» *Mutare loricis iberis* [2] ! »

— Vos livres me seraient inutiles, mon cher oncle, j'en conviens, et vous ferez bien de les placer en de meil-

(1) Armurier habile. — TR.
(2) Echanger contre des armures ibériennes de nobles livres ramassés de toutes parts. — TR.

leures mains; mais ne rendez pas mon cœur responsable des fautes de ma tête. Je ne donnerais pas un Mathurin Cordier [1] qui aurait appartenu à un ancien ami, pour un attelage de chevaux semblable à celui de lord Glenallan.

— Je vous crois, mon garçon, je vous crois. Je vous rends justice; mais j'aime à vous tourmenter un peu; cela maintient l'esprit de discipline et l'habitude de la subordination. Vous passerez ici votre temps fort agréablement; je vous tiendrai lieu de capitaine, de colonel, de chevalier d'armes, comme dit Milton, et vous trouverez pour ennemis, sinon les Français, du moins *gens humida ponti*, car, comme dit Virgile :

« *Sternunt se somno diversæ in littore phocæ;* »

ce qu'on pourrait traduire ainsi :

« Les phocas en dormant attendent sur la rive
» Que pour les attaquer le brave Hector arrive. »

— Allons, allons, si vous vous fâchez, je ne dis plus rien; d'ailleurs, je vois le vieil Edie dans la cour, et j'ai à lui parler. — Vous souvenez-vous comme le phoca a sauté dans la mer, ainsi que son maître Protée?

« . . . . . *Et se jactu dedit æquor in altum.* »

L'antiquaire sortit; et, dès que la porte fut fermée, le capitaine s'écria avec toute l'impatience de son caractère : — Mon oncle est le meilleur des hommes, le plus affectueux à sa manière; mais, plutôt que d'être exposé plus long-temps à ses sarcasmes sur ce maudit *phoca*, comme il l'appelle, je demanderais à servir dans un régiment en garnison aux Indes occidentales, et je ne le reverrais de ma vie!

Miss Mac-Intyre, attachée à son oncle par les liens de la reconnaissance, et aimant passionnément son frère, jouait toujours, en pareilles occasions, le rôle de conciliatrice.

---

(1) Grammairien du seizième siècle qui fut le maître de Luther, et l'auteur d'un des premiers traités de *la Civilité puérile et honnête*. — ÉD.

Lorsqu'elle entendit revenir son oncle, elle courut au-devant de lui.

— Eh bien! miss femelle, que veut dire cet air suppliant? Junon a-t-elle encore fait quelque malheur?

— Non, mon oncle; il n'y a rien à reprocher à Junon; mais son maître a si peur de vos railleries sur le veau marin! — Je vous assure qu'il est plus sensible que vous ne pouvez le croire : sans doute c'est une folie, mais vous savez si bien tourner les gens en ridicule!

— Eh bien! ma chère, je mettrai un frein à mon humeur satirique; et, s'il est possible, je ne parlerai plus du *phoca*. Je ne suis plus *monitoribus asper* [1]. Dieu le sait, je suis une bonne pâte d'homme dont une sœur, une nièce et un neveu font tout ce que bon leur semble.

Après avoir fait ce petit panégyrique de sa docilité, M. Oldbuck entra, et proposa à son neveu de faire une promenade jusqu'à Mussel-Craig. — J'ai quelques questions à faire, lui dit-il, à une vieille femme qui demeure dans la cabane de Mucklebackit, je serais charmé d'avoir avec moi un témoin sensé; et, faute de mieux, Hector, il faut que je me contente de vous.

— Vous avez le vieil Edie, mon oncle; vous avez Caxon : ne pourraient-ils pas mieux vous convenir?

— En vérité, jeune homme, vous me proposez d'aimables compagnons, et je suis très sensible à votre politesse. Non, monsieur : j'ai dessein d'emmener avec moi le vieux Manteau-Bleu, mais ce n'est pas en qualité de témoin compétent; car il est en ce moment, comme le dit notre savant ami le bailli Petit-Jean, *tanquàm suspectus*, au lieu que vous êtes, aux termes de la loi, *suspicione major*.

— Plût au ciel que je fusse major! s'écria le capitaine s'attachant au dernier mot prononcé par son oncle, et qui n'était pas sans attrait pour des oreilles militaires;

---

(1) Rebelle aux avis. — Tr.

mais sans argent et sans protection il est difficile d'arriver à ce grade.

— Laissez-vous guider par vos amis, illustre fils de Priam, et vous ne savez ce qui peut vous arriver. Venez avec moi, et vous verrez ce qui pourra vous être utile si jamais vous siégez dans une cour martiale.

— J'y ai siégé plus d'une fois au régiment, mon oncle. Mais voici une canne que je vous prie d'accepter.

— Bien obligé! bien obligé!

— Je l'ai achetée du tambour-major de notre régiment, qui avait servi dans l'armée du Bengale: elle a été coupée sur les bords de l'Indus, je puis vous l'assurer.

— Sur ma parole, c'est un superbe jonc des Indes; c'est une canne digne de remplacer celle que le *ph*... Ah! qu'allais-je dire?

L'antiquaire, son neveu et le vieux mendiant se mirent en route pour Mussel-Craig, le premier parlant d'un ton dogmatique aux deux autres, qui l'écoutaient avec cette attention qu'exigeaient d'eux les services qu'ils en avaient reçus, et ceux qu'ils en attendaient encore. L'oncle et le neveu marchaient sur la même ligne, et Ochiltrie les suivait un peu de côté, à un pas en arrière, de sorte que M. Oldbuck pouvait lui parler sans autre mouvement que de tourner un peu la tête. Petrie, dans son *Essai sur le savoir-vivre* [1], dédié aux magistrats d'Édimbourg, recommande cette position, d'après sa propre expérience, comme ayant été précepteur des enfans d'un homme de haut rang, à tous ceux qui vivent dans la dépendance d'un autre. Ainsi escorté, notre savant antiquaire s'avançait majestueusement comme un vaisseau de haut bord, lâchant de temps en temps une bordée scientifique sur les deux humbles bâtimens qui le suivaient.

— Ainsi donc vous pensez, dit-il au mendiant, que ce présent du ciel, cette *arca auri*, comme dit Plaute,

---

(1) Petrie: un Mathurin Cordier moderne. — Eⁿ.

ne sera pas fort utile pour tirer d'affaire sir Arthur?

— A moins qu'il n'en trouve dix fois autant, répondit le mendiant, et c'est ce dont je doute fort. J'ai entendu ces deux coquins d'officiers de justice en parler, et c'est mauvais signe quand de pareilles gens parlent sans se gêner des affaires d'un homme comme il faut. Je crains bien que sir Arthur ne soit bientôt logé entre quatre murailles, à moins qu'il ne reçoive de grands et prompts secours.

— Vous ne savez ce que vous dites, Edie. — Mon neveu, c'est une chose remarquable que, dans cet heureux pays, personne ne peut être mis en prison pour dettes.

— En vérité, mon oncle? je n'en savais rien; cette loi conviendrait admirablement à quelques uns de mes camarades.

— Mais s'ils n'y sont pas renfermés pour dettes, Ochiltrie, qu'est-ce donc qui engage tant de pauvres gens à rester dans la prison de Fairport? Ils disent tous que ce sont leurs créanciers qui les y ont logés : il faut qu'ils s'y trouvent mieux que moi, s'ils y restent de leur plein gré.

— Votre observation est très naturelle, Edie, et des gens plus instruits que vous en diraient tout autant; mais elle est fondée sur une ignorance totale du système féodal. Hector, ayez la bonté de m'écouter, à moins que vous ne cherchiez si vous n'apercevrez pas un autre... Hem! hem!

Hector, à cette phrase menaçante, parut donner à son oncle toute son attention.

— Et vous, Edie, il peut vous être utile *rerum cognoscere causas*, de connaître l'origine et la nature du mandat d'arrêt en Ecosse : c'est une chose *haud aliena à Scævolæ studiis*[1]. Je vous dirai donc encore une fois que personne en ce pays ne peut être arrêté pour dettes.

---

(1) Une chose non étrangère aux études de Scévola. — Tr.

— Cela ne m'importe guère, M. Monkbarns, car personne ne ferait crédit d'un bodle à un pauvre besacier.

— Paix! Edie; cependant, comme il fallait une sorte de compulsion au paiement, attendu que c'est une chose à laquelle nul débiteur n'est naturellement enclin, comme je le sais par expérience, nous avions d'abord quatre formes de lettres, espèce d'invitation amiable par laquelle notre seigneur souverain, le roi, s'intéressant comme monarque aux affaires particulières de ses sujets, procédait: 1° par une exhortation paternelle; 2° par des reproches plus sévères; 3° par des ordres plus rigoureux; 4°... Eh bien! Hector, qu'avez-vous à regarder cet oiseau? Ce n'est qu'une mouette.

— C'est un pictarnie [1], monsieur, dit Edie.

— Et quand cela serait, qu'importe en ce moment? Mais je vois que vous êtes impatient; je laisserai la lettre des quatre formes, et j'en viens aux usages usités aujourd'hui. Vous supposez qu'un homme est emprisonné parce qu'il ne peut payer ses dettes? Il n'en est rien. La vérité est que le roi est assez bon pour intervenir en faveur et à la requête du créancier, et pour envoyer au débiteur son ordre royal de le satisfaire dans un délai fixé, de six jours ou de quinze, suivant les cas. Mais si le débiteur résiste à cet ordre, s'il y désobéit, que s'ensuit-il? Qu'il est justement et légalement déclaré rebelle à notre gracieux souverain, dont il a méprisé les commandemens, ce qui a lieu au son du cor, trois fois répété, sur la place du marché d'Edimbourg, capitale de l'Ecosse. Alors on le met légitimement en prison, non comme débiteur, mais comme réfractaire aux ordres du roi. Que dites-vous à cela, Hector? Je vous apprends là ce que vous ne saviez pas [2].

— Il est vrai, mon oncle; mais si j'avais besoin d'ar-

(1) Martin-pêcheur.
(2) C'est ce qu'on appelle *a change of horning*. Voyez sur ces mots une note de Waverley. — Ed.

gent pour payer mes dettes, je saurais meilleur gré au roi de m'en envoyer que de me déclarer rebelle pour n'avoir pas fait une chose impossible.

— Votre éducation, Hector, ne vous a pas conduit à examiner ce sujet sous un point de vue convenable ; vous ne pouvez apprécier tout le mérite d'une fiction légale, et la manière dont elle concilie la sévérité que, pour protéger le commerce, on est obligé de déployer envers les débiteurs réfractaires, avec les égards les plus scrupuleux pour les droits et les priviléges des citoyens écossais.

— Je n'en sais rien, mon oncle ; mais s'il fallait que j'allasse en prison faute de pouvoir payer mes dettes, il m'importerait fort peu d'y aller comme débiteur ou comme rebelle. Mais vous dites que cet ordre du roi donne un répit de quelques jours? Morbleu! si je me trouvais dans ce cas, je battrais une marche et je laisserais le roi et le créancier s'arranger ensemble.

— J'en ferais bien autant, dit Edie ; je trouverais mon cautionnement dans mes jambes.

— Fort bien, dit l'antiquaire ; mais quand la loi soupçonne quelqu'un de vouloir se soustraire à son empire, elle emploie des formes plus sommaires et moins cérémonieuses, comme ayant affaire à des gens ne méritant ni patience ni faveur.

— Oui! oui! dit Ochiltrie; c'est sans doute ce qu'on appelle des mandats de fuite; j'en connais quelque chose. Il y a aussi du côté du sud des mandats de frontières, et je n'ai rien de bon à en dire. J'ai été arrêté une fois en vertu d'un de ces mandats, à la foire de Saint-Jacques, et l'on m'a gardé dans la vieille église de Kelso un jour et une nuit, et c'est une place bien froide et bien sombre. Mais qui est cette femme qui porte un panier sur le dos? C'est la pauvre Maggie, je crois.

C'était elle. Si la douleur qu'avait causée à la malheureuse mère la perte qu'elle avait faite n'était pas diminuée, du moins elle avait cédé à la nécessité impérieuse de pourvoir aux besoins de sa famille; et le ton avec lequel elle salua M. Oldbuck offrait un singulier mélange de l'accent de sa douleur encore récente, et des sollicitations qu'elle avait l'habitude d'adresser à ses pratiques.

— Comment va votre santé, M. Monkbarns? Je n'ai pas encore eu le courage d'aller vous remercier de l'honneur que vous avez fait au pauvre Steenie de porter son cercueil : le pauvre garçon, et à son âge! — Ici elle essuya ses yeux avec le coin de son tablier bleu. — Mais la pêche n'a pas été trop mal, quoique notre brave homme n'ait pas encore eu le cœur d'aller lui-même à la mer. J'avais bien envie de lui dire que cela lui ferait du bien de mettre la main à l'ouvrage, mais j'ai presque peur de lui parler, et Dieu sait que ce n'est pas mon usage. J'ai de superbes harengs frais, et je ne les vendrai que trois shillings la douzaine, car je ne suis pas en état de faire un bon marché; il faut que je me contente de ce qu'on voudra m'en donner, sans marchander.

— Que faire, Hector? dit Oldbuck en s'arrêtant. Mes femelles m'ont déjà cherché querelle pour un mauvais marché que j'avais fait avec cette femme. Les animaux marins portent malheur à notre famille, mon cher Hector.

— Eh bien! mon oncle, que voulez-vous! il faut donner à cette pauvre femme ce qu'elle demande, ou permettez-moi d'envoyer un plat de poisson à Monkbarns.

En même temps il présenta à Maggie les trois shillings qu'elle avait demandés pour une douzaine de harengs frais; mais elle lui repoussa la main. — Non, non! capitaine, lui dit-elle, vous êtes trop jeune, et trop prodigue de votre argent : il ne faut jamais prendre une marchande de poisson à son premier mot. Et puis je crois qu'une petite dispute avec la vieille femme de charge de Monkbarns ou avec miss Grizzy me fera du bien. D'ailleurs je serais bien aise de voir cette bavarde de Jenny Rintherout. On m'a dit qu'elle n'était pas bien. La sotte s'était mis dans la tête mon pauvre Steenie, qui n'aurait seulement pas tourné la sienne sur son épaule pour la regarder. Oui, M. Monkbarns, ces harengs sont superbes, et l'on ne m'en rabattra pas grand'chose, pour peu qu'on en ait envie chez vous aujourd'hui.

A ces mots elle continua son chemin; le chagrin, l'habitude du commerce, la reconnaissance des bontés de ses supérieurs, et l'amour du gain, occupant tour à tour ses pensées.

— A présent que nous voilà à la porte de la cabane, dit Ochiltrie, je voudrais bien savoir, M. Monkbarns, pourquoi vous vous êtes embarrassé de moi pendant tout le chemin? Je vous avoue sincèrement que je n'ai aucun plaisir à entrer dans cette maison. Je n'aime guère à penser que l'ouragan renverse de jeunes arbres, tandis qu'il laisse sur pied un vieux tronc auquel il reste à peine encore une feuille verte.

— La vieille Elspeth, dit l'antiquaire, ne vous a-t-elle pas donné un message pour le comte de Glenallan?

— Oui, répondit le mendiant d'un air de surprise; mais comment savez-vous cela?

— Le comte de Glenallan me l'a dit lui-même; ainsi vous n'avez pas à craindre de manquer à la confiance qu'on a eue en vous; et comme il désire que je reçoive la déclaration d'Elspeth sur des affaires très importantes, j'ai cru devoir vous amener avec moi, parce que, sachant combien sa raison est chancelante, je regarde comme possible que votre présence et le son de votre voix réveillent en elle des souvenirs que je n'aurais pas autrement le moyen de faire renaître dans son esprit. L'esprit humain... Que faites-vous donc là, Hector?

— Je siffle Junon, mon oncle. Elle s'écarte toujours trop. Je savais que ma compagnie vous serait à charge.

— Nullement, nullement. L'esprit humain, disais-je, ressemble à un écheveau de soie mêlé; il faut tenir le bout du fil avant de pouvoir réussir à le débrouiller.

— Je n'entends rien à tout cela, dit le mendiant, mais

si ma vieille connaissance a toute sa tête, comme quelquefois, elle peut nous donner du fil à retordre. C'est une chose à voir comme elle fait de grands gestes et comme elle parle aussi bon anglais qu'un livre, quoiqu'elle ne soit que la veuve d'un pêcheur ; mais on lui a donné une grande éducation. Elle a une bonne dizaine d'années de plus que moi, mais je me souviens encore qu'on disait qu'elle faisait une mésalliance quand elle épousa Simon Mucklebackit, le père de Saunders, comme si elle était sortie de la côte d'Adam. Elle avait les bonnes grâces de la comtesse ; elle les perdit, elle les regagna ; elle en reçut beaucoup d'argent, comme je l'ai entendu dire à son fils, et enfin elle vint s'établir ici avec lui après la mort de son mari. Mais rien ne leur a profité. Quoi qu'il en soit, c'est une femme bien éduquée ; si elle se met à son anglais comme je l'ai vue faire jadis, elle nous en donnera à garder à tous.

CHAPITRE XL.

« La vie à petit bruit s'éloigne du vieil âge
» Comme on voit le reflux s'écarter du rivage.
» Tel ce navire altier, qui des ondes gaîment
» Obéissait naguère au moindre mouvement,
» S'arrête sur le sable, y demeure immobile,
» Quand les eaux s'éloignant le rendent inutile. »
Ancienne comédie.

Comme l'antiquaire mettait la main sur le loquet de la cabane, il fut surpris d'entendre la voix aigre et tremblante d'Elspeth chanter une ancienne ballade sur un ton lent et mélancolique de récitatif.

« Les harengs suivent la marée ;
» Le turbot obéit au vent ;
» Au rocher l'huître est amarrée,
» Modèle de l'amour constant. »

Amateur prononcé de ces anciennes légendes qu'il

aimait à recueillir[1], M. Oldbuck abandonna le loquet, et saisit son porte-feuille et son crayon. De temps en temps la vieille s'interrompait comme si elle eût parlé aux enfans. — Silence, dit-elle en ce moment, silence, mes enfans, je vais vous en chanter une bien plus belle.

> « Grands et petits, faites silence,
> » Pour prêter l'oreille à mes chants.
> » Je vais célébrer la vaillance
> » Du plus fameux des Glenallans.
>
> » Quels flots de sang et quel carnage,
> » Aux champs d'Harlaw quand il périt!
> » De nos deux mers jusqu'au rivage
> » Le coronach en retentit. »

— Je ne me souviens pas du couplet suivant, dit-elle; ma mémoire est si mauvaise, et il me passe de telles pensées dans la tête! Dieu nous préserve de tentation! — et elle se mit à fredonner comme pour se rappeler la suite de la ballade.

— C'est une ballade historique, dit Oldbuck, un fragment incontestablement véritable des poésies des anciens ménestrels. Percy en admirerait la simplicité; Ritson ne pourrait en contester l'authenticité.

— Cela se peut, dit Ochiltrie, mais c'est une chose bien triste que de voir la nature humaine dégradée au point de s'amuser à de vieilles chansons, après une perte comme celle que cette femme vient de faire.

— Paix! silence! s'écria l'antiquaire, elle a retrouvé le fil de son histoire. — Et l'on entendit Elspeth continuer ainsi qu'il suit :

> « Chaque guerrier de haut parage
> » Montait un superbe coursier.
> » Chaque coursier, plein de courage,
> » Portait un beau *chafron* d'acier. »

— Chafron! s'écria l'antiquaire; c'est bien certainement de ce mot qu'est dérivé celui de chanfrain. Ce mot-

---

[1] L'antiquaire Walter Scott a débuté dans les lettres par une traduction allemande et un recueil de ballades écossaises. — Ed.

là vaut un dollar. — Et il fit une note sur ses tablettes.

« Devant eux marchait l'épouvante,
» Tout cédait à leurs étendards,
» Quand Donald enfin se présente
» Avec vingt mille montagnards.

» Pour voir cette troupe ennemie,
» Se levant sur ses étriers,
» Le comte craignit pour la vie
» De tant de braves chevaliers.

» Combattre semble une folie;
» Reculer c'est s'humilier.
» Entre la mort et l'infamie,
» Il s'adresse à son écuyer.

» Dis-moi, si j'étais Roland Cheyne,
» Et que tu fusses Glenallan,
» Leur disputerais-tu la plaine?
» Fuirais-tu? Quel serait ton plan? »

— Il faut que vous sachiez, mes enfans, dit Elspeth, que toute vieille et toute pauvre que vous me voyez assise au coin du feu, ce Roland Cheyne était un de mes ancêtres, et il fit des prouesses sans nombre dans cette bataille, surtout après que le comte eut été tué, car il se reprocha de lui avoir conseillé de combattre avant l'arrivée de Mar, de Mearns, d'Aberdeen et d'Angus.

Sa voix s'anima et devint plus ferme en chantant la réponse de son ancêtre.

« Si vous n'étiez que Roland Cheyne,
» Et que je fusse Glenallan,
» Je m'élancerais dans la plaine,
» Et je m'écrirais: En avant!

» Ils sont cent contre un, mais qu'importe?
» Le danger double la valeur.
» Croit-on que le nombre l'emporte
» Sur le courage et sur l'honneur?

» En rangs serrés chargeons les traîtres,
» Nous les mettrons en désarroi.
» Les montagnards à nos ancêtres
» N'inspirèrent jamais d'effroi. »

— Entendez-vous cela, mon neveu? dit Oldbuck; vous

voyez que les montagnards vos ancêtres ne paraissaient pas fort redoutables aux guerriers qui se préparaient à les combattre.

— J'entends une sotte chanson, chantée par une sotte femme, répondit Hector; et je suis surpris que vous, monsieur, qui ne daignez pas écouter le chant de Selma d'Ossian, puissiez entendre avec plaisir de telles balivernes. Sur mon honneur, jamais je n'ai vu ni entendu une plus mauvaise ballade à un sou; et je ne crois pas qu'aucun colporteur du pays pût vous en fournir le pendant. Dieu merci, l'honneur de nos montagnes ne dépend pas d'un misérable rimailleur. — Et il secoua la tête d'un air de mépris et d'indignation.

La vieille femme avait sûrement entendu leurs voix, car elle ne continua pas sa ballade, et s'écria : — Entrez, entrez! des amis ne restent pas à la porte.

Ils entrèrent, et trouvèrent Elspeth seule, assise sur son fauteuil et présentant l'image de la Vieillesse personnifiée, telle qu'elle est peinte dans le chant du hibou [1],

« Couverte de haillons, ridée, sale, aux yeux ternes,
» Au teint flétri, et à l'air languissant. »

— Ils sont sortis, leur dit-elle, mais si vous voulez

---

(1) Voyez l'ouvrage de mistress Grant, sur les Superstitions des Highlands, vol. II, pag. 260, où l'on trouve cette belle traduction gaëlique. — *Note de l'Auteur écossais.*[*]

[*] Ce poëme est ainsi appelé parce qu'il est adressé à un hibou que des circonstances particulières associent aux souvenirs de l'auteur. Celui-ci est un poëte inconnu qui n'a laissé que cette œuvre, où l'on trouve l'expression d'un grand amour de la nature. C'était, dit-on, un chasseur qui vivait solitaire sur le bord du Loch Laggun. Voici l'apostrophe à la Vieillesse, qui ne manque pas de poésie : le lecteur doit se contenter d'une simple traduction littérale pour avoir une idée de ce fragment gaëlique.

« Tu es bien cruelle, Vieillesse! nous ne pouvons éviter l'étreinte de ta main : tu courbes
» l'homme dont la stature droite s'élève et superbe et martiale.
» Tu abrèges ses jours, tu raccourcis ses membres, tu dégarnis sa tête de dents, tu défigures
» son visage avec des rides.
» O spectre en haillons, sale, ridé, aux yeux ternes, au teint livide, à l'air insouciant;
» lépreux! pourquoi me laisserai-je enlever mon arc par violence? Je suis plus digne de mon
» excellent arc de bois d'if que toi, Vieillesse, chauve et sourde, qui es assise, hideuse, auprès
» du foyer, etc.
La Vieillesse lui répond qu'un bâton convient mieux à ses maux qu'un arc, et qu'elle a de son propre aveu désarmé maint héros supérieur à lui, etc. — Ed.

vous asseoir un moment, quelqu'un va venir bientôt. Si vous avez besoin de parler à ma bru ou à mon fils, ils ne tarderont pas à rentrer. Pour moi je ne parle jamais d'affaires. Enfans, donnez des chaises. Eh bien, où sont-ils donc? ajouta-t-elle en regardant autour d'elle ; je leur chantais une ballade pour les tenir tranquilles ; il faut qu'ils soient partis sans que je m'en aperçusse. Mais asseyez-vous, messieurs, asseyez-vous ; quelqu'un rentrera bientôt.

Et faisant tourner son fuseau, elle se remit à filer, sans faire plus d'attention à ces étrangers, et sans s'inquiéter de leur rang, ni de ce qui pouvait les amener.

— Je voudrais bien, dit Oldbuck, qu'elle continuât sa ballade, ou plutôt sa légende. J'ai toujours soupçonné qu'il y avait eu une escarmouche de cavalerie avant la grande bataille de Harlaw.

— S'il plaît à Votre Honneur, dit Edie, ne vaudrait-il pas mieux songer à l'affaire pour laquelle nous sommes venus? Quant à la ballade, je me charge de vous la donner quand vous le voudrez.

— Je crois que vous avez raison, Edie. *Do manus*, j'y consens. Mais comment nous y prendre? Elle semble être le radotage en personne. Parlez-lui, Edie ; voyez si elle se souviendra de vous avoir envoyé à Glenallan.

Edie se leva, traversa la chambre, et vint se placer devant elle dans la même position qu'il avait occupée pendant leur dernière conversation. — Je suis bien aise de vous voir si bonne mine, commère, lui dit-il, d'autant plus que le taureau noir vous a foulée aux pieds depuis que j'ai été sous la poutre de votre toit.

— Oui, répondit Elspeth plutôt par une idée vague de quelque calamité que par un souvenir bien distinct du malheur qu'avait essuyé sa famille ; oui, il y a eu du chagrin parmi nous depuis peu. Je ne sais comment les jeunes gens peuvent le supporter, mais je n'en puis faire autant. Quand j'entends le vent siffler et la mer mugir, il me semble que je vois une barque qui coule à fond et quelqu'un qui lutte contre les vagues. Ce sont des songes fatigans comme ceux qu'on fait quelquefois sans être ni bien endormi ni bien éveillé. Il y a des momens où je m'imagine que mon fils Saunders ou mon petit-fils Steenie est mort, et que j'ai vu son enterrement. N'est-il pas singulier qu'une vieille femme sourde fasse un pareil rêve? Pourquoi mourrait-il avant moi? Cela n'est pas dans le cours de la nature.

— Vous ne tirerez rien de cette stupide vieille femme, dit Hector qui nourrissait peut-être quelque mécontentement contre elle à cause de la manière méprisante dont ses compatriotes étaient traités dans la ballade qu'elle avait chantée; — je vous assure que vous n'en tirerez rien, et c'est perdre notre temps que de rester ici à écouter son radotage.

— Hector, dit l'antiquaire, si vous ne respectez pas ses malheurs, respectez son âge et ses cheveux blancs Elle est dans ce dernier période de la vie si bien décrit par le poète latin :

« . . . . *Omni*
» *Membrorum damno major dementia, quæ nec*
» *Nomina servorum, nec vultum agnoscit amici*
» *Cum quo præteritâ cœnavit nocte; nec illos*
» *Quos genuit, quos eduxit* [1]. »

— C'est du latin, dit Elspeth en entendant Oldbuck déclamer ces vers d'un ton un peu ampoulé. C'est du latin, répéta-t-elle en jetant autour d'elle des yeux égarés Est-ce qu'un prêtre m'aurait trouvée à la fin?

— Vous voyez, mon neveu, qu'elle comprend ce beau passage presque aussi bien que vous.

— J'espère, mon oncle, que vous ne doutez pas que je n'aie reconnu aussi bien qu'elle que c'était du latin.

---

(1) Cet affaiblissement de notre esprit (pire encore que la privation de nos membres), qui nous fait oublier les noms de nos serviteurs et méconnaître les traits de l'ami avec lequel nous avons soupé la veille, de ceux que nous avons vus naître, de ceux auxquels nous avons donné le jour.

— Quant à cela... Mais chut! elle va parler.

— Je ne veux point de prêtre! s'écria la vieille avec autant de force qu'il lui en restait; je n'en veux point. Je veux mourir comme j'ai vécu. Personne ne dira que j'aie trahi ma maîtresse, pas même pour sauver mon âme.

— Voilà qui n'annonce pas une conscience bien nette, dit le mendiant. Je voudrais qu'elle consentît à la décharger, ne fût-ce que pour elle-même. — Et il lui adressa de nouveau la parole : — Eh bien, bonne femme, j'ai fait votre commission pour le comte.

— Pour quel comte? Je ne connais pas de comte. J'ai connu une comtesse autrefois, et plût au ciel que je ne l'eusse jamais connue, car c'est grâce à cette connaissance que j'ai vu venir chez moi... Voyons... Et elle se mit à compter sur ses doigts longs et décharnés, — D'abord l'orgueil, ensuite la méchanceté, puis la vengeance, enfin le faux témoignage; et si le meurtre n'est pas entré, il était sur le seuil de la porte. N'étaient-ce pas des hôtes bien aimables pour s'établir dans le cœur d'une femme? Je crois que la compagnie était assez nombreuse.

— Mais, commère, je ne vous parle pas de la comtesse de Glenallan; je vous parle de son fils, du comte, de celui qu'on appelait lord Geraldin.

— Je m'en souviens à présent. Il n'y a pas long-temps que je l'ai vu, et nous avons eu une longue conversation. Eh! eh! le beau jeune lord est devenu aussi vieux et aussi débile que moi. On sait combien de ravages les peines du cœur et un amour contrarié peuvent faire sur la jeunesse. Pourquoi sa mère n'y a-t-elle pas fait attention? Elle était ma maîtresse, j'étais faite pour exécuter ses ordres. N'est-ce pas la vérité? Je suis sûre que personne ne peut me blâmer. Il n'était pas mon fils, et elle était sa mère. Vous savez la vieille chanson : je ne vous la chanterai pas, car ma mémoire vieillie en a perdu l'air.

» Je la respecterai toujours :
» Qu'ai-je de plus cher sur la terre ?

» Je puis avoir d'autres amours.
» Je n'aurai jamais d'autre mère. »

Et puis il n'était qu'un demi-Glenallan; c'était en elle que coulait le vrai sang de la famille. Non, non, je ne regretterai jamais d'avoir fait ce que j'ai fait, et d'avoir souffert ce que j'ai souffert pour la comtesse Joscelinde; je ne le regretterai jamais.

Et elle se remit à filer avec l'air réservé d'une personne décidée à ne pas en dire davantage.

— J'ai entendu dire, reprit le mendiant, à qui Oldbuck soufflait tout bas ce qu'il devait dire, qu'il y avait une mauvaise langue qui avait fait bien du mal au comte, c'est-à-dire à lord Geraldin et à sa jeune femme.

— Une mauvaise langue! répéta-t-elle d'un air alarmé; et qu'avait-elle à craindre d'une mauvaise langue? N'était-elle pas aussi bonne que belle? Du moins c'était ce que tout le monde disait. Si elle n'avait pas elle-même donné carrière à sa langue sur le compte des autres, qui sait si elle ne vivrait pas encore, si elle ne serait pas une grande dame aujourd'hui?

— Mais j'ai entendu dire, commère, que lorsqu'ils s'étaient mariés, le bruit avait couru dans le pays qu'ils étaient trop proches parens pour que ce mariage fût permis.

— Qui ose parler ainsi? s'écria la vieille avec vivacité; qui ose dire qu'ils étaient mariés? qui le savait? Ce n'était pas la comtesse; ce n'était pas moi. S'ils étaient mariés en secret, ce fut en secret qu'ils furent séparés. Ils ont bu à la source de leur propre imposture.

— Non, vieille misérable, s'écria Oldbuck, incapable de se contenir plus long-temps. Ils ont bu le poison que vous et votre coquine de maîtresse leur aviez préparé.

— Ah! ah! reprit la vieille, j'ai toujours pensé que les choses en viendraient là. Eh bien, il ne s'agit que de garder le silence quand on m'interroge. Il n'y a plus de torture aujourd'hui, mais s'il y en a, qu'on me déchire.

— Malédiction sur la vassale dont la bouche trahit celui dont elle mange le pain!

— Parlez-lui, Edie; elle connaît votre voix; elle vous répondra plus volontiers, dit l'antiquaire.

— Nous n'en tirerons plus rien, répondit le mendiant. Quand elle prend cette posture, et qu'elle tient ses bras croisés, on dit qu'elle est des semaines entières sans prononcer une parole. D'ailleurs, à mon avis, et d'après sa physionomie, elle a bien baissé depuis que nous sommes entrés. Cependant je vais encore essayer, pour satisfaire Votre Honneur. — Ainsi donc, commère, vous ne pouvez vous mettre dans l'esprit que votre ancienne maîtresse la comtesse Joscelinde a changé de demeure?

— Changé de demeure! s'écria-t-elle; car le nom de la comtesse ne manquait jamais de produire un grand effet sur elle; il faut donc que nous la suivions tous. Quand elle est en selle, il faut que chacun monte à cheval. Qu'on dise à lord Geraldin que nous sommes en avant. Donnez-moi ma coiffe et mon fichu. Voulez-vous que je monte dans la voiture de milady avec mes cheveux en désordre comme ils le sont?

Elle leva ses bras décharnés avec les gestes d'une personne qui s'habille à la hâte, et la tête pleine de l'idée d'un voyage; elle débitait en même temps quelques phrases sans suite et sans liaison.

— Appelez miss Neville! Que voulez-vous dire, lady Geraldin? il n'y a pas de lady Geraldin. Je vous dis Eveline Neville. Dites-lui de changer de robe, la sienne est toute mouillée, et qu'elle tâche de ne point paraître si pâle. Son enfant! et que ferait-elle d'un enfant? lui serait-il tombé du ciel? Theresa! Theresa! milady nous appelle. Apportez une lumière, je ne sais pourquoi le grand escalier est aussi noir qu'à minuit. Nous voilà, milady! nous voilà!

En prononçant ces derniers mots elle se laissa aller sur son fauteuil, et de là sur le plancher. Edie s'empressa de la relever ; mais à peine la tenait-il dans ses bras qu'il s'écria : — C'en est fait, elle a passé avec ses dernières paroles.

— Impossible! s'écrièrent en même temps Oldbuck et son neveu. — Mais rien n'était plus certain : elle avait expiré à l'instant même où elle avait cessé de parler, et il ne restait devant eux que les dépouilles mortelles de la créature qui avait lutté si long-temps contre le sentiment de son crime secret, joint aux infirmités de la vieillesse et aux rigueurs de l'indigence.

— Fasse le ciel qu'elle aille dans un meilleur monde! dit Edie en regardant ce corps inanimé; mais elle avait sur le cœur un poids bien lourd. J'ai vu bien des fois la mort sur le champ de bataille et sur un lit de paille, mais il n'en est pas dont je ne préférasse le spectacle à celui des dernières angoisses de celle-ci.

— Il faut appeler les voisins, dit Oldbuck revenant à peine de l'horreur et de la surprise que lui avait causées cette mort subite; il faut les avertir de cette nouvelle calamité. J'aurais voulu qu'elle nous eût fait quelques aveux, et, quoique cela soit de moindre importance, qu'elle eût pu me dicter sa ballade historique; mais que la volonté du ciel s'accomplisse!

Ils sortirent de la cabane, annoncèrent la nouvelle dans le hameau, et toutes les matrones d'un âge respectable s'assemblèrent sur-le-champ pour rendre les soins d'usage au corps de la défunte, qu'on pouvait regarder comme l'aïeule de cette colonie de pêcheurs.

Ochiltrie ayant demandé à M. Oldbuck si sa présence était encore nécessaire, et en ayant reçu une réponse négative, se retira en prenant le chemin qui conduisait à Knockwinnock, tandis que l'antiquaire promettait aux voisines rassemblées de pourvoir aux frais de l'enterrement.

— Votre Honneur devrait bien, dit Alison Breck que le décès d'Elspeth rendait la doyenne de la congrégation, nous envoyer quelque chose pour nous soutenir le cœur pendant la *like-wake*[1], car tout le gin de Saunders, pauvre homme! a été bu aux funérailles de Steenie, et nous ne trouverons guère de gens disposés à rester près d'un corps mort, la bouche sèche. Elspeth ne manquait pas d'adresse dans sa jeunesse, comme je m'en souviens parfaitement, mais on a toujours dit qu'elle n'était pas née sous une bonne étoile. Il ne faut pas mal parler des morts, et surtout d'une commère et d'une voisine; mais il a couru des bruits bien étranges sur une jeune femme et un enfant, avant qu'elle quittât Craigburnsfoot. Ainsi donc la vérité est que ce sera une pauvre *like-wake*, à moins que Votre Honneur ne nous envoie quelque chose qui puisse y amener du monde.

— Vous aurez du whiskey, répondit Oldbuck, d'autant plus que vous avez conservé le mot propre pour désigner cette ancienne coutume de veiller les morts. Vous remarquerez, Hector, que ce mot est véritablement teuton, dérivé de *leichnam*, cadavre. C'est mal à propos qu'on se sert de l'expression *late-wake*, quoique Brand[2] se soit déclaré en faveur de cette étymologie vicieuse, qui n'est qu'une corruption moderne de l'ancien langage.

— Je crois, pensa Hector, que mon oncle donnerait le domaine de Monkbarns à quiconque viendrait le lui demander en bon saxon. Ces vieilles femmes n'auraient pas eu une goutte de whiskey, si leur présidente en avait demandé pour la *late-wake*[3].

---

(1) La veillée du mort. — Éd.

(2) Auteur des *Antiquités populaires*. — Éd.

(3) Nous trouverons dans la *Fiancée de Lammermoor* de nouveaux détails sur le *lyke-wake*. Cette obligation de veiller le mort est un devoir effrayant en Écosse, à cause des idées superstitieuses qu'on attache au *lyke-wake*. Dans l'intervalle du dernier soupir et de l'enterrement, on croit que l'âme voltige encore autour du cadavre, et qu'elle peut être rappelée momentanément sous son enveloppe mortelle par le moyen de certains rites ou par le simple oubli de certaines précautions et cérémonies d'usage. Par exemple, si on laisse seule-

Tandis que M. Oldbuck donnait ses dernières instructions pour les obsèques de la défunte, un domestique de sir Arthur, courant au grand galop le long des sables, s'arrêta dès qu'il aperçut l'antiquaire. Il lui dit qu'il était arrivé du nouveau au château, ne voulant ou ne pouvant s'exprimer davantage, et que miss Wardour l'avait chargé de courir en toute diligence à Monkbarns pour prier M. Oldbuck de se rendre à Knockwinnock sans perdre un instant.

— Je crains, dit l'antiquaire à son neveu, que la carrière de sir Arthur ne touche à sa fin. Que faire?

— Que faire? s'écria Hector avec l'impétuosité qui le caractérisait; monter sur ce cheval, et en dix minutes vous serez au château de Knockwinnock.

— Il galope bien, dit le domestique descendant de cheval, resserrant la sangle et ajustant les étriers; seulement il regimbe un peu quand il sent qu'il n'est pas monté par un cavalier expérimenté.

— Je serais bientôt un cavalier hors de selle, dit l'antiquaire. Que diable, mon neveu, êtes-vous las de moi, ou me supposez-vous las de vivre, pour vouloir me placer sur le dos d'un pareil Bucéphale? Non, non; s'il faut que j'aille aujourd'hui à Knockwinnock, ce sera en me servant des jambes que le ciel m'a données, et j'y mettrai toute la diligence possible. Le capitaine Mac-Intyre peut monter cet animal lui-même, si bon lui semble.

— Je n'ai pas l'espoir de pouvoir être utile, mon oncle; mais s'il est arrivé quelque malheur dans cette famille, je désire prouver tout l'intérêt que j'y prends. Je vais donc prendre l'avance, et j'annoncerai votre prochaine arrivée : prêtez-moi vos éperons, mon ami.

---

ment la porte de la rue entr'ouverte, le don de la parole est rendu soudain au défunt; il faut que la porte soit fermée ou grande ouverte. On préfère la laisser ouverte pour exercer plus facilement l'hospitalité. Les liqueurs ne doivent pas être épargnées aux veilleuses. On ne doit pas non plus laisser le cadavre seul un moment, et il est dangereux de le regarder si on l'a abandonné, etc., etc. En

— Vous n'en aurez guère besoin, monsieur, répondit le domestique en les ôtant de ses jambes, et en les attachant à celles du capitaine; l'animal ne demande qu'à courir.

Oldbuck fut confondu de ce dernier acte de témérité :
— Êtes-vous fou, Hector? s'écria-t-il, ou avez-vous oublié ce que dit Quinte-Curce? Comme militaire, vous devez être au moins familier avec cet auteur, *nobilis equus umbrâ quidem virgæ regitur; ignavus ne calcari quidem excitari potest*[1], ce qui démontre clairement que les éperons sont toujours inutiles, et je puis ajouter qu'ils sont quelquefois dangereux.

Hector, qui sur un tel sujet ne s'inquiétait ni de l'opinion de Quinte-Curce ni même de celle de son oncle, se contenta de lui répondre d'un air d'insouciance : — Ne craignez rien, ne craignez rien; et il partit au grand galop.

» Au coursier à ces mots il a lâché la bride,
» De son talon armé pressant ses flancs poudreux;
» Le voilà loin déjà : dans sa course rapide
» Il n'écoute plus rien, à peine si ses yeux
　» Ont eu le temps de mesurer l'espace.
» . . . . »

— Voilà un assortiment parfait, dit l'antiquaire en le regardant s'éloigner; un cheval emporté et un jeune écervelé, les deux créatures de la chrétienté les plus difficiles à gouverner, et tout cela pour arriver une demi-heure plus tôt dans un endroit où personne n'a besoin de lui : ce n'est pas un chevau-léger qui guérira la maladie de sir Arthur. Il faut que ce soit un tour de scélératesse de Dousterswivel, pour qui sir Arthur a tant fait; car je ne puis m'empêcher de penser qu'à l'égard de certains caractères Tacite a eu raison de dire : *Beneficia eò usque læta sunt, dùm videntur exsolvi posse; ubi multùm antevenére, pro*

---

(1) Un noble cheval est conduit avec l'ombre seule de la baguette; un cheval paresseux ne peut être excité même par l'éperon. — Tr.

gratiâ odium redditur[1], ce qui doit convaincre un homme sage qu'il ne faut rendre à personne des services assez grands pour qu'on ne puisse les acquitter, de peur d'obliger les débiteurs à faire une banqueroute de reconnaissance.

Tout en se citant à lui-même de pareils lambeaux de philosophie cynique, notre antiquaire suivait le chemin de Knockwinnock; mais il est nécessaire que nous l'y précédions pour expliquer les motifs qui y faisaient désirer sa présence.

CHAPITRE XLI.

« Ainsi pendant que l'oie, illustre dans la fable,
« Tranquille et sans témoin couvait ses beaux œufs d'or,
« Un jeune enfant survient qui d'une main coupable
« La surprend dans son nid, lui prend le cou, le tord,
    « Et change un rêve délectable
    « En tristes sons de mort. »
Les Amours des plantes marines.

Depuis que sir Arthur Wardour s'était mis en possession du trésor trouvé dans le tombeau de Malcom Baltard, il avait été dans une situation d'esprit qui ressemblait au délire plutôt qu'à la raison. Sa fille craignit même un instant que sa tête ne fût dérangée; car ne doutant pas qu'il n'eût le moyen de se procurer des richesses sans bornes, il parlait et agissait comme un homme qui aurait trouvé la pierre philosophale. Il voulait acheter des domaines contigus aux siens, et d'autres ensuite qui l'auraient conduit jusque sur l'autre côté d'Écosse, comme s'il ne pouvait plus souffrir d'autre voisin que la mer. Il avait écrit à un architecte célèbre, pour le consulter sur le projet de reconstruire le château de Knockwinnock sur un plan qui aurait égalé en magnificence celui de Windsor, avec

---

[1] Les bienfaits sont reçus avec plaisir tant qu'on croit pouvoir les payer : quand ils ont dépassé cette mesure, la haine remplace la reconnaissance. —Ta.

un parc qui en fût digne. Il voyait ses antichambres remplies d'une foule de domestiques en livrée, et déjà, car à quoi ne peut aspirer le possesseur d'une richesse sans bornes! son imagination faisait briller à ses yeux la couronne de marquis, et même celle de duc. Sa fille pouvait aspirer à tout, et une alliance avec le sang royal ne s'élevait pas même au-dessus de la sphère de ses espérances; son fils devenait général ; et lui-même, tout ce que l'ambition peut se figurer dans ses rêves les plus extravagans. Si quelqu'un voulait au milieu de cette extase ramener sir Arthur dans les régions de la vie commune, il répondait dans le sens du vieux Pistol :

« Je me moque du monde et de ses habitans,
» Je vous cite l'Afrique et ses trésors brûlans [1]. »

Qu'on se figure la surprise de miss Wardour quand, au lieu de subir un interrogatoire sur les prétentions de Lovel, comme elle s'y attendait d'après la longue conférence de son père avec M. Oldbuck, elle vit que la conversation de sir Arthur annonçait une imagination exaltée par l'espoir de posséder une fortune immense. Mais elle fut plus sérieusement alarmée quand elle vit son père envoyer chercher Dousterwivel, prendre son parti, le plaindre de ce qui lui était arrivé, et s'enfermer avec lui dans son cabinet, où il commença par l'indemniser de la perte qu'il avait faite. Les soupçons qu'elle avait toujours conçus contre cet intrigant prirent une nouvelle force quand elle apprit les peines qu'il s'était données pour entretenir les rêves de sir Arthur, et pour s'assurer, sous différens prétextes, la plus grande part possible d'un trésor si singulièrement trouvé.

D'autres symptômes fâcheux se succédèrent rapidement. Chaque courrier apportait des lettres que sir Arthur ne se donnait pas la peine de lire, et qu'il jetait au feu sans les décacheter, après avoir reconnu l'écriture de l'adresse.

(1) Shakspeare, *Henry V.* — Ed.

Miss Wardour ne put s'empêcher de soupçonner que ces épîtres dont son père semblait si bien connaître le contenu par une sorte d'intuition, lui étaient écrites par des créanciers un peu pressans. Cependant le secours temporaire qu'il avait trouvé dans la caisse *Search*, n° 1, s'évanouissait rapidement. La majeure partie avait servi à payer la dette de six cents livres, pour laquelle on menaçait sir Arthur de poursuites très sérieuses. Une partie du reste fut donnée à l'adepte, et le surplus fut employé à des extravagances que le pauvre chevalier crut pouvoir se permettre, d'après ses brillantes espérances. Il fallait aussi fermer pour un instant la bouche de quelques créanciers qui, fatigués de ne recevoir que de belles promesses, commençaient à croire qu'il était temps de toucher quelque chose de plus substantiel.

Sir Arthur, naturellement impatient, reprocha à Dousterwivel de manquer aux promesses qui semblaient devoir convertir en or tout son plomb. Mais l'adepte voyait parfaitement qu'il n'avait plus rien à espérer de sa dupe, et il lui restait assez de pudeur pour ne pas se soucier d'être témoin de la chute d'une maison sous laquelle il avait creusé une mine. Il voulut donc bien faire encore la dépense de quelques mots savans pour que sir Arthur ne se tourmentât pas plus tôt qu'il n'était nécessaire. Il prit congé de lui en l'assurant qu'il reviendrait le lendemain à Knockwinnock armé de tous les moyens convenables pour délivrer le chevalier de tous ses embarras.

— Depuis que moi m'occuper de pareilles matières, dit Dousterswivel, jamais ne m'être troufé si près de l'*arcanum*, du grand mystère, du polychreste, du panchreste. Moi en safoir autant que Pelasco de Tarente; et si moi ne pas fous procurer sous deux ou trois jours la caisse n° 2 du pon M. Pastard, fous poufoir m'appeler un misérable, et moi renoncer à jamais fous regarder en face.

L'adepte partit après lui avoir donné cette assurance consolante, dans la ferme résolution de s'en tenir à la dernière partie de sa proposition, et de ne jamais se représenter devant sir Arthur. Le baronnet, après son départ, resta dans le doute et l'inquiétude. Les promesses positives de l'adepte, et les grands mots polychreste, panchreste, etc., n'avaient pas laissé de produire quelque effet sur son esprit ; mais il avait trop souvent été trompé par un jargon semblable pour y ajouter une foi explicite, et il passa la soirée dans sa bibliothèque, dans l'état terrible d'un homme qui, placé sur un précipice, et n'ayant aucun moyen de retraite, voit la pointe sur laquelle il se trouve se détacher graduellement du reste du roc, et l'entraîner dans l'abîme.

Les visions de l'espérance s'évanouirent peu à peu, et firent place à cette agitation fiévreuse, à cette agonie anticipée dont se sent tourmenté un homme qui, doué d'une noble fierté, ayant possédé une belle fortune, père de deux enfans, et ayant à soutenir un ancien nom, voit s'approcher l'instant fatal où il faut renoncer à la splendeur que l'habitude lui a rendue nécessaire, et être condamné au mépris et à l'indigence. Avec cette triste perspective devant les yeux, et n'osant plus se livrer à ses illusions, sir Arthur devint fantasque et bourru, et ses discours comme ses actions annoncèrent souvent cette insouciance produite par le désespoir ; ce qui alarma extrêmement miss Wardour. Nous avons vu, dans une autre occasion, qu'il avait les passions aussi vives que son caractère était faible sous d'autres rapports ; il n'était pas accoutumé à la contradiction, et s'il avait passé jusqu'alors pour un homme enjoué et de bonne humeur, c'était probablement parce que dans tout le cours de sa vie, il n'avait trouvé que peu d'occasions de se livrer à son naturel irritable.

Le troisième jour après le départ de Dousterswivel, le domestique, suivant l'usage, déposa sur la table, pendant qu'on déjeunait, le journal et les lettres du jour. Miss Wardour se mit à lire les nouvelles, pour tâcher de faire moins d'attention à la mauvaise humeur de son père, qui était entré dans une violente colère parce que les rôties étaient un peu brûlées.

— Je vois ce que c'est, dit-il en finissant de longues plaintes sur ce sujet intéressant ; mes domestiques, qui ont profité de ma fortune, commencent à croire qu'ils ont peu de chose à attendre de moi à l'avenir ; mais tant que les drôles seront à mes gages, je ne souffrirai pas qu'ils négligent leurs devoirs : ils ne se permettront pas la plus légère diminution du respect qu'ils doivent à leur maître.

— Je suis prêt à en sortir sur-le-champ, dit le domestique accusé, dès que Votre Honneur aura donné ordre qu'on me paie mes gages.

Sir Arthur mit la main dans sa poche avec la même vivacité que s'il eût été piqué par un serpent, et en tira sur-le-champ tout l'argent qui s'y trouvait, mais qui ne suffit pas pour compléter la somme due au domestique.

— Combien avez-vous d'argent sur vous, miss Wardour? dit-il à sa fille avec un calme affecté, mais qui cachait une violente agitation.

Miss Wardour lui donna sa bourse ; il essaya de compter les billets de banque qui s'y trouvaient, mais il n'en put venir à bout. Après avoir inutilement recommencé deux fois son calcul, il jeta le tout à sa fille. — Payez ce drôle, lui dit-il, et qu'il sorte du château à l'instant. — Et en même temps il quitta l'appartement.

La maîtresse et le domestique furent également surpris de la violence et de l'irritation que le baronnet venait de montrer.

— Bien certainement, miss Wardour, dit le domestique, si j'avais cru être le moins du monde en faute, je n'aurais pas fait à sir Arthur la réponse qui l'a fâché ; je suis depuis long-temps à son service, et il a toujours été bon maître comme vous êtes bonne maîtresse ; je ne voudrais pas vous laisser croire que je pense à m'en aller pour un mot de reproche. Je conviens que j'ai eu tort de lui parler de mes gages dans un moment où Son Honneur a peut-être quelque chose qui le tourmente : je ne pensais pas à quitter la famille de cette manière.

— Descendez, Robert, dit miss Wardour; quelque chose a donné de l'humeur à mon père, descendez; et si mon père sonne, que ce soit Alick qui monte.

A peine sortait-il, que sir Arthur rentra, comme s'il eût guetté l'instant de son départ. — Que veut dire ceci? s'écria-t-il en voyant encore les billets de banque sur la table; n'est-il pas encore congédié? en est-il du père comme du maître? n'obéit-on plus à l'un ni à l'autre?

— Il est allé rendre ses comptes à la femme de charge, mon père; je ne croyais pas qu'il fût si urgent.....

— Très urgent, miss Wardour; les ordres que je donne maintenant dans le château de mes pères doivent être exécutés à l'instant, ou ils ne le seront jamais.

Il s'assit, et prit d'une main tremblante la tasse de thé qui lui avait été préparée, jetant de temps en temps un coup d'œil sur les lettres qui étaient sur la table, comme s'il eût redouté de les ouvrir, et qu'elles eussent contenu des aspics prêts à s'élancer sur lui.

— Vous apprendrez avec plaisir, lui dit miss Wardour cherchant à le distraire des sombres réflexions dans lesquelles il paraissait plongé, que le brick du lieutenant Taffril est entré dans la rade de Leith. On avait eu des craintes pour sa sûreté; je suis charmée de n'en avoir rien su avant qu'elles fussent dissipées.

— Et qu'ai-je de commun avec Taffril et son brick!

— Mon père! dit miss Wadour surprise au-delà de toute expression; car sir Arthur, dans son état d'esprit ordinaire, aimait à entendre parler de tout ce qui se passait dans le pays.

— Oui! répéta-t-il avec une impatience encore plus marquée, que m'importe qu'ils soient sauvés ou perdus? que m'en reviendra-t-il?

— Je ne savais pas que vous eussiez l'esprit occupé d'affaires, mon père ; et je croyais que M. Taffril étant un homme généralement estimé, un de nos concitoyens, vous seriez heureux d'apprendre...

— Oh! sans doute je suis heureux, très heureux! et pour vous rendre heureuse aussi, je vais vous apprendre quelque bonne nouvelle en retour. — Et prenant une lettre sur la table : Peu importe laquelle j'ouvrirai, ajouta-t-il, elles chantent toutes sur le même ton.

Il rompit le cachet à la hâte, parcourut la lettre, et la jeta à sa fille. — Oui, dit-il, je ne pouvais tomber plus heureusement ; voilà qui met la dernière main à l'œuvre.

Miss Wardour prit la lettre en silence et avec terreur.

— Lisez! lisez tout haut! vous ne pouvez trop la lire ; elle vous apprendra à vous familiariser avec d'autres épîtres du même genre.

Elle commença à lire d'une voix tremblante : — « Mon cher monsieur... »

— Mon cher monsieur! vous voyez! un impudent clerc de procureur qui, il y a un an, se serait cru honoré de dîner avec mes gens! Je présume qu'avant peu il m'appellera mon cher Knight[1].

— « Mon cher monsieur, » répéta miss Wardour. Mais s'interrompant elle-même : — Mon père, dit-elle, je vois que le contenu de cette lettre n'est nullement agréable ; je ne puis que vous irriter en la lisant à haute voix.

— Si vous voulez bien m'accorder que je sais ce qui me fait plaisir, miss Wardour, je vous prie de continuer : si cela n'était pas nécessaire, vous devez penser que je ne vous en donnerais pas la peine.

— « Ayant été récemment associé, continua miss Wardour en lisant la lettre, à M. Gilbert Greenhorn, fils de feu votre ancien homme d'affaires, Girnigo Greenhorn, écrivain du sceau dont j'ai conduit les affaires comme

---

(1) Chevalier non baronnet, et un degré au-dessous. — Éd.

clerc chargé de les suivre au palais pendant plusieurs années, lesquelles affaires seront désormais continuées sous la raison de Greenhorn et Grinderson (ce que je vous rappelle pour que vous adressiez exactement vos lettres à l'avenir), et ayant eu dernièrement la faveur de votre dernière, adressée à mon susdit associé, Gilbert Greenhorn, et attendu qu'il est aux courses de Lamberton, j'ai l'honneur de répondre à votredite lettre dont j'ai été favorisé. »

— Vous voyez que mon ami est méthodique ; il commence par m'expliquer les causes qui m'ont procuré un correspondant si modeste et si élégant. Continuez ; je puis supporter cette lecture.

Et il termina ce peu de mots par ce sourire amer qui exprime si cruellement l'angoisse de l'âme. N'osant lui désobéir, miss Wardour, quoiqu'à regret, continua la lecture.

— « Je suis fâché, tant pour mon compte personnel que pour celui de mon associé, qu'il nous soit impossible de vous trouver la somme que vous désirez, comme de solliciter un sursis aux poursuites de Goldiebird ; ce qui serait d'autant plus inconséquent de notre part, que nous avons été chargés par ledit Goldiebird de lever un mandat d'arrêt contre vous, ce que vous avez dû connaître par la sommation qui vous a été faite de nous payer comme procureurs et agens dudit Goldiebird la somme de quatre mille sept cent cinquante-six livres cinq shillings six pences sterling et un quart, non compris les frais et accessoires, ce que nous espérons que vous ferez dans le délai voulu par la loi, pour éviter d'autres poursuites. Je me trouve en même temps dans la nécessité de vous faire observer que vous nous devez personnellement sept cent soixante-neuf livres dix shillings six pences, somme qu'il nous serait agréable de toucher ; mais comme nous sommes nantis de tous vos titres, papiers et documens, nous ne refusons pas de vous accorder un délai convenable ; c'est-à-dire jusqu'au terme prochain. Je suis fâché d'avoir à ajouter, tant en mon nom qu'au nom de mon associé, que nous avons reçu de Goldiebird l'ordre d'agir contre vous *peremptoriè et sine morâ*[1], ce dont nous croyons devoir vous instruire, afin que vous ne puissiez prétendre cause d'ignorance. Sur quoi, je suis pour moi et mon associé, mon cher monsieur, votre très humble et obligé serviteur Gabriel Grinderson, pour Greenhorn et Grinderson. »

— Quelle lâche ingratitude! s'écria miss Wardour.

— Ils ont raison, dit le baronnet en affectant un calme que démentaient ses lèvres tremblantes et ses yeux égarés; c'est l'usage. Il aurait manqué quelque chose au coup qui me frappe s'il ne m'avait été porté par cette main. Mais il y a un post-scriptum, ce me semble; je n'y avais pas fait attention. Voyons, achevez la lecture de cette épître.

— « *P. S.* J'ai à ajouter, non de mon chef, mais de la part de mon associé, que M. Greenhorn consent à s'arranger avec vous pour prendre votre vaisselle d'argent et vos quatre chevaux bais, s'ils sont en bon état, en déduction du montant de votre compte, et d'après une équitable estimation. »

— Que le ciel le confonde! s'écria sir Arthur ne pouvant se contenir en entendant une proposition si obligeante. Son grand-père ferrait les chevaux de mon père, et ce rejeton d'un misérable maréchal prétend s'approprier les miens! Mais je vais lui répondre.

Et il se mit à écrire avec beaucoup de vivacité en prononçant chaque mot à mesure qu'il l'écrivait : — « M. Gilbert Greenhorn, en réponse à la dernière lettre que je vous ai écrite, j'en reçois une d'un nommé Grinderson qui se dit votre associé : quand j'écris à quelqu'un, je m'attends qu'il me répondra lui-même. Je crois avoir rendu plus d'un service à votre père, et m'être toujours conduit envers vous avec affection et civilité; j'ai donc

---

(1) Péremptoirement et sans retard. — T_R.

lieu d'être surpris... » Et pourquoi serais-je surpris? dit-il en s'interrompant, ou pourquoi perdrais-je mon temps à écrire à ce drôle? Je ne resterai pas toujours en prison, je suppose, et mon premier soin, une fois libre, sera de briser les os à ce misérable.

— En prison, mon père! s'écria miss Wardour en tressaillant.

— Oui, sans doute, en prison : en pouvez-vous douter? A quoi donc vous a servi cette belle épître de monsieur... monsieur...? n'importe son nom. A moins que vous n'ayez quatre mille et tant de cent livres avec l'appoint suffisant en shillings et en pences pour solder la créance de M. Goldiebird, sans oublier les accessoires, comme le dit mon digne correspondant.

— Plût au ciel que je le pusse! Mais où est donc mon frère? pourquoi ne vient-il pas ici? il pourrait nous aider.

— Qui, Reginald? Je présume qu'il est allé aux courses de Lamberton avec M. Gilbert Greenhorn, ou quelque autre personnage aussi respectable. Je l'attendais la semaine dernière; mais rien ne me surprend : mes enfans peuvent me négliger comme les autres. Pardon, ma chère Isabelle, jamais vous n'avez ni négligé ni offensé votre père.

Et l'embrassant tendrement, tandis qu'elle lui jetait les bras autour du cou, il goûta cette consolation que trouve un père dans ses plus grands malheurs quand il est assuré qu'il possède la tendresse d'un enfant bien-aimé.

Miss Wardour profita de ce retour de sensibilité pour tâcher de calmer l'esprit de son père; elle lui rappela qu'il lui restait des amis.

— J'en ai eu, répondit sir Arthur; mais j'ai épuisé l'amitié des uns par mes entreprises extravagantes, et il manque aux autres la volonté ou le pouvoir de m'être utiles : tout est fini pour moi. Puisse mon exemple servir de leçon à Reginald!

— Et si j'envoyais à Monkbarns, mon père?

— A quoi bon? Oldbuck ne peut me prêter une somme si considérable : et quand il le pourrait il n'en ferait rien, car il n'ignore pas que je suis criblé de dettes : tout ce que j'obtiendrais de lui se bornerait à des sentences de philosophie et à des citations latines.

—Mais il est sensé, intelligent; il se connaît en affaires judiciaires, et il a toujours eu de l'amitié pour notre famille.

— Oui, je le crois. Où en sommes-nous, grand Dieu ! quand l'amitié d'un Oldbuck semble de quelque importance à un Wardour! Au surplus, au point où en sont les choses, où elles doivent arriver incessamment, il n'y a pas d'inconvénient à le faire prier de venir. Mais allez faire votre promenade ordinaire, Isabelle; maintenant que vous voilà instruite, j'ai l'esprit plus calme : vous savez tout, vous savez à quoi vous devez vous attendre tous les jours, à chaque instant. Allez, Isabelle, allez; je désire être seul quelques instans.

Dès que mis Wardour eut quitté son père, son premier soin fut de profiter de l'espèce de permission qu'il lui avait accordée pour envoyer à Monkbarns un domestique, qui, comme nous l'avons vu, rencontra l'antiquaire et son neveu sur les bords de la mer.

Ne sachant où elle portait ses pas, et ne s'en inquiétant guère, le hasard la conduisit vers un endroit qu'on nommait le Banc des Broussailles. Un ruisseau, qui autrefois jetait ses eaux dans les fossés du château, descendait dans ce lieu champêtre où le goût de miss Wardour avait fait tracer un sentier qui, quoique facile et bien entretenu, avait l'air de ne rien devoir à l'art. Il était parfaitement assorti avec le caractère de cette petite vallée, ombragée par d'épais taillis de coudriers et d'aubépines.

C'était là que s'était passée entre miss Wardour et Lovel cette scène d'explication qu'Edie Ochiltrie avait entendue. Les malheurs qui menaçaient sa famille disposaient le cœur d'Isabelle à l'attendrissement : elle se rappela tout ce que Lovel lui avait dit pour la supplier d'être favorable à ses vœux, et elle ne put se défendre d'un mouvement secret de vanité en songeant qu'elle avait inspiré une passion si vive et si désintéressée à un jeune homme doué de tant de talens et de qualités. Qu'il eût abandonné une profession dans laquelle il obtenait disait-on, un avancement rapide, pour s'enterrer dans une ville comme Fairport, et s'y livrer à une passion sans espoir, c'était ce que d'autres auraient pu regarder comme un coup de tête causé par un caractère romanesque ; mais ce ne pouvait être qu'un excès d'affection aux yeux de celle qui en était l'objet, et il eût été bien difficile qu'elle ne le pardonnât point. S'il avait possédé une fortune indépendante, quelque modique qu'elle fût ; s'il avait eu droit à tenir un rang honorable dans la société dont il était fait pour être l'ornement, elle aurait en ce moment les moyens d'adoucir l'infortune de son père en lui offrant un asile chez elle. Ces pensées, si favorables à l'amant absent, se présentaient en foule à son esprit, suivies d'une récapitulation exacte de ses actions, de ses paroles et de ses regards ; ce qui prouvait qu'en refusant d'écouter ses protestations de tendresse, elle avait consulté son devoir plutôt que son inclination. Ces réflexions, et celles que lui inspirait la situation de son père, occupaient alternativement l'esprit d'Isabelle, quand, à un détour du sentier, le vieux Manteau-Bleu se trouva tout-à-coup devant elle.

Prenant l'air d'un homme qui a quelque chose d'important et de mystérieux à communiquer, Edie ôta son chapeau, s'avança vers elle sur la pointe des pieds, et lui dit à demi-voix, comme s'il eût craint d'être entendu : — Je désirais bien de vous rencontrer, miss Wardour, car vous devez savoir que je n'aurais guère osé entrer au château, de crainte d'y trouver Dousterwivel.

— Oui, dit miss Wardour, en jetant une pièce d'argent

dans son chapeau, j'ai appris que vous avez fait un trait de folie, pour ne rien dire de plus, Edie, et je l'ai appris avec peine.

— De folie! ma bonne jeune dame. Tout le monde est fou : comment le vieil Edie Ochiltrie serait-il sage ? Et où est le grand mal ? Que ceux qui connaissent Dousterswivel disent s'il a eu autre chose que ce qu'il mérite.

— Cela est possible, Edie, mais vous n'en avez pas moins tort.

— Eh bien, eh bien, nous ne nous disputerons pas là-dessus. C'est de ce qui vous regarde que je veux vous parler. Savez-vous ce qui menace la maison de Knockwinnock ?

— De grands malheurs, Edie; je le crains du moins. Mais je ne croyais pas que le bruit en fût déjà si répandu.

— L'huissier Sweep-Clean [1] y sera aujourd'hui avec toute sa séquelle. Je le tiens d'un de ses recors, comme on les appelle, et qui doit le suivre; ils vont se mettre en besogne incessamment. Il n'y a pas besoin de mettre les moutons dans le pré qu'ils ont fauché, car ils ont soin de le tondre d'assez près.

— Je sais que ce malheur doit arriver, Edie; mais croyez-vous qu'il soit si prochain?

— C'est comme je vous le dis, ma jeune dame; cependant, ne vous laissez point abattre. Ne voyez-vous pas le ciel au-dessus de vous comme dans cette nuit terrible que vous avez passée entre Bailly-Burg-Ness et Halket-Head ? Croyez-vous que celui qui vous a protégée contre la fureur des eaux ne puisse vous défendre de la méchanceté des hommes, quoique armés de l'autorité humaine ?

— Il est bien vrai; il n'y a plus qu'en lui seul que nous devons avoir confiance.

— On ne sait pas; on ne sait pas. — Plus la nuit est obscure, plus l'aurore s'approche. Si j'avais un bon che-

---

[1] Nom qu'on pourrait rendre par celui de *maison nette* ou bon-balai.

val, et que je fusse en état de le monter, dans le cas où j'en aurais un, je me flatte que tout ne serait pas encore perdu. J'espérais grimper sur l'impériale de la *Reine Charlotte;* mais la voilà arrêtée probablement pour quelque temps à Kittlebrig. Il y avait à côté du cocher un jeune homme qui a voulu se mêler de conduire la voiture, et Tom Sang, qui aurait dû avoir plus de bon sens, a été assez fou pour y consentir. Or, quand il a fallu tourner le pont, ce brave galant a accroché une borne, et renversé la voiture comme je renverserais une écuelle vide. J'ai été bien heureux de ne pas m'être perché sur le *top* [1]. De sorte qu'entre l'espoir et la crainte je venais voir si vous voudriez me faire partir.

— Et où voulez-vous aller, Edie?

— A Tannonburgh, ma bonne jeune dame. C'était le premier relais après Fairport; mais il était plus près de Knockwinnock que de cette ville; et il faut que j'y aille sans délai, et uniquement à cause de vous.

— A cause de nous, Edie! Hélas! je vous sais gré de vos bonnes intentions, mais...

— Mais il n'y a pas de *mais,* miss Wardour; il faut que j'y aille.

— Et qu'allez-vous faire à Tannonburgh? Comment ce voyage peut-il être utile aux affaires de mon père?

— C'est un petit secret qu'il faut laisser sous les cheveux blancs du vieil Edie, miss Wardour, sans lui faire de questions là-dessus. Si j'ai risqué ma vie pour vous certaine nuit, vous pouvez bien croire que je n'ai pas envie de vous jouer un mauvais tour dans l'instant de votre détresse.

— Eh bien, suivez-moi, Edie; je tâcherai de vous faire conduire à Tannonburgh.

— Dépêchez-vous donc, miss Wardour, dépêchez-vous, pour l'amour du ciel! — Et il ne cessa de l'exhorter à se hâter qu'en arrivant au château.

(1) Le *top* ou l'*outside*, l'impériale de la diligence. — Ed.

CHAPITRE XLII.

« L'aille voir qui voudra, j'en suis peu curieux.
» De son rang, de sa pompe il était amoureux;
» Il tenait à ces riens, à ces vaines chimères
» Que d'un destin cruel les décrets trop sévères
» Sans en avoir pitié viennent d'anéantir;
» Qui lui pourrait pourtant refuser un soupir,
» En voyant sur son front le terrible ravage
» Qu'ont fait la vanité, le désespoir et l'âge? »
Ancienne comédie.

Lorsque miss Wardour arriva dans la cour du château, elle vit au premier coup d'œil que les agens de la justice y étaient déjà arrivés. La tristesse, la confusion, et la curiosité, partageaient les domestiques, tandis que les ministres de la loi allaient de chambre en chambre, faisant l'inventaire du mobilier et de tout ce qui était sujet à saisie [1]. Le capitaine Mac-Intyre arriva au moment où, muette de désespoir en acquérant la cruelle conviction de la ruine de son père, elle s'arrêtait sur le seuil de la porte.

— Ma chère miss Wardour, lui dit-il, ne désespérez de rien; mon oncle va arriver, et je ne doute pas qu'il ne trouve moyen de chasser du château ces misérables.

— Hélas! capitaine, je crains qu'il ne soit trop tard.

— Non! s'écria Edie d'un ton d'impatience; non, il n'est pas trop tard, si je puis aller à Tannonburgh. Au nom du ciel, capitaine, trouvez quelque moyen pour me faire partir, et cette pauvre famille vous devra le plus grand service qui lui ait été rendu depuis le temps de Main-Sanglante; car, comme les vieilles prédictions ne mentent pas, c'est aujourd'hui que le domaine de Knokwinnock sera perdu et gagné.

(1) Poinding est le terme qui équivaut à *Distress* ou *Distraint*, (saisie) dans le code d'Ecosse. — Ed.

— Et de quelle utilité sera ce voyage, Edie? demanda Hector.

Robert, le domestique contre lequel sir Arthur s'était mis en colère le matin, et qui semblait chercher une occasion de donner une preuve de zèle, s'avança à la hâte vers sa maîtresse, et lui dit : — Je vous en supplie, miss Wardour, ne négligez pas ce que vous dit le vieux Ochiltrie : il se connaît mieux que personne aux maladies des vaches et des chevaux; il sait plus de choses qu'on ne pense; et puisqu'il insiste tellement pour aller à Tannonburgh, il faut qu'il ait de bonnes raisons pour cela. Si vous le désirez, je l'y conduirai en une heure dans la charrette. Je voudrais être bon à quelque chose; car, quand je pense à ce matin, je me couperais volontiers la langue avec les dents.

— Je vous remercie, Robert, dit miss Wardour; et si vous croyez réellement qu'il y ait la moindre apparence que ce voyage puisse être de quelque utilité...

— Pour l'amour du ciel, Robert! s'écria Edie, attelez le cheval à la charrette; et si le voyage ne sert de rien, je vous permets, en revenant, de me jeter par-dessus le pont de Kittlebrig. Mais dépêchez-vous; le temps est précieux aujourd'hui.

Robert jeta un coup d'œil sur sa maîtresse qui entrait dans la maison, et voyant qu'elle lui faisait un signe de consentement, il courut à l'écurie pour y prendre un cheval et l'atteler sans délai; car quoiqu'un vieux mendiant fût le dernier homme du monde de qui on pût attendre des secours dans un embarras pécuniaire, les gens de la classe de Robert avaient une si haute idée de la prudence et de la sagacité d'Edie Ochiltrie, que ce domestique était convaincu que le vieillard insistait pour faire ce voyage parce qu'il était certain d'être utile. Mais dès que Robert eut mis la main sur un cheval pour l'atteler à la charrette, un des officiers de justice, lui frappant sur l'épaule, lui dit : — Mon ami, ne touche pas à ce cheval, il est compris dans la saisie.

— Quoi! dit Robert, je ne puis prendre le cheval de mon maître pour faire une commission pour ma maîtresse?

— Vous ne devez rien faire sortir d'ici, répondit l'huissier en fonctions, ou vous serez responsable des conséquences.

— Comment diable! s'écria Hector qui avait suivi Ochiltrie pour tâcher de l'engager à s'expliquer sur la nature de ses espérances, et qui, rongeant intérieurement son frein, ne cherchait qu'un prétexte pour se mettre en colère, auriez-vous l'impudence d'empêcher ce domestique d'exécuter les ordres de sa maîtresse?

Le geste et le ton du jeune officier avaient quelque chose qui semblait annoncer que son intention ne se bornerait pas à des représentations, et qui, tout en promettant l'avantage final d'un procès-verbal de rébellion à justice, donnait à craindre les désagréables circonstances nécessaires pour y donner lieu. Le fils de Thémis, placé en face de celui de Mars, leva d'une tremblante main la verge destinée à renforcer son autorité, et de l'autre montra le petit bâton garni en argent et orné d'un anneau mobile, signe officiel de sa dignité; puis s'adressant à Hector:

— Monsieur, lui dit-il, capitaine Mac-Intyre, je n'ai point affaire à vous; mais si vous m'interrompez dans l'exercice de mes fonctions, je me déclarerai violenté, et je briserai la verge de la paix.

— Déclarez-vous tout ce qu'il vous plaira, dit Hector; qui diable s'en soucie? Brisez votre verge si bon vous semble; tout ce que je sais, c'est que je vous briserai les os si vous empêchez ce garçon d'exécuter les ordres de sa maîtresse.

— Je prends à témoin tous ceux qui sont ici, dit le messager d'armes [1], que je me suis fait connaître à lui en lui montrant les marques de ma dignité: il ne peut pré-

---

(1) *Messenger at arms*, synonyme d'huissier en Ecosse, parce que dans l'origine ces fonctionnaires avaient une sorte de caractère militaire, d'où ils s'appellent encore les officiers de la loi. — ED.

tendre cause d'ignorance. — En même temps il fit couler l'anneau d'un bout du bâton à l'autre, forme usitée pour protester contre une rébellion à justice.

Le bon Hector, plus accoutumé à l'artillerie du champ de bataille qu'à celle de l'arène des lois, vit cette cérémonie mystérieuse avec la plus grande indifférence. Mais en ce moment, et fort à propos pour empêcher le montagnard à tête chaude, quoique bien intentionné, d'encourir les peines prononcées en pareil cas par les lois, notre antiquaire arriva suant et soufflant, son mouchoir sous son chapeau, et sa perruque sur la pomme de sa canne.

— De quoi diable s'agit-il donc ici? demanda-t-il en s'essuyant la tête et en remettant sa perruque. Je craignais, en vous suivant, de trouver votre tête creuse brisée contre quelque rocher, et vous voilà sans votre bucéphale, vous querellant avec Sweep Clean! Apprenez, Hector, qu'un huissier est un ennemi plus dangereux qu'un *phoca*, que ce soit un *phoca barbata*, ou un *phoca vitulina* comme celui de votre dernière bataille.

— Au diable le *phoca!* monsieur, s'écria Hector, qu'il soit barbu ou non; au diable tous les *phocas* de l'univers! Je présume que vous ne voudriez pas que je visse de sang-froid ce drôle insulter une jeune dame comme miss Wardour, parce qu'il se dit messager du roi. Sur mon âme! je me flatte que le roi a, pour faire exécuter ses ordres, des gens qui valent mieux que cet homme.

— Très sagement argumenté, Hector; mais le roi a quelquefois à faire exécuter des ordres de bas aloi, et je vous dirai à l'oreille qu'il lui faut pour cela des coquins de cette espèce. En supposant que vous ne connaissiez pas les statuts de Guillaume-le-Lion, où le crime de résistance à l'exécution des ordonnances de justice est défini, *capite quarto, versu quinto, despectus domini regis*, c'est-à-dire mépris du seigneur roi, au nom duquel se font toutes les poursuites judiciaires, vous auriez pu conclure des détails que j'ai pris tant de peine à vous expliquer ce matin, que ceux qui s'opposent à l'exécution d'un mandat d'arrêt dont est porteur un officier de justice, sont *tanquàm participes criminis rebellionis* [1], attendu que le fauteur d'un rebelle est lui-même, *quodam modo*, complice de la rébellion. Mais je vous tirerai d'embarras.

Il parla alors au messager d'armes, qui, en le voyant arriver, avait perdu l'espérance de tirer bon parti d'un procès-verbal de rébellion, et il se contenta de l'assurance que lui donna M. Oldbuck que le cheval et la charrette seraient de retour au château dans le délai de deux ou trois heures.

— Fort bien! M. Sweep-Clean, dit l'antiquaire, et puisque vous montrez tant de civilité, vous allez avoir une autre aubaine; une affaire d'état; un crime punissable *per legem Juliam*. Écoutez-moi un instant.

Après lui avoir parlé à voix basse cinq à six minutes, il lui remit un papier, et l'huissier, montant à cheval, partit sur-le-champ suivi d'un de ses recors. Celui qui restait continua ses opérations, mais il y mit cette lenteur circonspecte qui faisait voir qu'il se sentait surveillé par un juge aussi sévère qu'habile.

Cependant Oldbuck, prenant son neveu par le bras, le fit entrer avec lui dans la maison. Ils furent introduits dans un appartement où sir Arthur, se promenant en long et en large, dans un désordre complet, agité par l'amour-propre blessé et par les craintes les plus vives, et épuisé par ses efforts pour cacher ses véritables sentimens sous un air d'indifférence, offrait un spectacle qui ne pouvait manquer d'inspirer une compassion pénible.

— Charmé de vous voir, M. Oldbuck, et vous aussi, capitaine; je suis toujours charmé de voir mes amis, n'importe que le temps soit au beau ou à la pluie, dit le pauvre baronnet, cherchant à montrer non du calme, mais de la gaieté, affectation qui était démentie par ses

---

(1) Comme complices du crime de rébellion. — Tr.

regards, et par une émotion visible. Je suis charmé de vous voir, dis-je. Vous êtes venus à cheval, à ce que je vois? J'espère que dans la confusion qui règne ici on aura eu soin de vos montures. J'ai toujours tenu à ce qu'on eût soin des chevaux de mes amis. Parbleu! on en aura tout le temps désormais, car vous voyez qu'on se dispose à ne pas me laisser un des miens. Hé! hé! hé!

Cette tentative de plaisanterie fut suivie d'un rire forcé que le pauvre sir Arthur aurait voulu donner pour un sourire naturel.

— Vous savez, sir Arthur, que jamais je ne monte à cheval, dit Oldbuck.

— C'est vrai, je vous demande pardon. Mais je suis sûr d'avoir vu le capitaine arriver à cheval il n'y a pas longtemps. Un superbe cheval gris. Un vrai cheval de bataille. Il faut que je sache si on en a eu soin.

Il allait tirer le cordon de la sonnette quand l'antiquaire lui dit : — Mon neveu est venu sur votre cheval gris, sir Arthur.

— En vérité! s'écria le pauvre baronnet. Le soleil me donnait donc dans les yeux? Eh bien! je ne mérite plus d'avoir un cheval, puisque je ne reconnais pas le mien quand je le vois.

— Juste ciel! pensa Oldbuck, comme cet homme est changé! qu'est devenue sa gravité cérémonieuse? L'adversité lui inspire des plaisanteries! *Sed pereunti mille figuræ*[1]. Sir Arthur, il faut pourtant que nous parlions un peu d'affaires.

— Sans doute, sans doute; mais c'est qu'il est si plaisant que je n'aie pas reconnu le cheval qui me sert depuis plus de cinq ans! ah! ah! ah!

— Ne perdons pas un temps précieux, sir Arthur. J'espère que nous trouverons des momens plus convenables pour plaisanter. *Desipere in loco*[2] est une maxime d'Ho-

---

(1) Mille fantômes assiègent le mourant. — Tb.
(2) Cesser parfois d'être sage. — Tb.

race. Je soupçonne, je fais plus que soupçonner que toute cette affaire est occasionée par la scélératesse de Dousterswivel.

— Ne prononcez pas ce nom, monsieur! s'écria sir Arthur; et il se fit une révolution subite dans toute sa physionomie. Une fureur bien franche succéda à l'affectation de la gaieté; ses yeux étincelaient, sa bouche écumait, ses poings étaient serrés. — Ne prononcez pas ce nom, répéta-t-il avec violence, à moins que vous ne vouliez me voir perdre la raison. Faut-il que j'aie été assez sot, assez crédule, assez idiot, assez bête, et trois fois doué de la stupidité d'une bête, pour me laisser brider, bâter, sangler par un tel coquin, et sous des prétextes si ridicules! M. Oldbuck, je me déchirerais de mes propres mains, quand j'y pense!

— Je voulais seulement vous dire, sir Arthur, que le misérable sera probablement récompensé comme il le mérite; et je me flatte que la crainte tirera de lui des aveux qui pourront vous être utiles. Il me paraît certain qu'il a eu des correspondances illégales de l'autre côté de l'eau.

— Bien vrai! bien sûr! En ce cas, au diable mon mobilier, mes chevaux, tous mes biens; j'irai en prison sans regret, M. Oldbuck. J'espère qu'il y aura de quoi le faire pendre.

— Je le pense ainsi, dit Oldbuck voulant encourager cette diversion, dans l'espoir de distraire le malheureux baronnet des sensations qui semblaient menacer de causer le naufrage total de sa raison; — de plus honnêtes gens que lui ont figuré au bout d'une corde. Mais parlons donc de votre malheureuse affaire: ne peut-on rien faire pour vous? Montrez-moi la sommation qui vous a été faite.

Sir Arthur lui remit cette pièce. L'antiquaire en commença la lecture, et de plus en plus son front devenait soucieux, et annonçait la consternation. Miss Wardour entra en ce moment, et fixant les yeux sur M. Oldbuck comme si elle se fût attendue à lire sur son visage l'arrêt du destin, elle y aperçut aisément qu'elle n'avait rien à espérer.

— Nous sommes donc ruinés sans ressource, M. Oldbuck? lui dit-elle.

— Sans ressource, miss Wardour? j'espère le contraire, mais la demande est considérable, et je crains que d'autres ne la suivent.

— N'en doutez pas, dit sir Arthur; partout où se trouve une proie, les vautours se rassemblent : je suis comme un de ces moutons que j'ai vus tomber dans un précipice ou se laisser aller de maladie; pas un corbeau n'aurait paru en cet endroit depuis quinze jours; au bout de dix minutes il y en a déjà une douzaine qui lui arrachent les yeux et qui lui déchirent les entrailles, avant qu'il ait le temps de mourir : mais quant au maudit vautour qui m'a rongé si long-temps, vous lui avez procuré un bon logement, j'espère?

— Je m'en flatte, répondit l'antiquaire en se frottant les mains; il avait voulu prendre l'essor ce matin, et avait commencé par s'enfermer dans *la Reine Charlotte;* mais il aurait trouvé à Édimbourg de la glu qui ne lui aurait pas permis de déployer ses ailes. Il n'a pourtant pas été si loin, car la voiture a versé; et comment aurait-elle pu arriver à bon port avec un oiseau de si mauvais augure? On dit qu'il a été blessé : est-ce grièvement, je l'ignore; mais le fait est qu'on l'a transporté dans une chaumière près de Kittlebrig, et, pour lui ôter toute possibilité d'évasion, j'ai fait partir votre ami Sweep-Clean, que j'ai chargé de le reconduire à Fairport *in nomine regis* [1], ou de s'établir près de lui en garde-malade, suivant l'exigence du cas. Maintenant, sir Arthur, accordez-moi une conversation sérieuse sur l'état actuel de vos affaires, afin que je puisse voir ce qu'il est possible de faire pour les arranger.—Et à ces mots M. Oldbuck se leva, et prit le chemin de la bibliothèque, suivi de sir Arthur.

(1) Au nom du roi. — Tr.

Ils y étaient en conférence depuis près de deux heures quand miss Wardour vint les interrompre; elle avait mis son chapeau et son schall comme si elle se disposait à sortir. Elle était pâle, mais elle avait cet air de calme et de résignation qui lui était naturel.

— Le messager d'armes est de retour, M. Oldbuck, dit-elle en entrant.

— Comment diable! j'espère qu'il n'a pas laissé échapper le drôle?

— On dit qu'il l'a conduit en prison, et maintenant il demande mon père, et dit qu'il ne peut attendre plus long-temps.

En ce moment on entendit sur l'escalier le bruit d'une altercation, et la voix d'Hector se faisait entendre par-dessus toutes les autres : — Vous, un officier ? s'écriait-il; ces misérables, un détachement! vous n'êtes qu'une bande de méprisables bandits [1].

On entendit le ministre de la justice murmurer indistinctement une réponse à laquelle Hector répliqua très intelligiblement : — Cela est inutile, monsieur; faites sortir par la porte vos gens, comme vous les appelez, et dépêchez-vous de les suivre, ou je vous ferai déguerpir ainsi qu'eux par les fenêtres.

— Au diable soit Hector! s'écria l'antiquaire en courant vers le lieu où se passait cette scène; voilà encore le sang montagnard qui bout dans ses veines : nous aurons un duel avec l'huissier. Allons, M. Sweep-Clean, allons, il faut avoir un peu de patience; je suis certain que vous avez dessein d'user de bons procédés envers sir Arthur.

— Sans contredit, monsieur, répondit l'huissier en ôtant son chapeau, qu'il avait enfoncé sur ses yeux pour prouver que les menaces du capitaine ne l'intimidaient pas; mais votre neveu, monsieur, me tient des propos fort incivils, et je les ai soufferts trop long-temps. D'ail-

---

(1) Le titre d'*officier* que prennent les huissiers, indigne le capitaine comm une usurpation. — Éd.

leurs, d'après les instructions qui m'ont été données, je dois emmener mon prisonnier à Fairport, à moins qu'il ne paie entre mes mains les sommes mentionnées au mandat dont je suis porteur. — Et tenant d'une main la pièce fatale, il y fit voir avec son bâton d'office la redoutable armée de chiffres en rangs alignés.

Hector garda le silence par respect pour son oncle, mais il répondit au geste de l'huissier en alongeant vers lui son poing fermé, et en fronçant le sourcil avec l'air menaçant d'un montagnard.

— Paix! monsieur, lui dit Oldbuck; tenez-vous en repos, jeune insensé, et suivez-moi. — Et le faisant rentrer dans l'appartement : Cet homme ne fait que son métier, quelque vil qu'il soit, ajouta-t-il, et votre violence ne peut servir qu'à aggraver la situation des choses. Sir Arthur, je crois qu'il est indispensable que vous accompagniez cet homme à Fairport; je ne vois en ce moment aucun moyen de l'éviter; je vous y suivrai, afin de nous concerter sur ce qu'il peut y avoir à faire. Mon neveu conduira miss Wardour à Monkbarns, où j'espère qu'elle voudra bien fixer sa résidence jusqu'à ce que cette affaire désagréable soit arrangée.

— Je ne quitterai pas mon père, M. Oldbuck, j'ai préparé tout ce qui nous est nécessaire. J'espère qu'il nous sera permis de nous servir de la voiture.

— J'aurai pour vous, madame, tous les égards convenables, dit l'huissier; j'ai fait mettre les chevaux, et le carrosse est à la porte. Je monterai sur le siége avec le cocher; je sens que ma compagnie pourrait ne pas vous être agréable, et deux de mes recors monteront à cheval pour nous suivre.

— Et j'en ferai autant, dit Hector. — Et il descendit se faire préparer un cheval..

— Il faut donc partir! dit l'antiquaire.

— Pour la prison, ajouta le baronnet en laissant involontairement échapper un soupir. Et qu'importe? ajouta-t-il avec un air de gaieté évidemment affecté ; qu'est-ce qu'une prison après tout? une maison dont on ne peut sortir. Supposez un accès de goutte, je serais en prison à Knockwinnock. Oui, Oldbuck, nous appellerons cela un accès de goutte, et il sera exempt des douleurs qui l'accompagnent ordinairement.

Des larmes coulaient de ses yeux tandis qu'il parlait ainsi, et sa voix tremblante prouvait combien cette gaieté affectée lui coûtait. L'antiquaire lui serra la main, et, comme les banians indiens, qui, en paraissant causer de choses indifférentes, règlent par des signes secrets les conditions d'un marché important, la main de sir Arthur, par son étreinte, témoigna à son ami toute sa reconnaissance, et lui fit connaître le véritable état de son âme. Ils descendirent à pas lents le grand escalier ; aux yeux du père et de la fille, chaque objet semblait prendre un aspect plus distinct que de coutume, comme pour s'en faire remarquer pour la dernière fois.

Sir Arthur s'arrêta sur le premier palier, comme s'il n'eût pu se résoudre à quitter le séjour de ses ancêtres ; et, comme il vit l'antiquaire le regarder avec une sorte d'inquiétude, il lui dit en prenant un air de dignité :— Oui, M. Oldbuck, le descendant d'une ancienne famille, le représentant de Richard Main-Sanglante et de Gamelyn de Guardover, mérite quelque indulgence, s'il ne peut s'empêcher de soupirer en quittant le château de ses pères sous une semblable escorte. Quand je fus envoyé à la tour de Londres avec feu mon père en 1745, M. Oldbuck, ce fut sur une accusation digne de notre naissance, une accusation de haute trahison. Le mandat d'arrêt était signé par un secrétaire d'état, et nous fûmes conduits à la tour par une escouade des gardes-du-corps; et aujourd'hui, dans ma vieillesse, vous me voyez entraîné hors de chez moi par une créature comme cet homme (montrant le messager d'armes), pour une misérable affaire de livres, de shillings et de pences.

—Mais du moins, répondit Oldbuck, vous avez aujourd'hui la compagnie d'une tendre fille, et d'un ami sincère, si vous me permettez de prendre ce titre ; et ce peut être une consolation, sans parler de ce qu'il ne peut y avoir dans cette affaire ni pendaison, ni décapitation, ni écartèlement. Allons! j'entends encore mon enragé montagnard! il crie plus haut que jamais! fasse le ciel qu'il ne se soit pas encore fait quelque nouvelle querelle! Maudit soit le hasard qui l'a amené ici!

Dans le fait, un bruit sourd et confus, dans lequel la voix d'Hector se faisait entendre par-dessus toutes les autres, interrompit la conversation. On verra dans le chapitre prochain ce qui l'occasionait.

CHAPITRE XLIII.

« La Fortune d'ici s'éloigne, dites-vous?
» Non vraiment; elle trace un cercle autour de nous.
» Tel autour du chasseur on voit l'oiseau timide,
» Pour éviter ses coups tourner d'un vol rapide,
» Disparaître un instant, se remontrer soudain,
» Et finir par tomber sous le plomb assassin. »
Anonyme.

LE cri de triomphe d'Hector était aussi bruyant que son cri de guerre, et il n'était pas facile de distinguer l'un de l'autre. Mais quand, en montant l'escalier précipitamment, un paquet à la main, on l'entendit crier : — Vive le vieux soldat! voici Edie qui arrive avec de bonnes nouvelles! — on ne put douter que la cause de ce nouveau tumulte ne fût d'une nature favorable. Il remit le paquet à Oldbuck, serra fortement la main de sir Arthur, dit à miss Wardour de se livrer à la joie, et montra dans ses félicitations toute la franchise d'un montagnard. L'huissier, qui ne regardait Mac-Intyre qu'avec un instinct de terreur, se rapprocha de son prisonnier, en suivant des yeux avec prudence tous les mouvemens du jeune capitaine.

— Vous imaginez-vous que je me donne la peine de songer à vous, misérable? dit l'homme d'épée à l'homme de plume. Tenez, voici une guinée pour la frayeur que je vous ai faite. Mais voici un vieux soldat du 42ᵉ régiment qui va vous faire déguerpir plus promptement que je ne l'ai fait.

Le messager d'armes, un de ces chiens à qui tout os est bon à ronger [1], ramassa la guinée qu'Hector lui avait jetée à la figure, et garda un silence circonspect, voulant voir la tournure que les affaires allaient prendre. Cependant chacun faisait des questions, et personne ne semblait pressé d'y répondre.

— De quoi s'agit-il, capitaine? dit sir Arthur.

— Demandez-le à Edie, répondit Hector; je sais seulement que tout va bien.

— Que veut dire ceci, Edie? demanda miss Wardour au mendiant.

— M. Monkbarns peut vous le dire, répondit-il; vous voyez bien, miss Wardour, qu'il a en main toutes les paperasses.

— *God save the king* [2]! s'écria l'antiquaire après avoir jeté un coup d'œil sur les papiers. — Et la joie l'emportant sur le décorum, la philosophie et le flegme qui lui était habituel, il jeta en l'air son chapeau, qui en retombant s'accrocha à la branche d'un lustre. Son enthousiasme ne se refroidissant pas, il porta la main à sa perruque, qui aurait probablement suivi le castor si Edie ne lui eût arrêté le bras en s'écriant : — Eh, mon Dieu! est-ce qu'il perd l'esprit? M. Monkbarns, songez donc que Caxon n'est pas ici pour réparer le dommage.

Chacun assaillit alors l'antiquaire; chacun demanda à grands cris à connaître la cause d'un transport si soudain.

(1) Le texte dit un de ces chiens qui ne trouvent aucun pouding trop sale. Éᴅ.
(2) Dieu sauve le roi! Vive le roi! — Tʀ.

Mais Oldbuck, un peu honteux d'avoir ainsi dérogé au sang-froid philosophique, baissa l'oreille comme un renard qui entend aboyer toute une meute, et monta deux à deux les marches de l'escalier. Il s'arrêta pourtant au second palier, et, se retournant, s'adressa en ces termes à ses auditeurs surpris :

— Mes bons amis, *favete linguis*[1], ne m'accablez pas de questions. Pour vous donner des détails, il faut d'abord, d'après tous les principes de la logique, que je les connaisse moi-même. Je vais donc, avec votre permission, me retirer dans la bibliothèque pour examiner ces papiers. Sir Arthur et miss Wardour auront la bonté d'entrer dans le salon. M. Sweep-Clean, *supersede paulisper*[2], ou, pour vous parler votre propre langage, accordez-nous un sursis d'exécution de cinq minutes. Hector, enclouez votre artillerie, ou allez faire feu ailleurs. Enfin, soyez tous en bonne humeur jusqu'à mon retour, qui aura lieu *instanter*.

Dans le fait, les nouvelles que contenait le paquet remis à l'antiquaire étaient si inattendues, qu'on pouvait lui pardonner d'abord son extase, et ensuite son désir de ne les communiquer au reste de la compagnie qu'après les avoir bien étudiées lui-même.

Sous l'enveloppe était une lettre adressée à Jonathan Oldbuck de Monkbarns, écuyer, et elle contenait ce qui suit.

« Mon cher monsieur,

« Retenu en cette ville par des devoirs militaires très importans, c'est à vous, comme à l'ami éprouvé de mon père, que je prends la liberté de m'adresser. Vous devez à présent connaître l'état embarrassé de nos affaires, et je sais que vous apprendrez avec grand plaisir que, grâce à des circonstances aussi heureuses qu'inattendues, je me trouve en état de prendre des mesures efficaces pour les arranger. J'ai appris que mon père est menacé des pour-

---

(1) Faites silence. — (2) Attendez un peu. — Tr.

suites les plus rigoureuses par des gens qui ont été autrefois ses agens. D'après l'avis et par le moyen d'un des meilleurs avocats d'Edimbourg, j'ai obtenu l'arrêt de défense ci-joint, d'après lequel il m'assure que toutes mesures de rigueur seront arrêtées jusqu'à ce que la créance réclamée ait été judiciairement examinée et réduite. Je vous envoie aussi mille livres sterling en billets de banque, pour payer les autres objets les plus pressans : et je réclame de votre amitié d'employer cette somme comme vous le jugerez convenable. Vous serez sans doute surpris que je vous donne cet embarras, quand il aurait été si naturel de m'adresser à mon père, puisqu'il s'agit de ses propres affaires. Mais je ne suis pas assuré qu'il ait encore ouvert les yeux sur le caractère d'un homme que vous avez inutilement cherché plusieurs fois à démasquer, comme j'en suis instruit, et dont la funeste influence a été la cause de tous nos malheurs. Comme je dois à la générosité d'un ami sans égal les moyens de venir au secours de mon père, il est de mon devoir de prendre les mesures les plus sûres pour que cette somme ne soit employée qu'à l'usage auquel elle est destinée ; et je sais que votre prudence et votre amitié pour nous y veilleront. Mon ami, qui a déjà le plaisir de vous connaître, vous explique ses vues dans une lettre que vous trouverez ci-jointe. Le bureau de la poste aux lettres de Fairport passant pour n'être pas sûr, je prends le parti d'envoyer ce paquet à Tannonburgh ; mais le bon vieillard Ochiltrie, en qui des circonstances particulières m'ont prouvé qu'on peut avoir toute confiance, sait quand il doit y arriver, et aura soin de vous le transmettre. J'espère trouver très incessamment l'occasion de vous faire personnellement mes excuses de tout l'embarras que je vous donne, et j'ai l'honneur d'être,

» Mon cher monsieur,
» Votre très affectionné serviteur,
» Reginald Gamelyn Wardour. »

Edimbourg, le 6 août 179...

L'antiquaire ouvrit à la hâte la lettre que lui écrivait l'ami de Reginald, et ce qu'il y lut lui causa autant de surprise que de plaisir. Quand il eut repris un peu de calme, après des nouvelles si peu attendues, il examina avec soin les autres pièces, mit les billets de banque dans son portefeuille, et en écrivit un accusé de réception pour l'envoyer le même jour par la poste, car en affaires d'argent il était aussi exact que méthodique. Enfin, avec l'air d'importance d'un homme qui a d'excellentes nouvelles à annoncer, il se rendit dans le salon.

— Sweep-Clean, dit-il en entrant à l'huissier, qui se tenait modestement près de la porte, tout ce qui vous reste à faire ici maintenant, c'est de vous balayer [1] vous-même bien vite du château, avec vos recors et toute votre séquelle. Voyez-vous ce papier ?

— Un arrêt de défense! dit l'huissier, la figure alongée : je me doutais bien qu'on ne laisserait pas pousser les choses à l'extrémité contre un homme comme sir Arthur. Eh bien! M. Oldbuck, je vais partir avec mes gens ; mais qui me paiera mes frais ?

— Ceux qui vous ont mis en œuvre, comme vous le savez fort bien. Mais voici un autre exprès qui arrive. Il me paraît que c'est le jour des nouvelles.

C'était M. Mailsetter, monté sur la jument, apportant deux lettres qu'il avait reçu ordre, dit-il, de faire remettre à l'instant de leur arrivée. L'une était pour sir Arthur, et l'autre pour l'huissier. — Greenhorn et Grinderson, dit celui-ci après avoir lu la sienne, sont bons pour me payer mes frais ; et voici une lettre par laquelle ils m'ordonnent de cesser toutes poursuites. — En conséquence, il sortit sur-le-champ du salon, ne resta au château que le temps nécessaire pour réunir sa brigade, et fit sa retraite au pas de charge, comme le dit Hector, qui le vit partir du même œil qu'un chien de basse-cour regarde le

---

(1) M. Oldbuck joue sur le verbe *to sweep*, balayer. — Éd.

mendiant qui s'éloigne après qu'on lui a refusé la charité.

La lettre pour sir Arthur était de M. Greenhorn, et c'était une curiosité dans son genre. Nous la donnerons enrichie des commentaires du digne baronnet.

« Monsieur..... » — (Ah! ah! je ne suis plus *mon cher monsieur*. Les braves MM. Greenhorn et Grinderson! on ne leur est cher que lorsqu'on est dans l'adversité.) « Monsieur, j'ai appris avec beaucoup de regret, à mon retour de la campagne, où j'avais été pour affaire urgente..... » (Affaire urgente! aux courses de Lamberton!) « que mon associé avait été assez inconséquent pour se charger des intérêts de M. Goldiebird de préférence aux vôtres, et qu'il vous avait écrit d'une manière peu convenable. Je vous prie d'en agréer mes très humbles excuses, aussi bien que celles de M. Grinderson..... » (Eh! je vois qu'il sait aussi écrire pour lui et pour son associé.) « Je me flatte qu'il est impossible que vous me regardiez comme assez ingrat pour avoir perdu le souvenir des bontés que vous n'avez jamais cessé d'avoir pour ma famille... » (Sa famille! la famille de M. Greenhorn! le fat!) « D'après une entrevue que j'ai eue ce matin avec M. Reginald Wardour, j'ai reconnu avec beaucoup de peine qu'il est fort irrité, et je dois convenir que les apparences lui donnent raison de l'être. Mais pour remédier, autant qu'il est en moi, à la méprise dont il se plaint, » — (Jolie méprise, en vérité! claquemurer son bienfaiteur dans une prison!) « j'envoie, par ce courrier, ordre de cesser toutes poursuites contre vous, et je vous réitère mes excuses respectueuses. J'ai seulement à ajouter que, si vous nous rendez votre confiance, M. Grinderson pense qu'il peut vous suggérer des moyens pour faire réduire considérablement les prétentions de M. Goldiebird. » (Fort bien! d'un côté ou de l'autre, il faut qu'il joue le rôle de coquin.) » Et vous n'avez pas besoin de vous presser le moins du monde pour solder la balance de notre compte. Je suis, pour M. Grinderson comme pour moi-même, mon cher monsieur, »

(Ah! il prend un ton plus familier en finissant.) « votre très obligé et très humble serviteur.

« GILBERT GREENHORN. »

— Fort bien, M. Gilbert Greenhorn, dit M. Oldbuck; je vois qu'une association entre deux procureurs n'est pas inutile. Ils agissent comme les deux marmousets mâle et femelle qu'on voit dans les baromètres hollandais. Si le temps est beau, l'un des deux associés vient flatter le client; s'il est à la pluie, l'autre sort de sa niche comme un chien enragé. Grâce au ciel, mon homme d'affaires porte encore un chapeau retroussé en triangle équilatéral, il demeure dans la vieille ville, n'est pas meilleur cavalier que moi, joue le samedi soir au jeu de l'oie, va le dimanche à l'église, et, attendu qu'il n'a pas d'associé, n'est responsable que de ses sottises.

— Il y a quelques procureurs honnêtes, dit Hector. Je voudrais bien entendre quelqu'un dire que mon cousin Donald Mac-Intyre de Strathtudlem, dont les six frères sont à l'armée, n'est pas un honnête garçon, quoique procureur.

— Sans doute, sans doute, Hector; tous les Mac-Intyres sont honnêtes; ils ont un brevet d'honnêteté; mais, dans une profession où une confiance sans bornes est exigée, il n'est pas surprenant qu'il se trouve des fous qui négligent les intérêts de leurs cliens par paresse ou inadvertance, et des coquins qui ne songent qu'à tirer parti de tout pour en faire leur profit. Il n'en est que plus honorable pour ceux qui, comme j'en connais plusieurs, unissent l'intégrité à la science et à l'exactitude, et qui marchent d'un pas ferme et assuré dans un chemin où s'offrent à chaque pas des rocs et des précipices. C'est à de pareils hommes que leurs concitoyens peuvent confier sans crainte le soin de défendre leurs droits, leurs intérêts, leurs propriétés; ce sont eux que le pays peut charger en toute sûreté de veiller à la conservation de ses lois et de ses priviléges.

— Et malgré tout cela, heureux qui n'a pas besoin d'eux, dit Ochiltrie en avançant la tête dans le salon, de la porte où il se tenait par respect; car la confusion régnait encore dans le château, et, semblables aux vagues, dont l'agitation subsiste encore quelque temps après la tempête, les domestiques erraient çà et là, cherchant à savoir où en étaient les choses.

— Ah! ah! mon vieux sou marqué, te voilà donc? dit l'antiquaire. Sir Arthur, permettez-moi de vous présenter le porteur de bonnes nouvelles, quoique ce ne soit qu'un messager boiteux. Vous nous parliez, il n'y a pas bien long-temps, des corbeaux qui sentent de bien loin une proie; mais voici un pigeon bleu, un peu vieux et un peu dur, j'en conviens, qui a flairé les bonnes nouvelles à une distance de six à sept milles, qui est allé les chercher sur le charton, et qui a rapporté la branche d'olivier.

— Nous en sommes redevables au pauvre Robert, qui m'a mené grand train, dit Ochiltrie; et il craint bien d'avoir encouru la disgrâce de sir Arthur et de miss Wardour.

Et l'on vit en ce moment paraître au-dessus de l'épaule du mendiant la figure de Robert, avec un air contrit et repentant.

— Ma disgrâce! dit sir Arthur; et pourquoi? car il avait oublié depuis long-temps le mouvement d'irritation que lui avait occasioné la rôtie brûlée. Ah! je me souviens, Robert; j'avais de l'humeur, mais vous avez eu tort. Allez à votre ouvrage, et ne répondez jamais insolemment à un maître qui est en colère.

— Ni à qui que ce soit, ajouta M. Oldbuck. Souvenez-vous que la douceur désarme la colère.

— Et dites à votre mère, qui souffre tant d'un rhumatisme, dit miss Wardour, de venir trouver demain la femme de charge, et nous verrons si l'on peut faire quelque chose pour la soulager.

— Que Dieu vous récompense, miss Wardour, dit Robert, ainsi que Son Honneur sir Arthur, et le jeune laird, et toutes les branches de la maison de Knockwinnock, même les plus éloignées. Il y a bien des siècles que votre famille fait du bien aux pauvres des environs.

— Vous le voyez, dit l'antiquaire à sir Arthur, nous ne devons pas disputer aujourd'hui ; mais il est constant que la reconnaissance publique prend pour objet les vertus civiles de vos ancêtres ; vous n'entendrez pas une voix parmi le peuple vous citer le nom de Main-Sanglante ou de l'Enfer-en-Armes. Quant à moi, je dois dire :

« *Odimus accipitrem quia semper vivit in armis*[1]. »

Ainsi donc, sire chevalier, buvons, mangeons en paix, et soyons joyeux.

Le dîner fut servi, on se mit à table ; et, à la requête d'Oldbuck, on fit asseoir Edie Ochiltrie dans un grand fauteuil de cuir près du buffet, où l'on plaça devant lui une petite table.

— J'y consens d'autant plus volontiers, dit sir Arthur, que je me souviens d'avoir vu, du temps de mon père, ce fauteuil occupé par Ailshie Gourlay, qui, à ce que je crois, fut le dernier fou ou bouffon de profession entretenu dans une famille de distinction en Ecosse.

— Eh bien ! sir Arthur, dit Ochiltrie qui aurait sacrifié tous ses amis à un sarcasme, on voit quelquefois un sage dans le fauteuil d'un fou, et bien des fous tiennent la place des sages, surtout dans les familles de distinction.

Mis Wardour, craignant l'effet de ce propos sur les nerfs de son père, quoiqu'il fût digne d'Ailshie Gourlay ou de tout autre fou privilégié, se hâta de demander à son père si l'on ne ferait pas une distribution de viande et de bière aux villageois qui s'étaient assemblés à la porte du château pour apprendre les nouvelles.

— Sans doute, ma chère amie, répondit le baronnet.

---

(1) Je hais l'autour qui passe sa vie dans les combats. — Tr.

Quand donc en a-t-on agi autrement dans la famille après la levée d'un siége?

— Oui, dit Oldbuck, un siége mis par l'huissier Sweep-Clean, et qu'a fait lever le mendiant Edie Ochiltrie *par nobile fratrum* [1] ! mais dont le dernier n'est sûrement pas le moins respectable. Au surplus, sir Arthur, ce sont là les siéges et les levées de siége qu'admet le siècle dans lequel nous vivons. Notre délivrance n'en mérite pas moins d'être célébrée en buvant un verre de cet excellent vin. Sur mon honneur, je crois que c'est du bourgogne !

— S'il y en avait de meilleur dans la cave, dit miss Wardour, nous vous en offririons, après les preuves d'amitié que vous venez de nous donner.

— Est-ce ainsi que vous parlez? répliqua l'antiquaire; eh bien! ma belle ennemie, à votre santé, et puissiez-vous bientôt être assiégée comme les jeunes filles aiment à l'être, et signer une capitulation dans la chapelle de Saint-Vinnox.

Isabelle rougit, Hector rougit comme elle, et puis perdit toutes ses couleurs.

— Ma fille vous est fort obligée, Oldbuck, dit sir Arthur; mais qui voulez-vous qui recherche l'alliance d'un baronnet ruiné, dans ce siècle mercenaire, à moins que vous ne vous mettiez vous-même sur les rangs?

— Moi! sir Arthur, moi! non, non. Mais j'userai d'un ancien privilége; et, ne pouvant paraître moi-même en champ clos, je ferai choix d'un champion pour m'y représenter. Mais nous reviendrons sur ce sujet. — Que trouvez-vous donc de si intéressant dans ce journal, Hector? vous semblez comme enterré dans cette lecture?

— Je n'y vois rien qui puisse vous intéresser, mon oncle; mais, comme mon bras est presque guéri, je crois que je vous débarrasserai de ma personne dans un jour ou deux, pour aller à Edimbourg. Je vois que le major Neville y est arrivé, et je serai charmé de le voir.

(1) Couple illustre de frères! — Tr.

— Le major qui?

— Le major Neville.

— Et qui diable est le major Neville?

— Comment, M. Oldbuck, dit sir Arthur, n'avez-vous pas vu mainte et mainte fois le nom du major Neville dans la gazette? C'est un jeune officier plein de mérite, et qui s'est déjà distingué dans bien des occasions. Mais je suis charmé de pouvoir dire au capitaine qu'il n'a pas besoin de quitter Monkbarns pour le voir, car mon fils m'a écrit qu'il doit l'amener incessamment à Knockwinnock, et je n'ai pas besoin d'ajouter combien je serai charmé de faire faire sa connaissance à M. Mac-Intyre, à moins qu'il ne le connaisse déjà.

— Je ne l'ai jamais vu, répondit Hector; mais j'en ai beaucoup entendu parler, et nous avons plusieurs amis communs. Votre fils en est un. Mais il faut que je parte, car je crois que mon oncle commence à se lasser de ma compagnie, et je crains...

— De vous lasser de la sienne, dit Oldbuck: n'est-il pas vrai? Je crois bien que cela est déjà arrivé. Mais vous avez donc oublié que nous touchons au fameux 12 août, et que vous avez projeté pour ce jour-là une grande partie sur les domaines de lord Glenallan? Dieu sait pourquoi! Pour persécuter des créatures innocentes et paisibles.

— Vous avez raison, mon oncle, s'écria vivement Hector, je l'avais oublié. Mais vous avez dit tout à l'heure quelque chose qui a fait sortir de ma tête toute autre idée.

— Et s'il plaît à Vos Honneurs de me permettre de parler, dit Edie qu'on avait amplement régalé à sa petite table, je puis vous dire une nouvelle qui retiendra le capitaine ici tout aussi bien que le plaisir de tirer sa poudre aux moineaux. N'avez-vous pas entendu dire que les Français vont faire une descente?

— Les Français! vieux fou! s'écria Oldbuck: allons donc!

— Je n'ai pas eu le temps, dit sir Arthur, de lire avec attention ma correspondance officielle la semaine dernière. Au fait, c'est une besogne que je remets en général au mercredi de chaque semaine, excepté dans les cas urgens, car je fais tout avec méthode. Mais, d'après un coup d'œil que j'ai jeté sur mes lettres, il m'a paru qu'on avait conçu quelques alarmes.

— Si l'on en a conçu ! dit Edie ; oui sans doute, et de sérieuses ; car le prevôt de Fairport a ordonné de préparer bien vite le bûcher de signal sur Halket-Head, ce qui aurait dû être fait il y a six mois ; et qui croyez-vous que le conseil de la ville ait choisi pour y veiller ? le vieux Caxon ! Il y a des gens qui prétendent que c'est par égard pour le lieutenant Taffril ; car il paraît certain qu'il va épouser Jenny Caxon ; d'autres disent que c'est par honneur pour les trois perruques de la paroisse ; et quelques uns assurent que c'est pour l'indemniser d'une perruque qu'il avait faite pour un des baillis, et dont il n'a jamais été payé. Quoi qu'il en soit, il est perché sur le haut du rocher comme une mouette, prêt à piailler quand l'orage grondera.

— Sur mon honneur, voilà un choix fort sage, dit Oldbuck. Et que deviendra ma perruque pendant ce temps-là ?

— C'est ce que j'ai demandé à Caxon, dit Ochiltrie ; et il m'a répondu qu'il pourrait y donner un coup de peigne tous les matins avant de se coucher, car il sera relevé de garde par un autre pendant le jour, et il prétend être en état de friser votre perruque en dormant, aussi bien qu'éveillé.

Cette nouvelle donna un autre cours à la conversation, qui roula sur la défense du pays, et sur le devoir imposé à chaque citoyen de combattre pour sa patrie. Enfin il se fit tard.

Alors l'antiquaire et son neveu reprirent le chemin de Monkbarns, après s'être séparés de sir Arthur et de sa fille avec les plus vifs témoignages d'affection mutuelle, et s'être promis de se revoir le plus tôt possible.

CHAPITRE XLIV.

> « Elle ne m'aime pas! c'est un petit malheur :
> » Vous ne m'en verrez pas me pendre de douleur.
> » Croyez-vous qu'en vrai sot je gémisse et soupire,
> » Parce qu'à mon rival elle accorde un sourire?
> » Non, non, de par le ciel ! »
>
> *Ancienne comédie.*

— Hector, dit l'antiquaire à son neveu en retournant de Knockwinnock à Monkbarns, il y a des instans où je suis tenté de croire que sous un rapport vous êtes fou.

— Si vous ne le croyez que sous un rapport, mon oncle, vous me faites plus de grâce que je ne m'y attendais et que je ne le mérite.

— Je veux dire sous un rapport par excellence. J'ai quelquefois pensé que vous aviez jeté les yeux sur miss Wardour.

— Eh bien, mon oncle?

— Eh bien, mon oncle! Au diable l'étourdi! il me répond comme si c'était la chose la plus sage du monde qu'un capitaine d'infanterie, qui n'a pour toute fortune que son épée, songe à épouser la fille d'un baronnet.

— J'ose croire, monsieur, que, quant à la famille, miss Wardour ne dérogerait point.

— Oh! à Dieu ne plaise que nous entamions un pareil sujet! Non, non. Vous êtes tous deux assez nobles pour pouvoir regarder avec mépris tous les *roturiers* d'Écosse.

— Et quant à la fortune, nous sommes encore de niveau, puisque nous n'en avons ni l'un ni l'autre. Il peut y avoir une erreur de ma part, mais je ne puis me reconnaître coupable de présomption.

— Eh bien, soit, Hector. Il y a erreur, et cette erreur consiste à croire que miss Wardour consente à vous prendre pour mari.

— En vérité, monsieur?

— C'est une chose sûre, et pour la rendre doublement sûre, je vous dirai qu'elle en aime un autre. Une fois elle a mal compris quelques paroles que je lui adressais, et depuis ce temps j'ai deviné le sens qu'elle y attachait. Je ne savais alors comment interpréter sa rougeur et son agitation, mais à présent j'y vois le signal de mort de toutes vos espérances et prétentions. Je vous conseille donc, mon pauvre Hector, de rassembler vos forces et de battre en retraite, car la citadelle a trop forte garnison pour que vous puissiez la prendre d'assaut.

— Je n'ai pas besoin de battre en retraite, monsieur, dit Hector en se redressant et en prenant un air de dignité offensée; on n'a pas de retraite à faire quand on ne s'est pas avancé. Il y a en Écosse d'autres femmes que miss Wardour, d'aussi bonne famille, et...

— Et de meilleur goût. Sans contredit, Hector, il s'en trouve; et quoique je doive avouer que c'est une des jeunes filles les plus accomplies et les plus sensées que j'aie jamais vues, je crois qu'une grande partie de son mérite serait perdue pour vous. Il vous faudrait une femme d'une taille imposante, portant sur la tête deux plumes, l'une verte, l'autre bleue; vêtue en amazone, conduisant un jour un cabriolet, et assistant le lendemain à la revue, montée sur le coursier qui traînait la veille le phaéton. *Hoc erat in votis* [1]. Telles sont les qualités qu'il faudrait pour vous subjuguer, en y joignant du goût pour l'histoire naturelle, et surtout pour les *phocas*.

— Il est bien dur, monsieur, qu'à tout propos vous me jetiez à la figure ce maudit *phoca*. Au surplus je m'en soucie fort peu, et je ne me livrerai pas au désespoir pour miss Wardour. Elle peut prendre pour mari qui lui plaira; je lui souhaite toute sorte de bonheur.

(1) Tel était votre désir. — Tr.

— Magnanime résolution, vaillant soutien de Troie ! En vérité, Hector, je craignais une scène. Votre sœur m'avait dit que vous étiez amoureux fou de miss Wardour.

— Voudriez-vous, mon oncle, que je fusse amoureux d'une femme qui ne se soucie pas de moi ?

— Mon neveu, dit l'antiquaire d'un ton plus sérieux, il y a beaucoup de bon sens dans ce que vous dites, mais j'aurais donné bien des choses, il y a vingt à vingt-cinq ans, pour être en état de penser comme vous.

— Je m'imagine que chacun peut penser comme bon lui semble sur un pareil sujet.

— Non pas d'après les principes de l'ancienne école, Hector ; mais dans le cas présent ceux de la moderne me paraissent, comme je viens de vous le dire, les plus conformes à la prudence, quoiqu'il me semble qu'ils ne doivent pas exciter autant d'intérêt. Mais que pensez-vous de cette descente dont on parle tant et qu'on prétend si prochaine ?

Hector, dévorant son dépit, qu'il désirait surtout cacher à son oncle qui y aurait trouvé un nouveau sujet de sarcasmes, se prêta volontiers à une conversation qui devait chasser du souvenir de l'antiquaire et miss Wardour et le veau marin ; et quand ils furent arrivés à Monkbarns, ces deux sujets de discussion, si pénibles pour Hector, ne furent pas remis sur le tapis, car M. Oldbuck ne songea qu'à faire part à sa sœur et à sa nièce de tout ce qui venait de se passer au château, et celles-ci lui racontèrent en retour combien le dîner avait attendu long-temps avant qu'elles pussent se décider à se mettre à table sans lui.

Le lendemain l'antiquaire se leva de bonne heure, et, Caxon ne paraissant point, il commença à sentir le manque des petites nouvelles, des *on dit* de la ville, dont l'ex-perruquier était le fidèle rapporteur, et que l'habitude avait rendus aussi nécessaires à M. Oldbuck que sa prise de tabac, quoiqu'il prétendît n'y reconnaître que la même valeur. L'espèce de vide que cette privation lui faisait éprouver fut rempli par l'arrivée d'Ochiltrie, qui vint le joindre en enjambant par-dessus de petites haies de buis et d'ifs bien taillées, avec l'air d'un homme qui se trouvait aussi à l'aise que s'il eût été chez lui. Depuis un certain temps il était venu si souvent à Monkbarns, que Junon même n'aboyait plus en le voyant, mais se contentait de le surveiller des yeux.

— Les voilà, M. Monkbarns, s'écria Ochiltrie du plus loin qu'il le vit se promenant en robe de chambre dans le jardin ; les voilà qui arrivent tout de bon. Je viens tout exprès de Fairport pour vous en apporter la nouvelle, et j'y retourne sur-le-champ. Le *Search* vient d'entrer dans la baie, et l'on dit qu'il a été chassé par une flotte française.

— Le *Search !* dit Oldbuck en réfléchissant un moment. Oh ! oh !

— Eh oui, le brick du lieutenant Taffril ! Ne savez-vous pas qu'il s'appelle le *Search ?*

— Et cela n'aurait-il pas quelque rapport avec *Search*, n° 1 ? dit l'antiquaire en fixant un œil pénétrant sur le mendiant.

Edie, comme un écolier surpris dans une espièglerie, mit son chapeau devant son visage, et ne put s'empêcher de rire. — A coup sûr, M. Monkbarns, dit-il, il faut que vous soyez sorcier. Qui aurait cru que vous eussiez songé à rapprocher deux choses si différentes ? Diable ! je vois que me voilà pris.

— A présent, dit Oldbuck, je vois tout, aussi clairement que la légende de la médaille la mieux conservée. La caisse dans laquelle étaient les lingots appartenait au brick ; les lingots étaient à mon phénix, et ils avaient été enterrés dans les ruines pour que sir Arthur y trouvât un secours dans ses embarras.

— Enterrés par moi et par deux matelots du brick : mais ils ne savaient pas ce que la caisse contenait. Ils croyaient qu'il ne s'agissait que de frauder quelque chose pour le compte du lieutenant. J'ai veillé moi-même nuit et jour jusqu'à ce que j'aie vu le trésor entre les mains de celui à qui il était destiné ; et quand ce coquin d'Allemand ouvrait de grands yeux comme s'il eût voulu dévorer la caisse, je ne sais quel malin diable me mit dans la tête le tour que je lui jouai ensuite. Or, vous voyez que, si j'avais voulu jaser avec le bailli Little-John, il aurait fallu conter toute cette histoire ; et comme je savais que M. Lovel aurait été fâché qu'elle fût connue, j'ai préféré me taire et en courir les risques.

— Je dois dire que le choix qu'il avait fait de son confident était bon, quoique assez étrange.

— Pourquoi étrange, M. Monkbarns ? Il n'y a pas dans tout le pays un homme à qui l'on puisse confier de l'argent avec moins de crainte, car je n'en ai pas besoin, je n'en désire pas, et, si j'en avais, je ne saurais qu'en faire. Mais, à dire vrai, M. Lovel n'avait pas beaucoup à choisir. Il croyait quitter le pays pour toujours, et je me flatte qu'en cela il se trompait ; la nuit était bien avancée, quand nous apprîmes d'une manière bien étrange les embarras dans lesquels sir Arthur se trouvait, et il fallait que le jeune homme fût à bord avant le jour. Mais, cinq nuits après, le brick revint dans la baie, et comme on m'y avait donné rendez-vous, la barque m'apporta le trésor, et nous l'enterrâmes où vous l'avez trouvé.

— Voilà bien un trait romanesque et extravagant. Pourquoi Lovel ne s'est-il pas adressé à moi pour cette affaire ?

— N'avait-il pas versé le sang du fils de votre sœur ? Ne craignait-il pas que votre neveu ne mourût de sa blessure ? Enfin par qui aurait-il pu vous faire demander de lui rendre ce service ?

— C'est vrai, c'est vrai. Mais si Dousterswivel avait trouvé cette caisse le premier ?

— Il n'y avait guère à craindre qu'il allât dans les ruines sans sir Arthur. Il y avait eu une belle peur la nuit précédente, et il n'y serait jamais retourné si vous ne l'y aviez conduit pieds et poings liés pour ainsi dire. Il savait fort bien qu'il n'avait trouvé la première fois que ce qu'il avait caché lui-même ; comment aurait-il pu espérer de faire une seconde trouvaille ? Non, non : il n'en parlait que pour tirer de l'argent de sir Arthur. D'ailleurs je surveillais, comme je vous l'ai dit.

— Mais comment comptiez-vous que sir Arthur trouverait cette caisse ?

— Oh ! j'avais à lui conter une histoire sur Baltard qui lui aurait fait faire au besoin plus de quarante milles, et à vous aussi, Monkbarns. D'ailleurs n'était-il pas probable qu'il reviendrait dans l'endroit où il avait fait sa première trouvaille, puisqu'il ne connaissait pas le secret de l'affaire ? En un mot, l'argent étant en lingots, sir Arthur étant dans une mauvaise passe, et Lovel voulant qu'il ne connût jamais la main qui lui rendait service, car c'était sur cela qu'il insistait principalement, nous ne pûmes imaginer un meilleur moyen pour lui faire toucher cet argent, quoique nous y ayons bien rêvé. Enfin si par quelque hasard malencontreux le trésor était tombé dans les griffes de Dousterswivel, je vous aurais informé sur-le-champ de toute l'histoire.

— Malgré toutes ces sages précautions, Edie, je crois que votre plan a réussi plus heureusement qu'il n'avait été prudemment combiné. Mais comment diable Lovel avait-il une si grande quantité de lingots d'argent ?

— Quant à cela, c'est ce que je ne puis vous dire ; mais il est probable qu'ils se trouvaient avec son bagage à Fairport, et qu'on les a mis dans une caisse de munitions du brick pour en faire le transport plus aisément.

— Juste ciel ! dit Oldbuck se reportant à l'origine de sa connaissance avec Lovel, et ce jeune homme, qui met à l'aventure des lingots d'argent pour une telle somme, est celui à qui je proposais une souscription et dont j'ai payé l'écot chez Mackitchinson ! Jamais il ne m'arrivera de payer l'écot de personne, c'est une chose sûre. Et je suppose, Edie, que vous avez entretenu une correspondance avec M. Lovel!

— Il m'a écrit un petit billet pour me dire d'aller prendre hier à Tannonburgh un paquet qui contiendrait des papiers d'une grande importance pour la famille de sir Arthur, et qu'il ne voulait pas envoyer par Fairport, parce qu'il avait de bonnes raisons pour croire qu'on y ouvrait souvent les lettres; il paraît qu'il ne se trompait pas, car on dit que mistress Mailsetter va perdre sa place parce qu'elle s'occupe trop des affaires des autres, et néglige la sienne.

— Et qu'espérez-vous, Edie, pour avoir dans toutes ces occasions rempli les fonctions de conseiller, de messager, de gardien et de confident?

— Ce que j'espère, M. Monkbarns? Et que diable voulez-vous que j'espère, si ce n'est que tous les grands personnages du pays viendront à l'enterrement du pauvre vieux mendiant? Peut-être aussi aurez-vous la bonté de me porter la tête comme vous l'avez fait pour le pauvre Stéenie. Quel embarras tout cela m'a-t-il donné? Ne suis-je pas toujours par voies et par chemins? Oh! quel bonheur quand je me vis hors de prison! Car que serait-il advenu, si ce paquet fût resté à Tannonburgh tandis que j'étais claquemuré comme une huître entre ses deux écailles, et que, faute des lettres qui s'y trouvaient, tout eût été de travers? Il y avait des momens où j'avais envie de tout vous raconter, mais je n'avais pas encore pris mon parti sur cela; c'eût été contrevenir aux ordres de M. Lovel; et je crois qu'il avait besoin de voir quelqu'un à Edimbourg avant de pouvoir faire ce qu'il désirait pour sir Arthur et sa famille.

— Fort bien! mais revenons-en à vos nouvelles, Edie. Vous dites donc que les Français sont sur le point de débarquer?

— C'est le bruit général, monsieur; et les ordres sont

donnés pour que les volontaires soient sous les armes : même on attend un officier qui doit venir inspecter nos moyens de défense. Ses bagages sont déjà arrivés. J'ai vu ce matin la servante du bailli nettoyer le ceinturon et les culottes de peau de son maître ; je lui ai prêté la main ; car vous pouvez bien juger qu'elle n'y entendait rien ; et en récompense, j'ai appris toutes les nouvelles.

— Et vous qui êtes un vieux soldat, que pensez-vous de tout cela ?

— Ma foi, M. Monkbarns, si les Français viennent en aussi grand nombre qu'on le dit, je crains que nous n'ayons fort à faire. Mais au bout du compte, il y a quelques vétérans parmi ces volontaires, et je ne dois pas les dépriser parce qu'ils sont vieux et invalides, puisqu'ils en pourraient dire autant de moi. Enfin, nous ferons de notre mieux.

— Quoi ! votre esprit martial se réveillerait-il, Edie !

« Dans nos cendres le feu couve-t-il donc encore ? »

Je n'aurais pas cru, Edie, que vous eussiez le moindre motif pour vous battre ?

— Point de motif pour me battre ! s'écria le mendiant avec feu ; n'ai-je donc pas à défendre la terre qui m'a vu naître ; les ruisseaux qui me désaltèrent si souvent ; le foyer des ménagères qui me donnent un morceau de pain ; les enfans qui accourent à ma rencontre du plus loin qu'ils m'aperçoivent pour jouer avec moi ? Diable ! ajouta-t-il en brandissant son bâton ferré, si j'avais encore autant de force que de bonne volonté, il y en aurait plus d'un qui resterait en Écosse à son grand regret.

— Bravo, Edie, bravo ! Le pays ne court pas grand danger quand le mendiant est disposé à se battre pour son écuelle de bois, comme le seigneur pour ses terres.

Leur conversation roula ensuite sur les détails de la nuit qu'Edie et Lovel avaient passée dans les ruines de Sainte-Ruth ; et l'antiquaire en rit de tout son cœur.

— J'aurais donné une guinée, dit-il, pour voir ce coquin d'Allemand en proie aux terreurs que son charlatanisme cherche à inspirer aux autres, agité par la crainte d'être victime de la fureur de sir Arthur ou de la vengeance de quelque esprit.

— En vérité, M. Monkbarns, il avait quelque raison d'être effrayé, car on aurait dit que l'esprit de Main-Sanglante ou de l'Enfer-en-armes avait pris possession du corps de sir Arthur. Mais que deviendra ce flibustier de terre?

— J'ai reçu ce matin une lettre qui m'apprend qu'il vous a déchargé de l'accusation qu'il avait intentée contre vous. Il offre de faire des aveux qui rendront l'arrangement des affaires de sir Arthur beaucoup plus facile que je ne l'espérais. Enfin le shérif me mande qu'il a donné des informations qui ne sont pas sans importance pour le gouvernement; de sorte qu'il paraît qu'on se bornera à le renvoyer jouer le rôle de fripon dans son pays.

— Et les roues, les poulies, les cordages, toutes les machines qui servaient aux mines de Glen-Withershin, qu'en va-t-on faire?

— J'espère que les ouvriers, avant de se séparer, en feront un feu de joie, comme une armée détruit son train d'artillerie quand elle est forcée de lever précipitamment un siége. Et quant aux mines, Edie, nous les laisserons comme des souricières, à l'usage du premier fou qui, comme le chien de la fable, voudra lâcher la réalité pour chercher à prendre l'ombre.

— Est-il possible, bon Dieu! brûler tout cela! Savez-vous que c'est une grande perte, M. Monkbarns! N'auriez-vous pas mieux fait de tâcher de retirer, en les vendant, une partie de vos cent livres sterling? ajouta-t-il en affectant un ton de condoléance.

— Je n'en veux pas un sou! s'écria l'antiquaire avec humeur, en tournant le dos au mendiant, et en faisant deux ou trois pas en arrière. — Mais revenant aussitôt près de lui, en souriant à demi de son mouvement d'impatience : Va déjeuner à la cuisine, Edie, lui dit-il, et souviens-toi de ne jamais parler devant moi de mines, ni devant mon neveu de *phoca*, c'est-à-dire de veau marin, comme on l'appelle.

— Il faut que je retourne sur-le-champ à Fairport; je veux savoir s'il y a quelque chose de nouveau relativement à la descente. Mais je n'oublierai pas que je ne dois jamais parler de veau marin à Votre Honneur, et qu'il ne faut rien dire au capitaine des cent livres sterling que vous avez données à Trouster...

— Que le diable t'emporte! C'est à moi que je te dis de n'en jamais parler.

— Je crois que j'ai confondu, dit le mendiant en affectant un air de surprise; mais je pensais qu'en fait de conversation la seule chose qui ne plût pas à Votre Honneur, c'était d'entendre parler de ce que vous appelez le prétorion, ou du vieux sou qu'on vous a vendu pour une médaille.

— C'est bon, c'est bon! s'écria l'antiquaire; et il reprit à grands pas le chemin de la maison.

Le mendiant le regarda s'éloigner, et, riant dans sa barbe à peu près comme une pie ou un perroquet qui s'applaudissent d'une heureuse espièglerie, il reprit le chemin de Fairport. Ses habitudes lui avaient donné une véritable humeur errante, que le plaisir de ramasser des nouvelles contribuait beaucoup à entretenir. Ce fut ainsi qu'il retourna dans la ville, qu'il avait quittée le matin sans autre motif que d'aller, comme il se l'était dit, jaser un moment avec Monkbarns.

CHAPITRE XLV.

« Sur Pownell du signal on voit briller les flammes,
» Sur le Skiddaw brûle un triple bûcher;
» Le cor guerrier vient exciter nos âmes :
» C'est la voix de la gloire ; amis, il faut marcher. »
James Hogg.

La sentinelle qui veillait sur la montagne, les yeux tournés vers Birnam, s'imagina probablement d'abord qu'il rêvait quand il vit le bois fatal se mettre en marche et s'avancer vers Dunsinane [1]. Il en fut de même du vieux Caxon, la nuit qui suivit la conférence de l'antiquaire avec le mendiant. Perché sur le sommet d'Halket-Head, sous une espèce de guérite, il était tout occupé du mariage prochain de sa fille, et de l'honneur qu'il allait avoir de devenir le beau-père du lieutenant Taffril. De temps en temps il jetait un coup d'œil sur les deux signaux qui correspondaient avec le sien, en dirigeant sa vue par le moyen de jalons qui avaient été plantés pour en indiquer la ligne. Quelle fut sa surprise quand il vit briller une lumière vers le sud, dans l'une de ces deux directions ! Il se frotta les yeux pour s'assurer qu'il était bien éveillé, mais rien n'était plus certain ; des tourbillons de flamme s'élevaient vers le ciel, et paraissaient à ses yeux effrayés redoubler d'intensité à chaque instant. Tel l'astronome qui observe une comète croit y voir l'annonce de quelque terrible révolution.

— Que le ciel nous protège ! se dit-il à lui-même. Que faire maintenant ? Mais il y a de meilleures têtes que la mienne pour s'en occuper ; je ne suis chargé que d'allumer le signal.

A ces mots, il mit le feu au bûcher, dont la flamme,

---

(1) Allusion à une prédiction fatale à Macbeth. Voyez cette tragédie, dans laquelle Shakspeare a consacré cette tradition écossaise. — Ed.

s'élançant dans les cieux en longs sillons de lumière, fit sortir de leurs nids les oiseaux marins épouvantés, et se réfléchit sur les vagues qui baignaient la base du promontoire. Le signal se répéta de montagne en montagne sur toute la côte, et en peu d'instans la terreur fut répandue dans tout le district.

M. Oldbuck, la tête enveloppée dans deux bonnets de coton, goûtait un sommeil doux et paisible, quand il fut éveillé en sursaut par les cris de sa sœur, de sa nièce et de ses deux servantes, qui entrèrent toutes ensemble dans sa chambre.

— Que diable y a-t-il donc? dit-il en se mettant sur son séant. Des femelles dans ma chambre à une pareille heure! Etes-vous devenues folles?

— Le signal est allumé, mon oncle, dit miss Mac-Intyre.

— Les Français sont débarqués! s'écria miss Griselda.

— Au feu! au meurtre! criaient les deux servantes échevelées, formant comme un chœur d'opéra.

— Les Français! s'écria l'antiquaire en tirant vers son lit une chaise sur laquelle étaient ses habits; sortez de ma chambre, sottes femelles que vous êtes, et laissez-moi m'habiller. Un moment, donnez-moi mon épée.

— Laquelle voulez-vous, mon frère? lui demanda miss Oldbuck en lui présentant d'une main une épée romaine rongée par la rouille, et de l'autre une André Ferrara sans poignée.

— La plus longue, la plus longue! s'écria Jenny Rintherout en lui en offrant une du douzième siècle.

— Femelles, dit Oldbuck avec une vive agitation, soyez calmes, et ne vous abandonnez point à une vaine terreur. Est-il bien sûr qu'ils soient arrivés?

— Si cela est sûr? s'écria Jenny Rintherout; cela ne l'est que trop. Les soldats de terre et de mer, tous les volontaires à pied et à cheval courent à Fairport. Le vieux Mucklebackit lui-même y est allé; il y sera bien utile à coup sûr. Hélas! combien de gens on cherchera ce soir qui auraient pu servir encore bien long-temps le roi et le pays!

— Donnez-moi, dit Oldbuck, l'épée qui a servi à mon père en 1745. Je n'ai ni ceinturon ni baudrier, mais n'importe.

Et prenant cette arme formidable, il en fit entrer le bout dans la poche gauche de sa veste, et agrandissant un trou qui s'y trouvait heureusement, il parvint à l'y assujettir.

En ce moment, Hector arriva. Il revenait d'une hauteur voisine où il avait été pour s'assurer si les signaux d'alarme étaient véritablement allumés.

— Et où sont vos armes, mon neveu? lui demanda l'antiquaire; où est le fusil à deux coups que vous aviez toujours en main quand il ne pouvait être bon à rien?

— Fi donc, mon oncle! répondit Hector, fi donc! Qui a jamais pris un fusil de chasse un jour de bataille? Vous voyez que j'ai mis mon uniforme, et j'espère que si l'on me donne un commandement, je serai plus utile que si je portais dix fusils à deux coups. Mais vous, mon oncle, il faut que vous partiez pour Fairport, et que vous donniez des ordres pour enrégimenter les volontaires et prévenir toute confusion.

— Vous avez raison, Hector; je crois aussi que ma tête rendra au moins autant de service que mon bras. Mais je vois arriver sir Arthur. Entre nous, je crois qu'il n'est pas beaucoup plus fort de la tête que du bras.

Sir Arthur était probablement d'une autre opinion; car, revêtu de son costume de député-lieutenant[1], il se rendait aussi à Fairport, et venait prendre M. Oldbuck.

---

(1) C'est-à-dire vice-lieutenant du comté, sous le lord-lieutenant. C'est une des fonctions que sir Walter Scott *cumule* en Ecosse, où il est député-lieutenant du comté de Roxburgh. Le costume de cette espèce de *sous-préfet* est un frac bleu, paremens roux, l'épée au côté, etc. — Ed.

La bonne opinion que sir Arthur avait toujours eue de la sagacité du laird de Monkbarns avait été plus que confirmée par les derniers évènemens. L'antiquaire et son neveu montèrent dans la voiture du baronnet, en dépit des prières de toute la gent femelle, qui aurait voulu qu'ils restassent à Monkbarns pour en former la garnison.

Pour se faire une idée du tumulte et de la confusion qui régnaient à Fairport, il faut avoir été témoin d'une scène semblable. On voyait à toutes les croisées des lumières qui, paraissant et disparaissant alternativement, annonçaient le trouble et l'agitation de tous les habitans. Les femmes des classes inférieures, attroupées à leurs portes, poussaient de bruyantes clameurs. Les volontaires, accourant des villages voisins, galopaient dans les rues, les uns isolés, les autres par troupes de cinq ou six. L'appel battu par les tambours, les cris des officiers, qui cherchaient à établir l'ordre, le son des fifres et des trompettes, se confondaient avec le carillon des cloches. Les mâts de tous les navires dans le port étaient illuminés, et leurs chaloupes débarquaient des hommes et de l'artillerie pour contribuer à la défense de la place. Taffril surveillait cette partie des préparatifs avec beaucoup d'activité. Deux ou trois navires, bons voiliers, avaient déjà filé leurs câbles, et se mettaient en mer pour aller à la découverte de l'ennemi supposé.

Tel était le spectacle qu'offrait la ville de Fairport quand sir Arthur, Oldbuck et Hector y arrivèrent. Ce ne fut pas sans peine qu'ils se frayèrent un chemin jusqu'à la place principale sur laquelle est situé l'hôtel-de-ville. Il était illuminé, et les magistrats y étaient assemblés avec quelques gentilshommes des environs. En cette occasion, comme en plusieurs autres semblables, on put voir combien le bon sens et la fermeté du peuple en Ecosse savent suppléer au défaut d'expérience et de moyens. Les magistrats étaient assiégés par les quartiers-maîtres des différens corps de volontaires, qui demandaient des billets de logement pour leurs hommes et leurs chevaux. — Plaçons nos chevaux dans nos magasins, dit le bailli Little-John, et recevons les hommes dans nos maisons. Donnons nos fourrages aux uns, et partageons notre souper avec les autres. Nous nous sommes enrichis sous un gouvernement libre et paternel; c'est le moment de montrer que nous en connaissons tout le prix.

Il n'y eut personne qui n'applaudît hautement et avec sincérité à cette proposition, et chacun dévoua sur-le-champ tous ses moyens et toutes ses ressources à la défense du pays.

Le capitaine Mac-Intyre remplit en cette occasion les fonctions de conseiller et d'aide-de-camp du premier magistrat, et déploya une présence d'esprit et une connaissance de sa profession, à un degré auquel ne s'attendait guère son oncle, qui, ne l'ayant jamais vu tenir le milieu entre l'insouciance et l'impétuosité, le regardait de temps en temps d'un air surpris, en l'entendant expliquer avec calme et sang-froid les diverses mesures de précaution que son expérience lui suggérait, et donner ensuite les ordres nécessaires pour les faire exécuter. Il trouva les différens corps en bon ordre, eu égard aux matériaux irréguliers qui les composaient; le nombre des volontaires était considérable, et leur enthousiasme était porté au plus haut degré. Les connaissances militaires l'emportaient tellement alors sur toute autre considération, que notre vieux mendiant, Edie Ochiltrie, au lieu d'être laissé, occupé à rouler son tonneau, comme Diogène à Synope, quand chacun préparait des moyens de défense, fut chargé de surveiller la distribution des munitions; et il s'en acquitta parfaitement.

Deux choses étaient encore attendues avec impatience: l'arrivée des volontaires de Glenallan, qui, vu l'importance de cette famille, formaient un corps séparé; et celle de l'officier qui avait été annoncé, et qui, ayant été chargé par le commandant en chef de la défense de cette ligne de côtes, devait prendre le commandement de toutes les forces militaires de ce district.

Enfin on entendit les trompettes de la cavalerie de Glenallan ; et le comte lui-même, à la grande surprise de tous ceux qui connaissaient ses habitudes et sa mauvaise santé, parut à leur tête en uniforme. Ils formaient un escadron nombreux et bien monté, suivi par un bataillon d'infanterie composé de cinq cents montagnards portant leur costume ordinaire, et marchant au son de leurs cornemuses. La bonne tenue de ces deux corps attira l'admiration du capitaine Mac-Intyre ; mais son oncle fut encore plus frappé de la manière dont, en ce moment de crise, l'esprit militaire de la famille Glenallan semblait avoir ranimé son chef actuel. Il demanda et obtint pour lui et pour sa troupe le poste qui paraissait devoir être le plus dangereux, et déploya autant de vivacité à faire les dispositions nécessaires, que d'intelligence en en discutant la nécessité.

L'aurore venait de paraître, le conseil militaire restait encore assemblé, et chacun continuait à s'occuper de préparatifs de défense, quand on entendit le peuple pousser de grands cris. — Il arrive ! il arrive ! voilà le brave major Neville avec un autre officier ! — Et dans le même instant une chaise de poste attelée de quatre chevaux arrivait sur la place au milieu des acclamations de tous les habitans. Les magistrats descendirent à la porte de l'hôtel-de-ville, pour recevoir le commandant ; mais quelle fut la surprise de tous ceux qui étaient présens, et surtout de l'antiquaire, quand, sous l'uniforme et le chapeau militaire, on reconnut la taille et les traits du pacifique Lovel. Il fallut, pour assurer Oldbuck que ses yeux ne le trompaient pas, que son jeune ami vînt l'embrasser cordialement et lui serrer la main. Sir Arthur ne fut guère moins surpris en reconnaissant son fils, le capitaine Wardour, dans l'officier qui accompagnait Lovel, ou pour mieux dire le major Neville. Les premiers mots que prononcèrent les deux jeunes militaires furent pour complimenter tous ceux qui étaient présens sur le zèle, le courage et l'activité dont venaient de faire preuve les habitans de ce district, et pour les assurer qu'aucun danger ne les menaçait en ce moment.

— Les renseignemens que nous avons pris en route, dit le major Neville, nous ont appris que l'homme qui était de garde sur Halket-Head a été naturellement induit en erreur par un grand feu que des ouvriers, sans mauvaise intention, à ce qu'il paraît, avaient allumé sur la colline de Glen-Withershin, qui se trouve précisément sur la ligne du signal correspondant à celui de Fairport.

Oldbuck, à ces mots, jeta à la dérobée sur sir Arthur un coup d'œil qui disait bien des choses; le baronnet y répondit par un léger mouvement des épaules, et baissa les yeux d'un air confus.

— Il faut, dit l'antiquaire rassemblant tout son courage, quoique un peu honteux d'avoir été la cause involontaire de l'alarme qui s'était répandue; il faut croire que ce feu consumait tous les ustensiles servant à l'exploitation des mines de Glen-Withershin, que, dans notre colère, nous avions condamnés aux flammes. Au diable soit ce coquin de Dousterswivel; même après son départ il nous fait faire encore des sottises. C'est lui qui a mis le feu à la traînée de poudre. Gare qu'il ne parte encore quelque pétard dans les jambes. Mais voilà le prudent Caxon qui arrive! Levez la tête, vieil âne. Faut-il donc que ce soit nous qui payions vos sottises? Tenez, débarrassez-moi de cela, ajouta-t-il en lui donnant son épée. Qu'aurais-je répondu hier à celui qui m'aurait dit qu'une épée me battrait les jambes aujourd'hui!

En ce moment il sentit son bras doucement pressé par lord Glenallan, qui le pria de passer dans un appartement séparé.

— Pour l'amour du ciel, lui dit le comte, dites-moi qui

est ce jeune officier qui ressemble d'une manière si frappante......

— A la malheureuse Eveline, s'écria Oldbuck. Mon cœur m'a parlé pour lui dès le premier instant que je l'ai vu, et Votre Seigneurie vient de m'en faire connaître la cause.

— Mais qui est-il ? qui est-il ? répéta lord Glenallan, tenant toujours le bras de l'antiquaire, et le serrant avec la violence d'un homme attaqué de convulsions.

— Hier, je l'aurais nommé Lovel, mais aujourd'hui c'est le major Neville.

— Que mon frère a élevé comme son fils naturel ; qu'il a institué son héritier. Dieu de miséricorde ! c'est mon fils ! le fils de mon Eveline !

— Doucement, milord, doucement ; ne vous abandonnez pas si promptement à de telles présomptions. Quelle probabilité.......

— Probabilité ? aucune ; il y a certitude, certitude absolue. Hier soir j'ai reçu de l'intendant de mon frère, dont je vous ai parlé, une lettre où il me conte toute l'histoire. Amenez-le-moi, de grâce ! Qu'il reçoive la bénédiction d'un père avant son départ.

— De tout mon cœur ; mais, par égard pour vous et pour lui, donnez-moi quelques minutes pour préparer cette entrevue.

Et décidé à prendre quelques nouveaux renseignemens avant d'ajouter foi à une histoire si étrange, il chercha le major Neville, qu'il trouva s'occupant des mesures nécessaires pour renvoyer dans leurs foyers les nombreux volontaires si promptement rassemblés.

— Major Neville, lui dit-il, ne pourriez-vous m'accorder un instant d'audience, et confier les soins qui vous occupent au capitaine Wardour et à Hector, avec lequel j'espère que vous êtes réconcilié ?

Neville sourit, et tendit la main à Hector, qui la serra avec autant de cordialité que d'empressement.

— Il faudrait une affaire bien urgente, M. Oldbuck, répondit le major en le suivant dans une autre chambre, pour qu'elle pût l'emporter sur les droits que vous avez sur moi. Je n'ai point oublié que je vous ai trompé en me présentant à vous sous un nom supposé, et que je vous ai récompensé de votre hospitalité en me querellant avec votre neveu, et en le blessant.

—Il n'a eu que ce qu'il méritait, dit l'antiquaire, et il y a long-temps que je le lui ai dit. Cependant il a montré aujourd'hui autant de bon sens que de courage. S'il voulait étudier César, Polybe, et les *Stratagemata Polyœni* [1], il pourrait s'avancer dans l'armée, et certainement je lui donnerai un coup d'épaule.

— Il le mérite, M. Oldbuck. Quant à mon nom emprunté, vous pouvez d'autant mieux m'excuser, que je vous avouerai franchement que je n'ai pas plus de droit à celui de Neville, sous lequel je suis généralement connu, qu'à celui de Lovel, sous lequel je me suis présenté à vous.

— En vérité! eh bien, j'espère que nous vous en trouverons un auquel vous aurez un titre solide et légal.

— Monsieur, je me flatte que vous ne pensez pas que l'infortune de ma naissance doive m'exposer...

— Nullement, jeune homme; mais je crois que votre naissance est un secret que je connais mieux que vous. Et pour vous le prouver, je vous dirai que vous avez été élevé et connu comme fils naturel de M. Geraldin Neville, du comté d'York, et destiné à être son héritier.

— Pardonnez-moi ; jamais il ne m'avait fait entrevoir cette perspective. Il a pourvu libéralement à mon éducation ; je dois à son crédit et à sa générosité mon avancement dans l'armée ; mais je crois que mon père supposé a eu long-temps des projets de mariage, quoiqu'il ne les ait pas exécutés.

(1) Les Stratagèmes (ou ruses de guerre) de Polyen. Polyen était un avocat grec établi à Rome sous Marc-Aurèle. Ses *Stratagèmes*, ainsi que ceux de Frontin, font partie des *Veteres de re militari*. — Éd.

— Votre père supposé, dites-vous? Quelle raison vous porte à croire que M. Geraldin Neville n'était pas véritablement votre père?

— Je sais, M. Oldbuck, que vous n'êtes pas homme à m'interroger sur un point aussi délicat, uniquement pour satisfaire une vaine curiosité. Je vous dirai donc que, l'année dernière, tandis que nous occupions une petite ville de Flandre, je trouvai, dans un couvent près duquel j'avais été logé, une femme qui parlait anglais d'une manière remarquable. Elle était Espagnole, et se nommait Theresa d'Acunha. Dans le cours de notre connaissance, elle apprit qui j'étais, et se fit connaître à moi comme la personne qui avait pris soin de mon enfance. Elle me dit que j'étais victime d'une injustice, qu'on me privait d'un rang auquel ma naissance me donnait droit, et me promit de me donner sur cette affaire importante tous les détails qui me seraient nécessaires, après la mort d'une dame d'Ecosse, pendant la vie de laquelle elle était déterminée à ne pas s'expliquer davantage. Elle me déclara en outre que M. Geraldin Neville n'était pas mon père. Nous fûmes attaqués à cette époque par l'ennemi; la ville fut prise d'assaut et livrée au pillage; le couvent fut incendié; plusieurs religieuses y périrent, et Theresa fut du nombre. Je perdis avec elle tout espoir de connaître jamais l'histoire de ma naissance, histoire qui doit être tragique, à en juger par les apparences.

— *Rarò antecedentem scelestum*, et je devrais plutôt dire *scelestam*, dit Oldbuck, *deseruit pede pœna claudo* [1]. Les épicuriens mêmes en conviennent. Et sur cela quel parti prîtes-vous?

— J'écrivis à M. Neville pour lui faire des remontrances, mais inutilement. Ayant alors obtenu un congé de semestre, j'allai me jeter à ses pieds, et je le conjurai de dé-

---

(1) Rarement le châtiment, au pied boiteux, manque d'atteindre le coupable qui fuit devant lui. — Tr.

chirer entièrement le voile qui couvrait ma naissance, et que Theresa n'avait fait que soulever. Il fut contraint d'avouer qu'il n'était pas mon père, mais il refusa de se rendre à mes prières, et comme j'insistais, il me reprocha avec indignation tous les services qu'il m'avait rendus. Je trouvai qu'il abusait des droits que lui donnait le titre de bienfaiteur, et nous nous séparâmes mécontens l'un de l'autre. Je quittai le nom de Néville, et pris celui sous lequel vous m'avez connu. Ce fut à cette époque que, me trouvant dans le nord de l'Angleterre, chez un ami qui favorisait mon incognito, je fis connaissance avec miss Wardour, et j'eus l'esprit assez romanesque pour la suivre en Ecosse. Je flottais entre différens plans de vie, et, avant de prendre aucune détermination, je résolus de faire un nouvel effort pour obtenir de M. Néville l'explication du mystère de ma naissance. Sa réponse se fit attendre assez long-temps, et vous étiez présent quand je la reçus. Il m'informait du mauvais état de sa santé, me conjurait, par égard pour moi-même, de ne pas chercher davantage à percer l'obscurité qui m'environnait, et de me contenter de savoir que je lui tenais de si près par ma naissance, quelle qu'elle fût, qu'il avait dessein de m'instituer son héritier. Lorsque je me préparais à quitter Fairport pour aller le rejoindre, un second exprès m'apporta la nouvelle qu'il n'existait plus. La possession d'une fortune considérable ne fut pas en état de faire taire les remords avec lesquels je me rappelais alors ma conduite envers mon bienfaiteur. Quelques passages de sa lettre semblaient me donner à craindre que ma naissance ne fût frappée d'une tache encore plus honteuse que celle d'une illégitimité ordinaire ; je me rappelai les préjugés de sir Arthur Wardour, et...

— Et vous vous abandonnâtes à toutes ces idées mélancoliques, au point de vous en rendre malade, au lieu de venir me conter votre histoire et me demander mon avis !

— Précisément. Vint alors ma querelle avec le capitaine Mac-Intyre, querelle qui me força à quitter précipitamment Fairport et ses environs.

— A oublier l'amour et la poésie, miss Wardour et la Calédoniade.

— C'est la vérité.

— Et depuis ce temps vous n'avez été occupé que de plans pour venir au secours de sir Arthur?

— Avec l'aide du capitaine Wardour.

— Et d'Elie Ochiltrie. Vous voyez que je sais toute l'histoire. Mais ces lingots, d'où vous venaient-ils?

— Ils provenaient d'une vaisselle d'argent qui avait appartenu à mon oncle, et qu'il avait fait fondre quelques jours avant sa mort. On me les avait envoyés à Fairport aussitôt après ce fâcheux évènement.

— Peut-être ne voulait-il pas que vous y vissiez les armes de Glenallan. Eh bien! major Neville, ou plutôt M. Lovel, car c'est ainsi que j'ai le plus de plaisir à vous nommer, je crois qu'il faut que vous renonciez à ces deux noms pour prendre celui de lord Geraldin.

L'antiquaire lui communiqua alors les tristes et étranges circonstances qui avaient accompagné la mort de sa mère.

— Je ne doute pas, ajouta-t-il, que votre oncle ne désirât qu'on crût que l'enfant issu de ce malheureux mariage n'existait plus. Comme il menait alors une vie fort dissipée, peut-être voulait-il s'assurer à lui-même la fortune de son frère. Mais malgré les soupçons qu'inspirèrent à Elspeth sa mauvaise conscience et l'agitation dans laquelle elle le vit, il paraît qu'il n'eut jamais de desseins criminels contre votre personne; l'histoire de Theresa et la vôtre ne permettent pas de lui en supposer. Et maintenant, mon jeune ami, permettez-moi de vous présenter à votre père.

Nous n'essaierons pas d'esquisser cette entrevue. Les preuves de la naissance du fils d'Eveline se trouvèrent complètes, car M. Neville avait laissé entre les mains de son intendant un paquet cacheté contenant tous les détails de cette affaire, avec ordre de ne l'ouvrir qu'après le décès de la comtesse; son motif pour garder le secret si long-temps paraissait être la crainte de l'effet terrible que la découverte des manœuvres de cette femme hautaine aurait produit sur son esprit aussi violent qu'orgueilleux.

Dans la soirée du même jour les volontaires de Glenallan burent à la santé de leur jeune maître. Un mois après, lord Geraldin épousa miss Wardour, et l'antiquaire fit présent à sa belle ennemie de la bague nuptiale. C'était un anneau d'or massif et antique, sur lequel était gravée la devise d'Aldobrand Oldenbuck, *kunst macht gunst*.

Edie Ochiltrie, le plus important de tous les personnages qui portèrent jamais le manteau bleu en Écosse, continua quelque temps sa vie errante, quittant la maison d'un ami pour aller dans celle d'un autre, et se vantant de n'être jamais obligé de courir les champs quand le temps était à la pluie. Cependant il paraît, depuis peu, vouloir devenir plus stationnaire, car on le trouve souvent assis au coin du feu dans une chaumière située à égale distance de Knockwinnock, de Monkbarns, et de la demeure du révérend M. Blattergowl, où le vieux Caxon s'est retiré après le mariage de sa fille, afin d'être à portée des trois perruques de la paroisse, dont il continue à prendre soin pour son amusement. On a entendu Edie dire qu'il était bien agréable d'avoir un pareil toit pour s'abriter en temps de pluie. Ses jambes commençant à devenir plus raides, on croit qu'il s'y fixera tout-à-fait.

Lord et lady Geraldin donnèrent des marques de leur munificence à mistress Hadoway et à la famille de Mucklebackit. La première en fit un bon usage, les autres ne surent pas en profiter. Ils continuent pourtant à recevoir des secours, qu'Edie Ochiltrie est chargé de leur porter, mais ce n'est qu'en murmurant contre le canal qui les leur transmet.

Hector obtient un avancemement rapide dans l'armée;

la gazette a plusieurs fois mentionné honorablement sa conduite ; et il s'élève proportionnellement dans les bonnes grâces de son oncle. Ce qui ne fait guère moins de plaisir au jeune militaire, c'est qu'il a triomphé en combat singulier de deux veaux marins, ce qui a mis fin aux railleries perpétuelles de son oncle relativement à l'histoire du *phoca*.

On parle de mariage entre miss Mac-Intyre et le capitaine Wardour ; mais cette nouvelle demande confirmation.

M. Oldbuck fait de fréquentes visites aux châteaux de Knockwinnock et de Glenallan. Il y travaille à deux essais, l'un sur la cotte de mailles du grand comte de Glenallan, l'autre sur le gantelet de la main gauche de l'Enfer-en-Armes. Il s'informe régulièrement si lord Geraldin a commencé la Calédoniade, et secoue la tête en entendant sa réponse. En attendant, il n'en a pas moins terminé ses notes sur ce poème à faire, et nous croyons qu'elles sont à la disposition de quiconque voudra les faire imprimer sans risque et sans frais pour l'ANTIQUAIRE.

FIN DE L'ANTIQUAIRE.

www.ingramcontent.com/pod-product-compliance
Lightning Source LLC
Chambersburg PA
CBHW070836230426
43667CB00011B/1817